KB041276

형이상학

Metaphysics
by
D.W. Hamlyn

형이상학

D. W. 햄린 지음
장영란 옮김

서광사

이 책은 D. W. Hamlyn의
Metaphysics (Cambridge University Press, 1984)를
완역한 것이다.

형이상학

D. W. 햄린 지음
장영란 옮김

펴낸곳 · 도서출판 서광사
펴낸이 · 김신혁, 이숙
출판등록일 · 1977. 6. 30
출판등록번호 · 제406-2006-000010호

(413-756) 경기도 파주시 교하읍 문발리 534-1
대표전화 · (031) 955-4331 / 팩시밀리 · (031) 955-4336
E-mail · phil6161@chol.com
http://www.seokwangsa.co.kr / http://www.seokwangsa.kr

제1판 제1쇄 펴낸날 · 2000년 12월 30일
제1판 제3쇄 펴낸날 · 2009년 12월 30일

ISBN 978 - 89 - 306 - 2096 - 3   93110

옮 · 긴 · 이 · 의 · 말

형이상학은 아직도 살아 있는가? 도대체 형이상학이란 무엇인가? 대부분 형이상학이라는 학문이 무엇인지 또는 어떤 것을 다루는지를 잘 알지 못하면서도, 우리는 일상적으로 형이상학이라는 말을 종종 사용한다. 이것은 형이상학 '적' 이니 혹은 저것은 형이하학 '적' 이니 하면서 말이다. 일반적으로 '형이상학적' 이라는 표현은 단지 무언가 설명하기 어렵고 우리의 구체적인 현실과는 멀리 떨어져 있는 것을 가리킬 때 사용한다. 그래서 형이상학이라고 하면 여전히 어렵고 별 소용이 없는 것이라는 인상을 받게 된다. 형이상학은 정말 어렵다. 그러나 그것이 어렵다는 것은 중요한 문제가 아니다. 보다 더 심각한 문제는 형이상학이 불필요하다는 비판이다. 그것은 현실과 무관하며, 전혀 유용하지 않으면서 골치만 아픈 학문이라는 것이다. 더욱이 별로 유용하지 않더라도 즐거움을 줄 수 있기라도 하면 나으련만 무슨 말인지 이해조차 어렵고 즐거움은커녕 고통만 남는다.

왜 형이상학은 어려운가? 대체로 그것은 불필요하게 어렵다는 혐의를 짙게 받고 있다. 그러나 그것은 어려울 '만한' 것이고 어려울 수 '밖에' 없는 것이다. 형이상학의 범위는 수평적으로나 또는 수직적으로나 매우 광범위하게 연결되어 있어 경계를 정하기가 쉽지 않다. 특히 형이상학은 이 세계에 존재하는 것들의 일반적인 원리를 탐구하는 것으로서, 자연히 아주 추상적이고 관념적이며 보편적인 용어들로 이루어진 이론을 형성하게 된다. 따라서 형이상학이 문제로 삼는 여러 개념들이 최초의 구체적이고 경험적인 사실들의 역사와 연관하여 이해되지 못한다면, 그것은 도대체 이해할 수 없는 문자나 암호가 나열된 것이나 마찬가지가 될 것이다. 따라서 이러한 문제를 해결하기 위해서는 일정한 단계의 철학적 훈련이 필요하다. 마치 수학 문제를 하나 풀려고 하더라도 몇 가지 공식을 이해하고 암기하며 실전 연습을 해야 하는 것과 마찬가지로 형이상학도 암기까지는 할 필요가 없더라도 그것의 문제와 개념을 이해하고 연습하는 과정이 필요하다. 그런데도 대부분의 사람들은 그것들이 기호가 아니라 문자로 씌어 있다는 이유로 그냥 읽어서 이해되지 않으면 무조건 어렵다고 생각한다. 또한 그것은 이해하지 못하는 사람의 문제가 아니라 그것 자체 또는 그것을 쓴 사람의 문제라고 생각하는 경향이 강하다. 형이상학이 처음부터 무조건 어렵다고 생각하여 던져버리기보다는 형이상학을 하기 위해 일정한 철학적 훈련이 필요하다는 사실을 인정하고 노력하는 자세가 필요하다. 물론 형이상학은 수학처럼 한 가지 동일한 답을 제공하지는 못하지만, 다양한 방식으로 인간과 세계를 바라보고, 또한 설명할 수 있는 틀을 제공할 수 있다. 그래서 우리는 이것을 통해 이 세계뿐만 아니라 그것을 넘어서는 하나의 거대한 그림을 짜 나갈 수 있게 된다.

사실 철학의 꽃이라고 불리는 형이상학은 철학 전체에서 그것이 갖는 비중에 비해 국내외에 소개서가 극히 드물다. 이것은 형이상학이 그만큼 난해할 뿐만 아니라 간략히 정리하기도 어렵다는 사실을 반증하고 있다. 그러나 햄린은 현상과 실재, 실체, 개별자와 보편자, 시간과 공간, 정신, 인격동일성 등 형이상학의 전통적 주제들을 총 망라하여 체계적으로 정리해내고 있다. 특히 그는 철학의 역사를 통해 형이상학의 각 주제에 대한 철학자들의 견해들을 자유자재로 끌어들이면서 동시에 국내에 별로 알려지지 않았지만 현대 철학에 큰 획을 그은 대가들의 견해도 소개하고 있다. 더욱이 햄린은 이 책을 집필하면서 일반 학생들이 어렵게 느끼는 형식적인 논리에 치중하지 않고 전통적인 방식으로 주제 중심으로 소개하고 있어 형이상학에 관심있는 학생들에게는 많은 도움을 줄 수 있다. 형이상학에 정통한 소개서나 연구서가 별로 없는 국내 상황에서 햄린의 《형이상학》은 좋은 길잡이가 될 수 있다. 사실 이 책은 이미 4~5년 전에 번역되었으나 최근에 옮긴이가 다시 번역을 수정하여 출판한 것이다. 그 동안 출판하기 어려웠던 이유는 분명하다. 그것이 단지 형이상학이기 때문이다. 오늘날 형이상학을 '누가' 읽을 것인가? 아직까지도 우리 의 현실은 형이상학을 가르치는 것도 배우는 것도 원하지 않는 풍토가 지배적이다. 그러나 우리 자신과 이 세계를 합리적이고 체계적으로 설명하려는 모든 사람들이 반드시 읽을 필요가 읽는 것이 바로 형이상학이라 생각한다. 그 '모든' 사람이 얼마가 되든지 간에 말이다. 이러한 이유로 옮긴이는 형이상학이 있어야 하고 《형이상학》이 꼭 필요하다고 생각한다. 끝으로 이 책을 번역하는 데 많은 조언을 해주신 임일환 선생님과 송하석 선생님께 감사드린다.

2000년 7월 18일

장영란

지·은·이·의·말

캠브리지 대학 출판부의 조나단 싱클레어 윌슨(Jonathan Sinclair - Wilson)이 이 책을 집필하도록 제안했으며, 집필하는 과정에서도 격려를 해주어 도움이 되었다. 나는 이 책이 나의 《인식론》(맥밀란 출판사, 1971년)과 자매편이 될 수 있기를 바란다. 여하튼 내가 그 책에서 버크벡 대학 학생들에게 표현했던 감사의 말을 여기서 다시하는 것이 마땅할 것이다. 나는 나 자신이 기억할 수 있는 것보다 더 많은 학기 동안 대학에서 형이상학을 강의했으며, 여러 대에 걸친 많은 학생들이 내가 표명했던 견해들에 대해 현재 버크벡 대학 학생들이 하는 방식으로 비판하고 탐구하며 논평해왔다. 나는 그들에게도 큰 도움을 받았으며 항상 고마워할 것이다.

이 책의 초고들은 도로시 에딩턴(Dorothy Edgington) 부인과 함께 참석한 대학 세미나에서 읽혀졌다. 나는 그 세미나에서 그녀와 다른 사람들이 해주었던 많은 논평들에 감사한다.

나는 특히 이안 맥페트리지(Ian McFetridge)에게 많은 도움을 받았다. 그는 친절하게도 이 책의 초고를 읽고 귀중한 논평들과 비판들을 했다. 그는 내가 여러 가지 오류를 범하지 않도록 나를 도와주었다. 나는 그가 나에게 해준 비판들을 제외하고도 그가 해주었던 격려의 말에 대해서도 매우 감사한다.

너무 많아서 다 언급할 수 없는 점들에 대해서 다른 동료들과 학생들에게 감사드리고 싶다. 마지막으로 나는 많은 종류의 비서 업무를 처리하고 책에 대해 전반적으로 도움을 준 조지아 위버(Georgia Wyver) 부인과 모린 카트라이트(Maureen Cartwright) 양에게 감사드린다.

차 례

제1장
입문

제1절 형이상학이란 무엇인가?

형이상학이 무엇인지 정확하게 말하기는 쉽지 않으며, 사실 형이상학이 무엇인가라는 물음 자체가 자주 골칫거리로 생각되어왔다. 때때로 형이상학은 실제로 있는지 또는 가능한지조차 의심받아 왔다. 그러나 '형이상학'(metaphysics)이라는 용어의 기원은 아주 분명하다. 그것은 아리스토텔레스(Aristotle)의 작품들 중 하나의 제목이거나 또는 아마도 알렉산드리아에 위치한 도서관에서 고대의 아리스토텔레스의 작품들을 편집하는 과정에서 붙여진 제목이다. 그것은 자연학에 관한 작품들 다음에 나오는(meta ta phusika) 작품들인 것처럼 편집되었기 때문에 그렇게 불리어졌다. 그러한 의미에서 형이상학이란 제목은 도서관의 분류 체계에 따른 것이다. 그러므로 정확하게 도서관 분류 체계를 따른다면 그러한 작품들 속에는 유사한 주제가 있어야 할 것이다. 그러나 그렇다고 해서 아리스토텔레스 자신이 독특한 분야, 즉 철학의 한 분과에 대한 개념을 가졌다는 것과, 거기에 나오는 개념에 대해 설명했다는 사실을 반드시 함축하는 것은 아니다. 사실 우리가 지금 형이상학이라는 명칭으로 부르고 있는 작품에서 아리스토텔레스는 《자연학》(*Physics*)과 다른 작품들에서 상당히 많이 논의되는 문제들과 중복되는 문제들을 논한다.

그럼에도 불구하고 동일한 제목으로 이후의 철학자들이 논했던 쟁점들과 분명히 유사성과 연속성을 가진 쟁점들에 관한 논의가 《형이상학》(*Metaphysics*) 속에는 없다고 생각하는 오류를 범할 수 있다. 아리스토텔레스가 자신의 작품에서 제기하는 문제들 중의 하나는 존재로서의 존재(being-*qua*-being)의 학문의 가능성에 대한 것이다. 그 개념에 관한 해석, 특히 그 개념에 포함되어 있는 '존재'의 의미에 대한 문제들이 있다. 그러나 대체로 아리스토텔레스가 염두에 둔 것은 특정한 종류의 사물이라는 측면에서가 아니라 그 자체의 측면에서 있는 것(what is)에 관한 일종의 지식이었다고 말할 수 있다. 아리스토텔레스의 견해에서 특수 학문의 목적은 특수한 종류의 것―자연적 물체들, 살아 있는 것들 등―의 본성을 밝히는 것이다. 지금 제기되고 있는 문제는 특수한 종류의 것들에 대한 언급 없이 단지 있다는 것이 무엇인가에 대해 효과적으로 탐구할 수 있는지에 관한 문제이다. 그것은 일반 존재론이 가능한지의 문제, 즉 물리적인 것들이나 생물학적인 것들과 같은 특수한 종류의 존재와 본성에 대한 탐구가 제공하는 것보다 더 추상적이고 일반적인 차원의 것에 대해 어떤 것을 말하는 것이 가능하며 유용한가의 문제와 동등하다.

플라톤(Plato)은 《소피스트》(*Sophist*)에서 '존재'라는 개념과 이 개념이 '동일성' 및 '차이성' 같은 다른 일반적인 개념들과 맺고 있는 연관성에 관해 설명하려고 했다. 사실 이 맥락에는 그러한 용어

들이 그가 '형상들'(Forms)이라고 불렀던 어떤 추상적인 존재들의
이름들일 뿐이라는 것이 함축되어 있지만, 아리스토텔레스는 그러한
존재들과 어떠한 교류도 하지 않았을 것이다. 많은 학자들은 아리스
토텔레스가 자신의 질문에 대해 대답한 것들—시시때때로 변했던
대답들—을 설명하려고 했다. 그러나 우리는 이것들에 대해 세밀하
게 관심을 가질 필요는 없다. 현재의 목적에 비추어보아 중요한 것
은 존재 일반—일반 존재론—에 대한 탐구의 개념이거나, 또는 중
세 철학자들이 특수 형이상학(*metaphysica specialis*)에 반대되는 것
으로서 일반 형이상학(*metaphysica generalis*)이라 불렀던 것이다.

일반인들은 '형이상학적'이라는 용어가 (그리고 그러한 문제들에
대한 것들도) 지나치게 일반적이며, 추상적이고 난해한 추론의 형태
를 의미한다고 생각한다. 데카르트(R. Descartes) 이후의 철학자들
사이에서 그 용어는 감각들을 사용할 수 있는 것을 넘어서 있는
것—추상적일 뿐만 아니라 어떤 의미에서는 초월적인(transcendent)
것—과 관련된 독특한 의미를 가지게 된다. 칸트(Kant)는 18세기에
《순수 이성 비판》(*Critique of Pure Reason*)에서 자신이 사변 형이상
학이라고 불렀던 동시대의 형이상학을 비판하면서 다음과 같은 두
가지 방식으로 형이상학을 특징짓는다. 그는 첫째, 주제의 측면에서
형이상학의 주요 관심사는 신, 자유, 불멸성이고, 둘째, 형이상학이
포함하고 있는 판단들의 형태의 측면에서, 선험적 종합 판단들을 포
함해야 하는 것이 바로 형이상학의 필요조건이라고 말한다. 여기서
선험적 종합 판단들은 정보를 주지만 단순히 자기 안에 전제된 개
념들간의 관계들 때문에 참인 것은 아니고(종합적), 감각-경험과 관
계 없이도 가능한 주장들의 타당성을 지식에게 제공해주는 (선험

16

적) 판단들이다.[1] 칸트의 두 번째 주장이 모든 형이상학적 판단들에 관해 참이든지 그렇지 않든지 간에, 그러한 설명은 형이상학이 무엇인지를 그렇게 분명하게 밝혀주지는 않는다. 더욱이 형이상학에 대한 칸트 자신의 대안, 즉 순수 이성의 한계를 확립하는 것을 목적으로 삼는 소위 '비판 철학'도 선험적 종합 판단에 똑같이 의존했다.

칸트가 주제별로 형이상학을 상술한 것은, 이미 자주 인용되듯이, 당대의 형이상학자들에 대한 관계에 비추어보아도 특이하였다. 물론 비교적 소수의 사람들만이 불멸성에 관해 실제로 관심을 가졌지만, 위대한 많은 철학자들이 신과 의지의 자유의 문제에 대해 말했었다. 우리가 형이상학자들이라고 생각하게 된 철학자들 중 많은 사람들이 이러한 관념들과 관련된 문제들을 논의했다는 것을 부인할 수는 없다. 그럼에도 불구하고 그러한 문제들은, 말하자면 버클리(G. Berkeley)와 흄(D. Hume)은 물론이고 스피노자(B. Spinoza)와 라이프니츠(G. Leibniz)의 주요 관심인 것처럼 보이지는 않는다. (이러한 판단은 아마도 신과 자유에 관한 스피노자의 관심에 비추어 특히 반박될 수 있으나, 그래도 그러한 사실이 여전히 참이라고 생각된다. 나 자신은 현안이 되고 있는 쟁점들에 관심을 두진 않았지만, 마지막 장에서 그 이유를 살펴보겠다.) 그럼에도 불구하고 스피노자와 라이프니츠 간의 기본적인 문제는 설사 감각들이 우리에게 어떻게

---

1) 이 용어들에 대한 더 많은 설명에 대해서는 나의 책 *Theory of knowledge* (London and Basingstoke: Macmillan, 1971), 제9장과 P. Edwards가 편집한 *Encyclopaedia of Philosophy* (New York and London: Collier Macmillan, 1967)에 나오는 논문들을 보라. * 옮긴이 주: 햄린의 위의 책은 《인식론》(이병욱 옮김, 서광사)으로 번역되어 있다.

말하든 간에, 이성이 우리에게 말하는 것처럼, 그렇게 있어야 하는 기체(the underlying reality)의 본성이다. 다른 말로 하면, 실체의 본성은 무엇인가? 단 하나만 있는가 또는 많은 것들이 있는가? 만일 후자라면 얼마나 많이 있는가? 이것들이 실제로 형이상학적 문제들이다.

이러한 철학자들의 견해들을 상세하게 설명하지 않고서는 이러한 문제들에 대한 논의들이 가진 적절한 의미를 밝히는 것은 불가능하다. 사실 이 분야의 전문가들로부터 형이상학의 본성을 이끌어 내어 설명하려는 데에서 생기는 어려움들 가운데 하나는 우리가 역사적으로 궁지에 빠지기 쉽다는 것이다. 어쨌든 우리는 인간 오성의 필연적 전제들을 설명하려고 하는 시도로서 여겨지는 칸트의 '비판철학'과 아리스토텔레스가 《형이상학》에서 제기했던 몇 가지 문제들간에 연속성이 있다는 것을 볼 수 있다. 따라서 칸트가 (인간 오성의 전제들을 초월하는 실재를 설명하기 위해 순수 이성을 사용하는 시도로서 간주되는) 사변적 형이상학으로 보았던 것이 형이상학의 전부일 수는 없다.

더욱이 형이상학은 때로는 약간 다른 옷을 입고 있었지만 칸트 이후에도 계속되었다. 예를 들어 헤겔(G.W.F. Hegel)과 다른 19세기 형이상학자들을 들 수 있다. 이들 대부분은 칸트 자신이 순수 이성에 적합하다고 생각했던 한계들을 어떤 방식으로든 넘어설 수 있다고 생각했다. 다양한 형태들의 본질주의에서도 이것에 대한 반-이성주의적 반작용들이 있었으며, 철학에서도 칸트 이전의 정신으로 되돌아가려는 다양한 운동들이 있었다. 형이상학의 역사는 일반적인 역사와 같이 복잡하다.

비록 나는 종종 철학사에 나오는 인물들의 주장들을 예로 들어 설명하겠지만, 단순히 형이상학과 그것이 다룰 수 있는 형태들에 관해 하나의 견해를 제시할 것이다. 그러나 나는 이것만이 유일하게 가능한 견해라거나 또는 그 주제의 역사에서 발견될 수 있는 전부라고 함축하는 것은 아니다. 또한 나는 내가 말해야 하는 것이 역사적인 토대가 없다고 제시하려는 것도 아니다. 사실 나는 사유의 역사에서 형이상학의 두 가지 주요 개념들, 즉 형이상학적 사고에서의 두 가지 조류들을 발견할 수 있다고 생각한다. 그것들은 서로 연관되어 있다. 그래서 어떤 조건들하에서는 하나가 다른 것을 이끌어 갈 수도 있으며, 이런 일이 어떤 철학자들의 생각 속에 실제로 일어났다고 정당하게 논할 수 있다. 그러나 이런 일이 일어나야 할 필연성은 없으며, 두 개념들을 구별하려고 한 고찰들을 분명하게 밝히는 것이 중요하다.

제2절 형이상학의 두 가지 개념들

내가 의도하는 구별은 내가 이미 언급했던 말 속에 어느 정도 함축되어 있다. 그것은 어느 정도까지는 스트로슨(P. F. Strawson)이 《개별자들》(*Individuals*)이라는 책의 도입부에서 설명한 두 종류의 형이상학간의 구별—나의 견해로는 그것이 아주 잘못된 방식이지만—과 일치한다. 그의 입장에서 보면, 형이상학은 기술적 형이상학(descriptive metaphysics)과 수정적 형이상학(revisionary metaphysics)으로 구별된다. 스트로슨은 자신의 책을 기술적 형이상

학에 대한 논문으로 보았고, 아리스토텔레스와 칸트를 그러한 형이
상학을 연구한 두 명의 중요한 선두 주자들로 본다. 칸트가 사변 형
이상학자들이라고 부르는 사람들은 수정적 형이상학을 연구한 것으
로 이야기된다.

　이러한 용어들로 표현하게 되면, 형이상학을 이러한 방식으로 구
별하는 목적이 오해받을 여지가 있다. 스트로슨은 기술적 형이상학
의 목적은 단순히 우리의 개념적 도식 — '우리'가 누구인가에 대해
성찰하게 만든 문제에 관한 설명 — 을 기술하는 것이라고 말한다. 어
떤 경우라도 이러한 유형의 형이상학의 선구자로서 여겨지는 칸트
가 인간 오성(the human understanding)에 실재가 나타나는 대로 그
것을 기술하는 것 이상의 것을 하는 데 관심이 있었다는 것은 분명
하다. 칸트 자신이 보았던 것처럼, 그의 '비판 철학'은 선험적 종합
판단들을 포함했으며, 그는 그러한 판단들이 선험적이기 때문에 필
연적 진리들의 특성을 가져야만 한다고 생각했다. 따라서 그는 실재
가 오성에 나타나는 방식이 이러저러하다고 주장하는 데는 관심이
없었다. 그는 실재가 그러한 것과 같아야만 한다고 주장하기를 원했
다. 비록 덜 분명하긴 하지만, 나는 아리스토텔레스에 관해서도 동
일한 종류의 것이 참이며, 그의 말이 함축하고 있는 것들이 성립될
때 그것은 스트로슨 자신에게도 참이라고 생각한다. 그러한 철학자
들의 목표가 단순히 '우리의 개념적 도식' — 우리가 그 개념의 의미
를 이해하든지 그렇지 못하든지 간에 — 을 기술하는 일이라는 견해
를 받아들이기 어려운 이유는 바로 필연성에 대한 주장들 때문이다.
　약간 다른 방식이기는 하지만 '수정적 형이상학'이라는 용어도
이와 똑같이 오해를 불러일으킨다. 예를 들어 라이프니츠가 실재

(reality)의 기저에 놓여 있는 참된 실체들, 즉 (러셀의 구문을 사용하자면) 실재의 궁극적인 구성 요소들이 단자들(monads)—그가 말하기를 우리들 각자 속에 있는 자아, 즉 'le moi'와 일치하며 따라서 아주 분명한 의미에서 비물질적이고 절대적으로 단순한 것들—이라고 말했을 때, 그는 세계에 대한 우리의 일상적인 사고 방식들을 수정하려고 하지는 않았다. 그는 어떤 논의에 의해 자신의 결론을 이끌어냈는데, 그 논의의 전제들 중의 하나는 기본적으로 존재하는 것이 단순해야만 한다는 것이었다. 왜냐하면 복잡한 것은 그것을 복잡하게 만들어가는 구성 요소들을 전제하게 되고, 그 결과 그것은 기본적일 수가 없게 되기 때문이다. 유일한 참된 실체들이 단자들이라는 라이프니츠의 결론은 우리가 그것들을 직접 경험할 수 없기 때문에 이상하게 생각될지도 모른다. 그러나 그런 방식으로 주장하는 사람이 철학을 하는 것이며, 라이프니츠가 주장한 철학적 견해가 다른 경쟁적인 철학적 견해와 적절하게 대립될 수 있다는 것은 분명해 보인다. 따라서 만일 그가 어떤 것을 수정하려고 한다면, 그것은 동일한 문제에 대한 다른 철학적 견해들을 단순히 수정하는 것이다. 그리고 그는 자신이 올바르든지 또는 올바르지 않든지 간에, 그렇게 할 만한 타당한 이유를 가졌다고 생각하기 때문에 그렇게 주장했다. 이러한 견해 속에는 우리가 일상적으로 생각하는 것에 대한 수정은 물론이고, 우리의 개념적 도식에 대한 수정도 전혀 없다. 사실 과거에 주장되었던 철학적 이론들과 독립적으로, 우리가 그러한 문제들에 대해 일반적으로 어떻게 생각하는가에 관해 말하는 것이 의미 있는지는 의문스럽다. 더욱이 우리들이 사용하는 개념들이 많이 있다는 것은 의심할 여지가 없지만, 그러한 개념들 중 어떤 것

을 우리 모두가 사용하는가는 분명하지 않다. 그래서 '우리의 개념
적 도식' 또는 이것을 수정하는 것에 관해 말할 여지가 있는지는
매우 불분명하다.

이러한 비판들에도 불구하고 스트로슨이 말하는 것들 가운데 실
제적인 구별을 반영하는 측면이 있다. 스트로슨과 칸트, 그리고 스
트로슨이 염두에 두고 있던 아리스토텔레스에게 공통적인 것은 그
들이 모두 우리 인간 존재들이 세계와 맺고 있는 관계 속에 나타나
는 매우 일반적인 특징으로부터 출발한다는 것이다. 스트로슨은 화
자로서의 우리가 청자들에게 사물들을 동일하게 지시할 수 있
다—그 역도 마찬가지다—는 것으로부터 출발한다. 칸트는 우리가
공통적인 감성과 오성에 의해 사물들을 판단할 수 있다는 사실로부
터 출발한다. 그리고 아리스토텔레스는 우리가 세계에 대한 판단들
을 표현하는 언어가 어떠한 단어-세계(word-world)의 관계들을 포
함한다는 사실로부터 출발한다. 따라서 그들은 세계와 관련하여, 또
는 존재하는 것과 관련하여 그 진상이 무엇인지—만일 이것이 가
능하다면—를 묻는다.

나는 지금 막 스트로슨이 염두에 두고 있는 아리스토텔레스에 관
해 말했다. 왜냐하면 내가 이야기했던 것이 아리스토텔레스의《범주
론》(Categories)과 다른 초기 작품들에도 적용되기 때문이다. 비록
그의 책《형이상학》가운데서 후기에 씌어진 주요 권들에 사유의
다른 가닥이 나타나기 시작하긴 하지만, 아직도 어떤 부분에서는 그
것이 내가 구별하려는 두 번째 종류의 형이상학에 해당되는 것으로
서 분류될 정도로 완전히 다르게 나타나지는 않는다. 초기 사유의
주요 결론들 중 하나는 세계가 실체들을 포함해야 한다는 것인데,

그것은 단지 다른 종들(kinds) — 질들과 양들, 그리고 소위 다른 범주들 — 이 있어야 한다는 사실 때문이라는 것이다. 아리스토텔레스가 《형이상학》의 주요 권들에서 질문하고 있는 한 가지 문제는 어떤 종류의 사물이 우선적으로 '실체'라고 불릴 만한 것인가이다. 이로부터 우리가 '실체'라고 부르는 어떤 것들이 단지 부수적인 방식으로만 실체들로 나타난다는 결과가 나온다. 그렇지만 아리스토텔레스는 이러한 것들이 실제로 전혀 실체들이 아니라고 말하지는 않는다. 18세기의 합리론의 경우에는 상황이 이와 다르다. 예를 들면 라이프니츠는 진정한 실체들은 무엇과 비슷한가를 질문한 다음에, 그가 생각한 것처럼 만일 참된 실체들이 절대적으로 단순하다면 어떤 일상적인 것도 적절하게 실체 — 단자들 — 라고 말해질 수 없다고 대답한다. 그래서 그는 두 번째 종류의 형이상학에로 본질적인 단계를 밟아 들어간다.

두 번째 사유의 노선은 그 완전한 형태로는 실제로 현상과 실재 간의 구별을 전제하지만, 상식적인 방식과는 다르게 철학적인 이유들에서 나온 구별을 전제한다. 따라서 우리는 지금까지 우리가 관심 있어 하는 구분이 매우 일반적인 방식으로 세계와 우리 자신 — 만일 잘 알려진 두 가지간의 관계가 성립한다면 — 에 대한 문제를 설명하는 형이상학의 유형과, 어떠한 기준들에 상응하는 사물들만이 실재적이며 그 결과 각각 '현상'과 '실재'라고 불리는 구별된 영역들이 있다고 주장하는 형이상학의 유형간의 구분이라고 말할 수 있다. 첫번째 종류의 형이상학은 세계와, 그 세계의 부분이기도 하며 그 세계에 관련된 것으로서 분명하게 고찰되기도 하는 우리 자신들의 어떤 필연적인 특징들에 관한 설명을 포함한다. 실제로 그것은 아리스토텔레스의 존재로서의 존재(being-*qua*-being)에 관한 학문의 도달점이며, 가령 신과 같은 것들만이 우선적인 방식으로 실체들일 수 있다고 그가 논할 때조차도, 그는 상식적인 방식 이외의 다른 어떤 방식으로도 현상과 실재를 구별하려는 경향을 전혀 보여주지 않는다. 왜냐하면 우선적으로 X인 것과 부수적으로 X인 것과의 구별은 실재와 현상 간의 구별과 동일한 것이 아니기 때문이다. 라이프니츠와 같은 철학자에게는 상황이 이와 다르다. 라이프니츠는 일상적인 것들은 단순히 나타남, 즉 단순한 현상들(phenomena) — 비록 그것들이 근거가 충분한 현상들(*phenomena bene fundata*)을 구성할지라도 — 이라고 상정한다. 따라서 라이프니츠가 대표자인 두 번째 종류의 형이상학은 현상과 실재 간의 구별을 전제한다. 우선적으로 X인 것과 부수적으로 X인 것을 구별할 만한 이유들이 있다는 생각이 두 번째 종류의 형이상학으로 이끌어간다. 그러나 마지막 단계는 단지 현상과 실재의 두 영역들간의 구별이 이루어질 때에만 밟을 수 있다.

아리스토텔레스로부터 후설(E. Husserl)까지의 철학자들은 어떠한 기반 위에서든 간에 존재자들(entities)을 존재론적으로 분류하였다. 이러한 분류들은 그것들이 구축되어진 기반만큼이나 흥미롭다. 그러나 어떤 철학자가 존재에 있어 파생적이거나 이차적인 것들과 대립되는 것들로서 근본적으로 또는 궁극적으로 존재하는 것들이 이러이러한 것들이라고 말할 때, 더 많은 문제가 생긴다. 나는 이미 다른 범주들에 대해 실체의 범주가 우월하다는 아리스토텔레스의 주장에 주목했었다. 다른 철학자들은 항상 아리스토텔레스적인 범주들이 아니라 다른 범주들의 우월성을 찾으려 노력하였다. 예를 들어 화이트헤드(A. N. Whitehead)는 사건들(events) —이것들에 대한 어떤 해석에 기초하여—의 중요성을 강조하였다. 더욱이 그러한 우월성이 주장될 수 있는 다른 종류의 차원들이 있다. 보편자들에 대한 개별자들의 우월성에 대한 주장은, 존재하는 모든 것이 개별적이라는 로크(J. Locke)의 말 속에 예증되어 있는 훨씬 더 극단적인 주장에서 보여지는 것처럼 철학의 역사에서 매우 상식적이다. 나는 제5장에서 관념들의 경제성(the economy of ideas)과 오캄의 면도날(Ockham's razor, 존재자들을 불필요하게 늘려서는 안 된다는 윌리암 오캄으로부터 나온 논제)과 관련된 다양한 고찰들이 이러한 견해와 관련되어 있다는 것을 지시하면서 그것에 대해 논의할 것이다. 일반적으로 그것은 이것 또는 저것의 존재론적 우월성을 확립함으로써 우리가 실재를 아는 데 더 나은 해결책을 얻는 것과 같다.

이것은 그러한 주장들과 비교할 만한 것이 없다고 말하는 것은 아니다. 그럼에도 불구하고 이러한 종류의 각 주장은 검토될 필요가 있으며, 우리는 다음에 나오는 여러 곳에서 그러한 주장들을 검토하는 데 관심을 가질 것이다. 그러나 비록 이러이러한 종류의 사물에 대한 개념은 주어진 영역 안에 있는 것들을 이해하는 데 우월성을 가지기 때문에 그러한 영역에서 우월하다는 것이 성립된다고 할지라도, 우월하다고 보여진 종류의 사물이 실재적인 반면에 다른 종류의 것들은 실재적이지 않다는 사실이 따라 나오지 않는다는 것을 주목해야 한다. 즉 이러한 접근 방식은 현상(appearance)과 실재의 구별을 제시하지는 않는다. 아리스토텔레스는 실체들이 다른 범주들에 있는 것들에 대해 우선성(priority)을 가지며, 개별적인 실체들은 일반적인 실체들에 대해 우선성을 가진다고, 아마도 그것들의 형상에 의해 본성이 완전히 결정된 실체들은 다른 종류의 실체들에 대해 우선성을 가진다고 말할 것이다. 그러나 그는 그렇다고 해서 이차적인 것이 실재적이지는 않다고 제시하지는 않았다.

그러나 일단 현상과 실재 간의 구별이 제시된다면, 이것은 아주 쉬운 단계를 밟을 것이다. 내가 앞에서 지시했던 것처럼 존재론적 우선성(ontological priority)이 단순 실체들 또는 단자들(monads)에 주어져야 한다고 논하는 라이프니츠는 단지 이것들만이 실재적이거나 실제적인 존재들(*entia realia*)이며, 복합적인 실재들은 비록 근거가 충분한 현상들일지라도 현상들일 뿐이라고 말하려 했다. 더구나 우선적인 것 또는 우선적인 것들이 이차적인 것에 근거를 제공하는 것이라면, 다시 한 번 그것 또는 그것들에 신적인 것(the divine)이라는 명예로운 칭호를 붙이는 것이 적절해 보일 것이며, 그것들이 더 실재에 적합한 가치가 있다는 느낌을 불러일으킬 것이다. 그럼에도 불구하고 엄밀하게 말하자면, 명예로운 칭호를 사용한다고 해서 어떤 대상이 더 실재성을 가지게 되는 것은 아니며, 그러한 칭호를 가진 것만이 실재적이 되는 것도 아니다. (그러한 명예로운 칭호의 사용이 목적론적인 문제들과 얼마나 관련이 없는지는 다시 주목할 가치가 있다.)

그러나 내 말은 이러한 방식으로 존재론과 관련되어 있는 형이상학의 유일한 목표가 근본적으로 존재하는 것과 이차적으로 존재하는 것을 확립하는 것이라는 인상을 줄 수 있다. 그러나 이러한 종류의 형이상학은, 만일 서로 다른 종류의 존재자들간의 관계를 설명하고 세계 속에 사물들이 어떻게 있는가를 올바로 평가하는 하나의 틀 속에 놓으려고 노력하지 않는다면, 이름만한 가치가 없을 것이다. 그래서 형이상학자가 시간과 공간, 즉 우리가 존재하는 세계가 맞아떨어지는 잘 알려진 두 가지 틀에 대해 뭔가를 말할 것이라고 기대하는 것은 당연한 일이다. 나는 제7장에서 시·공간에 대해 이야기할 것이다. 또한 기초적(basic)이라고 보여졌던 것들이 근본적으로 구별되는지를 묻는 것과, 특히 우리가 그것 속에서 어떻게 존재하는가를 묻는 것은 자연스러운 일이다. 나는 제8장과 제9장에서 이러한 문제들을 논할 것이다.

내가 주제에 접근하는 방식은 다음과 같다. 형이상학을 해석하는 한 가지 방식은 가장 일반적이고 추상적인 용어들로 의식적인 존재들과 그들이 살고 있는 세계—만일 이 세계가 그들에게 실재를 구성하는 것이라면—에 적합한 것을 설명하는 것과 관련되어 있다고 말하는 것이다. 이러한 목적으로 형이상학자는 만일 어떤 사람에게 실재를 구성하는 것이 무엇인가에 대한 적절한 설명의 틀을 제시하고자 한다면, 가장 알기 쉬운 형태로 그러한 실재를 이루고 있는 것을 설명해야 한다. 확실히 그것은 사물들과 그것들의 시·공간적 틀과 인격들 또는 자아들—그들에게 그것들은 대상들이다—에 대해 무언가를 말한다는 것을 내포할 것이다. 나는 다음 장들에서 그것이 무엇을 의미하는가를 설명할 것이다.

제2장은 좀더 상세하게 현상과 실재의 형이상학을 논할 것이며, 제3장은 철학적 존재론의 일반적 본성을 논할 것이다. 제4장은 실체의 개념—존재론에 기본적인 것으로서 자주 주장되었던 종류—을 연구하였다. 나는 실체의 필연적 특성들과 어떻게 그것들이 그것들의 개별화와 같은 다른 문제들에 영향을 미치는가에 관심을 가질 것이다. 흔히 알고 있는 실체의 한 특징은 개별성(particularity)인데,

그것은 제5장에서 개별자와 보편자 간의 구별과 보편자의 일반적인
문제를 논하도록 만든다. 잘못되기는 했지만 때때로 필연적으로 실
체에 속한다고 생각되는 한 특징은 절대적인 종류의 단순성이며, 이
러한 생각에 기초하여 전체 체계들, 특히 일원론과 다원론의 체계들
(후자가 전자에 대한 반작용으로 이루어질 때)이 세워진다. 나는 제
6장에서 브래들리(Michael Bradley)에게서 발견되는 절대적 관념론
의 일원론과 러셀과 초기 비트겐슈타인(L. Wittgenstein)의 논리적
원자론의 다원론을 언급함으로써 그 사실을 설명할 것이다. 이러한
체계들은 어떤 독자들에게는 비교적 친숙하지 못하더라도 일원론과
다원론 간의 대립에 관한 비교적 최근의 예를 제공하기 때문에, 나
는 그렇게 할 것이다. 그들은 헤겔의 스타일과 그것에 대한 반작용
을 함께 묶어 하나의 개별적인 형이상학의 산출을 설명한다.

　　나는 제7장에서 일반적으로 실체가 존재한다고 다루는 틀들, 즉
시간과 공간에 의해 제공된 틀들을 검토해 나갈 것이다. 나는 거기
서 시간과 공간에 대해 질문할 수 있는 모든 문제들을 살펴보지는
않을 것이다. 왜냐하면 어떤 문제는 과학 철학에 포함시키는 것이
더 적절하기 때문이다. 여기서 제기된 문제들은 제7장으로 이끌어온
다른 장들에서 설명된 형이상학의 개념들과 맞아떨어지는 문제들일
것이다. 제8장과 제9장에서 나는 먼저 정신의 개념과 정신이 도식
속에서 차지하고 있는 위치를 논하고, 두 번째로 자아 또는 인격의
개념들―이미 대략 설명되었던 실재가 그들에게 현재 있는 그대로
있다―을 논할 것이다. 마지막 맺음말에서는 여러 가지 쟁점들을
제기할 것이며, 때때로 형이상학이라는 제목하에서 논의되었던 어떤
문제들이 여기서 논의되지 않은 이유를 설명할 것이다. (그것은 그

것들이 논의되지 말아야 한다고 이야기하는 것은 아니다).

부록 ― 형이상학의 가능성

만일 내가 이 책을 몇십 년 전부터 쓰고 있었다면, 확실히 이러한 계획 전체에 대한 정당성 문제로부터 출발할 필요가 있었으며, 형이상학이 무의미하다는 비난을 받았을 것이다. 언젠가 철학적 사유의 역사에서 실증주의적 경향을 가진 철학자들은 유의미성 (meaningfulness)의 기준을 만들어냈다. 이것에 의하면 형이상학은 단번에 무의미하게 보일 수 있다. 예를 들어 흄은 '양과 수에 관련된 추상적인 추론'을 제외하고는, 결국 순수한 선험적 추론을 포함하는 것은 어느 것이나 불살라 버리기를 바랐다. 에이어(A. J. Ayer)와 같은 그 이후의 철학자들은 형이상학적 논제들이 경험에 의해 검증될 수 없으며 내용상으로도 단순히 논리적이거나 수학적이지 않기 때문에 그것들이 무의미하다고 주장했다. 내가 언급했던 사례들 중 어떤 사례에도 세밀하게 형이상학적 논증들을 검토하려는 시도는 별로 없으며, 형이상학적인 주장들에 관한 에이어의 설명들 중 어떤 것은 섣부르게 모방한 측면도 없지 않다.

검증주의(Verificationism)는 더 이상 과거와 같은 세력을 누리고 있지 못하며, 의미라는 근거에 기초하여 형이상학의 추구를 정당화할 필요는 더 이상 없을 것이다. 그러나 백문이 불여일견이다. 물론 쓸모가 없는 형이상학의 부분들도 있다. 그러나 그것은 단순히 그것들이 검증 불가능한 진술들을 포함하기 때문이 아니다. 그것은 오히려 그러한 고찰들이 좋은 논증들을 포함하지 못하기 때문이다. 나는 형이상학이 가능하다거나 또는 불가능하다는 것을 증명할 수 있는 어떠한 선험적인 고찰들을 알지 못한다. 우리는 단지 어떤 추정상의 후보 견해들만을 알 수 있고 검토할 수 있다. 그리고 그것은 논증을 검토하는 문제이다. 만일 어떠한 좋은 형이상학적 논증들도 없다면 어떠한 좋은 형이상학도 없다. 그것은 우리가 원한다면 형이상학에 관한 책을 불살라 버리기 위한 좋은 이유가 될 것이다. 그러나 논증을 검토하기에 앞서 형이상학에 관한 작품에 대한 적절한 판단이 이루어질 수 있다고 생각하는 것은 어리석은 일이다. 따라서 형이상학의 가능성에 대한 판단은 이 책의 시작이 아니라 끝에서 이루어져야 하며, 그 판단이 다른 사람들에 의해서 이루어질 때 최선이 될 것이다.

제2장
현상과 실재

제1절 현상과 실재 및 관념론

일상적인 생활에서 우리들 대부분은 실재인 것과 현상인 것을 대략적으로 구별한다. 오스틴(J. L. Austin)은 실재와 비실재를 구별하는 한 예로 '바지를 입는다'(wears the trousers)는 '비실재적'이라고 말한다.[1] 다른 말로 하면 우리는 비실재적이 아니라는 것을 '실재적'이라는 말로 이해하며, 수많은 전형적인 상황들과 사례들에 의해 '비실재적'이라는 말을 이해한다고 말한다. 실재적인 오리는 비실재적이지 않은 오리이다. 이것은 만들어내지 않는, '흉내내지 않는' 또는 '~인 척하지 않는' 것을 의미한다. 유인물로 사용된 장난감 오리는 두 가지 이유로 실재적인 오리가 아니다. 그렇지만 비록 그것을 유인물로 사용하는 목적은 유인되는 것이 무엇이든지 간에 그것에게 오리의 현상(appearance)을 제공하는 것이라 하더라도, 그것과 연관해서 '외관상의'(apparent)와 '현상'이라는 단어를 사용하는 것

---

1) J. L. Austin, *Sense and Sensibilia* (Oxford: Clarendon Press, 1962), 70~71면.

은 이상할 것이다. 장난감 오리는 외관상의 오리도 아니고, 또는 본질적으로 오리의 현상도 아니다. 그것은 또한 실재적인 오리도 아니다. 이러한 고찰들은 현상이 실재와 직접적으로 대조를 이루지 않는다는 것을 제시할 것이다.

내가 일상적인 생활에서 우리 대부분이 실재와 현상을 대략적으로 구별한다고 말할 때, 나는 우리가 '이다'(is)와 '나타나다'(appears)는 물론이고, '실재적', '비실재적', '외관상의', '현상'을 어떻게 사용하는지를 대략적으로 구별한다는 것만을 의미하지 않는다. 우리 대부분은 우리 경험의 어떤 부분들이 나머지 부분들과 조화를 이루지 못하며 나머지 부분들과 마찬가지로 실재적인 세계에 '관한' 것이 아니라는 것을 깨닫는다. 이것들은 꿈, 환각, 환영 등과 같은 형태를 취한다. 우리가 깨어 있을 때 우리는 우리가 꿈꾸었던 것이 실재적이지 않았다는 것을 깨닫는다. 이와 비슷한 상황들이 환각들과 환영들에도 어느 정도 적용된다.

이것은 우리가 구별되는 것에 대한 적절한 설명을 제시할 수 있다고 말하는 것이 아니다. 즉 그것은 구별된다는 직관을 우리가 가지고 있다고 말하려는 것이다. 현상과 실재의 개념들에 기초하여 형이상학을 발전시키는 데 관심이 있는 철학자는 그러한 직관에 의존한다. 그러나 그는 그것 속에 함축되어 있다고 여기는 것을 확대 해석한다. 이것은 경험의 두 가지 영역 전체, 즉 '현상'이라고 불리는 것과 '실재'라고 불리는 것을 서로 대조시키려는 것이다. 그것과 비슷한 것이나 그 정도의 것이 원래의 직관적 구별 속에 함축된다는 것은 분명하지 않기 때문에 그것은 확대 해석이다. 이와 관련하여 내가 이미 이야기했던 것처럼, 그것은 단순히 우리 경험의 어떤 부분들이 나머지 부분들과 맞지 않으며 맞지 않는 것으로 보인다는 것이다. '현상'은—우리가 어떤 것이 어느 지역에 속하는가를 물을 수 있도록 어떤 한 지형학적 지역이 다른 지형학적 지역과 다를 수 있는 방식으로—'실재'라고 불리는 영역과 아주 다른 경험의 전 영역 또는 지역을 지시하는 것은 아니다. 현상과 실재 간의 형이상학적 구별이 이러한 방식으로 원래의 직관적 구별을 확장한 것이라고 말하는 것은 본질적으로 그것이 비합리적이라고 말하는 것은 아니다. 그것이 어떻게 사용되는지 그리고 그것이 어떠한 결론에 이르는지를 고찰함으로써만 그것이 비합리적인지를 알 수 있다. 그럼에도 불구하고 그것이 일상적인 사유 방식을 확장한 것이라는 사실을 깨달아야 한다.

일단 이러한 종류의 확장된 구별이 주어진다면, 우리가 처음에 비실재적인 것으로 생각한 것들과 다른 것, 즉 현상이 거기에 실제로 속하는지를 물을 수 있다. 아무래도 어떤 항목을 현상에 배정하는 것은 불가피하게 일종의 질적 저하(relegation)를 포함하게 된다. 예를 들어 우리가 그 항목을 더 이상 진지하게 살펴볼 필요가 없다는 것을 제시할 수 있다. 명확한 의미에서 우리가 환각들을 가진다는 사실을 진지하게 다룰 수는 있지만 그것들, 즉 그것들의 내용을 진지하게 다룰 필요는 없다. 우리가 말할 수 있는 것처럼, 그것들은 실재의 부분이 아니다. 문제는 우리가 한번 보고는 이러한 '현상들'을 가지고 주장하려는 항목들이 아니라, 그것들을 항상 현상들이라 주장할 만큼 아주 비슷한 항목들이 있는지이다. 현상과 실재 간의 구별에 기초를 둔 형이상학의 특성은 우리가 나중에 검토할 여러 방식들로 그러한 목적을 특별히 지향하는 논증들을 우리가 발견한다는 것이다.

그러나 어떤 철학자들의 경우에, 우리는 그들이 경험의 모든 영역을 현상으로 떨어뜨리려고 노력한다고 기술할 수 있지만 어떻게 그들 자신이 그 문제를 주장하는가를 기술할 수는 없다. 예를 들어 파르메니데스(Parmenides)는 자신의 시의 서막 끝에서 (이것은 어느 정도는 우리가 텍스트라고 간주하는 것에 의존한다) 평범한 사람들은 '~처럼 보이는 것들'이 존재하는 모든 것이라고 생각한다고 말할 수 있을 것이다. 만일 그가 그렇게 말한다면 평범한 사람들이 단순히 존재하는 것처럼 보이는 것을 존재하는 모든 것으로서 다룬다는 것을 의미한다. ('존재한다'가 '있다'라는 동사의 올바른 해석인지에 대해서는 학자들 간에 논쟁이 있다. 그러나 그것은 현재의 목적에 부합하는 문제가 아니다.) '진리의 길'로 알려져 있는 그의 시의 연속적인 부분에서, 그는 우리가 '있는 것'(what is)에 관해서만 말할 수 있고 생각할 수 있다고 논한다. 그리하여 이것은 '있는 것'에 관해 그것이 있다는 것 외에는 거의 다르게 이야기될 수 없다는 것을 의미한다고 말한다. '억견의 길'로 알려져 있는 시의 마지막 부분에서, 그는 평범한 사람들이 믿는 것과 그것이 함축하고 있는 것에 관한 설명을 제공하지만, 그것 속에는 진리가 없다고 덧붙인다. 우리는 그가 감각들이 우리에게 단순히 현상에 관해서 말하며 이성은 우리에게 실재가 아주 다른 방식으로 있다는 논의를 하고 있다고 말하고 싶을 것이다. 그러나 그는 어떤 곳에서도 실제로 그것을 말하고 있지 않다. 만일 우리가 그러한 설명이 합리적이라고 생각한다면, 그것은 엄밀히 말하자면 우리가 그의 생각이 아닌 그 이후의 사유의 방식으로 파르메니데스를 보고 있기 때문이다.

플라톤의 《국가》(*Republic*)에서 우리는 그 이후의 사유 양식으로 나아가는 방식에, 전적으로는 아니지만 어느 정도 관여하게 된다. 대화편 제5권에서 플라톤은 철학자들과 '본 것들과 들은 것들을 사랑하는 사람들'을 구별한다. 정확하게 구별의 근거가 무엇인지는 논쟁의 여지가 있다. 플라톤은 이 구별을 지식과 억견 혹은 믿음 간의 구별과 관련시킨다. 여기서 지식은 '있는 것'과 관련되어 있고 믿음은 '있는 것'과 '있지 않은 것' 사이에 있는 것과 관련이 있다. (파르메니데스의 주장을 되풀이하고 있음이 아마 분명할 것이다.) 제6권과 제7권 끝에 설명되어 있는 태양, 선분, 동굴의 연속적인 비유들에서 '믿음'은 감각-지각과 동등하다는 것이 명백해진다. 태양과 선분의 비유들은 태양과 지성 간의 유사점들과 지성과 감각들 간의 대조를 제공한다. 동시에 그것들은 지성이 우리에게 밝힌다고 이야기되는 것과 감각이 우리에게 말하는 것 간의 유비 관계를 제공하는데, 이것은 실재성의 정도에 관한 이론, 즉 선분의 비유에 의해 제공된 스케일의 밑바닥에 있는 어떤 종류의 모상들과 꼭대기에 있는 형상들에 관한 이론과 결합된다. (대강 말하자면 형상들은 감각적인 것들을 보는 기준으로서 기능하지만, 본성상 일반적이며 보편자들을 구성하는 이상적 존재자들이다.)

나는 실재성(reality)의 정도에 관한 이론을 어떤 것들이 어떠한 이유로 그것들의 지위 면에서 다른 것들보다 덜 완전하거나 또는 덜 독립적이며, 그러한 이유로 그러한 다른 것들보다 덜 실재적이라고 생각하게 할 수 있는 이론이라고 생각한다. 이러한 이론은 결국 마지막 비유—동굴의 비유—에서 예증된다. 이 비유에서 플라톤은 교육의 과정으로서 단순한 모상들로부터 형상들로의 상승 과정에 대한 설명을 유비 또는 비유의 형태로 상술한다. 우리는 설명을 시작하는 부분에서 교육에 관한 '우리의 상태'가 동굴 안에 묶여서 동굴의 벽에 있는 그림자들만 볼 수 있는 죄수들의 상태라는 이야기를 듣는다. 이 그림자들은 사물들이 그들 뒤에 있는 담을 따라 움직일 때 불빛에 의해 생겨난다. 그 비유는 우리의 상태가 모상들 또는 단순한 현상들에 제한된 경험을 가지고 있으며, 그러므로 그것만이 존재하는 전부라고 생각하는 사람들의 상태를 말하는 것으로서 쉽게 해석된다.

그럼에도 불구하고 플라톤은 소위 감각적 세계가 단순한 현상이라고 말하지는 않는다. 그는 감각적 세계가 어떤 의미에서는 형상들보다 덜 실재적이라는 것을 함축하며 동굴의 비유에서 그는 우리의 상태가 그림자나 모상 또는 현상들만이 존재한다고 생각하는 사람의 상태와 비슷하다고 말한다. (그리고 그 이후의 대화편인 《테아이테토스》(*Theaetetus*)편에 의해 판단하건대 프로타고라스(Protagoras)는 사실 사물들이 실제로 그러한 방식으로 있었다고 말했다.) 그러나 플라톤은 감각 세계와 감각들이 우리에게 말하는 것을 단순한 현상이라고 말하지는 않았다. 더욱이 그가 말한 것으로 내가 이야기했던 것 속에 포함된 어떤 것도 그가 말했다고 믿을 만한 충분한 이유를 제시하지 못한다. 플라톤의 비유들은 감각-지각의 형태와 유비를 제공한다. 그것들은 감각-경험이 단순한 현상들에 제한된다는 논제를 구성 부분으로써 가지는 감각-지각의 어떠한 이론에 기초하여 만들어지지 않았다.

심지어 플라톤이 전해주는 것처럼 모든 것이 어떤 사람에게 보이는 대로 있거나 또는 나타나는 대로 있다고 하는, 프로타고라스의 이론조차 그렇지 않다. 플라톤은 프로타고라스의 이론을 강화하기 위해서 그것을 지각에 관한 어떤 설명과 관련시킨다. (인과 과정들에 관한 어떤 개념들을 도입하는) 그 설명은 결과적으로 우리가 사물들을 그것들이 본래적으로 있는 그대로 지각하는 것이 아니라 오히려 그것들이 감각-기관들과의 상호 작용의 결과로서 나타나는 대로 지각한다는 논제를 가진다. 그러나 그것은 엄밀히 말하자면 우리가 현상들의 영역을 감각-지각에 제한시킨다는 것을 함축하지는 않는다. 우리가 지각하면서 어떻게 사물이 우리에게 보이거나 나타나는가에 관해서만 알게 된다고 말하는 것은 본질적으로 지각의 대상들만이 현상들이라고 말하는 것이 아니다.[2] ('현상들' *ta phainomena*로 적절하게 번역된다고 생각될 수 있는 그리스의 구문이 문자 그대로 '나타나고 있는 것들' 또는 '보이는 것들'을 의미한다는 것에 주목할 만한 가치가 있을 것이다. 그 그리스어 구문 속에 사물들에 대한 단어, 즉 정관사의 중성 형태가 없다 할지라도, 나타나거나 또는 보이는 것이 사물들이라는 것을 함축한다.)

최소한 감각-지각이 현상들에 제한된다는 논제와 경험이 직접적으로 접근할 수 있는 현상들의 독자적인 영역이 있다는 논제는 관념론(idealism)을 가능한 논제로 만드는 어떤 것이 출현할 때까지 출현할 수 없다고 논할 수 있다. 이러한 어떤 것은 데카르트의 이원

---

2) 그러나 그것은 감각-자료 철학자들(sense-datum philosophers)이 종종 선택한 조처였다. 예를 들어 A. J. Ayer(ed), *The Problem of Knowledge* (Harmondsworth: Penguin, 1956), 96면을 보라. 나의 책 *Theory of Knowledge* (1971), 164면 이하와 *Sensation and perception* (1961), 174면 이하를 참조하라.

론에 기초를 두고 있는 것이다. 즉 이것은 우리가 신체 및 신체적인 것과 관련하여 접근할 수 있는 것보다 우리의 정신에 좀더 직접적으로 접근할 수 있으며, 그것이 더 명석 판명한 관념을 갖는다는 논제이다.[3] 이러한 견해에서는 감각-지각을 할 때 우리가 직접적으로 접근할 수 있는 것은 기껏해야 사물들에 대한 표상들이거나 정신적 표상들이다. 관념론은 우리가 알 수 있는 모든 것(따라서 우리가 알고 있는 것이 구성할 수 있는 모든 것)은 그러한 표상들이나 관념들이라는 논제를 포함한다는 점에서 그렇게 불린다.[4] 여하튼 현상의 독자적인 영역을 전제하는 현상과 실재 간의 완전한 구별은 현상들의 독자적인 영역의 개념이 의미 있다는 전제에 의존한다. 결국 관념론으로 이끄는 사유가 그러한 의미를 제공하는 것처럼 보인다. 왜냐하면 그것은 우리가 직접적으로 접근할 수 있는 것은 실재적인 것들이 아니라 단지 우리의 마음속에 있는 그것들의 표상들이며, 따라서 그러한 실재적인 것들과 비교하자면 그것들의 현상들일 뿐이라는 것을 함축하기 때문이다. 관념론 자체는 단순히 우리가 이러한

---

3) M. F. Burnyeat, "Idealism and Greek philosophy: Descartes saw and Berkeley missed", 이것은 G. N. A. Vesey (ed), *Idealism Past and Present* (Cambridge: C. U. P., 1982), 19~50면에 수록되어 있다.

4) 18세기와 19세기의 언어 용법에서 '관념'이라는 용어는 '개념'(concept)뿐만 아니라, 말하자면 어떤 것에 [관한] 정신적 항목도 의미한다. 또한 소위 플라톤의 관념론이 우리가 지금 살펴보고 있는 관념론과 아주 다른 것이라는 것은 주목할 만하다. 그것은 감각적인 것들, 즉 지각의 대상들은 이데아들이나 형상들, 즉 이미 언급되었으며 플라톤에 의해 요청되었던 이상적 존재자들에 의해 설명된다는 의미를 가진 이론이다. 그리스어로 'idea'는 정신 속에 있는 관념과 연관지을 필요가 없다.

방식으로 직접 접근할 수 있는 것만이 존재한다는 논제에 덧붙여진다.

그러므로 요약하자면 데카르트의 정신적인 것과 신체적인 것 간의 구별은 아마도 처음에는 우리가 그것들에 접근하는 방식들간의 차이에 의해 이루어졌겠지만, 실재와 구별된 것으로서 현상들의 영역을 인정하기 위한 기초를 제공했다. 최소한 이러한 문맥에서는 현상의 독자적인 영역에 관한 개념이 의미가 있다. 왜냐하면 현상들의 인식론적 지위를 가지고 있는 관념들이나 표상들을 포함하는 정신적인 것 자체가 독자적인 영역을 구축하고 있기 때문이다.

만일 그것이 옳다면, 이원론과 우리가 단지 정신에만 직접적으로 접근할 수 있다는 생각은 독자적인 영역들로서 현상과 실재 간의 구별에 기초한 형이상학에서 본질적인 요소들을 이룬다. 만일 우리가 플라톤이나 파르메니데스의 견해와 같이, 그러한 개념들이 적용되지 않는 이론들을 이러한 용어들로 말한다면, 그것은 그것들이 적용되는 이론들로부터 나온 전혀 합리적이지 않은 단지 확장된 해석에 의한 것일 수 있다. 그러므로 엄밀히 말하자면 그러한 형이상학의 이론들에 대한 평가는 이원론과 우리가 단지 정신적 표상들에만 직접적으로 접근할 수 있다는 생각 전체에 대한 검토를 전제해야 한다. 나는 후에 제8장에서 좀더 일반적인 맥락으로 이원론을 논의할 것이다. 여기서 강조할 필요가 있는 것은 데카르트의 이원론에서는 구별된 본성들을 가진 두 가지 종류의 것들 사이의 구별이 우리가 물리적인 것에는 할 수 없는 방식으로 우리 자신의 정신 상태들에 직접적으로 접근할 수 있다는 인식론적 주장과 분리될 수 없다는 것이다. 그래서 정신적인 것은 소위 특권적인 접근 방식을 포함한다. 그것은 현재 여러 방향에서 전격적인 비판에 부딪치지만 여전히 영향력 있는 주장이다. 왜 그것이 표현되기 위해 데카르트에 이르기까지 기다려야 하는지 그리고 왜 데카르트가 그것을 표현하게 되었는지는 흥미로운 역사적 문제이다. 그러나 아마도 그것에 대한 확신 있는 대답을 제공하지는 못할 것이다. 그렇지만 그것은 이제 우리가 관심을 가질 필요가 없는 문제이다.

일단 우리가 단지 정신적인 것에만 직접적으로 접근할 수 있다고 생각된다면, 그것은 정신적인 것이 어떤 형태로 유일한 실재를 이룬다는 논제로 가기 쉬운 단계일 것이다. 왜냐하면 내가 이러한 맥락에서 **직접적인** 접근 방식에 관해 이야기했지만, 바로 이 견해를 기초로 하여 어떻게 우리의 정신의 내용들 외에 다른 어떤 것에 대한 어떤 종류의 접근 방식이 있을 수 있는지를 알기는 어렵기 때문이다. **표상** 개념에는 이러한 정신적 표상들이 나타내는 어떤 것이 있어야만 한다고 생각하게 하는 매력적인 제안들에도 불구하고, 우리를 소위 정신적 표상들로부터 그 밖의 어떤 것에 이를 수 있게 하는 추론의 원리는 무엇인가? 그러므로 특히 버클리같이 경험주의적인 정신을 가진 사람이 관념들을 넘어서는 실재를 부인하는 것은 당연하다.

그럼에도 불구하고 데카르트의 이원론의 중심 생각들을 손상시키는 것은 어떤 것이든지 실제로 관념론도 손상시킨다. 왜냐하면 후자는 전자에 의존하기 때문이다. 만일 감각의 개념과 일반적으로 정신의 개념은 공적인 이해를 할 수 있을 때에만 그리고 삶의 공적인 형식들을 공유할 때에만 주어질 수 있다는 비트겐슈타인의 주장에 타당성이 있다면, 이것은 관념론을 손상시킬 것이다. 왜냐하면 그것은 공적인 지시 구조(a public frame of reference)의 존재는 바로 관념론이 의존하는 용어들을 사용하려는 시도 속에 전제되어 있다는 것을 지시하기 때문이다. 그러므로 관념론은 그것이 부인하려고 하는 (만일 쇼펜하우어가 주장하는 것처럼 세계가 나의 표상이라고 주장한다면 일관성 있는 관념론이 부인해야 하는 것처럼) 바로 그것─공적인 지시 구조─을 전제한다. 사실 관념론과 동일한 지시 용어들을 받아들이면서 데카르트를 따르는 많은 철학자들은 이와 비슷하게 공공성(publicity)에 대해 선결 문제 질문의 오류를 범한다는 비난을 받을 수 있다. 왜냐하면 데카르트의 관점이 포함하고 있는 본질적인 자기 중심주의(결국 유아론)에도 불구하고, 그와 그의 생각과 비슷한 사람들은 단순히 나에게 유효한 것이 다른 사람들에게도 유효하다고 가정하기 때문이다. 예를 들어 쇼펜하우어가 '세계는 나의 표상'이라고 말할 때, 그것을 주장하는 방식이 함축적인 것처럼 보임에도 불구하고, 그는 '나에게 표상인 것은 다른 사람들에게도 그럴 수 있다'고 여전히 가정한다. 칸트에 대해서도 '나에게 참인 것이 모든 사람들에게 참'이라는 것을 보여준다고 그가 인정한 프로그램에도 불구하고 동일한 것이 이야기될 수 있다.

만일 비트겐슈타인과 같은 현대 비판가들이 옳다면 (나는 그들이 옳다고 생각한다), 관념론은 어떠한 비정합성을 포함하고 있으며, 이러한 이유로 실패할 수밖에 없는 것이다. 그러나─내가 말해 왔던 것을 요약하자면─근본적으로 잘못된 것은 그것 배후에 있는 생각, 즉 우리는 단지 관념들이나 정신적 표상들에만 직접적으로 접근할 수 있다는 데카르트에 의해 도입된 생각이다. 왜냐하면 이것들은 공적인 대상들과 물리적 대상들의 실재성을 이루고 있지 않기

때문에, 단지 현상들의 영역으로 생각될 수 있기 때문이다. 관념론
은 이로부터 나왔다. 또한 우리가 관념들을 넘어서는 어떤 것에도
접근할 수 없기 때문에 우리가 정당하게 가정할 수 있는 유일한 실
재는 그러한 관념들, 즉 현상들 자체들이라는 부가적인 생각도 마찬
가지다. 나는 이 점에서 관념론 자체가 현상과 실재의 형이상학의
가능성의 필요 조건이라고 말하는 것이 아니라, 이러한 방식으로 관
념론으로 이끌어가는 사유의 구조가 그러한 종류의 형이상학의 필
요 조건이라고 말하는 것이다. 실제로 아무리 일관성이 없을지라도
관념론은 데카르트적인 기반 위에서 현상과 실재 간의 구별을 채택
하는 사람에게는 유일하게 합리적인 입장이라고 말해질 수도 있을
것이다.

그러나 관념론을 위해 끌어들였던 긍정적인 사유의 종류들을 검
토하고, 그것의 상대편인 실재론에 포함되어 있는 것을 알려고 하는
것이 바람직하다. 그것은 내가 이 장의 나머지 부분에서 하려고 하
는 것이다.

제2절 관념론을 옹호하는 논의들

고전적 관념론의 기본적인 토대는 내가 제시했던 것처럼 일단 데
카르트적인 이론 체계가 제시된다면 다른 어떤 견해도 실제로 가능
하지 않다는 생각 속에 있다. 나는 나 자신의 관념들이나 표상들에
갇혀 있다. 표상 개념에 대한 상식적인 생각은 이와 다르게 제시될
수 있다. 왜냐하면 최소한 여러 사례들을 살펴본다면 표상들은 표상

들로 나타나게 하는 것에 의하여 생긴다고 생각하는 것이 당연하지 않는가? 그러한 관점으로 본다면 관념론이 말하고 있는 실재는 바로 현상이다. 실재 자체는 배후에 놓여 있다. 그러한 사유 노선은 적절하게 말하자면 관념론자가 아닌 데카르트와 로크에서뿐만 아니라, 후기-칸트적 관념론자들에게서도 발견된다. (그리고 나는 다음 부분에서 이들에 대해 고찰할 것이다.) 그것은 아무리 부분적이라고 해도 상식에 대한 승인을 포함하고 있다. 또한 현상과 실재의 형이상학을 통해 한편으로는 순수한 관념론을, 다른 한편으로는 상식을 향한 한 쌍의 견인력들을 발견할 수 있다고 공정하게 이야기될 수 있다. 그럼에도 불구하고 내가 제시했던 것처럼, 관념론은 단지 정신에 대해서만 직접적으로 접근할 수 있다고 전제하는 사유 노선을 받아들이는 사람에게는 유일하게 합리적인 주장이라고 이야기될 수 있다.

그러나 우선 관념들과 표상들에 대한 전제를 받아들이는 데 어떠한 독자적인 이유들이 있는가? 우리는 로크와 버클리로부터 가장 분명한 이유에 대한 견해를 얻는다. 색깔, 맛, 따뜻함과 같은 소위 제2성질들의 관념의 지위 또는 관념-의존성(idea-dependence)과 주관성(subjectivity)에 대한 로크의 논증들은 대상들의 이러한 성질들에 관한 우리의 지각의 상황-의존성(circumstance-dependence)에 의해 결정된다. 대상들이 가진다고 보여지는 색깔은 조명에 따라 변하며, 그것들의 맛은 마치 아몬드가 기계 속에서 부서질 때 맛의 변화가 있는 것처럼 그것들을 경험하는 것에 의존하는 한편, 대상들이 가졌다고 지각되는 따뜻함은 그것들로부터 떨어진 우리의 거리에 따라 변한다. 로크는 이러한 고찰들이 색깔, 맛, 온도가 사물의 실재적인 성질들일 수 없다는 것을 보여준다고 생각했다. 나아가 버클리는 동일한 또는 비슷한 고찰들이, 로크의 제1성질들에 해당하는 크기 및 모양과 같은 사물들의 다른 성질들에 대한 지각에도 적용된다고 지적함으로써 그 문제를 일반화시킨다.

쇼펜하우어는 관념론에 대한 일반적 논의를 하는 과정에서 이와 비슷한 고찰들에 의거하고 있는데, 그는 모든 성질들에 대한 지각은 뇌에 의존하며, 따라서 뇌의 산물들이라고 주장한다. 우리가 사물들의 객관적 성질들을 지각하는 것이 아니라 단지 그러한 조건들의 산물들만을 지각한다는 것은 사실상 다양한 것들에 대한 지각이 어떤 조건들―이것들은 지각자의 뇌에 대한 조건들을 포함한다―의 만족에 의존한다는 확실한 사실로부터 따라 나오지는 않는다. 모든 지각은 조건들에 지배받는다. 만일 우리가 지적하는 조건들이 지각의 객관성에 대한 주장을 손상시킬 만큼 특별하다는 제안이 그럴 듯하다면 우리는 더 논의할 필요가 있다.

로크와 버클리는 이러한 형태의 지각을 고통과 같은 경험들처럼 주관적인 경험으로 특징짓기에 독립적이고 더 좋은 이유가 있는 그러한 경험들과 같게 함으로써 이러한 부가적인 논증을 제공하려고 시도한다. 이러한 경험들은 일반적으로 세계에 관한 객관적 지식을 제공하는 것으로 다루어지지 않거나, 또는 최소한 그러한 경험들 자체로 간주되지도, 또한 특히 그러한 종류의 경험들을 산출하는 것과 같은 다른 정보와의 관련없이는 다루어지지 않는다. 예를 들어 로크는 어떤 사람이 따뜻함, 즉 불에 의해 만들어지는 느낌이 불 속에 있다고 가정하는 동시에 똑같이 불에 의해 만들어질 수 있는 고통이 불 속에 있지 않다고 가정해야 하는 이유를 묻는다. 버클리도 강한 열의 느낌은 고통의 느낌과 구별될 수 없다고 지적한다.[5] (이 논의는 고통이 어떠한 강한 형태의 자극의 산물이라고 주장했던 아낙사고라스[Anaxagoras]에게로 되돌아가는 논의이다).

이러한 근거들에서 고통들이 단순한 감각들인 것과 마찬가지로 소위 대상들의 다른 성질들에 관한 지각들도 그렇다는 것을 추론할 수 있다. 따라서 어떠한 형태의 지각에서도 객관적인 것은 아무것도 없다. 우리가 알고 있는 모든 것은 감각들이다. 만일 버클리가 주장한 것처럼, 감각들이 '정신을 가지지 않은 사물들'(things without the mind)에 관한 것처럼 보인다면 그것은 단지 현상(appearance)이다. 우리가 실제로 알고 있는 것은 표상(아마도 칸트와 다른 독일 철학자들의 특징을 나타내는 용어를 사용하자면—Vorstellungen)이다. 그러나 버클리가 받아들인 엄격한 관념론의 견해로는 표상되는 것은 아무것도 없다. 결국 지각들(perceptions)은 인상들(images)과 유사하게 된다. 이미지들은 주관적 지위에서는 감각들과 비슷하지만 최소한 그것들이 어떤 것의 존재로서 있다고 말하는 것이 의미 있다는 점에서 아마 표상적일 것이다. 관념론자들은 우리가 그러한 표상들 외에 아무것도 알지 못하기 때문에 그것들이 존재하는 모든 실재라고 결론내린다.

이러한 논증들 중 어떤 것도 타당하지 않다. 그것들의 형태는 점

---

5) J. Locke, *Essay Concerning Human Understanding*, II. 8. 16; G. Berkeley, *Three Dialogues between Hylas and Philonous*, I (Everyman edition, 203ff). ＊ 옮긴이 주: 버클리의 책은 《하일라스와 필로누스의 세 가지 대화들》(한석환 옮김)로 번역되어 나와 있다.

진적인 유사(progressive assimilation)의 형태이다. 예를 들어 고통과 같은 어떤 것은 주관적 경험의 원형(prototype)으로 간주된다. 그것은 어떤 조건들이 만족되었을 때에만 일어나기 때문에 다른 형태의 경험들도 어느 정도까지는 비슷한 조건들이 그것들을 발생시키는 데 필수적일 때, 그것과 유사하게 된다. 그러나 그것은 그 논증을 유비 논증으로 만들며, 유비 논증이 좋은 만큼 좋은 것이다. 이러한 개별적인 논의들은 유사성들을 강조하며 차이에 관심을 기울이지 않는다. 예를 들어 고통의 감각들과 순수한 지각들은 서로 유사하기 때문에 뇌의 과정들과 다른 생리학적 과정들이 일어나야 한다는 것은 참이다. 두 가지 경우 모두 외적인 자극이 있거나 또는 있을 수 있다. 그러나 그러한 사실들은 생리학적 과정들의 본성과 자극의 특성 안에 있는 가능한 차이들을 설명할 수 없다. 다른 말로 하면 감각과 지각의 두 경우들 간에는 유사성들뿐만 아니라 차이들도 있다. 우리가 이것들을 살펴볼 때 유비는 도출된 결론을 지지하기에 충분하지 않다는 것이 명백해질 것이다.

동일한 맥락에서 쇼펜하우어는 흥미를 일으킬 만한 또 다른 부정적인 논증을 끌어들인다. 이것은 객관적 성질들을 가진 객관적 세계가 그것들을 지각하는 지각자들 또는 의식적 존재들이 존재하든지 또는 존재하지 않든지 간에 확실히 존재할 것이며, 따라서 이것은 정신들과 독립된 실재를 함축할 것이라는 분명한 반대-논증(counter-argument)처럼 보이는 것과 충돌한다. 쇼펜하우어는 (《의지와 표상으로서의 세계》(*The World as Will and Representation*) 제2권 제1장) 객관적 세계가 그것을 알고 있는 존재자들이 있든지 또는 없든지 간에 존재할 것이라는 가정이 내적으로 모순을 포함한다고 주장한다. 왜냐하면 만일 우리가 이 가정에 실제적인 의미를 주려고 한다면 우리는 우리가 가정하려는 것과 정반대되는 것을 전제하고 있다는 것을 깨달아야 하기 때문이다. 왜냐하면 문제의 객관적 세계 는 만일 관념이 어떤 실재적인 내용을 가지는 것이라면 최소한 어떤 알고 있는 존재자, 즉 그것을 가정하려고 하는 사람을 포함해야 하기 때문이다. 현재로는 그 논의는 나쁜 것이다. 인식자가 존재하지 않고서는 세계를 인식할 수 없다는 사실로부터 문제의 인식자가 인식된 세계의 일부이어야 한다는 것이 따라 나오지는 않는다. 즉 알고 있는 자의 존재는 생각되는 것의 내용의 일부가 아니다. 그럼에도 불구하고 쟁점이 되고 있는 더 근본적인 점이 있다. 그것은 실재 개념이 적용되는 조건들과 독립적으로, 실재 개념에 어떤 의미가 주어질 수 있는가의 문제이다. 그것은 결국 실재론과 반-실재론 (anti-realism) 간의 최근의 논쟁 속에 포함되어 있는 쟁점이다. 이것은 마이클 더밋(Michael Dummett)의 후자에 관한 옹호에서 도출된다. 나는 이 장의 마지막 부분에서 그 문제로 돌아갈 것이다.

　내가 개괄했던 논증들에 대한 고찰로부터 나타난 것은 거기에 관념론으로 향해 나아가는 또는 최소한 그것의 반대인 실재론을 거부하는 두 가지 일반적 유형의 논의가 있다는 것이다. 첫번째 유형의 논증은 감각-지각의 특징들에 근거한다. 이것은 감각-지각을 감각과 유사하게 만들거나 또는 결국 데카르트적인 이원론의 전형을 따라 사적인 정신적 존재자들(private mental entities)의 발생과 유사하게 만드는 방식으로 해석할 때 일어난다. 그러나 그것만으로는 관념론을 유지하기에 충분하지 않다. 우리가 감각-지각을 통해 알고 있는 것만이 실재를 구성한다는 전제도 필요하다. 그렇다면 감각-지각

(sense-perception)이 감각과 비슷한 경우에 그런 것처럼 만일 우리가 감각-지각의 범위 안에서 알고 있는 것이 단지 경험들 자체라면 어떤 정신에 내재적인 것을 제외하고는 어떤 실재도 있을 수 없다는 사실이 따라 나온다. 보다 상식적인 관점에서 보자면 마지막 언급은 현상들이나 표상들로서 특징지워질 수 있기 때문에 이러한 관점으로부터 실재 자체는 단지 현상들이나 표상들로 환원될 수 있다고 이야기될 수 있다. 이것은 관념론을 주장하는 한 가지 방법이다.

이러한 논증의 모든 단계에 결점이 많이 있다는 것은 명백하다. 어떤 경우라도 표상들과 그것들이 표상하는 것 간에 구별이 있어야만 한다고 생각하는 사람은 실재와 현상을 다시 구별하며, 따라서 이 점을 논박하기 위해 관념론자들은 두 번째 유형의 논증에 의거해야 한다. 이것은 결국 표상들과 그것들이 표상하는 것 간에 구별이 있어야 한다는 것을 명확히 말하고 있는 것이다. 그러나 우리가 직접 접근할 수 있는 모든 것은 우리가 표상들이라고 불렀던 것이기 때문에 표상들 자체에 의해 설명될 수 있는 것이라는 점을 제외하고는 어떠한 의미도 그것들이 표상하고 있는 것에 덧붙일 수 없다. 따라서 만일 현상과 실재를 그래도 구별하기 원한다면 표상되는 것을 위한 유일한 자리는 현상들 또는 표상들 자체 내에 있다.

이러한 마지막 유형의 논증은 결국 검증주의적이다. 즉 그것은 세계에 대한 주장들이 갖는 의미가 경험에 의해서만 검증될 수 있는 것에 의해 상술될 수 있어야만 한다고 전제한다는 점이다. 우리가 그러한 고찰에 관해 무엇을 생각할 수 있든지 간에 만일 이러한 용어들로 표현된 논증이 관념론을 낳는다면 그것이 명시적이든 또는 묵시적이든 간에 강조할 것은 우리가 직접 접근할 수 있는 유일한

것은 경험들 자체이며 이것들은 데카르트적인 유형에 근거하여 본
래적으로 정신적인 것으로 해석되어야 한다는 전제를 포함해야만
한다는 것이다. 실재론에 대한 현대의 반론의 형태들은 더 정교한
데, 특히 그것들이 의미나 유의미성의 조건들을 다루는 점에서 그러
하다. 그러나 이것은 내가 관념론을 옹호하는 데 중요하다고 지적했
던 부가적인 전제이며 이것이 만일 관념론이 두 가지 유형의 논증
들로부터 추론되는 것이라면 논증들에 필수적이기 때문에, 검증주의
자들의 입장에서 실재론에 대한 일반적인 반대가 곧장 관념론(이것
은 그 부가적인 전제를 필요로 한다)으로 이끌어갈 필요가 없다는
것은 명백해 보인다. 그래서 실재론에 대한 다른 형태의 반대가 불
필요한 방식으로—실재론 자체는 단지 논의를 위해 정신과 독립적
이며 의식적인 존재들과 독립적인 실재가 있다는 견해로서 정의된
다—관념론은 데카르트의 이원론에서 전제되었던 사유의 종류에
의존한다. 실재론으로의 유인력은 존재하는 것이 단순히 우리 자신
의 정신들 안에 있는 것보다 확실히 더 많다는 상식적인 반론에서
나온다. (또한 그것은 아마 내가 이전에 언급했듯이 실재론과 같은
어떤 것이 유효하지 않다면 관념론이 도출되는 사유의 종류가 표현
조차 될 수 없다는 좀더 정교한 사유로부터 나왔을 것이다.)

제3절 초월적 관념론

존재하는 것이 단순히 우리 자신의 정신들 안에만 있는 것보다
더 많다는 생각은 버클리의 생각처럼 보다 주관적인 형태들의 관념

론에 대한 칸트의 반작용들 속에 함축되어 있다. 역사적 사실의 문제로서 심지어 버클리조차도 조건부적인 관념론자이다. 왜냐하면 그는 지금 일어나고 있는 것과 같은 관념들을 유지하기 위해 하나의 관념 자체 또는 관념들을 구성하지 않는 어떤 것—우리의 정신들이나 또는 신, 즉 버클리가 '혼들'(spirits)이라 불렀던 것—이 있어야 한다고 생각했기 때문이다. 따라서 그에게는 관념들이나 표상들과 떨어져 있는 어떤 것이 있다. 그러나 그는 물리적 의미에서 실체가 있다는 것을 받아들이지 않았다. 왜냐하면 그는 우리가 우리 자신과 신에 관한 '개념들'을 가지고 있긴 하지만 경험 속에 있는 어떤 것도 그러한 생각을 만족시킨다고 생각하지 않았기 때문이다. 흄은 그러한 점에서 훨씬 더 극단적이었다. 그에게는 인상들(impressions)과 관념들(ideas) 외에는 아무것도 없다. 흄은 인상들(impressions)과 단순 관념들(mere ideas)을, 그것들이 어떤 것에 관한 것인가에 의해서 구별하려고 한 것이 아니라 (왜냐하면 엄밀히 말하자면 그것들은 어떤 것에 관한 것도 아니기 때문이다) 관념들과 비교하여 인상들의 명료성(clarity)과 생생함(vivacity)에 의해서 구별하려고 한다. 버클리는 사실 지각 관념들의 강도(strength)와 생동감(liveliness)뿐만 아니라 그것들의 수동성(passivity)에 호소함으로써 비슷한 작업을 하려고 노력했다. 그러나 사실상 다른 경험들과 비교하여 어떤 일련의 경험들의 상대적인 명료성이나 생동감과 같은 어떤 성질도 실재적인 것과 현상인 것 간의 명료하고 명확한 구분을 제공하는 데 적절한 것 같지는 않다. 왜냐하면 후자의 구별은 절대적인 것인 반면에, 전자의 구별은 단지 상대적이기 때문이다.

　이러한 철학자들과 비교해서, 칸트는 실재를 경험으로부터 구별시키고 또한 경험 너머에 있는 것―그가 '물자체'라고 부른 것―으로 놓을 정도로 계속해서 실재론을 향해 나아간다. 만약 칸트가 그렇게 한 이유를 대답해보라고 한다면 우리는 단지 경험들이 어떤 것에 근거를 두어야만 한다는 것, 즉 왜 경험들이 그러한 형태를 가지는지가 아니라 도대체 왜 경험들이 있는지에 대한 어떤 이유가 있어야만 한다는 생각을 지적할 수 있을 뿐이다. 그러한 근거가 필연적으로 경험의 범위 너머에 놓여 있기 때문에 칸트는 우리가 그것에 관해 더 이상 말할 어떤 토대도 가지고 있지 않다고 생각한다. 따라서 물자체의 본성은 우리가 그것에 대해 어렴풋하게도 알 수 없는 어떤 것이다. 따라서 물자체의 개념은 그것에 대해 기껏해야 일련의 부정적인 특징들만 적용할 수 있는 제한적인 개념이다.

그럼에도 불구하고 칸트는 경험 속에서, 즉 현상들이나 또는 표상들 속에서 현상과 실재를 구별할 수 있다고 생각한다. 이것은 경험의 내용에 관한 평가가 판단을 포함하고, 그리고 여기에 칸트가 직관들 (이러한 경우에는 감각적 직관들 또는 감각의 경험들)이라 부른 것을 개념들하에 가져오는 것이 포함되어 있다는 사실에 의해 가능하게 된다. 더욱이 칸트는 객관적인 것들을 지배하는 오성의 어떤 원리들을 언급함으로써 판단들 안에서 객관적인 것들을 단순히 주관적인 것들로부터 구별할 수 있다―이것은 그의 중요한 업적들 중 하나이다―고 생각한다. 또한 이보다 더 나아가 칸트는 어떤 판단들을 주관적인 것으로 규정할 수 있다는 사실이 다른 판단들을 객관적인 것으로 받아들일 수 있는 것을 전제한다는 것을 증명할 수 있다고 생각한다. 이것에 대한 논증은 내가 이전에 비트겐슈타인이 주장한 것으로 언급했던 논증이 아니다. 왜냐하면 칸트는 경험의 해석에서 어느 정도까지는, 즉 그러한 종류의 인식론적 장치를 인정한다는 범위에서 데카르트의 지시어들 안에서 여전히 작업하기 때문이다. 어느 경우라도 '범주들의 선험적 연역'(Transcendental deduction of the categories)과 '관념론 반박'(Refutation of idealism)에서 발견되는 칸트의 논의의 타당성에 관한 진정한 논박이 있을 수 있다.

만일 칸트의 논증이 타당하다면 (그리고 칸트가 데카르트적인 지시어들로 작업한 것에 대해 내가 말했던 것이 가능하다면, 그가 데카르트의 철학을 많이 거부했다고 할지라도 최소한 이것은 매우 의심스럽다), 그것은 철학적으로 중요한 것일 것이다. 여기서 도달한 입장은 칸트가 '초월적 관념론'(transcendentale idealism)이라고 불렀던 것이다. 경험의 관점에서 본다면 관념론은 타당하다. 비록 경험이 접근할 수 없는 것들을 넘어서는 물자체들의 실재가 실제로 있을지라도 우리는 표상들에 제한받는다. 그럼에도 불구하고 두 가지 형태의 판단들로 표현된 것처럼 더 나아가 경험 속에서 객관적인 것과 주관적인 것을 구별할 여지가 있다. 따라서 경험 안에는 실재와 현상 간에 또 다른 구별이 있다. 우리가 일상적으로 있다고 여기는 객관적인 세계는, 칸트가 생각하기로는, 경험적으로 실재적이지만 초월적으로는 관념적이다. 경험의 관점으로부터 상상력(imagination)의 산물과 같은 단순한 주관적 경험들과 비교하자면 그러한 세계는 실재적이다. 그러나 아무리 판단 속에서 구성되었다 할지라도, 그것은 여전히 표상들의 문제이기 때문에 물자체들과 비교하자면 그 세계는 관념적이다.

칸트가 한 것처럼 어떻게 초월적 관념론에 대한 작업이 관념론 반박을 포함할 수 있는가? 칸트가 반박하려는 것은 버클리 식의 관념론이며, 그 자신의 관념론은 특히 다음과 같은 두 가지 방식에서 버클리의 관념론과는 다르다. 우선적으로 칸트에 따르자면 관념들이나 표상들만 있는 것은 아니다. 즉 물자체들(things-in-themselves)도 있다. 따라서 현상과 실재 간의 구별은 단순히 경험들 자체의 성격들간의 상대적 차이들에 의지하지 않고도 주장된다. (버클리에게도 관념들 이상의 것, 즉 혼들[spirits]도 있다고 반박될 수도 있다. 그러나 칸트에 따르자면 버클리가 혼들이라고 하는 자아들[selves]은, 버클리 식으로 다룬다면 비록 유일한 것들이라고 할 수는 없지만 물자체들이다.) 둘째, 칸트의 판단에 관한 이론과 판단이 포함하는 원리들에 관한 이론은 추측하건대 단지 표상들 자체의 상대적 성격의 문제만은 아닌, 경험 내부에 있는 객관적인 것과 주관적인 것 간의 구별을 가능하게 해준다. 따라서 우리가 이론으로서 초월적 관념론을 무엇이라고 생각하든지 간에, 그것은 버클리가 주장하는 관념론과 아주 다른 논제가 된다.

우리는 칸트가 두 세계 중에서 더 좋은 세계를 가지기를 원한다고 제시할 수 있다. 그는 확실히 (비록 그가 그렇게 하는 것이 당연할지라도) 자신의 선배들로부터 물려받았던 데카르트의 지시어들로부터 시작했다는 이유로 비판받을 수 있다. 아마도 이것이 현대 철학자들이 하는 가장 명백한 비판일 것이다. 여전히 동일한 데카르트의 유산을 물려받은 칸트의 직접적 계승자들에게도 실제로 문제가 되는 것은 물자체들의 개념이었다. 쇼펜하우어는 (단지 하나의 물자체만 있을 수 있다고 논하면서) 물자체들과 의지(the will)를 동일시할 만한 적절한 이유가 있다고 생각했다. 그러나 일반적인 경향은 경험 내에서 객관적인 것과 주관적인 것을 구별하기 위한 건전한 기초를 제공함으로써 우리가 물자체들 없이도 초월적 관념론을 유지할 수 있는지를 아는 것이었다. 실제로 그것은 피히테(J. G. Fichte)가 밟아간 과정이다. 어떻게 그러한 지시어들로 그러한 시도가 성공할 수 있는지를 알기는 어렵다. 회의론자는 항상 비록 그러 그러한 원리들과의 일치가 객관적 판단 가능성의 필요 조건일지라도 충분 조건은 아니라고 응답할 수 있다. 심지어 칸트 자신의 경우에도, 객관적 관념론에 여지를 주기 위해 주관적 관념론을 반박하려는 시도로서 해석되고 있는, '관념론 반박'은 단지 우리가 어떤 것을 주관적이라고 부르는 사실이 객관적인 것의 개념을 우리가 가지고 있다는 것을 전제한다는 사실을 증명할 뿐이라고 주장될 수도 있다. 그것은 실제로 그 개념하에 포함되는 어떤 것이 있다는 것을 증명하지 못하고, 또한 어떻게 객관적인 것과 주관적인 것이 실제로 구별될 수 있는가도 증명하지 못한다. 모든 유비적인 논증에 관해서도 마찬가지일 것이다.[6]

제4절 절대적 관념론

헤겔과 그에게 영감을 받은 다른 철학자들이 지지했던 '절대적 관념론'(absolute idealism)은 또 다른 차원을 끌어들인다. 헤겔의 철

---

6) 그것은 '정반대'로부터 나온 논증의 형태이며, 이것에 대해서는 나의 책인 《인식론》(*The Theory of Knowledge*)의 16면 이하를 보라.

학적 체계는 지나치게 복잡하다. 그래서 그 체계에 포함된 관념론을 과소 평가하려는 어떤 사람들이 있다. 내가 그것에 대해 무슨 말을 하든지 간에 그것은 불가피하게 지나치게 단순화될 것이며 아마도 쉽게 이해될 수 없을 것이다. 그러나 그 안에 포함된 사유의 어떤 노선들은 주목할 만한 가치가 있을 것이다. 헤겔의 《정신 현상학》 (*Phenomenology of Spirit*)의 첫 절에서 경험 또는 경험이 있다는 사실이 어떤 의미에서 '주어진'(given) 것으로서 다루어진다는 것은 분명하다. (그리고 동일한 것이 브래들리의 《현상과 실재》 [*Appearance and Reality*]에서도 명백하다). 데카르트의 유산은 그러한 방식으로 서성거리고 있다. 그러나 헤겔은 칸트 자신이 배우기를 전혀 원하지 않았던 것을 칸트로부터 배웠다. 칸트의 견해에서 경험은 판단으로 표현될 수 있는 범위에서만 의미를 가진다. 차례로 그것은 경험 속에서 우리에게 주어진 표상들(representations)을, 즉 칸트가 직관이라 불렀던 것들을 개념하에 오게 한다. 그러나 칸트가 말한 것처럼 개념 없는 직관(intuitions without concepts)은 맹목적이다. 이것은 직관을 가진다는 사실이 내용을 가진 사유를 포함할 필요는 없으므로 옳다. 이러한 이유로 칸트가 개념이라고 부른 것도 필요하다. 그러나 표상들에 대한 전체 이야기는 다른 방식으로 제시된다. 왜냐하면 표상은 그것에 동일성을 주는 내용을 가질 때에만 분리된 동일성(a separate identity)을 가질 수 있기 때문이다.

헤겔은 진지하게 그 점을 다루었다. 그는 우리가 경험을 가진다는 사실을 자료로서 다룬다. 그러나 그러한 수단에 의해서는 어떠한 직접적인 감각-지식(sense-knowledge)도 있을 수 없다. 왜냐하면 우리는 지식을 개념들 속에 가져올 필요가 있기 때문이다. 그러나 그것은 어떤 것이 어떤 것 아래에 올 수 있는가를 결정할 수 있는 어떤 원리들이 있는가라는 문제를 제기한다. 경험이 어떠한 추정상의 개념하에 적절하게 올 수 있는지를 결정하는 것은 무엇인가? 그러한 어떤 원리도 경험 그 자체에 의해 제공되지는 않는다. 아마도 우리는 우리가 다른 개념들에서 그러한 원리들을 찾을 수 있지만 그렇게 되면 단순히 다른 문제를 제기한다고 생각할 수 있다. 《현상과 실재》제2장에서 브래들리가 적용한 예를 생각해보자. 우리가 설탕 한 조각에 관심이 있다고 말함으로써 '흰', '달콤한', '딱딱한'이라고 생각하는 합리적 근거를 제공하려고 시도해보자. 그 다음 '흰', '달콤한', '딱딱한' 등이라는 사유들(thoughts)을 설탕 한 덩어리에 대한 사유로 만드는 것은 무엇인가? 무엇이 첫번째 부류의 사유들을 두 번째 사유로 되도록 통합시키는가? 헤겔이 말하는 것처럼, 그것은 일과 다(one and many)에 관한 고대의 문제 — 어떻게 하나인 단일한 것이 여럿으로 나타날 수 있으며 그 역도 가능한가 — 를 제기한다.

헤겔은 힘(force)의 개념 — 대개 법칙 유사성(lawlikeness)의 개념 — 을 끌어들여서 그러한 문제를 풀려고 노력한다. 전체를 구성하기 위해 한 사물의 성질들을 연관시키는 것은 어떤 의미에서 법칙과 유사하므로 전체는 자연의 법칙에 따르는 부분들의 기능이다. 그러나 그것은 법칙의 근거와 기본 원리에 대한 문제를 일으킨다. 즉 이 문제를 다루려는 시도는 다른 문제들을 야기시킨다. 결국 그 결과로 어떻게 오성(the understanding)이 합리적이고 정합적인 방식으로 경험을 조직하는가를 설명하려고 노력하는 과정은 점진적인 퇴행(a progressive recession)을 포함한다. 그리고 이성(reason)을 끌어들일 때 동일한 일이 적용된다. 헤겔은 어떤 압도적이며 모든 것을 포괄하는 원리—소위 절대적 관념 또는 개념(Absolute Idea or Concept)—에 도달할 때까지 그러한 소급이 계속된다는 것을 증명하려고 한다. 위에서 언급한 개념들의 체계의 단일성을 보증하는 어떤 것이 없이는 그 소급을 막을 만한 것은 없다. 비록 우리가 오성과 이성에서 관념들의 체계가 드러내는 실재가 경험이라는 것을 선험적으로 알 수 있을지라도 경험 그 자체 속에 있는 어떤 것도 그러한 관념들 체계의 적용을 정당화하지 못한다는 것은 여전히 참이다.

이러한 사유 노선에 의하면 개념들하에 경험을 구성하는 불만족스러운 방법은 그럼에도 불구하고 어떤 더 높은 구성 원리에서는 어떠한 합리적 근거를 가진다. (또는 어쨌든 우리가 경험을 그렇게 구성한다는 사실은 합리적 근거를 가질 수 있다). 만일 실재가 궁극적으로 가장° 높은 구성 원리에 의해 결정된다면 그것은 덜 정합적인 조직 원리들이 실재와 전혀 관련없다는 것을 의미하지는 않는다. 그것은 (진리의 정도에 관한 이론과 상응하는) 실재의 정도에 관한 이론을 함축하는데, 그 이론은 헤겔주의가 수반하는 그러한 종류의 사유에 중요하다. 그렇다면 현상이란 무엇인가? 왜냐하면 이러한 견해에서는 어떠한 현상도 절대적으로 거짓일 수 없으며, 따라서 현상과 실재의 개념들 간의 본성적인 대립에도 불구하고 어떠한 현상도 실재와 절대적인 대립 상태에 있을 수 없기 때문이다. 헤겔의 관점에서 보자면 현상은 단지 덜 정합적으로 구성된 실재의 한 형태일 수 있다. 그래서 '현상'과 '실재'라는 용어들이 나타내는 추정상의 대립은 공식적으로 정도의 문제이지 엄격히 반대는 아니다. 그러므로 헤겔주의자들에게 실재는 어떤 의미에서 현상과 다르면서도 현

상을 포함하는 것이다. 실재는 그것의 현상들을 초월하면서 동시에
포함한다.

그것은 아주 다른 개념이다. 칸트의 철학적 체계에서 감성과 오성
은 어떤 의미에서 '주어진 것들'(givens)을 구성한다. 즉 감성과 오
성은 모든 지식이 그러한 것으로 보이게 되는 틀(the framework)을
제공하며, 따라서 그것들 자체는 더 합리적인 근거를 요구할 수는
없다. 그것들은 모든 경험이 가져야 하는 선험적 형태들을 제공한
다. 이와 비슷한 것이 상당히 제한을 받긴 하지만 헤겔에게도 해당
된다. 우선 우리가 보았던 것처럼 감성의 사실이 헤겔에게 '주어진'
것을 구성하지만, 그것은 '주어진' 것으로서의 어떠한 선험적 형태
도 가지지 않는다. 왜냐하면 형태와 구조에 관한 모든 고찰들은 개
념들하의 포섭(subsumption)을 포함하며, 따라서 감성을 넘어서기
때문이다. 둘째, 헤겔은 칸트가 감성과 다른 극단에 '주어진' 것으로
서 다루는 것—오성의 선험적 원리들(*the a priori principles of the
understanding*)—이 칸트가 상정하는 지식의 가능성에 일종의 한계
를 제공한다고 생각하지는 않는다. 헤겔은 이성이 칸트가 생각하기
에 전제되고 있는 한계들을 넘어서 설명의 합리적 근거들과 원리들
을 제공할 수 있다고 생각한다.

그럼에도 불구하고 헤겔에게 '주어진' 것은 사물들에 궁극적인
근거가 있다는 것이다. 그것은 헤겔의 철학을 매우 합리주의적으로
만들며, 실존주의자(the Existentialists)들이 반발했던 것이다. 따라서
내가 언급했던 제한 사항들에도 불구하고, 헤겔 체계에는 양극단에
한계들—감성과 이성 자체에 의해 부여된 한계들—이 있다. 그러
나 감성은 어떠한 선험적 형태도 갖지 않는다. 또한 사실 칸트와 대

조적으로 오성도 어떠한 선험적 형태를 갖지 않는다. 왜냐하면 오성은 이성에 의해 초월되어 있어 그 스스로 한계를 구성하지는 못하기 때문이다. 따라서 이성이 헤겔의 논의 방법 — 소위 변증법(dialectic) — 의 결과로서 발견한다고 생각되는 필연성들은 칸트에서와 같이 가능한 경험을 지배하는 필연성들이 아니라 경험에 대해 반성하는 철학자가 추정상으로 실재에 속하는 것으로 발견할 수 있는 이성적 구조 안에 있는 필연성들이다.

우리의 일상적 삶에서 우리들 각자에게 실재가 무엇인지는 어떤 경험이 우리에게 나타나는지에 의해 결정되고, 실재적인 것(what is real)과 실재적이지 않은 것 간의 우리의 일상적인 구별들에 의해 결정된다. 우리가 이러한 방식으로 실재적인 것으로서 다루는 것들이 사실상 단지 낮은 정도의 실재만을 가진다고 말하는 것은 그러한 것들이 어떤 경우에 실재를 가장 합리적으로 구성(또는 아마 더 잘 말하자면 실재가 구성의 문제라는 것은 분명하지 않기 때문에 실재를 재구성)하는지에 흥미를 가지는 철학자처럼 말하는 것이다. 이것은 강조할 만한 점이다. 《현상과 실재》의 제1장에서 브래들리는 제1성질들(primary qualities)과 제2성질들(secondary qualities)에 관한 고찰들(내가 제4장에서 더 논의할 것들간의 구별)에 호소하는데, 이러한 측면에서 그는 로크와 버클리를 따른다. 즉 그는 색깔과 맛과 같은 소위 제2성질들의 지각은 상황-의존적(circumstance-dependent)이라는 사실에 호소하고, 모양과 크기와 같은 제1성질들에 적용할 수 있게 하기 위해서 그러한 고찰을 일반화하는 데 버클리를 따르고 있다. 왜냐하면 버클리가 이끌어낸 결론은 실재가 단지 (일반적으로 신과 정신들과 떨어져) 관념들로 이루어져 있으며, 따라서 다른 관점에서 볼 때 실재와 현상이 융합된다고 이야기될 수 있다는 것이다. 브래들리에 따르자면 그의 결론은 '경험은 참이 아니다'라는 것이다. 왜냐하면 그에게 그 논증들은 경험이 단지 현상만을 구성하며, 실재가 그 밖의 어떤 것이라는 것을 증명하는 것으로 보이기 때문이다. 동시에 경험의 사실은 '주어진' 것이기 때문에 경험이 참이 아니긴 하지만 완전히 거짓도 아니다. 이 두 가지 입장들은 각각 주관적 관념론(subjective idealism)과 절대적 관념론(absolute idealism)으로 요약된다. 그것들과 나란히 칸트의 초월적 관념론(trascendental idealism)이 주장되는데, 이것에 따르면 경험은 참일 수 있으며 그럼에도 불구하고 물자체에는 그것을 넘어서는 실재가 있다.

비록 주관적 관념론, 초월적 관념론, 헤겔주의자들의 절대적 관념론 간에는 이러한 차이들이 있지만, 그것들은 정신이 우리에게 드러내는 것과는 다른 실재에는 접근할 수 없다는 생각을 공통적으로 가지고 있으며, 칸트의 물자체의 경우를 제외하고는 실재는 어떠한 방식으로든 정신-의존적(mind-dependent)이라는 결론을 도출한다. 그 점에 대해 두 가지 주목할 점이 있다. 첫번째는 내가 반복했던 것이다. 즉 결론을 도출하는 데 필요한 전제는 우리가 정신적인 것에만 직접적으로 접근할 수 있다는 데카르트적 전제이다. 정신이 우리에게 드러내는 것과 다른 실재에 접근할 수는 없다는 것은 (비록 그러한 측면에서 단지 물체만으로 무엇이 가능한지를 주목하는 것이 중요하지만) 자명한 원리인 것처럼 보인다.[7] 그러나 우리가 정신

---

7) 이것은 비트겐슈타인과 메를로 퐁티(M. Merleau-Ponty) 같은 다른 철학

적인 것에만 직접적인 접근을 한다는 것은 자명한 원리가 아니다. 그것은 사실 거짓이다. 그래서 결론은 그러한 데카르트의 전제가 옳다고 상정하지 않고서는 도출될 수 없다.

두 번째는 첫번째와 어느 정도 연관되어 있다. 그것은 비록 데카르트의 전제가 참이라 할지라도 실재가 정신-의존적이라는 것이 직접적으로 따라 나오지 않을 것이라는 의미다. 그것은 우리가 단지 정신적인 것에만 직접적으로 접근할 수 있다는 추정상의 사실로부터 우리가 그 외의 것에는 어떤 **종류**의 접근도 하지 못한다고 추론될 수 있다는 것을 인정할 때에만 따라 나오는 것으로 간주될 수 있다. 그러나 그것은 정신과 무관한 실재에는 어떠한 형태든지 간접적인 접근도 할 수 없다는 것이 증명될 수 없다면 타당하게 추론될 수 없으며, 또한 그것은 논증을 필요로 한다. 만일 정신과 무관한 것에 접근할 수 있는 어떤 방법이 없다면, 정신적인 것으로부터 정신과 무관한 것으로의 추론적 이동을 정당화할 만한 어떤 추론의 원리들이 있을 수 있는가를 아는 것은 쉽지 않다는 것을 인정해야 한다. 그러나 그것을 정당화하는 타당한 추론의 원리들이 없을지라도 사실 우리는 어떠한 방식으로든 이동해야 하며, 또한 우리가 그렇게 해야 할 타당한 이유가 있다고 주장했던 철학자들이 있다. 쇼펜하우어가 바로 그 예이다. 왜냐하면 그는 무-추론적 방식으로가 아니라

자들에 의해서 논의되어 왔다. 비트겐슈타인의 《철학적 탐구》(*Philosophical Investigations*, Oxford: Blackwell, 1953)와 메를로 퐁티의 《지각의 현상학》(*The Phenomenology of Perception*, London: Routledge and Kegan Paul, 1962)을 보라.

충족 이유율(the principle of sufficient reason)에 따라 오성이 경험 속에 주어진 감각들로부터 세계 속에 있는 그것들의 원인으로 이동하게 한다고 주장하기 때문이다. 이러한 생각은 만족스럽기는 하지만 그것의 존재가 아무런 가치도 없다고 이야기될 수는 없다.[8] 여기서 이러한 복잡한 문제들을 더 연구하는 것은 불가능하다. 관념론에 대한 어떠한 논증에도 논박 가능한 전제들은 있으며, 만일 어떤 사람이 결론으로서 관념론에 도달할 수 있다면 다루어야 하는 논박 가능한 단계들이 있다는 것에 주목하는 것으로 충분하다.

제5절 실재론

만일 관념론이 불만족스럽다면 유일하게 가능한 행동 방식은 유일하게 그럴 듯한 대안으로서 실재론(realism)을 받아들이는 것이라고 생각할 수 있다. 그러나 이러한 결론은 시기 상조이다. 그것은 마이클 더밋[9] 이후에 반-실재론자로 불려졌으나 관념론자라는 칭호는 받아들이지 않는 현대의 일반적인 견해들을 가진 사람들에 의해 제시된다. 그러므로 실재론 안에 포함된 것과 그것에 대한 반론들을 분명히 하는 것이 중요하다.

실재론은 최소한 우리 및 우리의 정신들과 독립적인 실재가 있으

---

8) 나의 책 《쇼펜하우어》(*Schopenhauer*, London: Routledge and Kegan Paul, 1980), 18~21면을 보라.

9) M. Dummett, *Truth and Other Enigmas* (London: Duckworth, 1978).

며, 우리가 생각하고 이해하고 깨닫는 것이 반드시 그러한 실재에 속하는 것을 모두 망라하지는 않는다고 주장한다. 사실들(facts)은 우리가 확인할 수 있는 것의 범위를 넘어갈 수 있지만, 진리(truth)는 그러한 사실들과 그 실재에 의해 진리가 된다. 그러나 최근에 실재론에 대한 철학적 관심은 의미론과 관련하여 다루어진다. 왜냐하면 많은 철학자들이 명제들의 의미(the meaning)는 명제들을 참이거나 거짓으로 만드는 것의 기능이라고 주장하기 때문이다. 그러므로 어떤 명제 안에서 이해되는 것이 단지 그것을 참으로 만드는 어떤 종류의 사실(다른 말로 하면 그것의 진리-조건들)에 달려 있는지의 문제가 쟁점이 되고 있다. 반-실재론(Anti Realism)은 그 이상의 것이 이해되어야 한다고 주장한다. 우리가 알 필요가 있는 명제를 이해하기 위해서 우리는 또한 그것의 검증-조건들(verification-conditions)을 알 필요가 있다. 즉 우리는 언제 진리-조건들이 적용되는지를 인식할 필요가 있으며, 그것들이 적용된다고 주장하는 것이 언제 정당화되는지에 대한 인식이 필요하다. 어떠한 명제 속에서 이해되는 것에 관해 이러한 견해가 주어진다면, 우리가 확인할 수 있는 것을 넘어서는 사실들에 대한 관념은 의미가 없어진다는 사실이 따라 나온다. 이것은 내가 이전에 논했던 실재론과 관념론에 관한 쟁점들에 대한 일종의 일반화를 포함한다. 나는 반-실재론에 관한 완전한 평가를 주장하려는 것은 아니다. 왜냐하면 그것은 예를 들면 직관주의 논리학의 지위와 배중율(the principle of excluded middle)에 대한 전문적인 고찰들을 포함할 것이며, 그러한 고찰들은 주요한 형이상학적 쟁점들을 둘러싸고 있기 때문이다. 그러나 반-실재론에 대한 평가 없이도 이러한 쟁점들을 어느 정도 이해할 수 있다.

이러한 쟁점들을 추적해가는 한 가지 방법은 더밋의 아주 초기의
관심들 중 하나였던 어떤 것 — 과거의 실재성(the reality of the
past) — 을 고찰하는 것이다.[10] 많은 철학자들은 과거가 (그리고 더
나아가 아마도 미래조차도) 현재와 동일한 지위를 결코 갖지 못한
다고 제시했다. (나는 제7장에서 그러한 제안들 중 어떤 것들을 다
룰 것이다.) '지나간 것은 과거이다'는 자명한 이치이다. 오히려 과
거에 일어났던 것이 영원히 지나갔으며 돌이킬 수 없다는 것이 덜
자명하다. 그것은 전적으로 그것이 말하는 것으로 간주되는 것에 의
존한다. 만일 이 말이 일어났던 것은 일어났다는 것을 의미하고, 그
리고 동일한 사건은 비록 그와 아주 비슷한 어떤 사건이 일어날지
라도 다시 일어날 수 없다는 것을 의미한다면 어쩔 수 없다. 그러나
문제의 명제는 다르게 해석될 수 있다. 이 점은 과거로서의 과거는
현재에 있는 우리에게 접근 불가능하다는 주장에도 적용된다. 물론
우리는 과거인 것을 현재처럼 의식할 수 없다. 그럼에도 불구하고
우리는 과거에 관한 지식을 가진다. 우리는 기억들을 가지고 있다.
또한 지금 우리에게 유용한 증거를 토대로 해서 과거를 재구성하는
방법들조차 있다. 기억과 과거에 도달하는 이러한 방법들이 모두 오
류 가능하다는 이유에서 반대될지도 모른다. 이 주장은 참이다. 그
렇지만 사물들을 알게 되는 모든 방법들은 오류 가능하다. (그러나
이것은 우연히 우리가 어떤 것에 대해서도 확신할 수 없다고 말하

---

10) 더밋의 책 《진리와 다른 수수께끼》(*Truth and Other Enigmas*)에 있는
　　 "과거의 실재" 부분을 보라.

는 것은 아니다.) 만일 내가 이러한 점들을 장황하게 설명한다면 그
것은 때때로 과거에 대한 진술들이 검증-초월적(verification-
transcendent)이라고, 즉 그 진술들이 주장하는 것은 그것들의 검증
으로서 여겨지는 증거를 넘어서는 것이라고 이야기되기 때문이다.
반-실재론의 중심에는 검증-초월적 진리-조건들을 가지는 진술들을
이해할 수 있는지에 대한 의심들이 있다. 왜냐하면 진술의 의미는,
그것의 진리 조건들에 의해서가 아니라 그것을 검증하는 것에 의해
상세히 설명될 수 있어야 한다고 생각되기 때문이다.

　만일 과거에 대한 진술들이 검증-초월적이라고 주장된다면, 이것
은 단지 매우 특별한 검증 개념, 즉 검증이 바로 **지금** 의식에 이용
할 수 있는 것에 의해 해석될 수 있어야 한다는 것을 함축하는 개
념을 전제하기 때문일 것이다. (그러한 선입견과 관념론의 배후에
놓여 있다고 내가 말했던 선입견의 유사성을 주목할 가치가 있다.
내가 지금 관심을 가지고 있는 견해는 '시간적 관념론'[temporal
idealism]이라 불려질 수도 있다). 그러한 방식으로 검증할 수 없는
많은 진술들 전체를 알 수 있다고 우리가 일반적으로 인정한다는
것은 분명하다. 그러나 전혀 검증할 수 없는 과거에 대한 많은 진술
들이 있지 않은가? 그러한 경우에 우리는 진리-조건들이 획득되는
지 또는 안 되는지를 결정할 방법을 알지 못하는 그러한 진리-조건
들을 가진 진술들의 집합을 갖지 않는가? 그렇다. 그러나 그것들은
우리가 여하간에 원칙적으로 어떻게 그것들이 검증될 수 있는가에
관해 알고 있는 더 넓은 진술들의 집합의 하위-집합을 형성할 뿐이
다. 이러한 하위-집합에 대해 어려움이 있다면 그것은 실천적인 어
려움이지 원리상의 어려움은 아니다.

이 모든 것으로부터 미루어본다면 실제적인 문제는—만일 있다면—진리치가 적용되는 일반적인 진술들에 대해 원칙적으로도 결정할 방법이 없는 그러한 진리-조건들을 가지는 추측 판단들 (putative-statements)이 있다는 점에서 나오는 것처럼 보인다. 그것은 하나의 집합으로서 과거에 대한 진술들에는 거의 타당하지 않다. 왜냐하면 그러한 종류의 어떤 진술들의 경우에는 그것들의 정확한 진리치가 무엇인지를 분명하게 결정할 수 있기 때문이다. 만일 그렇지 않다고 주장된다면, 그것은 과거에 대한 가능한 지식과 관련하여 틀린 인식론을 포함할 것이다. 이와 동일한 것이 초기 세대의 검증주의 철학자들이 사유했던 다른 많은 경우들, 예를 들어 타인의 마음에 대한 진술들에 적용된다. 이러한 문제들에 접근하는 잘-계획된 방법들이 있다.[11]

그러나 훨씬 더 일반적인 방식으로 문제에 접근할 수 있으며, 특별한 경우들을 언급하지 않고도 우리가 실제로 검증-초월적인 진리-조건들을 갖는 (집합으로 생각되는) 추측적인 진술들에 대해 무엇을 말해야 하는지도 물을 수 있다. 더밋은 그의 논제의 가장 근본적인 토대들 중 하나는 의미가 사용(use)이라는 비트겐슈타인의 논제라고 주장한다. 아마도 그 논제에는 논의될 것이 많이 있을 것이다.[12] 그러나 비록 우리가 어떤 표현의 의미를 아는 것은, 그것을 포함하는 어떤 진술이 참이 되는 그러한 상황들을 안다는 의미에서 그 표현의 사용을 아는 것이라고 인정할지라도 그것으로부터 사용

---

11) 나의 책 《인식론》 60면, 188면, 215면 이하를 보라.
12) 나의 책 《인식론》 64~68면을 보라.

할 줄 아는 것이 검증적 상황들을 알 수 있다는 것이라면 실제로
그래야 하는 것처럼 우리가 그러한 상황들에 있을 때 그 상황들을
깨달을 수 있어야 한다는 것이 직접적으로 따라 나오지는 않는다.

더밋보다는 퍼트남(H. Putnam)이 더 많이 제시하고 있는 어떤 관
련된 쟁점들을 제기해보자.[13] 우리가 어떤 것에 대한 가장 가능성
있는 이론(만일 그러한 개념이 논의를 위해서 인정될 수 있다면 단
지 가장 유용한 이론일 뿐만 아니라 가장 가능성이 있는 이론)을 가
졌다고 생각해보자. 사실들이 이론이 제시하는 것과 다르지 않을 수
있는지의 문제를 제기하는 것은 의미가 있는가? 그것들이 다르지
않아야 할 이유는 없다고 생각될 수 있다. 사실들이 다를 수 없다는
제안 뒤에 놓여 있는 생각은 실제로 사실이 그런지 그렇지 않은지
를 결정할 수 있기 전에 우리가 문제를 개념화해야 할 뿐만 아니라
때때로 주장되는 것처럼 실재의 모든 개념은 이미 존재하는 개념들
의 도식을 전제하므로,[14] 어느 정도는 실재와 사실들이라는 개념이
어떤 이론을 전제한다는 생각이기도 하다. 우리가 어느 순간이든지
사용하는 개념들의 도식을 버리는 것은 가능할 수 있으나 (그리고
과학적 진보는 종종 바로 이러한 방법에 의해 일어난다), 개념들을
한꺼번에 내버리는 것은 불가능하다. 그 문제를 어떤 이론의 개념에
의해 주장하는 것이 만족스럽든지 그렇지 않든지 간에 어떠한 개념
들의 체계 내에서만 실재에 도달할 수 있다는 것은 여전히 참이다.

---

13) H. Putnam, *Reason, Truth and History* (Cambridge: C. U. P., 1981), 제3장
과 제6장을 보라.
14) 나의 책 《인식론》 72면과 136면 이하를 보라.

그렇다면 그러한 개념들에 의해서 상술될 수 없는 실재 자체에 대한 개념이 있는지에 대한 문제가 제기된다.[15]

이 마지막 문제는 실재가 사실상 우리의 개념들에 의해, 또는 ('가장 좋은'에 대한 어떤 기준에 따르자면) 가장 좋은 일련의 개념들에 의해, 또는 어떤 일련의 인식 가능한 개념들에 의해 상술될 수 있는 어떤 것과는 다를 수 있는지의 문제와 결코 동일하지 않다. 그러나 최소한 이러한 문제들 중 어떤 것들은 서로 연관이 있다. 왜냐하면 만일 실재를 해석하는 개념들과 독립된 실재의 개념에 아무 것도 없다면 실재가 어떤 인식 가능한 일련의 개념들에 의해 상술될 수 있는 어떤 것과 다를 수 없게 되기 때문이다. 그러나 이와 반대되는 관계는 타당하지 못하다. 실재가 우리의 개념들에 의해 상술될 수 있는 어떤 것과 확실히 다를 수 있다는 것은 명백해 보인다. ―또는 최소한 그러한 것은 아무리 그것이 우리의 경험의 대부분 범위에서 그럴 듯하지 않을지라도 논리적으로 가능하다. 개념들 중 '가장 좋은' 일련의 개념들에 대한 문제에 대해서는 무엇이 '가장 좋은' 것으로 여겨지는지와 왜 그러한지에 대한 문제가 반드시 제기된다.

이미 제기된 문제들과 어떤 관념론자들이 개념적 사유가 개념화 과정에서 그 개념 속에 포함된 것이 필연적으로 거짓이 되는지에 대해 질문하는 문제들 간에는 유사성이 있다. (내가 이전에 개괄했

---

15) 칸트의 물자체가, 물론 물자체의 개념은 제외하고, 만약 그러한 개념이 있다면 우리가 가지고 있는 어떠한 개념에 의해서도 상술될 수 없는 그러한 방식을 생각하라.

던 헤겔의 사유 노선에는 이러한 암시가 있다.) 우리가 생각하는 최
선의 방식들도 여전히 거짓일 수 있는가? 그것들은 그래야 하는가?
관념론자들이 이야기했던 것에도 불구하고 확실히 '그래야 한다' 는
것은 없다. (그리고 나는 제6장에서 그것과 그와 비슷한 문제들을
다룰 것이다.) 그렇지 않다고 생각하는 것은 개념들에 대해, 말하자
면 사물을 왜곡시키는 렌즈로서 생각하는 것이다. 그러나 왜 그것들
은 그러한 방식으로 생각되어야 하는가? 어떤 철학자들이 제시했던
것처럼 그것들은 조리나 그물과 비교될 수 있으나 조리나 그물의
경우에는 본래적으로 왜곡시키는 것은 아무것도 없다. 그러나 (이러
한 비유를 계속하자면) 가능한 가장 좋은 그물이 물고기를 잡는 데
실패할 수 있는가? 물론 자기의 기능을 수행하는 그물의 능력은 주
어진 재료 안에서 가능한 것에 의하여, 예를 들어 구멍들이 충분히
작거나 재질이 충분히 강한지에 의해 제한될 것이다. 그러나 비록
비유의 그러한 측면이 진지하게 다루어질지라도 결론은 우리의 가
장 좋은 생각조차도 실재의 모든 측면들을 잡아내기에 충분히 정밀
하거나 미세하지 못할 수도 있다는 것이다. 그럼에도 불구하고 그것
은 단지 다음과 같은 의미에서 가능하다. 즉 우리의 정신들이 이해
할 수 있는 영역을 넘어서 있기 때문에 실재는 심지어 가장 좋은
일련의 개념들로 상술될 수 있는 것과도 다를 수 있을 것이다. 그것
은 그러한 개념들이 실재를 왜곡시킬 수 있다는 제안과는 다른 문
제이다. 따라서 이러한 언급들이 가능하다면 우리가 생각할 수 있는
것보다 더 많은 실재가 있을 수 있다는 제안에는 틀린 것이 전혀
없는 것처럼 보인다. 그것이 다를 수 있다는 제안에는 또 다른 문제
가 있다. 왜냐하면 어떻게 그것이 우리가 그것을 생각할 수 있는 모

든 방식과 다를 수 있는지에 대해 알 수 없기 때문이다. 그래서 그 제안은 공허하다.

그럼에도 불구하고 실재론은 우리의 사유 방식들과 맞지 않는 어떤 것이 있다는 제안을 포함한다. 그것은 최소한 우리의 사유 방식들에 어떠한 한계의 개념을 제공하며, 그 개념이 그럴 듯하다는 점에서 실재론이다. 이것은 모두 더밋에 의해 제기된 고찰들을 회피한다고 생각될 수 있다. 왜냐하면 그것은 '실재론'과 그것을 해석하는 우리의 방식과 구별되는 실재에 덧붙여질 수 있는 의미에 관심이 있기 때문이다. 그러나 어느 정도 그것은 단순히 반-실재론자가 다루어야 할 가장 일반적이고 근본적인 사례를 제공한다. 왜냐하면 그렇게 해석된 실재론은 우리가 개념화할 수단을 전혀 갖고 있지 않는 어떤 것을 함축하고 있으며, 그것을 다루는 진술들을 우리가 검증할 수 있는 가능성을 전혀 가지고 있지 않는 어떤 것이 존재할 수 있다는 것을 함축하기 때문이다. 실재론/반-실재론의 문제에 대해 더밋은 반대 진영에 있는 철학자들을 포함하여 어떠한 다른 현대 철학자들과 마찬가지로 의미론이 검증-조건들의 형태로 진리-조건보다 더 많은 것에 대한 언급을 포함하는지에 관심이 있다. 그러나 그러한 관심 배후에는 어느 범위까지 실재가 제한되는지에 대한 형이상학적 관심이 있다. 만일 반-실재론과 관념론이 유사하다면, 그러한 방식으로 문제들을 제기하는 방식이 보여주는 것처럼 그것은 관념론의 적절한 형태인 초월적 관념론이다.

이 모든 점에서 우리가 생각할 수 없는 것을 생각할 수는 없으며, 우리가 인간 존재로서 가질 수 있는 것들은 물론이고, 우리가 가진 개념들 외부에 놓여 있는 것을 이해할 수 없다는 자명한 이치들은

명백한 참이다. 만일 반-실재론이 철저한 검증주의와 다르다면, (그
리고 종종 구별된다고 주장된다) 그것은 그러한 자명한 이치들에
의존하며, 자명한 이치로부터 우리의 개념들 외부에는 어떠한 실재
도 없다는 것을 추론한다. 그러나 우리가 우리의 개념들에 의해 매
개되지 않는 실재에 관해서는 (비록 우리의 개념들과 맞지 않는 실
재의 개념들을 가질지라도) 어떠한 개념도 가질 수 없다고 말하는
것과 우리의 개념들 외부에 어떠한 실재도 없다고 말하는 것 간에
는 차이가 있다. 후자를 주장하는 것은 실제로 일종의 헤겔주의이기
는 하지만 개념들과 경험의 사실 간의 대비조차도 인정하지 않는
헤겔주의를 주장하는 것이다. 만일 그렇지 않다면 고전적 검증주의
와의 차이를 알기는 어렵다.

제3장
존재론

제1절 무엇이 있는가?

만일 어떤 사람이 '무엇이 존재하는가?' 또는 '무엇이 있는가?' 라는 질문을 한다면, 가장 직접적으로 질문에 대답하는 방법은 사물들의 목록—사람들, 나무들, 동물들, 집들 등—을 제시하는 것이라고 생각될 수 있다. 그러나 그러한 어떠한 대답도 사물들을 종류들로 분류하는 어떠한 체계를 전제로 한다. 만일 우리가 아마도 이름을 대면서 단순히 개별적인 것들을 열거함으로써 그러한 결론을 피할 수 있다고 생각할지라도 무엇이 개별적인 것으로 간주되는지와 어떻게 우리가 개별적인 것들을 동일하게 지시할 수 있는지의 문제는 여전히 남아 있다. 그러한 질문들에 대한 대답들은 문제의 사물들의 종류에 알맞은 동일성(identity)의 기준에 대한 쟁점들을 끌어들인다. 따라서 사물의 종류들에 대한 언급은 피할 수 없는 것처럼 보인다. '무엇이 존재하는가?' 라는 문제는 직접적으로든 또는 간접적으로든 존재하는 사물의 종류들에 대한 문제들을 또한 포함해야만 하는 것이다.

존재하는 사물의 종류들에 대한 어떤 질문들은 특별한 유형의 전문가가 말하는데 적절한 문제들—예를 들어 준성(quasars), 쿼크(quarks), 칼론(chalones), 설인(雪人), 조건 반사 또는 민주 정부에 대한 문제들—이라는 것은 분명하다. 그러나 비록 철학자들이 이것들 중 어떤 것들에 대해—단지 포함된 개념이 정합적이지 못하기 때문에 그러그러한 종류의 것들이 있을 수 없다는 부정적인 방식으로만—할 말이 있다고 해도 그러한 질문들이 철학자들에게 적합한 문제인지는 분명하지 않다. 다른 한편 만일 우리가 존재론에 대해 할말이 많았던 어떤 현대 철학자, 즉 콰인(W.V. Quine)에게 관심을 돌린다면, 우리는 구체적인 실재들에 반대되는 것으로서의 추상적인 실재들, 예를 들어 개별적인 것들, 숫자들, 문장들에 반대되는 것들인 집합, 수, 명제들이 있는지에 대한 문제들에 열중했다는 것을 알게 된다. 그러한 종류의 맥락에서 현실적인 철학자는 구체적이며 개별적이고 물리적인 대상들의 딱딱한 세계를 좋아하여 추상적인 맛을 내는 어떤 것도 피할 것이며, 단지 문제들이 다른 방식으로 해결될 수 없을 때에만 구체적인 것으로부터 벗어날 것이다.

콰인의 경우에 이러한 쟁점들에 관련된 한 가지 지배적인 생각은 함축된 문제들이 자연 과학의 문제들과 동일한 연속선상에 있다는 믿음에 의해 제공된다. 그러한 믿음은 나아가 분석적/종합적 구별(analytic/synthetic distinction)과 같은 것은 없다는 믿음을 전제하므로 철학이 필연적인 진리 또는 어쨌든 분석적인 진리의 영역을 자신의 영역으로 가진다는 취지를 가지는 어떠한 철학적 논제도 유지될 수 없다.[1] 콰인은 또한 물리학이 지배적인 자연 과학이며 물리적 세계가 존재론적 쟁점들에 대한 탐구들에 출발점으로써 받아들여져야만 한다고 생각하는 것처럼 보인다. 마지막으로 콰인의 견해로는 지식과 그것의 획득은 근본적으로 행태주의적인 심리학 또는 최소한 최근의 사유 방식이 무엇을 '과학적 심리학'(scientific psychology)으로 간주하든지 그러한 심리학에 의해 해석되어야만 하며, 그래서 궁극적으로 물리적인 개념들에 기초해 있어야 한다. 이것을 받아들이는 것은 콰인이 '자연화된 인식론'(naturalized epistemology)이라고 부르는 것에 의해 지식에 대한 문제들을 해석하는 것이다. 그것은 지식에 대해 물을 수 있는 적절한 질문들이 지식에 대한 주장들의 정당화(justification)에 대한 질문들이 아니라 개별적인 것에 의해서든 보편적으로든 지식의 획득이 어떻게 설명될 수 있는지에 대한 질문들이라고 말하는 것이다. 존재론에 대한 콰인의 입장을 요약하는 슬로건은 '있는 것은 변항들의 값이다'(To be is to be the value of a variable)라는 것이다.[2] 존재하는 것은 양화될 수 있는 것, 즉 세계에 대해 과학적으로 인정 가능한 이론의 부분을 형성할 수 있는 인정 가능한 양화된 형식들의 변항으로 대체될 수 있는 것이다. 그래서 존재하는 것은 세계에 대한 가장 좋은 이론의 장치(apparatus) 속에 전제되어 있는 것이다.

---

1) W. V. Quine, "Two dogmas of empiricisms" in *From a logical Point of View* (Cambridge, Mass.: Harvard U. P., 1953). ✱ 옮긴이 주: 콰인의 책은 《논리적 관점에서》(허라금 옮김, 서광사, 1993)로 번역되어 있다.
2) "자연화된 인식론"에 대해서는 *Ontological Relativity* (New York: Columbia U. P., 1962)에 있는 그 제목의 논문을 보라. '있는 것은 변항들의 값이다'라는 표어에 대해서는 《논리적 관점에서》(*From a logical Point of View*)에 있는 "있는 것에 관하여"라는 논문을 보라.

철학의 역사에 관해 날카로운 통찰을 가진 사람이라면 이러한 관심들 (그리고 그것들을 해결하는 방법들)과 철학의 역사에서 '존재론'(ontology)이라는 제목하에 나타났던 것들 간에 차이가 있다는 것을 알 것이다. 실제로 그렇다면 콰인은 단순히 주제를 바꾸었을 뿐이라고 비난받을 수 있다. 또한 전통적인 인식론과의 관계에서 자연화된 인식론에 관해서도 동일하게 이야기될 수 있을 것이다. 이 말은 콰인이 대답하려고 하는 문제들이 보다 더 전통적인 형이상학자들과 인식론자들을 사로잡았던 것들과 동일한 문제들이 아니라는 의미이다. 그러나 보다 더 전통적인 문제들이 답변되지 않아도 된다는 것은 아니다. 콰인의 접근과 더 전통적인 형이상학자들의 접근 간에 차이가 있다는 것은 존재론에 대한 형이상학적 사유—그것이 현상과 실재 간의 차이에 기초하지 않을 때—의 주요한 전통적인 단서에 관한 두 가지 고찰들로부터 알 수 있다. 간단히 설명하자면 우리는 지금부터 내가 제1장에서 구별했던 두 종류의 형이상학들 중 첫번째 것, 즉 현상과 실재에 관여하지 않는 형이상학에 관심을 가져야 한다.

내가 언급할 첫번째 고찰의 경우에 현상과 실재 간의 구별이 전제되지 않는다고 말하는 것이 언뜻 보기에 잘못인 것처럼 보일 수 있다. 형이상학자들은 일반적으로 '무엇이 존재하는가?'라는 문제뿐만 아니라 '무엇이 기본적으로 존재하는가?'라는 문제에도 관심이 있었다. 그러한 질문들이 때로는 혼합되었다는 것도 사실이다. 예를 들어 비트겐슈타인은 자신의 《논리-철학 논고》(*Tractatus Logico-Philosophicus*)를 "세계는 경우들의 총합이다(The world is all that is the case). 세계는 사물들이 아니라 사실들의 총합이다"라고 말하면

서 시작한다. 그것은 마치 그가 사물들(things)이 아니라 사실들
(facts)이 존재한다고 말하는 것처럼 들린다. 그러나 《논리-철학 논
고》를 더 많이 고찰해보면 사물들은 사실들에 의존하는 단순히 부
수적 존재를 가진다고 해석하는 것이 더 낫다는 것을 알 수 있다.
다른 철학자들은 사물들의 다른 범주들의 앞섬(primacy)과 뒷섬
(posteriority)에 관한 다른 설명들을 제공했다. 그럼에도 불구하고
어떤 것들 또는 어떤 종류의 것들이 우선적으로 또는 기본적으로
존재하는 것들이라고 말하는 것은 부수적인 것들이 단순한 현상을
구성한다고 말하는 것은 아니다. 따라서 사실상 여기서 전제된 실재
와 현상 간의 구별은 없다. 우리가 앞장에서 보았던 것처럼 X가 Y
보다 더 실재적이라고 말하는 것조차 Y가 현상을 구성한다고 말하
는 것은 아니다.

　다른 한편 제1장에서 러셀에 의해 주장된 것으로 우리가 주목했
던 무엇이 기본적으로 존재하는가라는 문제 또는 심지어 무엇이 우
주의 궁극적인 부속품을 구성하는가[3]라는 문제도 콰인의 입장
―즉 이러한 문제들과 궁극적 입자들을 확인하는 데 관심이 있는
물리학자들이 질문하는 문제들 간에는 최소한 연속성이 있다는
것―을 향해 나아가는 어떤 것을 제시할 수 있다. 러셀은 자신의
원자론이 물리적 원자론이 아닌 논리적 원자론이라고 말함으로써
그러한 논평을 진정시키려 한다. 그러나 그 이상의 설명 없이는 그
의 계획을 그렇게 특징짓는 것은 명백하지 않다. 그럼에도 불구하고

---

3) B. Russell, "The philosophy of logical atomism", in *Logic and Knowledge*,
　R. C. Marsh(ed)(London: Allen and Unwin, 1956).

러셀과 많은 이전의 철학자들 전체가, 어떤 실제적인 의미에서, 자신들의 탐구를 자연 과학자들의 탐구들과 연속적인 것으로서 생각하지 않았다는 것은 분명해 보인다. 나는 아리스토텔레스가 특히 이러한 문제들에 대해 했던 말을 살펴볼 것이다.

내가 존재론에 대한 전통적인 철학적 관심들과 콰인의 관심들을 구별하면서 염두에 둔 두 번째 고찰은 전통적인 존재론을 훈련받은 철학자들은 일반적으로 자신들의 주장이 필연적 진리라고 생각했다는 점이다. 이러한 생각을 콰인은 이론적 근거들에서 특히 이전에 언급되었던 것, 즉 분석적/종합적 구별이 유지될 수 없다는 것에 근거하여 거부할 것이다. 그렇지만 이전에 언급했던 예로 되돌아가보면 비트겐슈타인이 세계는 사물들이 아닌 사실들로 이루어진다고 이야기했을 때 그는 그것이 그렇다는 단순한 우연적 사실—다른 방식으로도 있을 수 있었을 어떤 것—을 제시하려고 의도하진 않았다. 이것은 무엇이 기본적으로 존재하는가에 대한 다른 주장들과 존재하는 것의 구조에 관한 다른 주장들에도 동일하게 적용된다. 그러한 주장들의 평가는 단지 콰인의 견해들에 기초가 되는 쟁점들과 같이 아주 일반적인 종류의 이론적 쟁점들뿐만 아니라 그 주장들에 대한 논증의 타당성이나 부당성에 의존해야 한다. 그 주장을 분명히 파악하기 위해서는 최소한 도식적 형태로 어떤 표본적인 존재론들을 설정해야 할 것이다. 그러나 전통적 존재론자는 자연사(natural history)와 비슷한 어떤 것뿐만 아니라 기본적인 물리학과 비슷한 어떤 것에도 관심이 없다는 것은 명백하다.

그 이상의 것이 서론의 방식으로 지적될 필요가 있다. 심지어 존재론에 관한 이론들의 대략적인 개괄조차도 경제성의 원리와 '오캄

제3장 존재론 · 79

의 면도날'(Ockham's razor)의 원리가 실제로 큰 역할을 한다는 것을 지적할 것이다. 소위 오캄의 면도날은 원래 "존재자들이 필요 이상으로 증가되어서는 안 된다"고 해석된다면 그 자체 안에 존재론적 주장을 포함한다. 만일 이러한 [존재론자들의] 증식이 유용한 작용이 아니며 어떤 문제도 풀지 못하거나 또는 어떤 타당한 근거도 갖지 못한 것이라면 상정된 존재자들의 증식에는 분명히 불만족스러운 점이 있다. 경제성은 학문 내에서 또는 사물들을 설명하고자 하는 어떠한 원칙 내에서는 유용한 원리이다. 그러나 그것의 유용성은 그러한 목적에 상대적이며, 경제성은 그 자체를 위해서는 어떠한 개별적 가치도 갖지 못한다. 이 기본적인 규칙은 이미 요청된 (postulated) 존재자들이 타당한 설명적 기능을 수행한다면 부가적인 존재자들을 요청해서는 안 된다는 것이다. 우리가 제5장에서 보게 될 것처럼 보편자들에 관한 이론들의 맥락에서 '보편자들' (universals)이라 불리는 실재적·추상적·일반적 존재자들을 요청할 필요가 있는지의 문제가 제기된다. '유명론자들'(nominalists)이라 불리는 사람들은 예를 들어 유일한 일반적인 것들이 단어들이라고 주장하면서 그러한 것들을 요청하는 것에 반대했다. 그리고 그들은 자신들의 견해를 옹호하기 위해 경제성의 고찰들에 종종 호소했다. 그러나 실제적인 문제는 일반적인 종류의 존재자들이 존재한다고 가정하지 않고도 일반적인 방식으로 세계에 대해 우리가 생각하고 말할 수 있는 가능성을 설명할 수 있는지이다. 만일 그것이 가능하지 않다면 경제성에 관한 고찰들은 어떠한 힘도 발휘하지 못한다.

제2절 존재로서의 존재

내가 제1장에서 주목했던 것처럼, 아리스토텔레스는 그의 작품들에서 존재 일반에 관한 학문이 있을 수 있는가, 또는 자연학, 생물학, 심리학과 같은 존재의 개별적인 형태들과 관련 있는 학문들과 구별되는 것으로서 그 자체 목적으로 '있는 것'(what is)에 대한 학문이 있을 수 있는가의 문제를 제기한다. 그러한 방식으로 주장한다면 아마도 그 문제는 철학과 자연 과학과의 연속성에 대한 콰인의 문제들과 유사할 것이다. 그러나 학문에 관한 아리스토텔레스의 개념은 자연 과학에 관한 '우리의' 개념과 아주 다르다. 그에게 있어 지식의 한 분과로서의 학문의 목표는 단순히 어떤 주제의 토대가 되는 원리들에 도달하는 것이며 어떻게 주제에 관한 설명이 원리들에 의하여 산출될 수 있는지를 보여주는 것이다. 실험적인 방법에 의해 추구된 자연 과학의 개념은 전혀 없다. 학자들, 특히 오웬(G. E. L. Owen)4)은 아리스토텔레스 자신의 문제에 대한 대답은 처음엔 '아니다'였으나 자신의 전제들에 대한 어떤 세밀한 작업의 결과로써 어떤 종류의 '예'가 가능하다는 것을 알게 되었다고 제시했다.

아리스토텔레스의 의미론에서 이러한 세밀한 작업들이 이루어졌다. 그것들은 많은 것들이 'X'라고 불릴 때, 그것들 중 하나가 우선

---

4) G. E. L. Owen, "Logic and metaphysics in some earlier works of Aristotle", *Articles on Aristotle* (London: Duckworth, 1979), Vol. 3. 또한 "The Platonism of Aristotle", *Articles on Aristotle* (London: Duckworth, 1975), Vol. 1을 보라.

적으로 'X'라고 불려질 수 있다는 것이며 나머지 다른 것들은 어떤 방식으로 그것으로부터 파생되어 'X'라고 불려진다는 생각을 포함했다. 이것은 그로 하여금 많은 것들이 있다고 말하게 하지만 (그리고 나는 의미에 대한 지적을 하기 위해 여기에 '말해진다'라는 단어들을 강조한다) 우선적으로 있다고 말해지는 것은 실체들이라고 말하도록 만든다. (이러한 결론에 대한 이유는 내가 더 많은 문제들을 논함에 따라 나타날 것이다.) 부연하자면 이것이 더 논쟁적이기는 하지만 그는 많은 것들이 실체라고 말해지지만 한 종류의 실체가—이것은 아마 단지 신(God) 속에서만 예화되는 것이다. 왜냐하면 신은 어떤 의미에서 그 자신의 근거를 제공하기 때문이다—우선적으로 실체라고 말해진다고 말하는 것처럼 보인다. 만약 이것이 그의 견해라면 결론적으로 신을 연구함으로써 우리는 우선적인 종류의 실체를 연구하며, 실체를 연구함으로써 우리는 우선적인 종류의 존재자를 연구한다—그래서 신 속에서 우리는 존재자가 무엇인가에 관한 가장 좋은 견해를 발견한다—는 의미가 있게 된다. 그래서 아리스토텔레스는 신학과 존재로서의 존재에 관한 학문이 서로 동일화될 수 있다고 말할 수 있었다(《형이상학》E(6).1).

아리스토텔레스의 이러한 설명 중 많은 것은 아마도 논쟁적이거나 또는 논박될 수 있을 것이다. 아리스토텔레스가 그러한 결론에 도달하기 전에 존재론에 훨씬 더 관심이 있었다는 것은 논쟁의 여지가 없다. 그래서 일반적으로 초기 작품으로서 인정된 《범주론》에서 그는 '존재하는 것들'을 분류한다. 그렇지만 맥락에 따르자면 그는 '존재하는 것들'(things that are)과 단어들을 대립시키면서도 그가 그 용어로 의미하는 것은 단어들로 설명되는 것들이다. 따라서 단어들과 세계 간의 관계 개념이 전제되며, 그 결과로서 생기는 존재론에 대한 기초는 우리가 그것에 대해 이야기하는 방식에 예화된 것으로서 세계에 대해 우리가 가진 관계이다. 나는 나중에 그 점을 살펴볼 것이다. 아리스토텔레스는 우리가 단어들로 세계 속에 있는 사물들을 지시한다는 것과 우리가 단어들로 우리의 논의의 주어들로서 지시되는 사물들을 말한다는 것을 당연하게 인정한다. 그래서 그는 우리가 언어적으로 표현한 사유가 어떤 구조—주어와 술어의 구조—를 가진다고 전제한다. 이와 비슷한 방식으로 이러한 측면에서 프레게(G. Frege)와 콰인 같은 그의 후계자들은 우리의 언어의 기본 구조(촘스키[Noam Chomsky]의 용어로 말하자면 심층 구조)가 변항들과 양화라는 장치에 잘 들어맞는다고 전제한다. 즉 명제의 모든 형태들은 그러한 이유로 언어의 기본 또는 심층 구조를 나타내는 것으로서 생각될 수 있는 어떤 기본적인 것들로부터 파생된다. 프레게의 개념에 의하면 기본적인 논리적 형태는 술어들 그리고 양화사에 의해 지배받는 변항들이라는 장치에 의해 제공된다.

이러한 종류들의 가정들이 주어진다면 아리스토텔레스는 술어 표현에 의해 지시되는 것들이 주어로서 지시될 수 있는 것을 가질 수 있거나 또는 가질 수 없을 것이라는 두 가지 관계들을 구별한다. 이러한 관계들은 주어에 관해 이야기될 수 있는 것(여기서 ~에 관해서 이야기된다는 것은 어떤 것[a thing]에 대해서는 타당할 수 있는 것이다)과 주어 안에 들어 있는 것 간의 관계이다. 그러한 관계들을 인정할 수 있든지 또는 인정할 수 없든지 간에 아리스토텔레스는 실체들과 비-실체들, 그리고 개별적인 것들과 일반적인 것들을 이러한 수단들에 의해 구별할 수 있게 된다. 만일 어떤 것이 주어에 관

해 이야기될 수 있다면 그것은 보편자이다. 만일 아니라면 그것은
개별자이다. 만일 그것이 주어 안에 있을 수 있다면 그것은 실체가
아니다. 만일 그럴 수 없다면 그것은 실체이다. 어떤 것이 실체이면
서 동시에 개별자일 수 있거나, 또는 이것들 중 하나이거나, 또는 궁
극적으로 어느 쪽도 아닐 수 있기 때문에 우리는 결과적으로 네 가
지 종류의 실재(개별적인 실체, 보편적 실체, 개별적 비-실체, 보편
적 비-실체)를 구별하게 된다.[5]

  개별적 실체들은 주어에 관해 이야기되지도 않고 또는 주어 안에
들어 있지도 않는 것들이다. 따라서 이러한 지시어들 안에서 그것들
은 '주어' 자체의 칭호에 가장 잘 어울리는 자격을 가지고 있다고
할 수 있다. 개별적 실체들은 기본적으로 이야기될 수 있는 것들이
다. 이러한 취지에서 그것들은 기본적으로 존재하는 것이다. 나중에
그의 작품에서 아리스토텔레스는 그 주장을 강화하여 개별적 실체
들이, 예를 들어 그가 주장하는 것처럼 이 사람, 이 말이, 우선적으
로 존재하는 것이라는 결론으로 확실하게 이끌어가는 다른 고찰들
을 제시한다. 《범주론》에서 아리스토텔레스는 주어에 관해서 이야기
될 수 있거나 또는 주어 안에 있을 수 있는 다양한 종류의 것을 구
별하는데, 이때 그가 '범주'라고 부르는 것의 목록을 산출한다. 분명
히 그는 주어로서의 개별적 실체에 대해 물어질 수 있는 다양한 질
문들— '그것이 무엇인가?', '그것은 어떤 종류의 것인가?', '그것은

---

5) 예를 들어 아리스토텔레스의 《범주론과 명제론》(*Categories and De
   Interpretatione*, Oxford: Clarendon Press, 1963)에 대한 아크릴(J. Ackrill)
   의 번역과 주석을 보라.

어디에 있는가?' 와 같은 문제들—의 개관에 기초하여 이러한 작업을 한다. 10개의 범주들은 궁극적인 종류의 존재로서 생각된다. (아리스토텔레스가 때때로 이야기하듯이, 존재의 궁극적인 유들은 그 자체로 어떤 유[a genus]를 포함하는 것은 아니다. 왜냐하면 범주들은 종과 유 간의 관계와 비슷한 관계를 가지지 않으며, 더욱이 종차에 의해 서로 구별될 수 없기 때문이다). 그럼에도 불구하고 아리스토텔레스는 범주들간의 종차에 대해 논하며, 그는 실제로 다른 것들에 관해서는 이야기될 수 없는 것이나 그런 것들 중 다른 것들에 관해 이야기될 수 있는 것들이 있다는 것을 증명하려고 시도함으로써 그렇게 해나간다. 그러나 실제적으로 《범주론》에서 제공된 이러한 문제들에 대한 처리는 철저하지도 포괄적이지도 않다. 여하튼 그 텍스트는 불완전하다. 그럼에도 불구하고 그가 범주들 사이에서 발견하는 차이들은 내가 위에서 언급했던 이유 때문에 형식적 의미에서 종차로 될 수 없다.

이 모든 것으로부터 나타나는 것은 아리스토텔레스의 견해에 한 사물이 그렇다고 이야기될 수 있는 10가지 궁극적인 종류의 방식 (실체로써, 양으로써, 질로써, 관계로써 등)이 있다는 것이다. 실체 이외에 그렇게 특징지워진 나머지 모든 것들은 그 존재를 그것들이 개별적 실체들 속에 내재해 있다는 사실에 의존하는데, 개별적 실체들 자체는 실체들의 종과 유의 예들이다. 따라서 개별적 실체들이 우선적으로 존재한다. 성질이나 장소와 같은 것들은 개별적인 실체들이 없다면 그러한 종류의 것들이 있을 수 없다는 의미에서 단지 이차적인 방식으로만 존재한다. 아리스토텔레스가 그러한 이론을 제시한 동기는 플라톤주의에 반대하려는 소망일 수 있다. 아리스토텔레스의 용어로 말하자면 플라톤주의는 우선적으로 존재하는 것들이 개별적인 사람이나 개별적인 말과 같은 개별 실체들이 아니라 비록 관념적이긴 하지만 보편적 실재들, 즉 형상들이라고 주장하는 것으로 특징지워질 수 있다. 아리스토텔레스는 사실상 누군가가 세계에 대한 우리 생각의 표현에 포함되어 있는 것이 무엇인지를 검토해본 다면 선이나 미와 같은 것들은 플라톤이 존재한다고 가정한 자존하는 형상들(the self-subsistent Forms)을 구성할 수는 없다는 사실이 명백해질 거라고 말하고 있는 것이다. 그것들은 단지 그것들의 예들인 개별적인 실체들에 의존하는 방식으로 이차적으로만 존재할 수 있다. 따라서 그것들은 플라톤이 그것들에 합당하다고 주장했던 그러한 지위를 가질 수 없다.

전통적으로 '실체'라고 번역되는 그리스어 '우시아'(ousia)는 문자 그대로 '존재', 또는 추상명사로 해석하면 '존재임'을 의미한다. '실체'라는 전통적인 번역으로부터는 나타나지 않는 그러한 사실은 아리스토텔레스의 관심이 '있는 것' 모두에 있었음을 드러낸다. 그런데 그는 존재와 '있는 것'에만 분명히 관심을 가지고 있었고 존재의 어떤 특수한 종류에는 관심을 가지지 않았는데, 어째서 모든 것이 존재로서의 존재에 대한 학문의 부분으로 간주되지 않는가? 아리스토텔레스는 《범주론》이라 불리는 작품자체에서는 이 문제를 제시하지 않는다. 그렇지만 만약 그가 자신이 해왔던 것을 존재로서의 존재에 대한 학문의 연습이라고 부르기를 조금이나마 꺼려했을 것이라면, (아마 다른 곳에서 제안된 의견들처럼) 그 이유는 주제의 배열 때문도 아니고, 그가 특정 학문에 필요하다고 생각했던 것과 맞아떨어지는 주제를 탐구하는 방법 때문도 아닐 것이다. 엄밀하게

86

생각해보자면 주제는 종과 유에 의해 정돈되지 않았고, 사용된 방법은 증명의 방법(즉 Barbara에서 1격 형태의 삼단논법의 규칙에 따라 필연적인 원리들로부터 필연적인 진리들을 엄밀하게 연역적으로 유도하는 것)이 아니었다. 그러나 어찌되었건 아리스토텔레스는 아마도 앞서 제시되었던 것처럼 만약 신이 실체의 우선적 예이고 실체는 존재의 우선적 종류라면 그 학문이 신학과 동일시될 수 있다는 이유에서 존재로서의 존재에 대한 학문이 가능해졌다고 생각하게 되었다.

그렇지만 그러한 결론에 이를 때 아리스토텔레스가 그의 견해를 아주 많이 바꿨다는 반론이 있을 수 있다. 《범주론》의 논증이 우선적으로 존재하는 것은 개별적인 실체들이고 다른 종류의 것들은 이차적이고 의존적인 방식으로 존재한다는 결론을 향한다고 간주될 수 있다고 해서, 후기의 사유의 경향이 우선적으로 존재하는 것은 신이고 다른 종류의 것들은 말할 것도 없이 개별적인 실체들은 이차적이고 의존적인 방식으로 존재한다는 결론을 향한다고 그럴 듯하게 제안될 수 있는가? 왜냐하면 그러한 사실은 개별적이고 일상적인 것들이 덜 실재적이라고 제안하지 않는가? 이러한 질문들에 대한 대답은 아리스토텔레스가 엄밀하게 말하자면 다른 것들은 실재적이지 않다고 말하는 것으로 여겨지지 않는 한, 아리스토텔레스의 그러한 해석에 원리상 아무런 결점도 없다는 것이다. 이런 종류의 형이상학은 현상과 실재 간의 구분을 포함하지 않는다. 그리고 우선적으로 존재하는 것과 단지 이차적인 방식으로 존재하는 것에 대한 언급이 이차적인 것들을 현상들의 영역으로 귀속시킨다는 것은 말할 것도 없고 실재의 정도에 있어서의 차이들조차 함축할 필요는 없다. 아리스토텔레스가 말한 것에는 분명 실체들이 다른 범주들에 있는 것들보다 더 실재적이라는 어떤 암시도 없다. 마찬가지로 그가 신에게 귀속시킨 다른 것들에 대한 우월성은 실재성의 범위에서의 우월성도 아니고, 비록 아리스토텔레스가 신 안에서 우리가 우선적으로 있는 것을 안다고 생각할지라도 현상들의 영역과 대조되는 우월성도 아니다.

아리스토텔레스 그리고 우선적 종류의 실체를 확인하려는 시도를 포함하고 있는 실체의 형이상학의 영향은 서구철학의 사유 안에, 심지어 데카르트의 영향을 거쳐 현상과 실재의 형이상학이 훌륭하게 소개되어 왔을 때조차도 계속되어왔다. 스피노자와 같은 합리주의자들의 사유 안에 있는 신의 지위와 아리스토텔레스의 사유 안에 있는 신의 지위 사이에는 상당한 유사성이 있다. 그렇지만 17세기와 18세기의 경우에 현상과 실재 간의 구분은 훌륭한 역할을 수행했지만, 아리스토텔레스에 있어서는 그렇지 못했다. 모든 철학자들은 결코 아리스토텔레스의 범주론에 만족해오지 않았고, 나는 이 장에서 나중에 그 점에 대한 어떤 비판들을 다룰 것이다. 그렇지만 실체의 범주와 아리스토텔레스의 다른 범주들에 대해 제기할 수 있는 것과는 다른 단어-세계 관계의 종류들을 주장하는 것, 따라서 다른 범주들을 주장하는 것은 가능하다. 예를 들어 비록 전문적인 의미이긴 하지만 화이트헤드의 형이상학의 중심부에 있고 그리고 도날드 데이빗슨(Donald Davidson)에 의해 보다 일상적인 의미로 그리고 다른 이유들 때문에 최근에 다시 요청되어온 사건들(events)의 범주가 있다.[6] 데이빗슨의 동기는 실제로 형이상학적인 것은 아니지만, 그러나 화이트헤드에게 있어서 사건들은 분명히 근본적인 범주이고

88

그가 주장한 것처럼 사물들은 그것들의 '요소들'(ingredient)이다. 그것은 매우 다른 개념이지만 여기서 그 점을 설명하는 것은 도움이 되지 못할 것이다. 그러나 아리스토텔레스에게 있어서 사물들이 우선적 지위를 가지는 반면에, 화이트헤드에게 있어서는 사물들이 일상적인 의미상 이차적 지위를 가진다는 것은 분명하다. 화이트헤드는 실제로 이러한 견해가 과학의 언어에 의해 함축된다고 생각한다.

대조적으로 러셀과 비트겐슈타인은 그들의 논리적 원자론자의 시기에, 내가 이미 언급했던 것처럼 근본적인 범주가 사실들(facts)의 범주라고 제안했다. 사물들은 일상적인 의미상 사실들의 요소들이다. 근본적인 범주로서의 사실들에 대한 개념에 관심을 두는 이유는 담론(discourse)과 의미(meaning)의 기본적 단위가, 아리스토텔레스가 가정한 것처럼, 보이는 개별적인 단어가 아니라 명제(proposition)라는 생각에 있다. 그것은 다수의 19세기 후반의 철학자들(특히 프레게, 비록 그가 사실들을 다루진 않았지만)에 공통된 생각이다. 즉 그것은 단어가 의미를 가지는 것은 단지 명제의 문맥 안에서이다[7]라는 프레게의 경구로 요약될 수 있다. (《논고》에서 비트겐슈타인은 이 선언을 이어받아 '의미'[Bedeutung]를 후기 프레

---

6) A. N. Whitehead, *Process and Reality*, D. R. Griffin과 D. W. Sherburne (New York: Free Press, 1978) 또 *Science and the Modern World* (New York: Macmillan Co., 1926)를 보라. 데이빗슨에 대해서는 그의 *Essays on Actions and Events* (Oxford: Clarendon Press, 1980), 103면 이하를 보라.
7) G. Frege, *Foundations of Arithmetic*, trans. J. L. Austin (Oxford: Blackwell, 1950), 10면.

게의 이론에 따라 '지시'[reference]의 의미로 수정해서 다룬다.) 사실은 참된 명제들이나 진술들에 의해 진술될 수 있다는 점에서 사실의 개념은 어떤 종류의 단어들-세계 관계를 반영한다. 따라서 비트겐슈타인이 이 세계는 사물(things)이 아니라 사실들의 총합(the totality of facts)이라고 말했을 때, 그는 단어들-세계 관계와 그것이 기본적이라는 생각이 함축하는 것들을 상세히 설명하고 있다. 만약 언어와 의미에 기본적인 것에 대한 그러한 견해가 참이라면 사실들은 존재하는 것들의 기본 범주여야 한다.

　이런 식으로 문제를 생각하면 이런 종류의 존재론적 주장의 필연성은 의미 있는 담론을 가능하게 하는 것에 대한 어떤 개념과 관련이 있게 된다. 그것은 '만약 언어와 의미에 기본적인 것에 대한 그러한 견해가 참이라면'이라는 말 안에 암시되어 있다. 따라서 어떤 그러한 주장에 대한 가능한 반론은 의미 있는 담론을 가능하게 하는 것에 대한 대안적 개념들이 확실하게 산출될 수 있다는 것이다. 나는 다음 장에서 그러한 종류와 그것들의 함축들에 대해서 단지 하나의 가능한 반론들을 다룰 것이다. 그렇지만 내가 그렇게 하기 전에, 이 점에서 현재 문제가 되는 것과 겉으로만 유사해 보이는 존재론적 상대성에 대한 콰인의 이론을 구별지어야 한다. 내가 콰인에 관해 이미 말했던 것을 제시한다면 간단하게 이야기할 수 있다.

제3절 존재론적 상대성

콰인의 존재론적 상대성(ontological relativity)이라는 논제는 그의
번역 불확정성(the indeterminacy of translation)의 원리 그리고 자료
에 의한 이론의 미결정성(the underdetermination of the theory) 원리
와 관련이 있다. (그렇지만 콰인은 이러한 이론들간의 정확한 관계
에 대해서 항상 동일한 견해를 가진 것은 아니었다.) 두 원리간의
관계를 말하는 한 가지 방법은 다음과 같다. 콰인은 다른 언어로부
터 번역되거나 자신의 언어로 말해진 것(그가 각각 이음적
[heterophonic] 경우와 동음적[homophonic] 경우라고 부른 것)을 해
석할 때, 그러한 번역이나 해석은 발화된 소리나 씌어진 문자에 대
해 이론적 해석을 하는 문제라고 주장한다. 따라서 해석은 감각-지
각에 유효한 자료에 기초해서 만들어진다. 이 점에서 콰인은 뒤헴(P.
Duhem)[8]으로부터 도출된 논제를 제기하는데, 그것은 대안적이며
심지어 상충적이기도 한 이론들이 주어진 일련의 자료와 관련하여
항상 가능하고 올바른 사실은 없다는 것이다. 따라서 이론들은 자료
에 의해서는 미결정적이다.

이것이 언어의 해석과 번역에 적용되는 방식은 다음과 같다. 콰인
자신의 예를 사용하자면 생소한 언어를 사용하는 어떤 사람이 토끼
가 나타난 것을 보고 '가바가이'라고 말할 때 그는 계속 남아 있는
토끼를 지적할 수도 있고, 단지 콰인이 '토끼-단계'라고 부른 것을
지적할 수도 있는데, 그 자료는 둘 중 어느 것도 결정하지 않는다.

---

8) P. Duhem, *The Aim and Structure of Physical Theory*, trans. P. P. Wiener
(Princeton: Princeton U. P., 1954).

동일한 것이 '토끼'의 사용 자체에도 적용된다. (내가 하는 것처럼) 어떤 사람은 다른 사람을 이해시키는 것이 무엇인지를 해석하는 이러한 방식이 사실들을 나타내는 가장 모호한 인위적 방식을 포함한다고 생각할 수 있고 또 그렇게 생각한다. 다른 사람의 언어에 대한 해석이 발화된 소리를 설명하기 위하여 단순히 이론을 구성하는 문제여야만 하는가? 우리는 그가 지시했던 것이 무엇이냐고 그 사람에게 물을 수 있지 않은가? 다소 어리석은 (비록 그럼에도 불구하고 관련된) 반론이 제외된다면 (어쨌든 언어학자나 인류학자가 알려지지 않은 언어를 해석하려고 시도하는 이음[heterophonic]인 경우에 그래야 하는 것처럼) 우리는 정황들로부터 문제가 되는 것을 알 수 있지 않은가? 우리는 인간의 욕구들과 관심들을 만족시킬 인간의 방법들을 가지고 인류에 관계하며, 그래서 다른 사람들과의 인간적이고 개인적인 관계가 가능하게 된다고 가정할 수 있지 않은가?

이 상황을 콰인의 지나치게 추상적인 용어들로 해석한다면 우리가 관련되는 한에서 지시된 것에 대해 어떠한 사실의 문제도 없다는 결론이 따라 나오는 것 같다. 왜냐하면 자료는 이론이 정확한지를 결정하지 않기 때문이다. 따라서 콰인은 그가 주장한 것처럼 지시가 '불가해하다'(inscrutable)고 결론짓는다. 그러나 지시에 관한 문제들과 존재론에 관한 문제들은 상관적이다. 따라서 지시가 불가해하다면 이것은 존재론에 대한 결론이어야 한다. 그러한 생각은 존재론의 상대성에 대한 콰인의 이론으로 직접 이끈다. 첫째, 존재하는 것에 대한 물음은 이제 우리의 이론이 우리를 개입하게 만드는 것에 대한 문제로서 보여진다. 둘째, 콰인이 말한 것처럼[9] '이론 전

92

체를 상술하는 것은 단지 어떤 배경 이론에 따라 상대적으로, 그리고 한 이론을 다른 이론으로 번역하기 위한 안내서에 대한 어떤 선택에 따라 상대적으로 의미 있게 된다.' 따라서 '토끼'라고 말하는 사람의 경우에, 그가 지시하고 있는 것에 관한 결정의 문제에 개입하게 되고, 그러한 결정은 우리를 그 경우에 접근하게 하는 이론에 따라 상대적이고 또한 그가 말한 것을 우리 자신의 언어에 의해 해석할 때 우리가 사용하는 번역의 안내서(물론 그의 것과 같을 수도 있고 다를 수도 있는)에 따라 상대적이다. 콰인의 견해상 동일한 일이 우리 자신에게도 적용되는데, 왜냐하면 그가 말한 것처럼[10] "물론 일반적으로 배경 이론(the background theory)은 단순히 담지 이론(containing theory)일 것이고, 이 경우에 번역의 안내서 문제는 발생하지 않는다. 그러나 이것은 결국 여전히 번역이 퇴보된 경우이다"(즉 번역의 규칙이 동음[homophonic]인 경우).

따라서 이것은 (논점을 서투르게 제기하자면) 우리가 우리 자신과 남들에게 존재하는 것으로 가게 할 수 있는 것은 우리가 상황에 따라 가져오는 이론과 언어에 따라 상대적이라는 것을 의미한다. 그것은 '있는 것이 변항의 값이다'라는 이론을 전제하지만 그것을 넘어서고 있다. 변항의 값이라는 것은 우리가 존재한다고 여길 수 있는 것이 단순히 우리가 양화할 수 있는 것이라는 사실을 함축한다. 존재론적 상대성의 이론은 우리 혹은 다른 사람이 존재하는 것에 대해 말할 때 우리가 이해하는 것과 관련된다. 우리가 우리 자신으

---

9) W. V. Quine, *Ontological Relativity*, 54~55면.
10) 같은 책, 55면.

로 하여금 존재론적으로 개입해야 하는 것을 결정하는 것은 이것들 중 최선의 이론을 결정하는 문제이다. 따라서 행위 문장들의 논리를 이해하기 위해서 우리가 사건의 개념을 요청할 필요가 있다는 데이빗슨의 주장은[11] 행위에 대해 이야기할 때 우리가 말해야 할 것에 대한 최선의 이론이 사건들에 대해 양화를 포함한다는 이론의 본질적인 부분이다. 여기에 콰인의 존재론적 상대성 이론은 뒤헴의 이론 때문에 완전하게 참된 이론은 없게 되며 따라서 우리가 절대적인 방식으로 존재한다고 말하는 것이 무엇인지 아무도 알 수 없다는 것을 덧붙이고 있는 것이다.

콰인의 존재론적 상대성 이론이 옳든지 그렇지 않든지 간에(이것의 진위가 그 이론을 옹호하기 위하여 그가 제시한 고찰로부터 독립적일 수 있다는 것에 주목할 만한 가치가 있다), 이 이론은 어떤 목적들 때문에 우리 자신이 개입되어 있다고 생각하는 것―예를 들면 수학의 사실들을 이해하기 위해 우리 자신이 수의 존재에 개입되어야 할 필요가 있는지, 이것들의 사실들을 이해하기 위해 우리 자신이 집합들의 존재에 개입되어 있다고 여길 필요가 있는지 등―에 대한 고찰들을 전제한다. 이것은 존재론적 개입(ontological commitment)에 있어서의 어떤 상대성을 제안하지만, 그러나 실제로 그것은 여전히 최선의 이론이 무엇인가의 문제이다. 존재론적 상대성 이론은 이것을 넘어서 우리 자신을 포함해서 사람들이 존재한다고 말하는 것이 실제로 불확정적이라고 주장한다. 이것에 관한 어떤 이론도 제기된 언어와 이론에 따라 상대적이다. 내가 존재론에 있어

---

11) D. Davidson, *Essays on Actions and Events*, 105면 이하.

서의 전통적 이론들에 귀속된 것으로서 보여주기를 원했던 상대성
은 그런 종류의 상대성이 아니다.

제4절 철학적 존재론의 상대성

아리스토텔레스가 근본적으로 존재하는 것들이 실체들이라고 말
했을 때 그는 분명히 어떤 필연성이 그 주장에 덧붙여진다고 생각
한다. 그것은 단순히 우연적인 문제도 아니고, 있는 그대로의 사실
문제도 아니다. 그럼에도 불구하고 내가 이전에 하려고 했던 것처럼
어떤 사람이 문제가 되는 것을 검토할 때 어떤 출발점, 즉 언어 그
리고 언어와 세계의 어떤 관계에 관한 어떤 관점이 그 작업에 가정
되어 있다는 것은 분명해진다. 따라서 그 결론이 필연적이라면 그것
은 그 출발점에 따라서만 상대적일 수 있다. 나는 그 이론이 존재론
일반에 적용될 정도로 그렇게 일반화될 수 있다고 생각한다. 실제로
우리는 그러한 존재론을 설명하는 데 전제되는 논증이 칸트가 '초
월론적 논증'(transcendental argument)이라고 불렀던 것과 유사한
특성을 갖는다고 말할 수 있다.

초월론적 논증이 무엇인지, 그리고 그것이 얼마나 목적을 달성할
수 있는지에 관한 문헌에는 많은 논증이 있다.[12] 이론이 불명료해지

---

12) 초월론적 논증들에 대한 최근의 논의들에 대해서는 예를 들어
Philosophical Review Vol. LXXVII(1968), 216~228면에 있는 윌리암스
(B. A. O. Williams)의 논문 "심리 철학에 있어서의 지식과 의미"와 베

는 이유는 칸트 자신의 논증들 혹은 '초월론적'(transcendental)이라
는 용어에 대한 그의 사용이 객관적인 경험의 가능성과 관련이 있
기 때문이다. 그러나 칸트는 다른 문제들과 관련이 있는 초월론적
논증을 숙고하지 않았을 것이다. 이것은 그가 '초월론적'의 의미를
가능한 경험의 조건들과 관련이 있는 것으로서 여겼던 것에 반대가
될지도 모른다. 그럼에도 불구하고 우리는 칸트가 생각했던 것처럼
초월론적 논증들이 가능한 경험과 관련이 있다는 사실은 제쳐놓고
라도, 그 논증들이 가지고 있는 공통 형식을 확인할 수 있다. 이 공
통 형식과 관련하여 초월론적 논증들은 그것이 그 밖의 어떤 것의
가능성의 조건을 이루기 때문에 어떤 것이 그러해야만 한다는 것을
보여주는 것과 관련이 있다. 상황이 그렇다면 그러한 논증이 어떤
것이 절대적인 의미에서 그러해야만 한다는 것을 보여줄 수 있는지
알기는 어렵다. X가 Y의 가능성의 필요 조건을 이룬다면 Y가 가능
한 경우에는 X가 존재해야만 한다. 그러나 이러한 경향의 논증은 그
러한 조건이 없으면 X가 존재해야만 한다는 것을 보여줄 수 없다.
다른 한편으로 Y가 존재해야만 한다고 생각할 만한 충분한 이유가
있다면 X의 존재도 그만큼 가능하다.

내가 앞장에서 아리스토텔레스가 《범주론》에서 하려고 했던 작업
을 설명했을 때, 무엇이 있는지에 관해 물을 때 언어가 특수한 방식
으로 해석되는 경우에 함축되는 어떤 단어-세계 관계로부터 그가

시(G. N. A. Vesey)가 편집한 《관념론의 과거와 현재》(*Idealism Past and Present*, Cambridge: C. U. P., 1982) 안에 있는 해리슨(R. Harrison)의 논문 "초월론적 논증들과 관념론", 211~224면을 보라.

시작한다고 지적했다. 즉 그는 사물들을 분간해냄으로써 단어들이 그 의미를 갖고, 그래서 사물들이 언어의 거울(the mirror of language) 안에 그렇게 보여질 수 있다고 생각했다. 실제로 그가 존재론과 관련하여 관심을 가진 것은 단순히 단어들에 의해서 분간되는 사물들이다. 그렇지만 이런 식으로 문제를 설정하는 것은 경험의 한계들을 너무 명확한 것으로 만들게 된다. 여하튼 단어들은 통상적으로 스스로 생겨나지 않고 어떤 문법적 구조 안에서 생겨나기 때문에 언어에 대한 의미론의 설명은 각각의 단어들의 의미뿐만 아니라 그것들의 구조들도 언급해야만 한다. 이것에 따라 아리스토텔레스는 우리가 이야기할 때 우리는 주어들로서 있는 것들에 대해 말한다고 생각한다. 우리는 이것이 명제들이 주어와 술어의 형태로 되어 있다는 것을 전제한다고 말할 수도 있지만, 그가 하고 있는 작업의 요점은 단순히 문법에 대한 것이 아니다. 그 이론은 우리가 이야기할 때 우리가 하고 있는 것에 관한 것이다. 더욱이 우리가 사용하는 언어 배후에는 우리의 생각들이 있다. 따라서 그 이론은 단순히 우리가 세계에 관해서 말하는 방법에만 관련이 있는 것이 아니라 또한 우리가 그것에 관해 생각하는 방법과도 관련이 있다.

그럼에도 불구하고 아리스토텔레스가 문제를 보는 방식은 문법가들에 의해 가끔 제기되는 비판—주어와 술어에 대한 아리스토텔레스의 이론은 언어에 대한 한정된 지식의 산물이다. 즉 그것은 단순히 그리스어의 일반화이다—을 초래한다. 우리는 주어-술어 구조를 갖지 않는 언어들이 없다는 것을 어떻게 아는가? 그러한 비판은 만약 아리스토텔레스의 이론이 실제로 우리가 말하는 방법뿐만 아니라 우리가 생각하는 방법에 대한 것이라는 사실이 타당하다면 어느 정도 제거될 수도 있다. 촘스키는 실제로 주어와 술어의 개념들이 언어의 심층 구조(the deep structure of language)의 특징들에 부합하고, 따라서 모든 언어에 공통되고 또 그래야만 하는 언어적 보편자들(linguistic universals)을 반영한다고 주장했다.[13] 그 주장은 너무 복잡해서 여기서 평가할 수는 없지만 결국 어떤 것을 분간해내서 그것을 어떤 방식으로 특정지우는 것이 인간 사유와 인간 언어에 근본적인 활동이라는 주장이 된다. 그렇지만 그 이론은 왜 그것이 그래야만 하는가라는 물음을 초래한다. 왜 사유와 언어의 그러한 형태가 근본적인 것으로 여겨져야만 하는가? 이와 동등하거나 혹은 더 좋은 자격을 가지는 기본적인 사유의 다른 형식들도 있을 수 있지 않은가?

유사한 고찰들이 프레게의 견해들에도 적용될 수 있는데, 그는 아리스토텔레스와는 매우 다른 견해를 제시했고 상당한 진보를 이루었다고 종종 말해진다.[14] 내가 전에 지적한 것처럼 프레게는 19세기 끝 무렵에 명제(혹은 어떤 경우에는 판단)가 의미의 기본 단위이고 따라서 사유의 근본 단위라고 제안했던 일군의 철학자들 중의 한 명이다. 많은 방식에 있어서 이것은 사유가 관념을 구성하고 의미의 기본 단위가 단어라는 초기 경험론에서 우세했던 견해에 대한 반작용이었다. (이 점에서 아리스토텔레스의 위치는 절충을 나타낸다.

---

13) N. Chomsky, *Aspects of the Theory of Syntax*(Cambridge, Mass: MIT Press, 1965)와 *Language and Mind* (New York: Harcourt Brace and World, 1968).

14) M. Dummett의 *Frege* (London: Duckworth, 1973), 257면 이하를 보라.

왜냐하면 비록 그는 서술의 개념을 매우 중요하게 다루었지만 사실 그가 하나의 사물이 어떻게 많은 이름들을 가질 수 있는지에 대한 플라톤의 문제를 이어받아 여전히 명제를 이름들의 복합체로서 생각했다는 것은 논의의 여지가 있다.) 프레게의 의미론은 그가 명제의 다른 구성 요소들이 다른 방식들로 전체의 의미에 기여한다는 것을 알았다는 점에서 그가 반대했던 이론들보다 더 정교하다.

명제를 개념화하기 위해 그가 사용한 모델은 수학적 함수였다. 그는 명제들을 함수(function)와 논항(argument)으로 분석 가능한 것으로 해석했고, 전체는 참과 거짓이라는 선택지들 중 하나였다. 이것은 개념과 대상을 근본적으로 구분하도록 했는데, 즉 명제의 함수적 측면(아리스토텔레스의 용어로 하면 술어)에 상응하는 개념에 대한 생각과 함수의 논항(아리스토텔레스의 용어로 하면 주어)에 상응하는 대상에 대한 생각이 그것이다. 프레게는 함수들이 그것들의 논항들과의 대조에 의해서 '불포화되었다'(unsaturated)고 말했다. 함수들은 논항에 의해서 채워지게 될 빈 장소를 포함하고 있고 따라서 불완전하다. 동일한 특징이 대상들과의 대조에 의해서 개념들에게 넘어간다. 함수적 표현인 '빨갛다'(is red)로부터 우리는 물론 '빨강'(redness)을 유도해낼 수 있고, 그 표현은 비록 저것이 붉다와 같은 구체적인 대상은 아니지만 추상적인 대상을 명명한다. 그렇지만 이 모든 것은 '빨갛다'라는 표현과 어울리고 [빨간] 우체통과 같은 다양한 구체적 대상들을 포함하는 그러한 빨강이라는 개념이 있을 때에만 가능하다.

명제들의 술어 부분들이 대상들이 아니라 개념들에 대응하고, 만약 사물들에 대해서 빨갛다고 말하는 것이 적어도 의미가 없다면 빨강은 있을 수 없다는 의미에서 추상적인 대상들이 일반적으로 구체적인 대상들에 기생한다는 것은 근본적으로 중요한 발견이었다고 자주 주장되어왔다. 실제로 많은 점에 있어서 그것은 중요했다. 우리는 그 발견 때문에 사유에 기본적인 것으로서 나타나는 한 쌍의 근본적인 범주들—개념과 대상의 범주들—을 제공받는다. 술어 표현들이 대상들이 아니라 개념들에 해당한다는 것을 아리스토텔레스가 알지 못했다고 말해진다. (그리고 비록 나는 지금까지 그래왔는지 확신하진 않지만 궁극적인 유들 그래서 서술의 궁극적인 형식들로서 생각되는 아리스토텔레스의 범주들이 구체적인 대상들이 그 부류에 포함되는 그러한 종류의 개념들로 간주되어야만 한다는 것이 덧붙여질 수 있다.) 그럼에도 불구하고 비판을 통해 말해질 수 있는 것은 첫째, 사유가 필연적으로 이러한 함수/논항 구조에 따라야만 한다는 것이 왜 받아들여져야 하는가이고, 둘째, 대상의 기본적 종류가 구체적이어야만 한다는 것이 왜 받아들여져야 하는가이다. 왜 사유는 함수/논항 구조에 기생하지 않는 어떤 다른 구조를 가질 수 없는가, 그리고 그럴 수 있든지 없든지 간에 대상들 사이에서 근본적인 것이 구체적인 대상들이라고 믿을 합리적 근거는 무엇인가? (프레게가 후자의 견해를 주장했든 그렇지 않았든 간에 다른 사람들은 그렇게 해왔다.) 사유와 언어가 어떠하다라고 말하는 것으로 충분한가?[15] 그것들은 있어야 하는가?

결국 우리가 일상적으로 말하는 방법들이 '속성-위치 언어' (property-location language)라고 불려지는 것—담론의 기본형태는

15) J. Searle, *Speech Acts* (Cambridge: C. U. P., 1970), 120면 참조.

속성의 확인과 그것이 어떤 장소에서 어떤 시간에 발생하는지에 대한 언급을 포함할 것이다—에서 발견되거나 그것으로 환원될 수 있어야 한다는 가능성을 기꺼이 고찰해왔던 철학자들이 있었다.[16] 그러한 견해들은 적어도 고찰될 필요가 있다. 더욱이 《논리학의 원리들》(*Principles of Logic*)에 있는 브래들리의 판단 이론은 판단이 항상 실재를 개념들로 포섭한다는 생각을 함축한다. 비록 실재와 관념 간의 구분이 대상과 개념에 대한 프레게의 구분과 동일시될 수 있긴 하지만, 브래들리는 결국에는 일상적인 구체적 대상들로 생각될 수 있는 것들이 실제로 그가 '구체적인 보편자들'(concrete universals)—특별한 방식으로 한꺼번에 모아서 실재를 특징짓는 관념들의 모음—이라고 불렀던 것들이라고 가정한다. 따라서 브래들리의 견해로는, 구체적인 대상들이 추상적인 대상들, 즉 보편자들로 분석 가능하다는 것은 일리가 있다. 나는 나중에 예를 들어 제5장과 제6장에서 이러한 특수한 문제들을 다시 다룰 것이다. 당분간은 아리스토텔레스와 프레게가 그들의 존재론을 위해서 전제했던 출발점들이 그 이상의 정당화를 필요로 한다는 것을 지적하는 것만으로 충분하다.

그 이상의 정당화와 같은 어떤 것이 《개별자들》의 시작 부분에서 스트로슨의 검토에 의해 제공된다. 스트로슨의 논의 배후에는 의미와 지시에 관하여 훨씬 더 많은 정교화 작업(비록 이것들은 크립키

---

16) A. J. Ayer의 *Foundations of Empirical Knowledge* (London: Macmillan, 1947) 제5장과 *Individuals* (London: Methuen, 1959)의 제6장과 제7장에서 스트로슨에 의해 제기된 논의를 참조하라.

와 퍼트남 같은 최근의 논리학자들에 의해서 그 이상의 비판을 받
아오긴 했지만)이 있다.[17] 근본적으로 스트로슨은 우리가 언어를 가
지고 하는 것으로부터 의미가 발생한다고 보았다. 이러한 생각 배후
에는 아마도 의미가 사용이라는 비트겐슈타인의 표어가 놓여 있다.
지시는 우리가 대화 중에 사물들에 관한 것들을 전달하기 위하여
사물들을 확인한다는 사실로부터 발생한다. 따라서 스트로슨은 화
자-청자 지시동일성(speaker-hearer identification)이라는 개념을 그의
출발점으로 삼는다. 대화 중에 포함된 기본적인 활동은 어떤 사람이
다른 사람들에게 사물들을 동일하게 지시하는 활동이다. 따라서 스
트로슨은 그 행위를 가능하게 하기 위해 필요한 것이 무엇인지, 즉
그 행위가 가능하기 위해 근본적으로 있어야만 하는 것이 무엇인지
를 묻는다. 이 질문에 대한 그의 대답은(그것을 지지하기 위하여 사
용된 논증들과 상관없이) 근본적으로 존재하는 것들이란 시간과 공
간 안에 있는 일상적인 물질로 된 대상들(소위 기본적인 개별자들)
과 사람들(비록 사람들 자체는 일종의 물질로 된 대상인 신체를
'소유하는' 자들로서 생각되어야 하지만)이라는 것이다. 또한 다양
한 종류의 이차적 개별자들과 일반적인 것들 혹은 보편자들도 있다.
스트로슨이 수행한 과정은 따라서 존재론에서 개별적인 구체적 대
상들의 우선성에 관한 프레게와 아리스토텔레스의 주장에 합리적

17) S. Kripke, *Naming and Neccesity* (Oxford: Blackwell, 1980)와 H. Putnam
의 *Mind, Language and Reality: Philosophical Papers*, 제2권(Cambridge:
C. U. P., 1975) 안에 있는 논문 "'의미'의 의미"를 보라. * 옮긴이 주:
크립키(S. Kripke)의 책은 《이름과 필연》(정대현, 김영주 옮김, 서광사,
1986)으로 번역되어 있다.

근거를 제공하려는 시도로서 특징지워질 수 있다. 그리고 그러한 합리적 근거는 화자-청자 지시동일성의 견지에서 고려되는 인간의 의사 소통(Communication) 속에 반드시 전제되어 있는 것에서 찾아져야 한다.

스트로슨의 결론들이 그렇다 하더라도 그것들은 별로 놀랄 만한 것이 아니라고 말해질지도 모른다. 왜냐하면 화자-청자 지시동일성의 당사자들은 사람들이 아닌가, 그리고 그들은 적어도 부분적으로 시·공간적 방식으로 서로 관련되어 있는 물질적 대상들이 아닌가? 또한 지시동일성(identification)의 관점에서 볼 때 높은 지위를 갖는 것은 대상들이 아닌가? 그럼에도 불구하고 스트로슨은 특징적인 인간의 행위, 즉 언어와 의미에 생기를 부여하는 의사 소통이라는 형식을 언급함으로써, 언어와 의미에 관련된 고찰들에 입각해 존재론적 결론들을 세우려는 프레게와 아리스토텔레스의 시도에 저 합리적 근거를 구하려 했다는 점에서 그들보다 더 나아간다. 다른 말로 하면 이러한 맥락에서 회의주의자에게 주어져야 할 대답은 만약 세계에 관한 사유와 언어가 있다면 우리 자신과 세계와의 관계 안에 필연적으로 포함되어 있는 것에 호소하는 것이다. 그런 의미에서 스트로슨의 연구는 내가 언급했던 다른 사람들의 연구보다 더 깊이 연구해 들어갔다.

그렇지만 그 이상의 회의론의 여지가 있다. 내가 실제로 전에 제안했던 것처럼 우리는 이런 종류의 연습으로부터 단지 우리가 우선적으로 제시했던 것만을 알아낸다고 말해질 수 있다. 나는 전에 문제가 되고 있는 것의 가능성에 대한 필요 조건을 설명하려는 이러한 시도들에 포함되어 있는 논증의 종류가 칸트적 의미(가능한 **경험**

의 조건들에 한정되지 않는다는 제한을 가지고 있는)에서 거의 '초
월론적'이라고 불려질 수 있는 것이라고 말했다. 칸트에게 있어서
초월론적 논증의 반대는 그가 개념의 '설명'(exposition)이라고 부
른 것, 즉 그 안에 필연적으로 포함되어 있는 것을 드러내는 것이다.
초월론적 논증은 비록 분석적으로 포함되어 있는 것은 아니지만 실
제로 X의 개념에 필연적으로 포함되어 있는 것이 X의 가능성에 필
연적이라는 것을 보여주려고 한다. 화자-청자 지시동일성의 개념에
필연적으로 포함되어 있는 것은 그것이 사람들, 즉 그들이 신체를
가지고 있기 때문에 그들에게 공적(public)이며 공통적인 시·공간
적 세계에 거주하고, 성공적인 의사 소통이 되게 하는 공통적
(common)이고 공적인 기준들에 따르는 그러한 사람들에 의해 수행
된다는 것이다. 따라서 지시동일성의 우선적 대상들이 공적이고 공
통적인 시·공간적 대상들이어야 한다는 것은 그러한 존재들에게
있어서는 당연한 일이다.

그렇지만 왜 지시동일성이 중요한가? 우리는 적어도 인간의 의사
소통에 중요한 것이 보편자들이 언제 어디에서 예화되는지를 한 사
람이 다른 사람들에게 이해시키는 것이라는 가능성을 심각하게 고
려해야 하지 않은가? 그것이 가능하기 위하여 스트로슨이 '기본적
특수자들'(basic particulars)이라고 부른 종류의 구체적인 대상들에
대한 확인이 있어야만 한다는 것은 아주 명백하지는 않다. 그것이
필연적이라는 것을 보여주기 위해서는 그 이상의 논증이 필요하다.
또한 스트로슨이 특수자들에 대한 지시가 전혀 없는 언어의 한계들
을 고찰함으로써 그것을 제공하려고 했다는 점을 인정해야 한다. 내
가 제9장에서 상세히 설명하게 될 것처럼 여기에서 나에게 결정적

인 것으로 보이는 한 가지는 우리가 우리 자신을 주어진 시간과 공
간에 예화된 보편자들의 다발로서 결코 생각할 수 없다는 것이다.
그럼에도 불구하고 단지 화자-청자 지시동일성의 조건들로만 우리
자신에 대해 관심을 가질 때 우리가 존재론과 관련된 결론들에 알
맞은 궁극적인 토대에 도달한 것 같지는 않다.

　스트로슨이 말해야 할 것을 스트로슨이 선구자라고 인정했던 두
철학자들 가운데 두 번째 사람(첫번째는 아리스토텔레스)이자 그가
자신의 저작인 《감각의 한계》(*The Bounds of Sense*)에서 이러한 문
제들에 관하여 직접적으로 그리고 비판적으로 접근했던 사람인 칸
트와 비교함으로써, 문제가 되고 있는 것에 대한 그 이상의 통찰을
달성하는 것은 아마도 가능할 것이다. 칸트는 세계에 관한 사유를
숙고함에 있어서 판단(judgement)의 개념이 가장 중요하다고 보았
고, 판단은 아리스토텔레스와 다른 사람들에게서도 그런 것과 마찬
가지로 지시(reference)와 서술(predication)을 포함한다고 말할 수
있다. 칸트의 용어로 말하자면 판단은 직관들을 개념들하에 포섭하
게 된다. 비록 칸트가 마치 판단이 없이도 직관과 개념들이 있을 수
있는 것처럼 가끔 말하긴 했지만, 사유의 기본 단위가 판단이라고
주장한다는 점에서 그가 말한 것을 프레게와 다른 철학자들의 선상
에 있는 것으로 해석하는 것은 가능하다. 그렇지만 칸트는 이미 전
제된 능력들의 도식—특히 감성과 오성의 기능들—을 가지고 그러
한 생각에 도달한다. 그리고 그의 제1의 목표는 어떻게 오성
(understanding)이 감성(sensibility)에 의해 제공되는 가능한 경험의
조건들에 제한되는지를 보여주는 것이다. 칸트는 능력들의 도식 안
에 포함되어 있는 인식론적 구조를 그의 철학적 선조들, 특히 영국

의 경험론자들로부터 이어받았다.

칸트는 아마도 여기서 우리의 주된 관심이라는 점에서 존재론에만 주로 관여하지는 않는다. 그렇지만 우리가 바로 앞장에서 그의 생각에 적용 가능하다고 본 실재와 현상 간의 구별이 가정된다면 기본적으로(basically) 존재하는 것이 무엇이냐는 질문을 그가 받게 되는 경우에 그가 아마도 '물자체'(Things-in-themselves)라고 대답하리라는 것은 매우 분명하다. 그럼에도 불구하고 초월론적으로 관념적인 것의 범위 내에서 기본적으로 존재하는 것이 무엇이냐는 질문에 대한 대답은 오성에 의해 조직된 감각들과 현상들—이것들은 나의 감각들이고 그리고 시간을 통해 지속되고 공간 안에 연장되어 있고 인과 법칙에 따르는 그러한 대상들에 대한 것들이다—이 있다는 것이어야만 한다.

그러한 것에 대한 논증은 칸트의 소위 '초월론적 연역'(transcendental deduction)이다. 칸트가 그러한 논증을 하게 된 부분적인 동기는 경험들이란 것이, 흄이 실제로 제안했던 것처럼, 그것들을 연합하고 배열하는 것이 상상력(imagination)의 기능이 아니라는 것을 보여주기 위함이다. 말하자면 경험의 과정은 주관적인 문제가 아니라 어떤 의미에서 객관적인 문제이다. 이것은 경험상 이런 방식으로 유효한 것이 모든 사람에게 참이지, 나에게만 참은 아니라고 말하는 것으로서 가끔 해석된다. 그렇지만 그러한 의미에서 객관성이 어떻게 선결 문제 질문의 오류를 범하지 않고서 지시어들로부터 나타날 수 있는지를 아는 것은 불가능하다. 왜냐하면 출발점이 나의 감성과 나의 오성에 의해서만 제공되기 때문이다. (칸트는 실제로 '나는 생각한다'가 나의 모든 표상들을 수반한다고 말할 때 이러한 것을 말한다. 그것이 '나는 생각한다'라는 것이라는 사실이 중요하다.) 이 장치에 의존했던 많은 다른 철학자들과 비슷하게, 이 점에서 우리 안에서 우리가 발견하는 것이 다른 사람들에게도 똑같이 적용된다고 칸트가 단지 가정했다는 것은 의심의 여지가 없다. 칸트는 '다른 정신들'(other minds)이란 문제를 의식하지 않았다. 그러나 선결 문제 질문의 오류에 대해서 내가 이야기했을 때 내가 염두에 두고 있는 것은 바로 그 가정이다. 칸트의 출발점은 중요한 의미에서 철저하게 주관적이다. 그래서 그렇게 해석된 감성과 오성의 입장으로부터는 우리가 일상적으로 이해하는 것으로서의 공적인 대상들(public objects)의 세계를 유도해낼 가능성이 없다. 따라서 칸트를 프레게와 나란히 놓을 만한 판단에 대한 설명의 함축들에도 불구하고 칸트가 말해야 할 것으로부터 추상될 존재론은 관념론의 결과로서 대중적인 대상들의 세계와 의심스런 연관만을 가질 뿐이다. 우리를 칸트의 출발점으로부터 그러한 세계로 가게 할 수 있는 모든 논증은 적어도 문제가 있다.

아리스토텔레스와 프레게에 있어서 공적인 대상들의 세계는 당연하게 받아들여지는 어떤 것이다. 그들은 그 정도에 있어서는 실재론자들이다. 스트로슨의 경우에 공적인 대상들의 세계에 대한 생각은 존재론적인 주장들을 만드는 그러한 구조에 대한 설명 안에서 쓰여져야 한다. 이 점에서 칸트와 분명하게 대조된다. 그렇지만 칸트에 대한 고찰로부터 파생될 또 다른 점이 있다. 만약 우리가 회의론자처럼 처신하면서 "그것은 매우 좋긴 하지만 당신이 주장했던 것은 이 사물들은 감성과 오성을 가진 피조물을 위해 존재해야만 한다는 것이고, 그리고 원리상 다른 종류의 피조물들도 분명히 있을 수 있기 때문에 이것은 매우 상대적인 문제이다"라고 칸트에게 말한다면, 칸트는 그 가정이 어떤 내용이 주어질 수 없으므로 그만큼 공허하다고 대답할 것이다. 인간의 오성과 감성은 단지 그 안에서만 그러한 것과 그렇지 않은 것에 관해 인식할 수 있을 만한 판단이 있을 수 있는 그러한 한계들을 구성한다. 따라서 우리는 감성과 오성의 대안적인 형식들에 관한 그리고 그것들에 대해 가능하게 존재할 수 있는 것에 관한 가정들에 어떤 진정한 의미도 줄 수 없고 어떤 실질적 내용(순전히 형식적인 내용에 반대되는 것)도 줄 수 없다.

스트로슨의 출발점은 언어의 형식들을 넘어서 그것들에 의해 전제되는 인간의 활동들로 나아간다는 점에서 아리스토텔레스의 출발점보다는(그리고 실제로 프레게의 그것보다도) 더 우수하고, 그리고 지시의 공적인 구조를 세운다는 점에서 칸트의 출발점보다 우수하다. 그러나 칸트가 감성과 오성에 대해 주장한 것과 유사한 방식으로 그것이 한계, 즉 지시의 대안적인 구조들과 그것에 의한 대안적인 존재론들을 유용한 방식으로 고찰할 수 있는 가능성이 없는 그러한 한계를 구성한다고 가정할 수 있는가? 그 물음에 대한 대답은 이미 제시된 이유들 때문에 분명히 '아니다'여야 한다. 화자-청자 지시동일성에 집중할 때 그 물음은 또한 특수한 종류의 세계와의 교류를 강조한다. 화자-청자 지시동일성은 세계와의 관계에 있어서 우리가 언어를 매개로 서로에게 관여하는 활동들 가운데 하나이다. 러셀과 초기 비트겐슈타인에 의해서 그렇게 많이 강조되었던 사실-진술은 그러한 활동의 다른 예이다. 우리는 실제로 스트로슨의 이론을 사실들에 대한 논리적 원자론자들의 형이상학에 반대되는 것으로서의 사물들에 대한 형이상학이라고 묘사할 수도 있다. 서로 경쟁적인 존재론들은 그것들이 전제하는 출발점에 따라 서로 상대적이고, 그리고 그것들이 존재하는 것으로 혹은 우선적으로 존재하는 것으로 주장한 것에 대해 절대적인 필연성을 정당하게 부여할 수도 없다.

우리는 실제로 여기서 후기 비트겐슈타인이 '삶의 형식'(form of life)이라는 개념에 의해 묘사했던 현상에 직면하게 된다. 후기 비트겐슈타인을 어떤 점에 있어서 칸트적인 철학적 경향 안에 있는 것으로 생각하는 것이 맞든지 틀리든지 간에 삶의 형식들이라는 개념은 그의 사유 안에서, 바로 감성과 오성이 칸트에게 그러했던 것처럼, 이해할 수 있는 정도로 말해질 수 있는 것에 한계를 제공하는 어떤 역할을 한다. 칸트가 그렇게 한 것처럼 그가 그러한 한계들을 절대적인 것으로 생각했는지, 아니면 그가 가끔 제안한 것처럼 어떤 점에서 상대적인 것—바로 '인간의 자연사'의 측면들—으로 생각했는지는 그 이상의 문제이다. 그럼에도 불구하고 삶의 형식들은 어떤 구조를 제공하는데, 이 구조는 우리가 세계와 접촉하는 다양한 측면들 안에 예화되어 있고 이것에 따라 이것 혹은 저것 또는 다른 것이 있다(이 언급들이 필연성에 합당한 어떤 자격을 가지고 있는 것으로 의도되어질 때)고 말하는 것이 의미 있게 되는 그러한 구조이다. 그것은 분명히 비트겐슈타인의 《확실성에 관하여》(*On Certainty*)의 함축들 중의 하나인데, 이 책에서는 어떤 사물들의 존재는 그것을 부정하게 되면 우리가 실제로 그렇다고 말하거나 주장하는 것들 전체를 이해할 수 없게 되는 상황을 함축하게 된다는 의미에서 인정되어야만 한다고 가정한다.

그러한 주장들의 개별적인 예들에 관하여 무엇이 말해지든지 간에 삶의 형식들에 의해 부여된 한계들은 그 한계를 넘어서 그 예들을 묘사할 수 있는 그와 같은 것은 아니다. 우리는 한계들을 넘어갈 수는 없다. 우리가 그러그러한 것들이 존재해야만 한다고 말할 때 기본적으로 삶의 어떤 형식, 즉 서로서로 그리고 일반적으로 세계와 교류하는 어떤 형식을 전제한다는 것만을 말할 수 있다. 더욱이 그러한 주장들을 이해하기 위해서는 삶의 형식들에 대한 일치가 있다는 사실이 전제되어야 하는데, 그 이유는 바로 그것이 공공성(publicity), 즉 그러한 주장들을 의미 있게 하는 공통적 수용 가능성을 제공하기 때문이다. 일단 우리가 그것이 특수한 사례들에 포함하는 것을 설명하려 시도한다면, 존재론적 주장들의 상대성은 명백하게 된다. 존재론적 주장이 상대성 이상의 현상을 취하는 것은 단지 그것을 묵인함으로써만 가능하다. 그것은 그래도 역시 현상이다. 존재론에 대한 하나의 출발점이 내가 아리스토텔레스, 프레게, 칸트와 스트로슨을 비교하면서 지적했던 종류의 이유들 때문에 또 다른 것보다 더 좋을 수는 있지만 절대적으로 필연적인 존재론을 산출하는 것이 가능하다고 생각할 만한 근거는 없다.

세계가 사실들이나 사물들 혹은 사건들의 총합이라고 말하는 것은 그러한 견지에서 세계가 보여지게 되는 그러한 하나의 기본적인 개념에 대한 주장을 하는 것이다. 그러한 주장을 하는 것은 세계에 대한 흥미 있는 관점을 제공할 수 있다. 그것은 우리로 하여금 다른 방식들보다는 차라리 이 방식으로 세계를 보게끔 하고, 그래서 사물들의 상태에 대한 하나의 특수한 편견에 의해 부여된 방해물들로부터 우리를 자유롭게 해준다. 그러나 이것이 단순히 우리와 세계의 교류를 설명하는 어떤 특수한 방식에 따라 세계가 그렇게 해석되어야만 한다는 의미가 아니라면, 세계가 이 방식보다는 차라리 저 방식으로 해석되어야만 한다고 말해질 수는 없다. 그렇지만 내가 지금까지 주장해온 것처럼 그것은 상대적인 필연성만을 제공한다. 그것이 세계와 교류하는 하나의 특수한 형식 안에 함축된 것을 설명하는 데 도움이 되긴 하지만, 그것은 또한 (세계는 사실들의 총합이지 사물들의 총합이 아니라는 초기 비트겐슈타인의 주장과 같은) 대담한 존재론적 주장들로부터 그것들의 대담성 때문에 매력적인 측면을 제거할지도 모른다.

이러한 종류의 존재론은 사물들의 존재와 관련하여 세계와 우리의 교류 안에 함축되어 있는 것을 설명하려는 시도이다. 그것은 또한 우리 자신들에 대한 어떤 관념을 함축한다. 내가 신중하게 '우리 자신들에 대한 관념'이라고 말하는 것은 내가 단순히 사람들에 대한 관념을 의도하는 것이 아니기 때문이다. 사람들은 다른 대상들이 그러한 것과 꼭 마찬가지로 세계의 부분이다. 내가 관련되어 있다는 의미에서 '내가' 세계의 부분이라는 것은 비록 다른 철학자들의 사유에서도 그것이 반복되고 있긴 하지만 아마도 칸트에서 기인된 형이상학적 사유의 전체 노선에 함축되어 있는 생각이다. 만약 그것이 옳다면 '우리'에게도 동일한 영향을 미쳐야 한다. 이것들은 아마도 수수께끼 같은 말들이긴 하지만, 그러나 나는 나중에 제9장에서 그 주제를 살펴볼 것이다.

제5절 형식적 개념들

나는 지금까지 글을 써오면서 사물, 사실, 사건과 같은 개념들을 상당히 많이 사용해왔다. 이러한 개념들은 프레게의 개념 및 대상 같은 다른 것들과 함께 비트겐슈타인이 《논고》(*Tractatus*)에서[18] 사물들을 분류하는 원리들로서 작용하는 일상적인 개념들과 구별하기 위해 형식적 개념들(formal concepts)이라고 부른 것들이다. 형식적 개념들은 실제로 우리가 어떻게 말하고 생각하는지가 전제된다면 그 안에서 언어와 사유가 세계를 만나는 그러한 방식들에 대한 개념들이다. 말하자면 이러한 사실은 프레게가 개념과 대상에 대한 생각에 이르게 되는 방식에서 명백해지는데, 왜냐하면 이러한 생각들은 언어 안에서 술어와 주어 혹은 함수와 논항에 의해 각각 수행되는 역할들을 반영하기 때문이다. 실제로 '개념과 대상'에 관한 논문에서 프레게는 말(馬) 개념이 개념이 아니라 대상이라고 말했을 때 자신이 모순을 제안하고 있음을 알았다.[19] 그것은 대상인데 왜냐하면 한정 기술구로서의 '말 개념'(the concept horse)이라는 표현은 우리가 주장할 수 있듯이 술어와 비슷하다기보다는 차라리 이름과 비슷한 것으로 해석될 수 있기 때문이다. 따라서 그것은 함수 표현이 아니라 논항 표현이고, 프레게의 기준에 따르면 그것은 대상을 지시한다. 그렇지만 대개 그것이 가지고 있다고 여겨질 만한 의미가 가정된다면 그 표현은 개념을 지시하는 것처럼 보인다. 비트겐슈타인이 개념과 대상과 비슷한 개념들은 고유한 개념들이 아니라 형식

---

18) L. Wittgenstein, *Tractatus Logico-Philosophicus* (London: Routledge and Kegan Paul, 1922, 1961), 4.126 이하. ✽ 옮긴이 주: 비트겐슈타인의 책은 《논리철학논고》(이영철 옮김, 천지, 1994)로 번역되어 있다.

19) G. Frege, "Concept and Object", in P. Geach and M. Black(tr.), *Translations* (Oxford: Blackwell, 1952), 46면.

적 개념들이라고 주장한 것은 이하에서 실제로 그러한 개념들의 기원들이 무엇인지를 잊지 않도록 우리에게 주의를 준다. 말하자면 그 것은 언어와 무관한 것들이 아니라 단어들이 세계와 만나는 그러한 어떤 방식들을 반영한다.

내가 이 장에서 고찰해오고 있는 종류의 존재론은 실제로 사물들의 어떤 궁극적인 범주들이 존재하는 것으로 가정되어야만 하는가라는 물음과 관련된 존재론이다. 범주가 무엇인지 정확하게 설명하는 것은 어렵다. 아리스토텔레스는 마치 범주들이 사물들을 포함하는 가장 광범위한 유들인 것처럼 가끔 말한다. 칸트와 헤겔 같은 그 이후의 철학자들이 아리스토텔레스가 그 용어를 사용한 방식과는 미미한 연관만을 갖는 다른 방식들로 '범주'라는 용어를 사용했다는 점에서 상황은 더 나아지지 않았다. 그렇지만 분명한 것은 우리가 종과 유에 의한 분류에 관여한다면 보다 광범위한 분류들—예를 들어 인간, 척추동물, 동물, 생명체, … 실체, 사물—을 계속하게 되는 그러한 사슬 안에서 만들어지게 될 최후의 것이 그것들에 우선하는 것들과 동일하지는 않다는 것이다. 나는 다음 장에서 실체의 개념에 대해 더 많은 것을 말하겠지만, 그러나 이미 분명해진 것은 어떤 점에서 프레게의 대상 개념과 같다고 할 수 있는 사물의 개념이 단지 보다 광범위한 집합들을 반영하거나 혹은 분류할 때 일반성을 증가시키는 일련의 개념들의 한계만을 구성하지는 않는다는 것이다. 사물의 개념을 가지고 우리는 직선적인 분류 체계로부터 어떤 의미에서 우리의 사유와 언어의 양태들을 반영하는 개념으로 이동한다.

이러한 의미의 단어로는 사물은 단순히 확인의 대상, 즉 명명될

수 있는 것(혹은 스트로슨의 혼란스러운 용어로 하자면 개별자)일
뿐이다. 그것은 사유와 언어 안에서 지시되는 것이다. 대조적으로
속성은 단순히 기술되거나 특성화된 사물의 한 측면, 즉 술어일 뿐
이다. (만약 속성이 술어에 의해 분간되는 것 혹은 그렇게 분간될
수 있는 것이라고 말한다면, 이것은 대상을 지시하기 위하여 사용된
것과는 다른 '분간하다'의 의미를 포함한다는 것이 인정되어야 한
다.) 사건(event)은 한 종류 혹은 또 다른 종류의 연속적인 시제 동
사를 반영하는 과정이나 상태에 반대되는 것으로써, 비연속적인 시
제 동사와 유사한 방식으로 일치하는 항목이다. 사실(fact)은 참인
명제나 진술에 의해 말해질 수 있는 것이다. 그러한 개념들에 대한
철저하고 포괄적이고 체계적인 목록을 만들려는 시도는 도움이 되
지는 않을 것이다. 그렇지만 철학자들이 때때로 그러한 목록들을 만
들려고 시도했다. 그 계획의 성공 여부는 사유와 언어가 본성상 명
확하고 체계적인지에 달려 있다.

그렇지만 이러한 개념들의 본성에 대한 인식은 프레게의 역설[20]
뿐만 아니라 다른 추정적인 문제들에도 도움이 될 것이다. 나는 두
가지를 언급하겠다. 첫째는 종종 논의되듯이[21] 사물이 그것의 속성
들의 총합 이상의 것인지에 대한 물음이다. 우리가 사물의 모든 속
성들을 제시해야 할 때 그 종류에 대해서 더 이상 언급할 것이 없

---

20) 그러나 반대 의견에 대해서는 더밋(M. Dummett)의 《프레게》(*Frege*),
257면 이하를 보라.
21) 예를 들어 B. Russell, *Human Knowledge* (London: Allen and Unwin,
1948), 310면 이하와 A. J. Ayer, *Philosophical Essays* (London:
Macmillan, 1954), 제1장을 참조하라.

어야 한다는 것은 분명해 보인다. 다른 한편으로 우리가 그렇게 했을 때 전문적으로 말해서 우리는 그 사물을 단순히 서술할 뿐이다. 우리가 아무리 많이 다른 사람들로 하여금 그러한 기준에 근거해 사물을 확인할 수 있도록 할지라도 우리는 그 자체로 그것을 확인하지는 못한다. 따라서 말하자면 우리가 그것들의 속성들을 단지 열거함으로써 그 사물을 파악하지는 않는다는 느낌이 있을 수 있다. 다른 한편으로 러셀과 에이어 같은 철학자들은 사물에서 다수의 속성들의 예 이외의 어떤 것도 있을 수 없다고 주장하며, 그와 반대로 속성들의 기초가 된다는 로크의 생각에로 이끄는 것, 즉 실체는 가정상 알 수 없고 서술 불가능해야 한다는 것은 비경험론자들의 가정이라고 주장했다. 로크가 관련되어 있는 한 그것이 정확한 역사적 판단인지 그렇지 않은지는 여기서 논의될 필요가 없다. 여하튼 문제점이 실체들에 제한되지 않고 속성들을 가질 수 있는 그 어떤 것에도 적용된다는 것은 주목할 만한 가치가 있다.

사물이 그것의 속성들의 총합 이상의 것일 수 없다는 생각에 기초가 되는 것은 이미 언급된 것처럼—우리가 한 사물의 모든 속성들을 제시할 때 그 종류에 대해서 더 이상 언급할 것이 없어야 한다는 것—자명한 이치이다. 만약 우리가 그 경우에 존재한다고 말해야 할 모든 것을 여전히 다 말하지 않았다고 느껴진다면, 그 이유는 한 세트의 속성들이 주어진 시간과 장소에서 예화된다고 말할 때 우리는 사물이 있다는 것에 관해 아직 어떤 것도 말하지 않았기 때문이다. 우리가 속성들의 목록에—아마도 관계적 속성들을 포함하고 있는—이러한 속성들을 조직하는 어떤 원리나 원리들을 덧붙일 필요가 있다고 가끔 가정된다. 그러한 생각은 또한 사물들이 그것들의 부분들의 총합 이상의 것이라는 생각을 지지한다. 그럼에도 불구하고 우리가 정신 안에 가지고 있는 것이 속성들이든 부분들이든 간에 우리가 그것들을 모두 열거할 때 그 종류에 대해서 더 이상 언급할 것이 없으며, 또한 구성 원리들은 부가적인 속성들이거나 혹은 그것과 유사한 어떤 것이다.

만약 우리가 한 사물 이상의 어떤 것—부분들의 총합 이상의 어떤 것—이 있다고 여전히 느낀다면, 그것은 그 종류의 어떤 것이 빠져 있기 때문이 아니다. 속성들이나 부분들이 함께 결합되어야 한다는 것은 참이지만, 그러나 그것이 확보됐다 하더라도 동시적인 예화(coinstantiation)가 충족되어야 한다. 사물들이 존재하기 위해서는 그 속성들이 동시에 예화되어야 한다는 것으로 아주 충분하다. 그리고 이것이 인정된다면 그런 의미에서 사물은 그것의 속성들의 총합이다. 그렇지만 그것은 사물의 개념을 그렇게 동시에 예화된 속성들의 집합 개념과 동일하게 만들거나 또한 그러한 개념으로 분석 가능하게 만들지는 않는다. 그렇게 생각하지 않는 것은 어떤 종류의 개념들이 사물과 속성의 개념들인지를 오해하는 것이며, 또한 이러한 개념들이 사유의 다른 측면들—지시동일성과 기술(description)—의 반영물들이라는 것을 알지 못하는 것이다. 사물의 개념은 동일하게 지시될 수 있는 것의 개념이다. 동일하게 지시될 수 있는 것들도 기술될 수 있다는 사실이 그 개념들을 동일한 것으로 만들지는 않는다. 사물들은 단지 그것들의 속성들의 총합일 뿐이지만 한 사물의 개념은 비록 결합된다고 할지라도 일련의 속성들의 개념은 아니다. 그렇게 말하는 것은 사물과 속성의 개념들이 일상적인 개념들이 아니라 형식적 개념들이라는 사실을 당연히 승인하는 것이다.

내가 간결하게 고찰할 두 번째 물음은 '동일성 없이는 어떠한 존재자도 없다'(No entity without identity)는 표어의 지위이다. 감탄할 만한 논문인 "존재자와 동일성"(Entity and Identity)[22]에서 스트로슨이 말한 것처럼 그것은 '최근의 철학에서 아주 유행했던' 선언이다. 실제로 존재와 동일성의 개념들 간에는 어떤 연관이 있다고 자주 가정되었다. 예를 들어 콰인은 '우리는 어떤 것이 다른 것들과 어떻게 구분되는지를 모르고서는 그것이 무엇인지를 알 수 없다. 동일성은 따라서 존재론과 조화된다'고 말한다.[23] 콰인의 요점은 만약 어떤 것이 존재자로 간주되려고 한다면 그러한 종류의 사물들을 위한 동일성의 기준이 있어야 한다—우리는 그것들이 어떻게 다른 것들과 구분되는지를 알아야만 한다—는 말로 다른 곳에서 이야기되었다. 그 이론은 실제로 일종의 존재론적 주장들에 대한 시험—그것을 만족시키지 못하는 것들은 결론적으로 우리의 존재론으로 받아들여지기에는 덜 정확한 자격을 갖는다—으로서 사용되어왔다. 스트로슨은 그의 논문에서 이러한 시험이 적용되어져온 종류의 것들—예를 들어 집합들에 반대되는 것으로서의 속성들—을 지적한다. 그는 또한 예를 들어 색깔들처럼(그것들을 서로서로 구분할 수 있는 것에 대해 어떤 설명도 적용될 수 없다) 동일성의 기준 개념이 적용되지 않는 것처럼 보이는 어떤 종류의 것을 지적한다.

색깔들에 관한 이러한 특징은 개별적인 색조들과 색깔 일반 간의

---

22) P. F. Strawson, "Entity and identity", in H. D. Lewis(ed.), *Contemporary British Philosophy*, 4th Series (London: Allen and Unwin, 1976).

23) W. V. Quine, *Ontological Relativity*, 55면.

관계가 종들과 이 종들의 상위 개념인 유들 간의 관계가 아니라는 사실과 연관되어 있다. (왜냐하면 아리스토텔레스가 강조한 것처럼 종들은 동일한 유 안에서 종차들에 의해 서로 구분되고, 예를 들어 빨강색을 다른 색조들과 구분시키는 그러한 종차들은 없기 때문이다.) 여기서 관계는 실제로 존슨(W. E. Johnson)이 그의 《논리학》(*Logic*)에서 한정사(determinates)와 피한정사(determinable)의 관계라고 불렀던 그것이다. 그렇지만 그렇게 말하는 것은 일반적인 것과 보다 일반적인 것의 관계들 모두가 종들과 유들의 관계들은 아니다라는 것만을 지시할 뿐이다. 그 점은 비트겐슈타인이 가족 유사성(family resemblances)[24]에 대해 말했던 것을 설명하기 위해 일반화될 수 있다. 실제로 가족 유사성에 대한 지적이 도입하는 비트겐슈타인의 반본질주의(anti-essentialism)는 개념적인 관계들이 많은 형식들을 취할 수 있다는 주장으로 해석될 수 있다. 보다 최근에 본질주의는 사물들 혹은 그것들 중 어떤 것(예를 들어 자연 종들)이 독특한 본질들(distinct essences)을 갖는다는 논제로 다시 한 번 유행했다. 즉 사물들은 필연적으로 어떤 본성, 즉 그것들이 그것 없이는 있을 수가 없는 그러한 어떤 일련의 본질적 속성들을 갖는다는 것이다. 나는 다음 장에서 다시 그 주제를 다룰 것이며, 또한 그 논제가 기껏해야 실체들에 관한 논제일 뿐이지 사물들 일반에 관한 논제는 아니라는 것을 지적할 것이다. 유비적으로 말하자면, '동일성 없이는 어떠한 실체도 없다'는 것이 비록 덜 좋게 들리긴 하지만

---

24) L. Wittgenstein, *Philosophical Investigations* (Oxford: Blackwell, 1953), 67절 이하.

'동일성 없이는 어떠한 존재자도 없다' 보다 더 유망한 선언이다.

우리가 동일성에 관여할 때 적어도 문제가 될 수 있는 두 가지 다른 것들이 있다. 첫째, 내가 실제로 제안해왔던 것처럼 어떤 특정 종류의 사물들이 다른 사물들과 구별될 수 있도록 그것들을 동일하게 지시할 수 있는가라는 질문이 있을 수 있다. 이 물음에 관여하는 것은 사물들의 종류에 대한 지시동일성—그것들을 다른 종류들의 사물들과 구별시켜주는 어떤 것—에 관여하는 것이다. 이런 의미에서 동일성 없이는 어떠한 존재자도 없다는 이론은 한정된 기준에 의존하는 다른 종류들과는 구별되는 어떤 종류에 속하지 않는 존재자는 없다는 이론이다. 둘째, 두 개의 추정적으로 다른 개별자들을 수적으로 같거나 동일한 것으로 만드는 것이 무엇인가 하는 물음이 있을 수 있다. 스트로슨이 《개별자들》에서 사용한 용어들 안에서 이러한 물음은 사물들의 동일성이나 지시동일성이 아니라 그것들의 재동일화 가능성(reidentifiability)—이것이 저것과 동일한 것으로 인정될 수 있는 가능성—에 대한 관심을 포함한다.

내가 구별했던 이 두 가지 문제들은 관련은 있지만 동일한 것은 아니다. 우리가 제9장에서 보게 될 것처럼 철학자들은 가령 종으로서의 사람들에 관여할 때 적어도 사람들을 다른 종류의 사물들과 구별시키는 것이 무엇인지에 대한 물음에 관여한다. 그 대답은 비록 사람의 동일성의 기준에 관한 물음에 대해 주어졌지만 '시·공간적 연속성'일 수 없다. 이 후자의 경우에 있어 물음은 두 명의 추정적으로 다른 사람들이 실제로 동일한 것인지 어떤지를 결정하는 것이 무엇인가라는 물음이 되는 것 같다. 물론 그 물음에 만족스럽게 대답하기 위해서 우리는 사람이 어떤 종류의 것인지, 즉 '사람들에게 해당하는 동일성의 기준이 무엇인가?'라는 물음에 의해 제기될 만한 어떤 것을 알아야만 한다. 비록 사람의 동일성에 관한 기준이 필요하긴 하지만, 그것은 추정적으로 다른 두 사람이 같은 사람인지 아닌지를 결정하는 것이 무엇인가라는 질문을 다루는 데는 충분하지 않다. 비록 우리로 하여금 어떤 대답들을 부적절한 것으로 배제할 수 있게 하더라도 말이다. 동일성에 대한 이 두 번째 관심은 '동일성 없이는 어떠한 존재자도 없다'는 선언에 주어지게 될 (비록 그것에 일반적으로 주어진다는 의미는 아니지만) 두 번째 의미, 즉 그것의 재동일화의 가능성 없이는 어떠한 존재자도 없다는 의미를 제공한다.

불행하게도 존재자가 재동일화를 받아들일 필요가 있다는 것은 분명하지 않다. 단지 잠깐 동안만 존재하는 존재자를 생각하는 데는 비정합적인 것은 없어 보인다. 감각-자료들(sense-data)은 비록 러셀이 '논리적 원자론의 철학'(The philosophy of logical atomism)에 관한 강연에서 그것들을 '오래 된 실체 개념'과 구별하면서 그것들이 (내가 그것들은 단순히 '실제로 매우 짧은 시간 동안'만 존재한다고 말하면서 언급했던) 일시적으로 존재한다는 것을 거부했지만, 그것들은 그런 종류의 존재자들이라고 가끔 생각되어져왔다.[25] 그렇지만 만약 사물의 개념과 마찬가지로 존재자의 개념이 형식적 개념이라면 존재자들이 시간을 통해서 지속되어야 한다는 것은 분명하다. 왜냐하면 존재자의 개념은 단순히 지시동일성과 상관 개념일 뿐이며, 또한 그 이상의 고찰들이 제기되지 않는다면 동일하게 지시될

---

25) R. C. Marsh(ed.), *Logic and Knowledge*에 수록되어 있다.

수 있는 것이 재동일화될 수도 있어야만 한다고 믿을 만한 이유가 없기 때문이다.

그러므로 이 모든 이유들에 근거해서 '동일성 없이는 어떠한 존재자도 없다'는 표어에 대해서 말해질 것이 거의 없는 것 같다. 내가 이미 말했던 것처럼 그것은 '동일성 없이는 어떠한 실체도 없다'와는 다른 문제일 수 있다. 나는 다음 장에서 이러한 고찰들을 다룰 것이다.

제4장
실체

제1절 전통적인 실체 개념

  '실체'(substance)란 용어는 철학에 있어서 가장 모호한 용어들 중의 하나이다. 아리스토텔레스에게 있어서 적어도 여러 번, 실체들의 전형적인 사례들은 그가 제시한 것처럼 '이 사람, 이 말'과 같은 개별적인 사물들이었다. 그렇지만 복잡한 역사적 이유들 때문에 실체는 때때로 아리스토텔레스가 '질료'라고 불렀던 것과 동일하게 되었다. 따라서 철과 유황 그리고 다른 재료들은 '실체들'이라 불려지게 되었다. 그 이상의 복잡한 역사적 이유들 때문에 실체는 로크와 같은 사람에 의해서 기체적인 어떤 것(the underlying something) 혹은 그 안에 내재하는 속성들을 떠받치기 위하여 가정된 어떤 것으로서 여겨지게 되었다. 실제로 '실체'에 해당하는 라틴어의 어원은 누구에게나 그 용어가 속성들 밑에 있는 어떤 것의 개념이라는 느낌을 가지게 할 것이다. 따라서 로크는 그것을 '내가 무엇이 아니라고 알고 있는 것'(다른 두 용법들 중의 어떤 것에 의해서도 전달되지 않는 주장)이라고 불렀다. 라틴어 어원이 '실체'라는 용어에 의존하는 그러한 현대적 논의들에만 관련된다는 사실 때문에 상황은 여전히 더 복잡해진다. 아리스토텔레스가 사용했고 그리고 전통적으로 '실체'라고 번역된 그리스어 '우시아'(ousia)는 '실체'에 해당하는 라틴어 어원이 제공하는 우시아들 중의 어떤 것도 가지고 있지 않지만, 그러나 그 자체의 부가적인 암시들 특히 존재와 연관을 가지고 있다. (그리스어에서 '있다' 동사의 여성형 현재 분사는 우시아이다. 우시아는 추상명사의 형태를 가지며, 이러한 이유 때문에 자연히 '존재' 혹은 '존재함'으로 번역된다. 그러나 아리스토텔레스는 가끔 관사를 덧붙여서 그 단어를 개별적인 종류의 존재, 즉 개별적인 종류의 사물을 지시하기 위하여 사용한다.)

당면한 목적을 위해서 우리는 이러한 점들을 한 가지 측면에서만 주목할 필요가 있다. 내가 나중에 지시할 것처럼 아리스토텔레스가 실체로 의미한 것은 대충 스트로슨이 비슷한 이유들 때문에 '기본적 특수자'(basic particular)라고 부른 것이다. 아리스토텔레스에 의하면 하나의 종으로서 간주되는 실체는 범주들 중의 하나, 즉 존재의 궁극적인 종들 가운데 하나이다. 예를 들어 우리가 하나의 개별적인 사람(위에서 언급된 '이 사람')을 택해서 '그것이 본질적으로 무엇인가'라고 묻는다면, 대답은 궁극적으로 '실체'가 될 것이다. 만약 우리가 '그것이 어떠한가' 혹은 '그것이 얼마나 큰가'와 같은 다른 질문들을 했다면 우리는 '하얗다' 혹은 '6피트다'와 같은 다른 대답들을 기대할 것이다. 그리고 그렇게 상술된 것들이 본질적으로 무엇인가라고 묻는다면 우리는 궁극적으로 '질'과 '양'이라고 대답하게 될 것이다. 이런 방식으로 우리는 범주들 혹은 존재들의 궁극적인 유들의 목록을 갖게 된다. 이러한 결과를 얻기 위해 사용되는 방법이 어떻게 생각되든지 간에, 그리고 아리스토텔레스 자신이 만들어낸 목록의 포괄성과 정밀성이 어떻게 생각되든지 간에(많은 비판들이 있어왔던 문제), 하나의 범주로서의 실체가 다른 범주들보다 더 중요한 지위를 갖는다는 것은 분명하다. 실제로 아리스토텔레스는 실체들이 우선적 종류의 존재들이라고 주장하고, 그 주장을 지지하기 위해 몇 가지 논증을 제공한다. 더욱이 아리스토텔레스가 《범주론》에서 제1실체들과 제2실체들을 구분할 때(그리고 그가 후기의 작품들에서 그러한 견해를 주장하는지 어떤지는 논증이 필요한 문제이다), 그는 우선적인 것이 개별적인 실체들(이 사람, 이 말)이라고 주장한다.

이러한 사실에서 우리는 전통적인 실체 개념의 본질적 특징들 가운데 두 가지 특징들—존재하는 것들 중에서 실체들의 우선성, 그리고 실체들의 개별성—을 주목하게 된다. 그러나 문제는 여전히 남아 있다. 즉 어떤 종류의 우선성(the primacy)인가? 아리스토텔레스는 실체를 제외한 다른 범주들 안에 있는 존재자들이 그것들의 존재를 실체들에 의존한다고 말한다. 비록 아리스토텔레스가 제공한 내재성(inherence)의 형식적 기준에 대해서 학자들간에 논쟁이 있긴 하지만, 그는 실제로 그것들이 실체들 안에 내재한다고 말한다. 둘째로 비록 아리스토텔레스는 《범주론》에서 일반적인 것들이 특수한 실체들 안에 내재한다고 말하진 않았지만, 종들과 유들 같은 일반적인 것들이 그것들의 예들인 특수한 실체들에 의존한다고 말하고, 그 밖의 다른 곳에서는 내재에 관해 거의 말하지 않는다. 아무리 이러한 상황이라 할지라도 실체들의 존재론적 우선성에 대한 아리스토텔레스의 믿음은 명백하다. 그것은 주어와 술어라는 언어가 세계와

124

관계를 맺는 방식에서 분명해질 것으로 생각되었다. 따라서 아리스토텔레스는 때때로 전통적 이론이라고 불려진 것, 즉 특수한 실체들은 그 밖의 어떤 것도 서술할 수 없지만 그 밖의 모든 것은 그것들을 서술할 수 있다는 이론을 주장하게 된다. 따라서 스트로슨이 그가 기본적인 특수자들(basic particulars)이라고 부른 것과 관련하여 제안한 것처럼 그것들은 '기본적인 논리적 주어들'(basic logical subjects)을 이룬다.

스트로슨의 《개별자들》은 화자-청자 지시동일성의 대상으로서의 특수자 개념에서 출발함으로써(우리가 제3장에서 본 것처럼) 물질에 대해 유사한 설명을 한다. 그 책의 제1부는 물질적 대상들이 화자-청자 지시동일성의 관점에서 볼 때 특수자의 기본적인 형식이고, 그리고 다른 특수자들은 동일한 관점에서 볼 때 다양한 방식들로 기본적인 특수자들에 의존한다고 주장한다. 비록 사람들은 신체들을 가지고 있기 때문에 물질적인 대상들에 의존하긴 하지만, 나중에 《개별자들》 제3장에서 사람들은 다른 종류의 특수자 그러나 특수한 지위를 가진 특수자로서 소개된다.[1] 그 책의 제2부는 다른 종류의 특수자들보다 우월한 특수자들 일반의 우선성을 주장한다. (여기서 '개별자들'에 의해 의도되는 것은 가능한 지시동일성의 대상이다. 그래서 이러한 이유로 정의[justice]와 같은 비특수자들도 개별자들로 간주된다.) 그 책 안에 있는 논증의 순서가 이상하다고 말해질지

---

1) 그러한 사실을 지적하는 것은 좋지만, 사물들에 대한 스트로슨의 설명 안에 있는 사람들의 특수한 지위는 그의 존재론에서 어떤 문제점을 야기한다.

모른다. 화자-청자 지시동일성이 가정된다면 먼저 다른 개별자들보다 우월한 특수자들의 우선성, 그리고 둘째로 다른 특수자들보다 우월한 기본적인 특수자들로서의 물질적 대상들의 우선성에 대한 논증이 있을 수 있다고 기대될 수도 있다. 그렇지만 출발점에 있어서의 차이에도 불구하고 그 논증의 결론은 아리스토텔레스의 결론과 아주 유사하다는 것을 알 수 있다. 그 논증에서 아무리 기본적이라 하더라도 기본적인 것들(the basic things)은 특수한 물질적인 것들이다.

만약 그렇다면 실체가 되기 위해서는 기본적이고 특수한 것 이상의 것이 있어야 한다. 왜냐하면 물질적인 것들은 다른 특징들을 가지고 있기 때문이다. 우선 첫째로 스트로슨 식으로 문제를 제기하면 기본적인 특수자들은 동일시될 수 있을 뿐만 아니라 또한 재-동일시될 수 있다. 그것은 실제로 그것들이 공간을 차지할 뿐만 아니라 시간을 통해 어떤 연속성을 가지고 있고, 그래서 그것들은 '과거에 ~있던 것과 동일한 것'으로서 재동일시될 수 있다고 말하는 것이다. 아리스토텔레스는 실체들이야말로 대립적인 조건들을 받아들이면서도 동일한 것으로 남아 있을 수 있는 유일한 것들—그것들은 변화를 거치면서도 동일성을 유지한다—이라는 특징이 아마도 실체에 가장 고유한 특징이라고 말함으로써 문제를 제기한다. 따라서 실체들은 상대적인 불변성을 갖는다. 그것들은 단순히 일시적인 삶의 형태를 가지지 않는다. 아리스토텔레스에 대해서 적어도 덧붙일 만한 몇 가지 점들은, 실체들은 필연적으로 종들에 포함될 수 있다는 것(그것들은 본질을 가지는 종들의 요소들이다), 그리고 실체들은 대개 어떤 종류의 재료나 질료로 구성되어 있다는 것이다. (그것은 실제로 그것들이 형상과 질료를 가지고 있다고 말하는 것이다.)
이러한 개념들은 또한 전통적인 실체 개념에 포함되어왔고, 그래서
실체들은 물질적인 실재(그리고 어떤 철학자들의 견해와 약간 수정
된 견해에 따르면 비물질적인 실재도)의 구성물로서 간주되게 된다.

  아리스토텔레스와 스트로슨의 설명들에는 나타나지 않지만 실체
들에 속하는 것으로 가끔 생각되어온 하나의 특징이 있다. 그것은
단순성(simplicity)이라는 특징이다. 실체들이 단순해야 한다는 이론
은 원자론자들의 이론에 필수적인 것으로, 원자론자들이 원자성이나
원자들의 불가분성은 하나의 원리이지 단지 사실에 들어맞는 어떤
것이 아니라고 주장하는 한 그렇다. 그렇지만 단순성은 공간적인 성
질이나 크기의 문제일 뿐이기 때문에 그러한 단순성이 단지 상대적
인 것이라고 반대될 수도 있을 것이다. 물질적인 원자들은 더 이상
나누어질 수 없다는 이유에서만 단순하다. 우리의 사유와 언어가 무
엇을 이해하기 위해서 의미의 단위들을 구성하는 대상들이 있다는
사실에 의존한다는 취지를 가지는 어떤 형태의 논리적 원자론이나
이론(초기 비트겐슈타인과 러셀의 논리적 원자론에 분명하게 포함
되어 있는 어떤 것)도 더 포괄적인 형태의 단순성에 호소해야만 한
다.

  아마도 실체들과 관련하여 극단적이고 포괄적인 형태의 단순성에
호소한 이론의 가장 분명한 역사적 예는 라이프니츠의 '단자론'이
다. 라이프니츠는 실체들로서 존재하는 기본적인 실재들이 절대적으
로 단순해야만 한다고 주장했다. 따라서 '단자들'(monads)이라는
용어를 제시한다. 그는 단자들은 '자아'와 같은 방식으로 단순하다
고 말한다. 자아가 세계를 지각할 때 표상하는 것처럼 단자들은 절

대적으로 하나이지만 그럼에도 불구하고 다수를 표상할 수 있다. 이
것은 어떤 물질적인 것에서도 그 예를 발견할 수 없는 특징이고, 따
라서 그러한 이유 때문에 궁극적인 실체들은 비물질적이어야 한다.
우리가 라이프니츠의 논증의 결과에 대해서 무슨 생각을 하든지 간
에 그 논증 안에 있는 단계들 중의 하나가 어떤 종류의 복잡한 것
(이것은 그것이 어떤 종류의 복합체라 하더라도 이차적이다)도 기
본적일 수는 없기 때문에 실체들은 절대적으로 단순해야 한다는 생
각에 근거한다는 사실은 의심할 여지가 없다. 다른 말로 하면 실체
의 기본성(basicness)은 그 절대적인 단순성을 포함해야만 한다. 나
는 제6장에서 이와 비슷한 생각이 일원론자의 이론들—결국 단지
하나의 실체만 있다는 취지를 가지는 이론들—에서도 또한 발견된
다고 지적할 것이다.

　실체의 형이상학에 관심 있는 모든 사람들이 실체들은 절대적으로
단순해야만 한다는 생각을 갖지 않는다면, 이것은 실체의 기본성이
그 자체로는 절대적인 문제가 아니라는 것을 그들이 알았기 때문일
것이다. 즉 실체들이 존재론적으로 우선적이라고 주장할 때 적어도
우선성이 무엇과 관련되는지는 어느 정도 명확하다. 예를 들어 실체
와 비슷한 어떤 것이 화자-청자 지시동일화의 가능성에 본질적이라
는 주장은 실체의 예들이 단순해야 한다는 가정을 제기하지 않는다.
라이프니츠는 이와 반대되는 결론에 도달했다. 왜냐하면 그는 실체
들이 조건들 없이도 존재하는 우선적인 것이라고, 즉 절대적인 의미
에서 실체들은 그 밖의 어떤 것에 의존하는 것으로서 생각될 수 없
다고 생각했기 때문이다. 실체가 절대적인 의미로도 단순해야 한다
고 생각하게 하는 것은 우선성 개념의 이러한 절대성(absoluteness)

이다. 그렇지만 단순성이 항상 상대적인 문제인가(플라톤이 실제로
《국가》 제7권에서 '하나'는 상대적인 용어이고, 그래서 '하나가 무
엇인가?'라는 물음에 대해 이미 대답이 가능한 경우에만 어떤 것이
'하나'라고 불릴 수 있다고 본 것처럼)는 논의될 필요가 있는 문제
이다. 만약 그렇다면 실체가 단순해야 한다는 논증은 단순성이 상대
적인 의미와는 다른 어떤 방식으로 해석되는 경우엔 설득력을 잃게
된다.

제2절 실체들이 있어야 하는가?

실체 개념은 때로는 고대와 중세 시대의 유물로서 나타나고, 그리
고 때로는 철학자들처럼 우리가 그것 없이도 사는 방법을 배웠어야
한다고 말해진다. 그러한 주장을 평가하기 위해서는 대안들이 있는
지를 고찰할 필요가 있다. 그러한 대안들은 어떤 의미로는—사건들
이나 사실들이 아니라—사물들이어야 하지만, 그러나 그것들은 실
체와는 다른 범주로부터 도출되어야 한다. 대안들 중에서 하나를 결
정하는 일이, 제3장에서 '사물들'(things)과 관련해서 그랬던 것처럼
존재론적 탐구를 위한 출발점을 언급함으로써만 가능하다는 것은
분명하지 않다. 우리가 지금 다루고 있는 문제들은 우리가 제3장에
서 '철학적 존재론들의 상대성'이라는 부제하에서 고찰했던 문제들
과는 동일하지 않다. 거기에서 우리는 사물들을 사건들과 사실들에
대비해서 고찰했다. 그러나 지금 우리는 실체들을 '사물들'이라는
호칭에 걸맞은 다른 후보들과 대비해서 고찰한다. 지금 문제는 실체

들을 언급하지 않고도 우리가 속해 있는 세계에 대해 합리적으로 설명할 수 있는가라는 것이다.

예를 들어 화자-청자 지시동일성의 경우에 화자들과 청자들 둘 다가 신체로 이루어져 있고 따라서 공간적인 특징과 시간을 통한 연속성을 가지고 있다면, 동일한 종류의 어떤 것이 지시동일성의 가능한 대상으로서 그리고 실제로 지시동일성의 가능한 대상들 사이에서 우선성을 가지는 것으로서 존재한다고 가정되어야 한다는 것은 분명해 보인다. 그렇지만 그것의 얼마 만큼이 화자-청자 지시동일성의 필연적인 특징인가? 우리는 실체의 관념과 비슷한 어떤 것에 호소하지 않고서도 그러한 개념에 함축되어 있는 사실들을 다룰 수 있는가? 그렇게 하기 위해 우리는 동일한 방식으로, 화자-청자 지시동일성이 전제하는 우리 자신과 다른 사람들에 대해서 다루어야만 한다는 것을 주목해야 한다. 그리고 그것이 내가 나중에 강조하려는 요점이다. 내가 제기했던 질문을 하는 한 가지 방법은 비록 우리가 화자-청자 지시동일성의 입장으로부터 출발하더라도 우리가 그러한 실체 개념에 개입해야 하는지 그리고 그것이 '사물들'의 개념에 관해 무엇을 함축하는지를 묻는 것이다. 동일한 상황이 존재론을 위한 다른 가능한 출발점들에 적용될 수 있다. 만약 우리가 사물들에 개입하게 되면 우리는 또한 실체들에도 개입하게 되는가?

분명하게 어떤 철학자들, 대개는 에이어와 러셀처럼 경험주의적 입장으로 선회하는 사람들은 우리가 우리 자신을 발견하는 세계에 관한 설득력 있는 개념을 위해 필요한 것은 장소와 시간에서 위치를 차지하는 속성들의 관념일 뿐이라고 주장해왔다. 나는 제3장에서 그러한 생각을 언급했다. 에이어는 실제로 물질적인 것의 존재란 어

130

떤 시간과 장소에 있는 다수의 속성들의 발생(incidence)이라는 생
각을 지지하기 위한 선입견일 뿐이라고 하면서 오래 된 실체 개념
에 대한 그의 불신을 표현한다.[2]

에이어와 같은 철학자들이 실체 개념에 대해 품은 의혹은 의심할
여지없이 이 개념이 속성들의 토대가 되고 그것들을 유지하는 것으
로 가정되는 '내가 알지 못하는 어떤 것'에 대한 로크의 생각을 포
함한다는 믿음 때문이다. 원리상 그리고 필연적으로 관찰될 수 없는
어떤 것으로서의 그것은 경험론자에게는 당연히 의심의 대상이다.
그러나 라이프니츠가 그의 《새로운 인간오성론》(Nouveaux Essais
23.2)에서 로크에 대해 지적했던 것처럼 실체 개념의 수용은 우리
를 '내가 알지 못하는 어떤 것'의 존재에 대한 믿음에 빠지게 하지
않는다. 실제로 모든 속성들의 토대가 되는 어떤 것도 있을 수 없다.
비록 우리가 어떤 현대의 본질주의자들(나는 이 장의 뒷부분에서
그들을 고찰할 것이다)이 하는 것처럼 로크가 가정한 대로 실체들
이 속성들의 명목적(nominal) 본질과 구별되는 실재적(real) 본
질―학문을 통해서 알려질 수 있고 그리고 왜 실체들이 명목적 본
질들을 가지게 되는지를 설명(즉 그것들을 어떤 관찰될 수 있는 종
류의 것들로서 분류)하는 본질적인 성질―을 갖는다고 믿을지라도
그것은 참이다. 그러한 견해는 로크가 또한 가정하는 것처럼 실재적
본질이 알려질 수 없는 어떤 것이라는 사실을 내포하지 않는다. 그

---

2) 예를 들어 에이어의 《철학적 논문들》(*Philosophical Essays*, London:
Macmillan, 1954)에 있는 논문 "individuals"과 "The identity of
indiscernibles" 안에서 나타난다.

러나 그것이 알려진다면 그것은 사물을 경험적으로 결정할 수 있는 종류의 요소로서 아는 것이 가능한 그런 방식으로 알려지는 것이 아니라, 학문적인 이론을 통해서 사물이 그러한 종류의 것으로 되게 하는 것이 무엇인지를 아는 것이 가능한 그러한 방식으로 알려진다. 만일 그렇게 해석된다면 토대가 되는 실재적 본질은 (그러한 것이 있다면) 그 안에 내재하는 속성들의 토대가 되는 '내가 알지 못하는 어떤 것'과 동일한 것이 아니다.

그러므로 물질적인 것(물질적인 실체 혹은 스트로슨의 기본적인 특수자)의 존재란 장소와 시간에 있는 속성들의 집합(아무리 본질적인 것과 단순히 우연적인 것으로 조직되더라도)의 발생일 뿐이다 라는 것은 실제로 그럴 수 있다. 여기의 문제들은 제3장에서 사물이 그것의 속성들의 총합일 뿐인가라는 물음과 관련해서 논의되었던 문제들과 매우 유사하다. 다양한 장소들과 다양한 시간들에서 발생하는 모든 속성들을 열거할 때 우리는 실체에 관해서 그러한 **종류**에 대해 말해질 만한 모든 것을 말해서 그러한 **종류**에 대해 더 이상 말해질 것이 없었다. 그러나 다른 한편으로 지금까지 한 가지는 확실히 말해지지 않았다. 즉 시간을 거치면서 변해오고 있는 어떤 것에 대해서 아무것도 말해져오지 않았다. 아리스토텔레스가 깨달았던 것처럼 실체 개념은 변화의 개념과 서로 연관되어 있다. 즉 실체들은 변화하고 변화해야 하며, 그리고 변화가 발생하는 것은 실체들 안에서이다.

비록 다양한 장소들과 다양한 시간들에서 발생하는 속성들에 대해 말할 때 변화하는 실체들에 대해서 혹은 실제로 변화에 대해서 도대체 아무것도 말해져오지 않았지만, 실체들이 변화할 때 발생하

132

는 것이 장소들과 연속적인 시간들에서 발생하는 속성들의 변형일 뿐이라고 대답될지도 모른다. 그러한 반대에 대한 응답은 그러한 종류에 대해서 어떤 것도 발생하지 않는다는 것을 인정해야만 하지만, 그러나 기본적으로 존재하는 것이 장소들과 시간들에서 발생하는 속성들이라는 가정에 어떤 특수한 믿음도 주지 않는다고 강조해야만 한다. 다른 한편으로 그 가정은 어떤 경우든 속성들이 어떤 것의 속성들이 되기 위해서 실체들을 필요로 하는 그러한 실체 개념에 속성 개념이 의존한다고 단순히 말함으로써 제거될 수는 없다. 속성 개념은 술어 개념과 서로 연관되어 있다. (모든 술어들이 속성들의 존재를 수반하든 그렇지 않든 간에―내가 제5장에서 다룰 문제이다.) 술어들은 주어를 서술하고 속성들은 그러한 방식으로 주어에 속한다. 모든 속성들은 실체의 속성들이라는 것은 따라 나오지 않는다. 그러므로 만약 속성들이 논리적으로 실체들을 전제하지 않는다면 실체들의 개념에 재료가 되는 것이 장소들과 시간들에서 발생하는 속성들에 대한 생각일 뿐이라는 가정에서 잘못된 것은 무엇인가?

장소들과 연속적인 시간들에서 발생하는 속성들에 대한 이야기에서 빠져 있는 것은 동일성 개념에 대한 어떤 언급이다. (장소 자체는 시간을 넘어서 어떤 동일성을 가진다는 것과, 그것이 아마도 시간이 연속적이라는 관념과 같은 문제들을 야기한다는 전제는 제외하더라도 그렇다.) 러셀이 그의 논리적 원자론자의 시기에 특수자들이라고 가정한 감각-자료는 그에 의해서 오래 된 실체 개념을 대신할 대용물들이라고 말해졌지만 '실제로 아주 짧은 시간' 동안만 지속되었다. 그것들이 조금이나마 지속되는 그 정도까지 그것들은 아마도 시간을 넘어서는 어떤 동일성을 가질 것이다. 그렇지만 이러한 생각에는 어떤 더 긴 기간의 동일성을 갖는 어떤 것에 대해 말하기에 충분할 정도로 특수자들 사이를 연결시키는 데 사용할 만한 어떤 원리들도 없다. 단지 실체 개념만이 그것을 보충할 뿐이다. 실체들이 가지고 있는 것은 사물의 다른 종류들에게는 가능하지 않은 방식으로 실체들에 변화를 귀속시키는 것을 가능하게 만드는 그러한 시간을 넘어서는 동일성이다. 만약 우리가 장소들과 시간들에서 발생하는 속성들 개념에 국한시킨다면 어쩔 수 없이 동일성에 대한 이러한 언급은 빠지게 된다.[3]

그렇다면 실체들은 있어야만 하는가? 그 물음에 대한 대답은 '예, 만약 우리가 변화 그리고 변화와 관련이 있는 시간을 넘어서는 동일성에 대한 우리의 일상적인 언급과 믿음을 유지하기를 원한다면'이다. 물론 그 대답은 어떤 형태의 절대적인 필연성도 제공하지 않는다. 세계에 관한 학문과 학문적 견해들의 성장이 세계에 대해 말하고 생각하는 최선의 용어들은 실체와 동일성 및 변화 같은 용어들이 아니라 예를 들어 사건들(events)이나 과정들(processes)이라는 믿음을 그럴 듯하게 만든다고 생각했던 철학자들이 있어왔다. 제3장에서 제안했던 것처럼 화이트헤드가 적절한 예이다. 그의 견해로는 학문은 변화에 지배되는 지속적인 실체들의 세계라는 개념을 확

---

3) 스트로슨의 《개별자들》(*Individuals*, London: Methuen, 1959)의 제7장은 이런 종류의 문제에 대한 매우 복잡한 실제로 뒤얽힌 논의를 포함하고, 시간들과 장소들에서 발생하는 특징들이나 속성들을 포함하고 있는 구조 내에서 동일성에 대한 이야기를 위한 충분 조건들을 제공하려는 어떤 시도도 일종의 속임수가 틀림없다는 한계를 지적한다.

증하지 못한다. 초기의 사유가 실체들로서 간주했던 것은 과정들의 측면들로서 가장 잘 생각된다. 화이트헤드는 대상들이 사건들의 '요소'(ingredient)라고 말함으로써 그 점을 제기한다. 우리는 그것들이 사건들과 과정들로 이루어진 논리적 구조물들이라고 말할 수 있을 것이다.

그것은 전적으로 새로운 생각은 아니었다. 우리는 헤라클레이토스(Heraclitus)에서(최소한 그 초기 사상가의 한 가지 해석에 근거해서) 그것과 비슷한 어떤 것을 발견할 수 있다. 그가 세계를 강에 비유한 것이 참이라면 그는 물질적인 것들이 동일성을 가지는 이유는, 우리가 일상적으로 그렇게 여기는 것처럼 그것들을 구성하는 재료들의 규칙적인 변화들 때문이라고 말하고 있는 것으로서 생각될 수 있다. 따라서 물질적인 것들은 어떤 실재적 동일성도 가지고 있지 않고, 흄이 또한 그의 체계 안에서 물리적인 사물들과 같아지게 되는 인상들과 관념들의 다발(bundles)에 속하게 되는 유일한 동일성의 형태라고 생각했던 '허구적 동일성'(fictitious identity)과 비슷한 어떤 것만을 가지고 있다. 그러한 견해는 지속적인 실체들을 가정하는 것을 대신할 수 있는 세계에 대한 어떤 전망을 제안할 수 있다. 그렇지만 흄이 《인간본성론》(Treatise)의 부록에서 지적했던 것처럼, 그것은 불가능하진 않지만 우리 자신에게 적용하기는 매우 어려운 견해이고, 그것은 화자-청자 지시동일성이 적어도 실재의 동일성에 대한 믿음을 전제해야만 한다고 생각할 만한 하나의 이유이다.

러셀의 견해와는 비슷하지만 아마도 화이트헤드와는 다른 흄의 견해는 비록 실체들은 아니라 하더라도 자존적인 지위를 가지는 사물들의 존재를 전제한다. 실제로 《인간본성론》 I.iv.5에서 영혼의 불멸성에 대해 논하면서 흄은 만약 어떤 것이 그의 체계 안에서 실체라는 호칭을 가질 만한 자격이 있다면 그것은 인상들(impressions)이나 지각들(perceptions)이라고 말한다. 왜냐하면 그것들은 유일하게 자존적인 것들(self-subsistent things)이기 때문이다. 그렇지만 엄밀하게 말해서 그것들은 어떤 실재적인 동일성의 원리들도 제공하지 않기 때문에 그것들은 실체들이 아니다. 인상들의 다발들이나 집합들의 경우에 흄은 그러한 다발들에 동일성에 가까운 어떤 것—내가 위에서 언급했던 허구적 동일성—을 주기 위해 동일성 대신에 항상성(constancy), 정합성(coherence), 인과성(causality)과 같은 관계들을 대신하려고 시도한다. 대상들의 동일성이 그것들의 부분들이나 요소들이 절대적으로 변화하지 않은 채 남는다고 전제하지는 않지만 동일성을 유지하는 것처럼 보이는 사례들이 있다. 그것의 모든 돌들이 시간을 거치면서 교체될 수 있는 흄(Hume)의 교회의 예(example of a church)와 그것의 모든 목재들이 마찬가지로 교체될 수 있는 홉스(T. Hobbes)의 '아테네의 배'(ship of Athens)[4]는 적절한 예들이다. 왜냐하면 그것들의 동일성이 그것들의 부분들의 엄밀한 동일성보다는 전체의 시·공간적인 연속성에 의존하기 때문이다.

이 점이 모든 물리적인 사물들에 대해 일반화될 수 있다는 것, 그리고 우리가 일반적으로 물리적인 실체들이라고 간주하는 그러한 것들이 내가 전에 말했던 것에도 불구하고 엄밀한 동일성에 의존하

---

4) D. Hume, *Treatise of Human Nature*, I. iv. 6; T. Hobbes, *De Corpore*, II. 8. 1.

136

지 않는다는 것을 증명했다고 실제로 주장될 수도 있을 것이다. 그렇지만 그러한 예들은 시간을 넘어서는 엄밀한 동일성을 말하는 것이 잘못이라는 것을 보여주지 않는다. 그것이 동일한 교회든 동일한 배든 혹은 동일한 무엇이든 간에 사례에 대한 설명들은 그러한 사실들에 의존한다. 실체의 동일함이나 동일성은 그것의 동일성과 관련이 있는 모든 것의 문자 그대로의 동일성을 전제하지 않는다. 그것은 실체가 그것의 존재 전체에 걸쳐서 동일한 요소들을 가진다고 전제할 필요가 없다. 그럼에도 불구하고 발생하는 변화들은, 만약 실체적 동일성(substantial identity)이 있다면 하나의 사물 안에 있는 변화들로서 해석될 수 있어야만 한다. 그것은 흄이 자신의 사유의 구조자로 인해 도달할 수 없게 된 것이고, 그리고 자아의 경우에 그 문제는 그에게 더욱 결정적이게 되었다. 화이트헤드의 보다 극단적인 회의론에 있어 실체에 대한 문제는 더욱 나빠지는데, 왜냐하면 흄의 견해에서는 적어도 인상들이 자존적인 반면에 화이트헤드의 견해에서는 자존적인 것들은 아무것도 없기 때문이다.

내가 전에 언급했던 것들 중의 일부는 실체가 어떤 재료로 구성되어야만 하고 어떤 종류의 재료의 동일성이 있어야만 한다고 생각하게 했을지도 모른다. 그렇지만 물리적인 실체가 그것의 역사 전체에 걸쳐서 동일한 재료로 구성되어야만 한다는 것은 분명하지 않다. 생물학적인 실체들은 분명히 그것들의 삶 전체에 걸쳐서 동일한 물질로 구성되어 있지는 않다. 더욱이 하나의 실체가 그것을 구성하는 재료의 종류에 있어서 보다 극단적인 프로테우스적인 변화들을 겪을 수 있다는 것은 적어도 논리적으로는 가능하다.[5] 물질의 보존 원리(the principle of the conservation of matter) 때문에 재료의 불변성

이 있어야만 한다는 가정은 기껏해야 물리학의 원리에 관한 가정이
고, 철학적 논증에 의해 지지될 수 있는 가정은 아니다. (이 점에서
조금 중요할 수 있는 것은 언뜻 보기에는 가능한 경험과 관련하여
지속적인 실체들의 필연성을 위한 논증인 것처럼 보이는 《순수 이
성 비판》의 '첫번째 유비'에 있는 칸트의 논증이 물질의 보존 원리
를 위한 논증으로 밝혀진다는 것이다. 그 원리가 타당하든 그렇지
않든 간에 그것이 가능한 경험의 조건으로서 옹호될 수 있는지를
알기는 어렵다.)

그럼에도 불구하고 만약 어떤 것이 실체여야 한다면 그것이 어떤
물질로 구성되어야만 한다는 것이 적어도 참이라고 생각될 수 있다.
그것은 물질적인 실체들의 경우에 아주 분명해 보인다. 그것은 그것
들을 물질로 만드는 것이다. 그렇지만 그 원리가 일반화될 수 있는
가? 심지어 그럴 필요가 있는가? 나는 이러한 질문들에 대한 답을
확신하지 않는다. 언뜻 보기에 만약 어떤 사물이 실체들이 가진 시
간을 넘어서는 지속성과 동일성을 가지고 있다면 그것의 역사의 어
떤 단계에서 그것이 무엇으로 구성되어 있는가라는 질문에 대해 답
이 있어야만 하고, 그리고 비물질적인 실체들이 있다면 그것들은 바
로 그 이유로 비물질적인 재료로 구성되어야만 한다. 그것은 모든
철학자들에게 명백하게 필연적인 것으로 보이지는 않았다. 분명히
실체의 범주에 포함되는 아리스토텔레스의 신은 어떤 물질도 가지
고 있지 않다. 다른 한편으로 실체가 물질을 가져야만 한다는 생각

---

5) ＊ 옮긴이 주: 프로테우스(Proteus)는 그리스 신화에 나오는 바다의 신
   으로 자유자재로 변신할 수 있는 능력을 가지고 있다.

은 어느 정도 칸트를 '나'는 실체가 아니다라는 생각으로 이끌었을 것이다. 이 문제는 나에게는 분명하게 결정할 수 있는 것으로 보이지 않는다.

그러므로 이 절의 제목으로 제시된 질문에 대한 대답은 변화의 과정 속에서 변화와 동일성에 대해 말하는 것이 가능하기 위해서는 어떤 세계 안에든지 실체들이 있어야만 한다는 것이다. 그러한 필연성은 개념적이고 상대적인 필연성이다. 나는 우리가 실체들 없이는 가능한 세계에 대한 생각을 이해할 수 없다고 주장하지는 않았지만, 그러나 그러한 세계에 관해 알기 쉽게 이야기될 수 있는 데에는 한계가 있고, 우리의 존재가 가정된다면 우리가 그러한 세계 속에서 어떠한 장소를 가질 수 있다는 생각에 관한 난점들도 분명히 있다.

제3절 실체들의 개별화

실체들이 있다고 가정된다면 다음에 발생할 질문은 하나의 실체를 다른 실체들과 구별해주는 것이 무엇인가이다. 중세 철학자들은 이것을 개별화의 원리 문제(the problem of the principle of individuation)라고 불렀고, 이 문제에 대한 관심은 또한 아리스토텔레스의 탓이라고 종종 생각되었다. (비록 나는 도대체 그가 그 질문을 제기했는지에 대해 몇 가지 의문들을 가지고 있지만 말이다.) 동일성에 관한 질문들은 동일성이 속해 있다고 생각되는 사물이나 사물들의 본성에 관한 질문들과 함께 이루어진다.[6) 그것이 가정된다면 어떤 실체들이 어떤 종류의 것인지를 언급함으로써, 즉 다른 것들과 구별되는 독특한 동일성이 주어진다면 개별화되어야 한다는 것은 분명해질 것이다. 동일한 종류의 두 실체들은 그렇게 구별될 수 없고 따라서 그것들의 개별화는 다른 요인들에 의존해야만 한다. 개별화의 원리 문제에 기초가 되는 질문은 가장 일반적인 형태로 제안하면 다음과 같다. 어떤 종류의 두 실체들이 어떻게 궁극적으로 구별될 수 있는가?

그 질문에 대한 하나의 지속적인 대답은 동일한 종류의 어떤 두 실체들도 동일한 시간에 동일한 장소를 차지할 수 없다는 것과 두 다른 사물들이 어떤 속성에 관해서는 달라야만 한다는 사실이 필연적인 진리가 아니라는 것을 가정하면서 시·공간적 위치를 지시한다. 그렇지만 이러한 가정들은 의심할 여지가 없다고 할 수는 없으며, 그리고 그것들은 실제로 여러 번 논의되어왔다. 후자의 가정은 라이프니츠가 구별 불가능한 것들의 동일성 원리(the principle of the identity of indiscernibles) —추정적으로 두 개의 다른 것들이 그것들의 모든 속성들을 공통되게 가진다면 그것들은 동일해야만 하고 달라서는 안 된다는 원리—라고 불렀던 것과 상충한다. 내가 필연적인 진리가 아니라고 가정된 것으로서 언급했던 것은 사실상 이것의 이환(contrapositive)이다. 즉 두 가지 것들이 다르다면 그것들은 그것들의 모든 속성들을 공통되게 가질 수 없고 그것들은 어떤 속성에 관해서는 달라야만 한다는 것이다. 라이프니츠는 그의 원리를 필

---

6) 우리는 그것이 동일성 자체가 상대적인 문제라는 이론에 동의하지 않는다는 것과 추정적으로 두 개의 다른 것들이 다른 점에서가 아니라 한 가지 점에서 동일할 수 있다는 것을 주목해야 할 것이다.

연적인 진리로 생각했던 것처럼 보인다. (그렇지만 그것은 그것을 경험적으로 확인하려고 한 시도를 막지는 못했다.) 따라서 내가 언급했던 두 번째 가정은 그것을 거부하거나 혹은 차라리 그것의 이환 명제를 거부하는 것을 포함한다. 하나의 원리의 지위는 그것의 이환에도 똑같이 적용되어야만 하기 때문에 그것은 우리가 고찰하기 위해 어떤 것을 선택하는지는 문제가 되지 않는다. 개별화의 원리의 관점에서 볼 때 내가 그것을 언급했던 그러한 방식으로 그 문제를—다른 어떤 두 가지 것들이 어떤 속성에 관해서는 달라야만 한다는 것이 필연적인 진리인가—고찰하는 것이 아마도 최선이다.

더욱 복잡한 것은 비관계적인 속성들(non-relational properties)과 관계를 일반적인 용어들로 설명하는 관계적인 속성들과 고유명사 또는 그렇지 않으면 직접적으로 개별화된 표현들을 포함하는 관계적인 속성들을 구별하는 것이 필연적이라는 것이다. 이러한 속성들의 예들은 철학자임이나 철학적임, 다른 철학자의 제자임과 소크라테스(Socrates)의 제자임 등—이것들 모두는 플라톤의 속성들이다—이다. (우리는 아마도, 이것이 속성이라면 '플라톤과 동일함'이라는 속성도 언급할 수 있다. 비록 그것은 누군가 쓸데없이 복잡하다고 생각하도록 만들겠지만 말이다.) 마지막 두 가지 종류들의 속성은 (개별자에 대한 지시를 포함하는 것들과 또한 동일성의 개념을 포함하는 것들) 그것들을 이해하기 위해서 이미 동일성 개념에 대한 이해를 어떤 형태로든 전제한다는 것은 분명하다. 따라서 그것들은 개별자의 동일성에 대한 설명으로서는 쓸모가 없다. 그렇지만 그것은 적절하지 않다고 반대될지도 모른다. 실재적인 물음은 구별 불가능한 것들의 동일성 원리 혹은 그것의 이환 명제가 개별화의 원리를 제공하는 그러한 방식으로 필연적으로 참인가 하는 것이다. 일단 그 문제가 그런 방식으로 주어지면 분명해지는 것은 비록 '플라톤과 동일함'이라는 속성을 소유하는 유일한 한 가지 것이 있다는 것이 참이고 실제로 필연적으로 참이라 하더라도, 그리고 비록 그러그러한 속성들을 소유하고 또한 소크라테스의 제자이기도 한 유일한 한 가지 것이 있다는 것이 필연적으로 참이든 그렇지 않든 간에 그것이 참이라 하더라도, 그러한 진리들은 어떤 것의 개별화를 전제하고 있기 때문에 개별화의 명확한 원리를 제공하지는 않는다는 것이다. 따라서 그것들에 호소하는 것은 단지 문제를 한 단계 뒤로 이동시키는 것뿐이다.[7]

　그러한 반론은 문제가 되는 속성들이 위에서 언급된 첫번째 두 종류들로 제한되는 그러한 방식으로 진술된 원리들에 적용되지 않는다. 비록 라이프니츠는 그렇게 진술된 원리들이 필연적으로 참이라고 생각했던 것처럼 보이지만 그것은 다른 사람들에게도 명백했던 것은 아니었다.[8] 최근에 원리들이 적용되지 않는 방사상으로 대칭적인 우주들(radially symmetrical universes)이라고 불린 것을 묘사하려는 시도들이 있어왔다. 그러한 시도들 중에서 가장 초기의 것 중의 하나는 막스 블랙(Max Black)에 의한 시도이다.[9] 그는 질적으

---

7) D. Wiggins, *Sameness and Substance* (Oxford: Blackwell, 1980), 55~57면.

8) L. Wittgenstein, *Tractatus Logico-Philosophicus* (London: Routledge and Kegan Paul, 1922, 1961), 5.5302.

9) M. Black, "The identity of indiscernibles", *Mind*, Vol. LXI, 1952, 153~164면 과 그의 *Problems of Analysis* (London: Routledge and Kegan Paul, 1954)를 보라.

로는 구별되지 않지만 한 구의 어떤 현저한 특징이 직접적으로가 아니라 방사상으로 그것에 반대되는 다른 구의 동일한 특징에 의해서 일치되는 그러한 두 개의 구들로만 이루어진 우주를 기술한다. 예를 들어 한 구의 측면에 어떤 기술에 일치하는 특징(말하자면 'F')이 있고 이 구를 마주하고 있는 다른 구에는 R이란 관계에 의해 특징 F와 관련된 G라는 기술의 또 다른 특징이 있다면 동일한 것이 다른 구에도 참일 것이다. 결과적으로 종류 F의 특징들이 각각의 경우에 종류 G의 특징들에 직접적으로 대립될 것이고, 한 종류의 특징에 대한 어떤 기술도 그것과 다른 종류들의 특징들과의 관계의 견지에서 다른 구에 적용될 수 있는 정확하게 동일한 종류에 대한 기술에 의해서 일치될 것이다.

그것은 우주가 이러한 두 개의 방사상으로 대칭적인 구들 (spheres)로 구성되어 있고 그 밖의 어떤 것도 아니라는 경우에 본질적이다. 그 이상의 항목이나 관찰자의 도입은 비대칭을 낳을 것이다. 이러한 종류의 두 구들의 존재에 대한 주장이 검증하는 상황들에 의해서 도움을 필요로 한다고 생각하는 사람들에게 비대칭을 고안해내기 위해 그것에 대한 관점이 있다는 것은 우주에 관한 설명에 본질적인 것으로 보일 것이다. 에이어는 '구별 불가능한 것들의 동일성'에 관한 그의 논문에서[10] 무한하게 연속되는 소리들… ABCDABCDABCDA…로 단순하게 구성되어 있는 보다 제한된 우주라는 예를 언급함으로써 그러한 반론을 한다. 그러한 종류의 검증주의자의 반론은 방사상으로 대칭적인 우주에 대한 상술이 의미가

---

10) 에이어의 《철학적 논문들》(*Philosophical Essays*)을 가리킨다.

있다는 주장을 부정하는 것처럼 보이지는 않는다. 스트로슨은 그것의 외부에 아무것도 없이 전적으로 체스판으로만 이루어진 우주라는 또 다른 예를 제시한다.[11]

이런 종류의 예들이 알기 쉽다면 (그리고 그것이 앞에서 언급했던 검증주의자의 요점을 거부하는 것이라고 가정한다면) 그것들의 모든 속성들을 공통되게 가지는 두 가지 것들이 있을 수 있다. 여기에서 속성들은 개별자의 개별화를 전제하지 않는 방식으로 설명될 수 있는 모든 비관계적인 속성들과 모든 관계적인 속성들을 포함한다. 그 사건 안에서 구별 불가능한 것들의 동일성 원리들과 그것의 이환은 적어도 필연적으로 참은 아니다. 그것들이 참인지 아닌지는 우주에 관한 사실들에 의존한다. 따라서 유일하게 합리적인 결론은 원리들이 사실상 참인지를 알지 못하지만 그것들이 필연적으로 참인지에 대해서는 의문의 여지가 없다는 것이다. 만일 이러한 상황이라면 원리들은 사물들 일반을 위한 어떤 필연적인 개별화의 원리도 제공하지 못한다. 그리고 사물들 일반에 참인 것이 실체들에도 또한 참인 한에서 동일한 결론이 실체들에도 유효하다.

그렇지만 우리가 주목했던 예들은 장소와 시간의 차이를 전제한다. 구들은 다른 장소들 안에 있다. 따라서 그것들의 모든 속성들을 공통으로 가진 두 가지 것들이 있을 수 있든지 혹은 그렇지 않든지

---

11) 스트로슨의 《개별자들》, 제4장, 특히 125면을 보라. 위긴스(D. Wiggins)는 57면에서 그것을 이등분하는 적어도 한 평면에 관해 대칭적인 어떤 대상을 고찰하는 것이 충분하다고 생각한 것처럼 보이지만 그것은 분명히 참이 아니다.

간에 시·공간적인 위치가 어떤 두 개의 물질적인 실체들을 구별하기에 충분하다고 가정될 수 있다. 따라서 우리는 우리가 개별화의 원리를 고찰하기 시작했을 때 언급했던 두 가지 가정들 중의 첫 번째 가정으로 되돌아갈 수 있다. 첫번째 주목할 점은 시·공간적인 위치가 시·공간적인 것과 무관한 존재자들의 경우에는 적절한 구별 요인이 아닐 것이라는 사실이다. 이러한 종류라고 추정된 몇 가지 항목들의 경우에 시간적인 위치가 충분한 경우가 있을 수 있다. 예를 들어 만약 논증을 위해서 정신적인 실재들이 독립적으로 존재하는 존재자들이라고 생각될 수 있다면 그것은 정신적인 실재들의 경우에 적용될 수 있다(즉 그것들은 필연적으로 자신들의 존재를 신체들에 의존하지 않는 것들이다). 시간적인 위치에 의해 구별될 수 없는 실재들이 있는지 어떤지는 말하기가 어렵다. 그렇지만 천사들이 시·공간적인 고찰들에 의해서 구별될 수 없기 때문에 토마스 아퀴나스(Thomas Aquinas)는 각각의 천사가 다른 종들을 이룬다고 말해야만 했다(이것은 각각의 천사가 어떤 필연적으로 구별되는 요인들을 가지고 있다고 말하는 것이다)는 것은 주목할 만한 가치가 있다. 다른 한편으로 신학의 문제들과 신학의 필연성에 관해서 어떻게 생각되든지 간에 주어진 종들에 해당하는 천사가 기껏 하나밖에 없다는 것은 개념적으로 필연적인 진리로 보이지는 않는다. (그것이 첨예한 논쟁을 일으켰던 천사들의 무한 가능성에 관한 중세의 고찰들에로 이끄는 것과 유사한 생각이라는 것은 주목할 만하다.)

그렇지만 시·공간적인 실재들의 경우에서조차 시·공간적인 위치는 두 개의 혹은 그 이상의 존재자들이 동일한 시간에 동일한 장소를 차지하는 것이 불가능한 경우에만 개별화될 것이다. 혹은 실재

들이 그것들의 역사 전체에 걸쳐서 동일한 장소들을 차지하는 것이
불가능한 경우에만 그렇게 될 것이다. 왜냐하면 비록 두 개의 존재
자들이 주어진 시간에 동일한 장소를 차지하는 것이 가능하다 하더
라도, 그것들의 시간적인 삶의 나머지는 다를 수 있고 이것은 그것
들을 구별시키기에 충분할 것이기 때문이다. 그것은 중요한 생각인
데, 왜냐하면 어떤 철학자들은 이러한 이유들 때문에 동일한 종류의
두 개의 사물들이 항상 동일한 시간에 동일한 장소를 차지할 수 있
는 가능성을 배제하는 것이 바람직하다고 생각했기 때문이다. 예를
들어 데이비드 위긴스는 《철학 비평》(*Philosophical Review*)에서 그
러한 견해를 피력한다.[12]

그가 제시한 두 가지 가장 중요한 생각들은 다음과 같다. 첫째, 공
간이 단지 그것의 점유자들에 의해서만 측정된다고 가정되어서,[13]
만약 동일한 종류의 두 개의 사물들이 동일한 시간에 동일한 장소
를 차지하는 것이 가능하다면 그것은 장소들의 고유한 차이를 막고
따라서 공간의 측량(mapping)을 막을 것이다. 그렇지만 그러한 생
각은 아주 부당하다. 공간이 단지 그것의 점유자들에 의해서만 측정
된다는 것은, 만약 그것의 의미가 어떤 장소도 그 장소를 차지하고
있는 어떤 것에 의하지 않고서는 구별될 수 없다는 것이라면, 참이
아니다. 공간의 측정이 측정을 하기 위한 근원지를 제공하기 위해
적어도 한 사물의 지시동일성을 필요로 할 수 있지만, 그것은 또 다

12) D. Wiggins, "On being at the same place at the same time", *Philosophical Review*, Vol. LXXVII, 1968, 90~95면.
13) R. Swinburne, *Space and Time*, 초판(London: Macmillan, 1968), 25면 참조.

른 문제이며 논의중인 이론을 지지하기에는 충분하지 않다. 동일한 종류의 두 개의 사물들에 의한 장소의 점유는 만약 그것이 가능하다면 공간의 측정을 막지는 않을 것이다. 그러한 사건이 또한 공통되지 않는 한 말이다.

둘째, 동일한 종류의 두 개의 사물들이 동일한 시간에 동일한 장소를 차지하는 것이 불가능하다는 사실은 물질적인 대상들을 위한 동일성의 기준—즉 'A는 A가 f아래에서 B와 일치하는 그러한 어떤 실체 개념 f가 있는 경우에 B와 동일하다'—의 결과로서 발생한다고 가정된다.[14] 그것은 대략 A와 B가 동일한 시·공간적 역사를 공유한다면 그것들이 동일하다는 것을 의미한다. 이러한 생각에 관해 두 가지 주목할 점이 있다. 첫번째는 그것이 심사숙고 끝에 물질적인 실체들에만 적용된다는 것이다. 그렇지만 이것은 우리가 당장 걱정해야 할 문제는 아니다. 두 번째가 더 중요하다. 즉 그것은 그 동일성의 기준이 동일한 시·공간적인 역사를 공유하는 것이 동일성의 충분 조건이라는 것만을 함축한다는 것이다. 이것은 그것이 또한 필요 조건이라는 것을 함축하지는 않는다. 그렇지만 만약 동일성의 기준이 동일한 시간에 동일한 장소를 차지하는 동일한 종류의 두 사물들의 불가능성을 배제하는 것이라면 후자가 바로 그 경우이다. 그 기준의 이환(contrapositive)은 만약 두 사물들이 다르다면 그것들이 전체에 걸쳐서 동일한 시·공간적 역사를 공유하지 말아야 한다는 것이다. 그것은 그것들이 가끔씩 일치되는 것을 막지는 않는다.

---

14) D. Wiggins, 같은 논문, 93면.

예를 들어 합쳐지게 되는 두 개의 당구공들과 관련하여 두 사물들이 동일한 시간에 동일한 장소를 차지하는 것이 무엇과 비슷한지를 설명하려는 시도들이 있어왔다.[15] 당구공들과 같은 것들을 고려하는 한 그러한 생각은 의심할 여지없이 물리학의 법칙들에 있어서의 변화들을 포함할 것이다. 그렇지만 그것은 그 생각에 대한 결정적인 반대는 아니다. 물리학자들은 결국 기본적인 입자들에 관해서 그것보다 더 극단적인 가능성들을 기꺼이 고찰해왔다. 문제가 되는 종류의 사건들이 여전히 비일상적이고 비통상적인 사건들인 한, 그것들이 거시적 물체들(macro-bodies)을 다루는 물리학을 위해 전복되어야 한다는 것은 분명하지 않다. 비록 다른 법칙들의 영향에 의해서만 벗어날 수 있는 기준들(norms)이긴 하지만 자연의 법칙들이 기준들을 구성한다는 것은 그럴 듯한 견해이다. 한 법칙의 예외들은 그런 의미에서 항상 가능하고 그것들이 다른 법칙들에 의해서 설명될 수 있는 한에서 전복되지 않는다.

당구공들과 같은 두 물체들이 합쳐지는 것으로 보일 때 그리고 말하자면 그것이 다른 물체의 입자들 사이의 틈을 채우는 한 물체의 입자들 탓이 아닐 때 우리가 동일한 공간을 차지하는 입체들에 대해서 말해야만 할 필요는 없다고 주장될 수 있다. 예를 들어 우리는 물체들 중의 하나에 대해서 그것이 다른 것을 위해서 소멸하고 혹은 그 둘 다가 어떤 제3의 것(아마도 존재하게 될 때에만)을 위

---

15) 예를 들어 D. Sanford, "Locke, Leibniz and Wiggins on being in the same place at the same time", *Philosophical Review*, Vol. LXXIX, 1970, 75~82 면을 보라.

해서 소멸한다고 말할 수도 있다. 이것은 그것들이 어떤 물체나 물체들의 부분에 불연속적인 존재를 포함한다는 그러한 가정들에 대한 결정적인 반대는 아니다. (왜냐하면 이러한 가정들에서 원래의 당구공들은 '합쳐지기'를 멈출 때 다시 존재하기 때문이다.) 사물들 —특히 일시적으로 다른 사물들로 다시 재조합될 수 있고 따로 떨어지면 원래의 대상을 재구성할 수 있으며, 그래서 비연속적인 존재로 될 수 있는 부분들로 이루어진 사물들— 이 있다.[16] 그럼에도 불구하고 비연속적인 존재에 대한 언급이 항상 문제가 되는 현상을 설명하는 가장 그럴 듯한 방법이라고 가정될 수는 없다. 현상을 설명하는 가장 경제적인 방법이 동일한 종류의 두 사물들이 동일한 시간에 동일한 장소를 차지하고 있다는 가설을 제안하는 것이라는 상황들이 있을 수 있다. 그것은 그러한 대상들과 그것들의 동일성에 대한 우리의 생각을 전적으로 전복시키지는 않을 것이다. 그것이 너무 자주 일어나지 않는다면 말이다.

쇼터(J. M. Shorter)[17]는 바로 이것이 어떤 구름들—어떤 수증기 덩어리가 어떤 기후 조건들하에서 높은 지대를 지나갈 때 변화하는 모양을 설명하는 유일한 방법은 동일한 시간에 동일한 공간을 차지하는 문자 그대로 두 개의 구름들이 있다고 가정하는 것—의 경우에 해당한다고 실제로 가정했다. 만일 그것이 참이라면, 동일한 종

---

16) 예를 들어 M. B. Burke, "Cohabitation, stuff and intermittent existence", *Mind*, Vol. LXXXIX, 1980, 391~405면을 보라.

17) J. M. Shorter, "On coinciding in space and time", *Philosophy*, Vol. 52, 1977, 399~408면.

류의 두 물체들이 동일한 시간에 동일한 공간을 차지해야만 한다는 것은 상상에 그치는 것만은 아니다. 그것은 우리의 세계에서 가끔씩 발생한다. 물론 구름들이 물체들인지에 대해서는 이의가 제기될 수 있고, 그리고 적절하게 말해서 그것들이 실체들인지에 대해서 분명히 의문이 있을 수 있다. 그렇다 하더라도 지금까지 이야기되어온 어떤 것도 동일한 종류의 두 실체들이 동일한 시간에 동일한 장소를 차지한다는 생각을 상상할 수 없는 것으로 만들지는 못한다. 그렇다면 시·공간적인 위치는 비록 시·공간적인 역사는 그럴 수 있지만 적당한 개별화의 원리가 아니다. 만약 우리가 다른 사물들이 동일한 시·공간적 역사를 공유할 수 있다는 가능성을 받아들인다면 그것은 실제로 사물들과 그것들의 동일성에 대한 우리의 생각들을 위해서 전복될 필요가 있을 것이다. 우리는 실제로 그러한 상태에서 다른 사물들에 대해 말할 근거들을 가지고 있지 않다. 만약 어떤 것이 실체들 혹은 어쨌든 물질적인 실체들을 위한 개별화의 원리를 제공한다면 시·공간적인 역사가 그럴 것이다. 그것은 물질적이거나 시·공간적인 실체들을 고려하는 한 시·공간적인 역사에 있어서의 차이가 실체의 차이의 필요 조건이라고 말하는 것이다. 만약 어떤 물질적인 실체들이 있다면 그 차이들은 토마스 아퀴나스가 천사들에 대해서 주장했던 것처럼 그것들의 차이를 설명하기 위해 어떤 다른 비철학적인 기초에 호소하는 것이 불가능하다면 시간적인 역사에서의 그것들의 예에 제한되어야만 할 것이다. 그러나 내가 말했던 것처럼 그것은 철학적인 문제가 아닐 것이다.

제4절 본질주의

이전 절에서 나는 실체들과 관련해서 실제로 동일성(identity)보다는 차이성(difference)에 관여해왔다. 그러나 내가 말했었던 것의 함축은 만약 실체 X와 Y가 동일한 시·공간적 역사를 공유한다면 그것들은 다르지 않고 동일하다는 것이다. 동일성에 관한 물음들(내가 제9장에서 보게 될 것처럼 인격의 동일성에 관한 물음들을 포함해서)은 거의 그러한 방식으로 항상 제기되지는 않는다. 그것들은 어떤 시기에 존재하는 어떤 것과 또 다른 시기에 존재하는 어떤 것의 동일성과 관련되어왔고, 혹은 다양한 반-사실 조건들(contrary-to-fact) 하에서 어떤 방식으로 존재해왔을 어떤 것과 지금 존재하는 어떤 것의 동일성에 대하여 관련되어왔다. 이러한 경우들에 있어 시·공간적인 역사의 동일성에 관한 고찰을 적용하는 것은 불가능하다. 예를 들어 그것은 내가 전에 언급했던 예들인 흄의 교회나 홉스의 '아테네의 배'의 동일성에 관한 물음에 유효하다. 이 두 경우들에 있어 우리는 시간의 간격을 넘어서는 사물들의 동일성에 관해 묻고 있는 것이다. 우리는 그러한 경우들에서 그 간격 동안에 계속되어왔거나 또는 계속되어 왔을지도 모르는 그러한 변화의 다양한 종류들에 관여한다. 실체 안에 있는 어떤 변화들은 그것이 동일한 실체로 남는다는 사실과 양립할 수 있는가?

실체가 동일한 실체로 남는다는 것과 전적으로 양립할 수 있는 어떤 변화들이 있다는 것은 분명하다. 왜냐하면 우리가 먼저 보았던 것처럼 실체의 현저한 특징들 중의 하나는 변화들을 겪으면서도 동일한 것으로 남을 수 있는 그것이 가진 잠재성(potentiality)이다. 프로테우스(Proteus)—반복적으로 급격한 성격 변화들을 겪는 어떤 것—는 논리적으로 불가능하지 않고, 그리고 많은 것들이 자신들의 역사 속에서 매우 광범위하고 빈번한 변화들을 겪는다. 그것들이 동일성의 기준에 따라 그러한 종류의 변화들을 그 정도까지 허용하는 그러한 종류에 속한다는 문제가 있을 뿐이다. 그렇지만 프로테우스가 논리적으로 불가능하지 않다고 내가 말할 때 프로테우스가 겪는다고 가정되었던 변화들이 프로테우스가 실체라는 사실과 양립할 수 있는가라는 의문은 여전히 남는다. 이 문제는 지금 우리가 고려해야 할 물음이다.

그 질문에 대한 대답이 '예'라면 당연히 일어날 다음 질문은 '무엇이 실체인가?'이다. 이러한 질문들은 결국 사물의 본성에 관한 질문들이다. 그것들은 단순히 '프로테우스'라는 단어의 의미들에 관한 질문들이 아니다. 내가 그 점을 중시하는 이유는 최근의 철학적 문헌에서 '본질주의'라고 불려진 것에 관한 질문들, 즉 위긴스가 제안한 것처럼 '모든 자연적인 것 X가 그것의 실제적인 존재 전체에 걸쳐서 X를 뽑은 사람들이 불변하는 것으로서 여겨왔던 그러한 어떤 종류의 개념을 만족시키는가'[18]에 관한 질문들이 자연적인 유들에 해당하는 고유 명사들과 단어들(크립키가 '고정 지시어'[rigid designators])라고 불렸던 것—모든 가능한 세계들 안에서 동일한 명칭을 가지는 단어들)[19]의 의미들에 관한 질문들과 매우 많이 섞여 있기 때문이다. 실제로 이러한 문제들에 대한 최근의 많은 논의

18) D. Wiggins, *Sameness and Substance*, 117면.

19) S. Kripke, *Naming and Necessity* (Oxford: Blackwell, 1980).

는 지시와 양상에 관한 문제들―이러한 문제들에 연루되면 우리는 우리의 주된 목적으로부터 너무 멀리 가게 된다―에 대한 논의를 또한 포함한다.

그렇지만 실체가 겪을 수 있는 변화들에 한계들이 있는가? 본질적으로 실체인 어떤 것이 있어야만 하는가? 다른 한편으로 한 종류의 실체가 다른 종류의 실체로 바뀔 수 있는가? 그리고 그러한 질문에 대한 대답은 본질적으로 실체인 어떤 것이 있는가라는 이전 질문에 대한 대답에 관하여 무엇을 보여주는가? 이러한 종류의 질문들에 대한 대답으로서 위긴스는 '이 쥐가 두꺼비로 변할 수 있는가?' 라는 질문이 '이 쥐가 두꺼비였을 수 있었는가?' 라는 질문과 같지 않다고 지적하고,[20] 그리고 두 질문들간의 관계가 '한 사물이 어떤 종류의 변화를 겪을 수 있는지는 그것이 본질적으로 무엇인지에 달려 있다'는 것이라고 주장한다. 한 사물이 본질적으로 무엇인지에 대한 질문은 그것이 어디로부터 올 수 있었는지, 즉 그것이 필연적으로 어떤 종류의 기원을 가지는가에 대한 질문과 연관되어 있다. 실체가 반드시 어떤 종류의 기원을 가져야만 한다는 이론은 '기원의 필연성'(necessity of origin)이라는 이론으로서 알려져 왔다. 그 이론은 아리스토텔레스의 이론과 유사하다. 왜냐하면 아리스토텔레스에 따르면 실체를 포함하는 종들, 즉 실체의 형상이 실체가 겪을 수 있는 그러한 변화의 경향을 결정하고 한계를 정하며, 마찬가지로 실체가 어떤 종들에 속한다는 사실이 실체가 가지고 있는 혹은 가질 수 있었을 기원들의 종류를 결정하고 한계를 정하기 때문이다.

---

20) D. Wiggins, *Sameness and Substance*, 215~216면.

이러한 추정상의 필연성들은 그것이 어떤 종들의 요소라는 것이 실체의 본성이나 본질의 부분이라는 사실에서 발생한다. 따라서 그것은 본질주의이다.[21]

그러므로 우리는 실체가 겪어야 되는 변화의 한계들이 실체의 본질적인 본성에 기인한다는 견해를 본질주의가 포함한다는 것과, 그리고 그러한 본질적인 본성이 왜 실체가 그렇게 있는지를 설명한다는 것을 알 수 있다. 본질적인 본성은 로크가 사물의 '명목적 본질' (the nominal essence)이라고 불렀던 것의 문제—사물을 어떤 관찰 가능한 종류의 요소로서 분류하는 데 개념적으로 포함되는 문제—만은 아니다. 실재적 본질은 어떤 관찰 가능한 종류의 요소로 여겨지는 사물이 왜 그렇게 있는지에 대해 어떤 방식으로 설명해야 한다. 따라서 "'의미'의 의미"라는 논문 안에 있는 퍼트남의 예를 사용하자면,[22] 물—우리 모두가 일반적으로 인정하는 물—의 본질적인 본성은 우리가 그것을 알든지 모르든지 간에 그것이 H_2O라는 것이다. 그리고 비록 '쌍둥이 지구' (twin earth)에 '물'이라고 불리며 물과 비슷하게 보이는 재료가 있을지라도 만일 그것이 H_2O가 아니라면 물이 아닐 것이다. 물은 그러한 본질을 가지는 자연적인 종

---

21) 그러나 사물들이 물질을 가지고 있다는 사실도 그 문제에 영향을 미치고, 그리고 부분적으로 이러한 이유 때문에 아리스토텔레스가 실제로 본질주의자였다는 것이 부인되었다. D. Blame, "Aristotle's biology was not essentialist", *Archiv für Geschichte der Philosophie*, Vol. 62, 1980, 1~12면을 보라.

22) 퍼트남에 대한 다른 언급들과 마찬가지로 *Mind, Language and Reality: Philosophical Papers*, Vol. 2(Cambridge: C. U. P., 1975)에 수록되어 있다.

류이다.

 필연적인 것들이 거기에 속하는 그러한 명확한 본질들을 가지고
있는 자연적인 유들(natural kinds)에 대한 이러한 생각의 배후에는
의심할 여지없이 과학과 자연 법칙의 견해가 있다. (비록 퍼트남이
'언어 노동의 분업'[the division of linguistic labour])[23]이라고 불렀던
것을 통해서 자연적인 유들에 대한 언급을 설명하려고 한 의미론에
따르면, '물'과 같은 용어들의 언급은 일상적인 사람이 그것에 대해
아무것도 알지 못할 만한 이론들의 도움을 빌려 대가들에 의해 정
리될 것이지만 말이다.) 반본질주의자(anti-essentialist)는 자연적인
유들에 대한 전체의 생각이 어쨌든 정리된 어떤 것을 함축한다는
것을 거부할 것이다. 그렇지만 반본질주의자가 되기 위해서 실체와
관련하여 '어떤 것이 일어난다'라고 주장하기를 원하는 것이 필연
적이지는 않다. 내가 논의해오고 있는 종류의 본질주의자는 실체들
이 본질적인 본성을 가지고 있기 때문에 그것들에 관하여 변하지
않는 어떤 것이 필연적으로 있다고 주장해야만 한다. 이것에 대한
정반대의 극단은 실체 안에서는 변하지 않는 어떤 것도 볼 수 없다
는 이론일 것이다. 그리고 그것이 동일성을 인정하는 그 정도만큼

---

23) * 옮긴이 주: '언어 노동의 분업'이란 근본적으로 사용하는 언어의
   의미를 아는 것과 지시체를 결정하는 것은 별개의 문제라는 인식에 기
   원을 가진다. 즉 우리는 일상적으로 언어의 의미를 알기 때문에 그것을
   사용할 수 있으나 그것이 무엇을 지시하는 것인지는 그 분야의 전문가
   가 결정할 수 있는 것이다. 가령 우리가 금과 금 비슷한 것을 모두 금
   이라고 부른다고 그 '금'들이 모두 금인 것은 아니다. 그것들이 금인지
   는 전문가들이 결정할 수 있는 것이다.

그것은 아마도 헤라클레이토스가 강의 동일성을 강물들의 변화들에 의존하는 것으로 본 것과 같은 어떤 방식으로 그 동일성의 근거를 변화에 둔다. 그런 종류의 이론이 의미가 있는지는 문자 그대로 해석하자면 문제가 되기 쉽다. 만일 강이 일정하게 변화하는 물들을 포함하지 않는다면 그것은 강이 아니다라는 것은 물론 참이다. 그러나 강으로서의 그것의 동일성은 단지 그러한 사실에만 의존하지는 않는다. 그것은 변할지도 모르는 제방과 독자적인 진로를 가지고 있지만 비교적 변하지 않는 것으로 남는다. 이것은 아무리 상세하게 설명되더라도 본질주의와 반본질주의의 양극단 사이에 있는 견해들의 가능성을 제안한다.

　한 가지 가능성은 다음과 같다. 비트겐슈타인은 어쨌든 하나의 해석에 근거하여 한 종류의 요소들(그가 놀이의 종류라고 생각했던 것)이 반드시 그 종류의 요소들과는 별도로 어떤 공통적인 것을 가지지 않는다면 단지 그것의 요소들간의 가족 유사성을 포함할 뿐이라고 주장했다. 유비적으로 말해서 어떤 종류의 한 사물은 그것의 존재의 단계들 사이에 문자 그대로 공통된 것도 없고 단지 가족 유사성만 있는 그러한 변화들을 아마도 겪을 수 있을 것이다. 내가 생각하건대 모든 개념들이 가족 유사성 개념을 가진다고 가정하거나 비트겐슈타인이 그렇게 가정한다고 생각하는 것은 오해일 것이다. 마찬가지로 모든 실체들이 가지는 어떤 종의 자격(membership of a kind)이 단지 가족 유사성만이 있는 그러한 존재의 단계들에 앞선다고 가정하는 것도 오해일 것이다. 더욱이 그러한 종류의 실체들이 있다면 실체의 존재의 단계들이 왜 그러한 형태를 취하는지를 설명하는 어떤 기체적 본성(an underlying nature)이 실제로 없는가에 대

156

한 질문이 당연히 일어날 것이다. 그렇지만 그러한 기체적 본성이 있어야만 한다고 가정될 수는 없고, 그리고 있는지 없는지 묻는 것은 확실히 과학적인 질문이다. 아마도 시·공간적 연속성은 있지만 각 국면들간의 관련성은 없는 프로테우스의 경우에 프로테우스에 대한 선지식 없이도 극단적인 변화를 겪는 하나의 실체 혹은 생성하고 소멸하는 실체들의 연속(a succession of substances)에 대해서 이야기해야 하는지는 논의될 만하다. 가족 유사성에 대해 말하면서 내가 언급했던 종류의 변화들간의 어떤 관계는 단일한 실체를 지지하기 위하여 그 문제를 결말지을지 모른다. 그 경우에 그것이 어떤 기준이든 간에 기체적 본성이 있는가라는 문제에 대답하기 위해서는 과학이 필요할 것이다.

그렇지만 변하지 않는 본성을 가지는 실체들이 기준이라고 말해질 수 있고, 그것이 어떤 의미에서 세계에 관한 담론을 가능하게 하는 조건이라고 주장될 수 있다. 그것은 세계에 관한 의미 있는 담론을 가능하게 하는 조건이 어떤 필연성들을 가진 대물적(*de re*) 항목들(items)을 언급해야 한다는 초월론적 논증을 포함할 것이다. (즉 그것들은 대언적[*de dicto*] 필연성들의 경우에서처럼 그것들에 대해서 우리가 말하는 방식의 특징들보다는 사물들이나 그것들의 본성의 특징들이다.) 본질주의를 위한 크립키의 논증 형식은 그러한 방식으로 해석될 수 있다. (퍼트남의 논증 방법들의 전부는 아니지만 일부가 그런 것처럼 말이다.) 왜냐하면 그는 결국 고정적인 지시의 대상들(즉 내가 전에 고정 지시어들에 의해서 분간된다고 설명했던 것처럼 모든 가능한 세계들 안에서 그러한 지시어들을 언급하는 그러한 대상들)이 그가 단지 인식론적인 필연성이 아니라 형이상학적인 필연성이라고 부른 것에 의해서 유효하게 되는 것들이라고 주장하기 때문이다. (형이상학적인 필연성은 위에서 설명했던 것처럼 대물적이다. 대언적 필연성들이 문제가 되는 사물들에 대한 우리의 지식이나 믿음에 관한 문제들을 일으키고 바로 그 이유 때문에 인식론적이라고 이제 주장된다.)

성공적인 언급은 대상들에 관하여 알려지거나 믿어진 어떤 것들에 달려 있는 것이 아니라 그것들에 대해 어떤 것들이 형이상학적으로 필연적인, 즉 대물적으로 필연적이고 바로 그것들의 본성에 해당하는 그러한 대상들 자체에 달려 있다는 것이 논증되어야 할 점이다. 이 점은 '기원의 필연성'(이 책상이 어떤 다른 재료로 만들어질 수 없었다는 것)과 '구성의 필연성'(여기 지금 있는 이 책상이 얼음으로는 구성될 수 없다는 것)의 경우에 해당한다. 그러한 특수한 경우들과 예들에 대해서 우리가 어떻게 생각하든지 간에, 세계가 전적으로 프로테우스 같은 것일 수는 없다고 분명히 주장될 수 있을 것이다. 사물들에 관하여 성공적인 언급과 담론이 있기 위해서는 사물들에 관하여 어떤 불변성들과 필연성들이 있어야만 한다.[24] 그렇지만 그러한 논의들이 어떤 논쟁적인 본질주의로 이끄는지는 덜 분명한데, 왜냐하면 그것들이 향하게 되는 결론은 단순히 어떤 항구성들과 필연성들이 있어야 한다는 것일 뿐이기 때문이다. 그러한 결론은 우리로 하여금 모든 실체가 토대가 되는 본질적인 본성을 가져야만 한다는 견해 ― 비록 언급이 실제로 훌륭하게 성립된 전제를

---

24) 플라톤은 《테아이테토스》 183a 이하에서 헤라클레이토스에 반대해서 그러한 방식으로 주장한 것 같다.

당연히 받아들인다 하더라도—에 개입하도록 만들지는 않는다.

가능한 변화의 종류들을 조사하면서 아리스토텔레스는 실체의 변화와 같은 것은 결코 없고 그렇게 불려질 만한 것이 실제로는 하나의 실체이기를 그만두고 다른 것으로 생성된 것이라고 말하려는 경향이 있었다. (그가 그렇게 말하려는 경향이 있었다고 내가 말하는 이유는 그가 그 문제에 관해서 전혀 일관적이게 보이지 않기 때문이다.) 그것은 단순히 언어상의 지적—X가 Y로 변할 때 먼저 X가 있고 그 다음에 Y가 있으며 우리는 그 과정 전체에 걸쳐서 존재하는 것 혹은 변화하고 있는 것에 대해 아무것도 언급할 수 없다는 것—으로 될 수 있다. 그렇지만 그런 식으로 문제를 제기하는 것은 선결 문제 질문의 오류를 범할 수 있는데, 왜냐하면 우리가 보았던 것처럼 모든 실체가 동일한 형태로 유지되어야만 한다는 것과, 이것이 그것에 대해 성공적으로 언급할 수 있는 조건이라는 것은 분명하지 않기 때문이다. 이러한 목적을 위해서 배제되어야 하는 것은 우리가 관심 있어 하는 것이 단순히 달라지는 단계들이나 국면들을 가진 과정일 뿐이라는 것이다. 그러므로 위긴스가 말한 것처럼 실체가 그것의 존재 전체에 걸쳐서 어떤 종류의 개념을 만족시켜야만 한다는 것은 참이다. (그리고 그것이 과정에 대해서 필연적으로 참인 것은 아니다.) 그러나 우리는 가능한 언급의 조건들을 고찰함으로써 그것이 모든 실체들에 대해서도 참이라고 결론지을 수는 없다. 우리는 단지 이것이 어떤 실체들에 대해서는 참이라고 결론지을 수 있을 뿐이다. 더욱이 실체가 그것의 존재 전체에 걸쳐서 어떤 종류의 개념을 만족시켜야만 한다는 견해는 토대가 되는 본성들에 관한 어떤 결론으로 직접 이끌지는 않는다. 우리는 단지 실체가 자신의

역사 전체를 통해서 어떠한 종류의 것이라고 주장하는 데 있어서
정당화될 수 있도록, 실체에 대해 충분한 논제만을 가지고 있을 뿐
이다. 그것이 실체에 관해서 수반하는 그 밖의 것은 그 유의 본성에
달려 있다. 현 상태로는 그것은 본질주의의 극히 최소한의 형태라고
할 수 있다.

　일반적으로 아리스토텔레스적 의미라고 여겨지는 본질주의(그리
고 내가 생각하기에 위긴스가 한 설명의 최소한의 특성에도 불구하
고 그가 따르고 있다고 자신을 생각한다)는 실체들이 항상 본질적
인 속성들을 가지는 유들이나 종들의 요소들이라고 주장한다. 생물
학의 범위 내에서 살아 있는 실체의 기능은 종에 있어서 비슷한 것
들을 재생산하는 것이고, 그리고 그것은 분명히 생물학적인 존재자
들이 단어들을 분류하는 우리의 체계들이나 단어들에 대한 우리의
이해의 문제가 아닌 그러한 자연적인 유들의 범위에 포함된다는 것
을 전제한다. 심지어 분류 체계들과 관련하여 우리가 결국 자연적인
집합들이나 유들과 만나야만 한다고 주장하는 것은 그럴 듯하고,[25]
그리고 분류는 그러한 것에 대한 인식에 달려 있다. 그러므로 최소
한의 본질주의는 분류할 때 그 어떤 것도 습관의 문제일 수는 없다
는 점을 강조해야만 한다. 아리스토텔레스의 본질주의는 사물들이
분류의 체계들에 개의치 않고 대물적 필연성들을 가진다고 주장한
다는 점에서 그것을 훨씬 능가한다.

---

25) A. Quinton, "Properties and classes", *Proc. Arist. Soc.* Vol. 58, 1957/8,
　　33~58면과 그의 *The Nature of Things* (London: Routledge and Kegan Paul,
　　1973)를 참조하라.

160

심지어 그런 종류의 이론은 어떤 기준에 의해서 불완전한 종류의 요소들이 될 가능성을 배제하는 방식으로 굳어져서는 안 된다. 생물학적인 종들은 결국 진화한다. 돌연변이나 변종들이 있다. 심지어 종들의 진화에 대해서는 아무것도 몰랐던 아리스토텔레스조차 종들의 불완전한 요소들의 존재(그의 사유 방식에 따르면 사물들이 단순히 형상—종들에 해당하는 것과 동일한 것에 해당하는 한 단어—만을 가지는 것이 아니라 질료도 가진다는 사실 탓이다)를 받아들여야만 했다. 밤(D. Balme)이 지적한 것처럼[26] 아리스토텔레스에게 있어서 암컷은 종들의 본질을 결여한 어떤 것이라는 견해가 있다. (왜냐하면 그의 견해상 재생산에서 형상을 주는 것은 수컷이고 암컷은 질료를 주는 것이기 때문이다.) 또한 존 뒤프레(John Dupré)는[27] 현대의 생물학적인 사유가 때때로 그것에 속해 있다고 생각되는 엄밀한 본질주의를 전제하지 않는다고 주장했다. 이런 종류의 본질주의가 생물학 혹은 세계 일반에 적용되는지 어떤지는 결국 과학적인 문제이고 철학자에 의해서 선험적으로 대답될 수 있는 것이 아니라는 것이다.

요약하자면 (1) 실체에 속하는 것으로 간주되는 어떤 종류의 개념, 즉 실체가 그것의 역사 전체에 걸쳐서 포함되는 그러한 개념이 있어야만 한다는 것은 참인 것 같다. 그것이 참인 경우에만 비록 시·공간적 연속성을 당연히 받아들인다 하더라도 우리는 다양한

---

26) D. Balme, "Aristotle's biology was not essentialist", 2면.
27) J. Dupré, "Natural kinds and biological taxa", *Philosophical Review*, Vol. XC, 1981, 66~90면.

변화들을 겪으면서도 지속되는 동일한 실체에 대해서 말할 수 있다. 따라서 그런 의미에서, 제3장에서 논의되었던 '동일성 없이는 어떠한 존재자도 없다'는 아니라 하더라도 '동일성 없이는 어떠한 실체도 없다'는 선언이 타당한 것 같다. (2) 지시의 대상들로서의 어떤 실체들이 그 이상의 대물적 필연성들이 그것들에 유효한 그런 것이어야만 한다는 것은 세계에 대한 지시를 가능하게 하고 따라서 세계에 관계하는 사유와 언어를 가능하게 하는 조건일 수 있다. 심지어 이것이 기준인 경우에도 그렇다. 그렇지만 이러한 결론을 위한 논증은 또한 그 결론이 모든 실체들에 유효하다는 이론을 지지할 수는 없다. 일반적으로 유효한 것은 (1) 아래에 있는 요점일 뿐이다. 지금까지 우리는 기껏해야 최소한의 본질주의만을 가지고 있었다. (3) 실체들이 자연적인 유의 요소들로서의 토대가 되는 본성을 가져야만 한다는 취지를 가지는 보다 철저한 본질주의가 있다. 그렇지만 모든 실체가 자연적인 유의 요소라는 것은 분명한가? 어쨌든 이러한 보다 철저한 본질주의가 유효한 그 범위, 그리고 아리스토텔레스의 본질주의에서처럼 그것이 실체들의 가능한 기원들과 실체들이 겪을 수 있는 가능한 변화들의 필연적인 한계들에 대해 이러한 것들이 생기는지에 관한 질문은 선험적인 문제가 아닌 것 같고, 따라서 결국 과학에 의해서만 결정될 수 있는 어떤 것이어야 한다.

제5절 제1성질과 제2성질

명목적 본질들과 실재적 본질들을 구분했기 때문에 어느 정도 현

162

대 본질주의의 선조인 로크는 또한 사물들의 제1성질들(primary qualities)과 제2성질들(secondary qualities) — 모양, 크기, 운동, 고체성과 같은 성질들과 색깔, 맛, 냄새와 같은 성질들 — 에 대한 구분을 강조하는 것에 주로 책임이 있다. 유사한 구분이 데모크리토스, 플라톤, 아리스토텔레스 안에서 한 형태 혹은 다른 형태로 발견된다. 예를 들어 아리스토텔레스는 한 가지 감각에 의해서만 지각될 수 있으며 그렇게 해서 그 감각에 고유한 사물들의 속성들과 한 가지 이상의 감각에 의해서 지각될 수 있고 따라서 그러한 감각들에 공통되는 사물들의 속성을 구분한다. 그는 제1성질들이 그것들 없이는 물질적인 대상이 존재할 수 없는 그런 것들이지만, 제2성질들에는 똑같은 것이 적용되지 않는다는 가정 또한 덧붙인다. 사실상 로크는 제2성질들이 도대체 대상들의 성질들이 실제로 아니고 단지 그러한 대상들과 그것들이 실제로 가지고 있는 제1성질들에 의해서 우리 안에 만들어진 생각들일 뿐이라고 주장하는 것으로 가끔 여겨진다.

어느 정도는 그 이론은 본질주의와 연결된다. 왜냐하면 그것은 물질적인 실체들에 본질적인 어떤 종류의 속성들이 있다 — 비록 그러한 속성들이 가진 특수한 형상과 관련하여 물질적인 실체들이 변할 수 있다 하더라도 — 고 주장하기 때문이다. 후자의 조건을 설명하는 것은 중요하다. 데카르트는 그의 두 번째 성찰에서 밀랍 한 덩어리와 관련하여 밀랍이 녹을 때 그것은 그것의 단단함·냄새·색깔을 잃지만 그것의 연장성(extension)은 그대로 남는다는 이유로 연장성이 지적인 직관의 대상이라고 주장한다. 그렇지만 그러한 방식으로 주장하는 것은 비슷한 것과 비슷한 것을 비교하는 것이 아니다. 그것은 연장성이라는 유적 속성을 단단함·냄새·색깔과 같은 보다

종적인 속성들과 대조하는 것이다. 밀랍이 원래의 녹지 않은 밀랍이 가지고 있는 보다 종적인 속성들에 반대되는 것으로서의 냄새와 색깔 그리고 아마도 고체성과 같은 보다 유적인 속성들을 잃어버리는지는 도대체 분명하지 않다. 그럼에도 불구하고 연장성·고체성·운동 혹은 정지와 같은 속성들은 그것들 없이 물질적인 실체가 존재할 수 없는 속성들이며 따라서 그것들이 실체에 본질적이라는 것은 명백해 보인다.

반대로 물질적인 실체들이 그 단어의 어떤 의미상 색깔(색채를 가지는 색깔에만 제한되지 않고 투명한 것도 포함하는 그러한 색깔)을 가져야만 하고 아마도 다른 제2성질들도 마찬가지일 것이라고 주장될 수 있다. 따라서 비록 이전에 지적된 방식으로(성질들이 한 가지 감각이나 혹은 그 이상의 감각들에 의해서 지각될 수 있다는 점에서) 두 가지 종류의 성질들을 구분할 만한 이유가 있기는 하지만, 그것이 제1성질들이 제2성질들과는 달리 물질적인 실체들에 본질적이라고 말하는 이유는 아니다. 그것에 대한 한 가지 가능한 대답은 물리학자들이 연장 혹은 어쨌든 위치를 가지지만 색깔을 갖지는 않는 입자들의 존재를 생각한다는 사실을 지적하는 것이다. 실제로 그러한 구분을 하도록 로크에게 영향을 미쳤을 것들 중의 하나는 제1성질들이 물리학 이론상으로 제2성질들과 다른 방식으로 장소를 가진다는 사실이다. 그렇지만 그것이 하루하루 살아가면서 우리가 마주치는 일상적인 물질적 실체들에 대해 얼마나 결정적인 고찰인가는 분명하지 않다.

조나단 베네트(Jonathan Bennett)는 제1성질들의 경우에는 색맹과 같은 결점들에 해당하는 것이 아무것도 없다고 주장하며, 그것이 더

164

나아가 제1성질들을 물체들에 본질적이게 만드는 구분을 하게 된 이유라고 주장했다.[28] 이런 식으로 주장하는 것은 예를 들어 우리가 사물들의 크기를 지각할 때 오류를 범할 수 없다고 말하는 것은 아니다. 요점은 오히려 색맹(colour-blind)인 사람이 물체들이 가진 속성들과 차이들을 전부 알지는 못하지만, 그렇다고 해서 세계 도처에 있는 길을 발견하지 못하거나 물체들을 이해하지 못하지는 않는다는 것이다. 대조적으로 만약 크기-맹(size-blindness)과 같은 것이 있다면 그것은 그러한 사물들을 발견하지도 이해하지도 못하게 할 것이다. 크기-맹은 있을 수 없지만 세계와 그 안에 있는 물체들에 대한 고유한 자각은 있을 수 있다. 만약 그것이 참이라면 그 이유는 크기가 하나 이상의 감각에 의해서 지각될 수 있기 때문이며, 크기-'맹'은 이해는 할 수 없지만 색맹보다 지각적으로 훨씬 더 파괴적일 것이기 때문이다.

그러한 논증들은 우리가 신체들을 가지는 피조물들이기 때문에, 이러한 신체들과 다른 물체들 간의 상호 관계는 우리가 세계를 지각할 때 근본적인 역할을 하고 그러한 상호 관계들 안에서 나타나는 사물들의 속성들에 부과되는 중요성을 설명한다는 사실을 분명하게 지적하고 있다.[29] 그럼에도 불구하고 그러한 고찰들이 우리로

---

28) J. Bennett, "Substance, reality and primary qualities", *American Philosophical Quarterly*, Vol. 2, 1965. 그리고 C. B. Martin and D. M. Armstrong (eds.), *Locke and Berkeley* (London: Macmillan, 1968), 105~117면과 그의 *Locke, Berkeley, Hume: Central Themes* (Oxford: Clarendon Press, 1971), 제4장을 보라.

29) *Monist* (Vol. 61, 1978, 536~547면)와 *Perception, Learning and the Self*

하여금 제1성질들에 어떤 특권을 부여하도록 이끌고, 제1성질들이
제2성질들과는 달리 물질적인 물체들에 본질적이라고 말하도록 한
다는 사실은 역시 분명하지 않다. 많은 과학자들은 제2성질들이 실
제로 사물들의 성질들은 아니고 단지 그러한 대상들에 의해서 우리
안에 만들어진 감각들일 뿐이라고 주장한다는 점에서 로크를 따른
다고 알려져왔다. 그러한 견해는 혼란을 포함하고 있다. 우체통들에
대해서 그것들이 둥글다는 것만큼이나 그것들이 빨갛다는 것은 객
관적인 사실이다. 그리고 그것은 그 우체통들의 빨강에 대한 우리의
지각이 둥긂에 대한 우리의 지각에 동일한 방식으로 적용될 수 없
는 그러한 지각의 조건들에 종속된다는 사실에 의해서 부정되지는
않는다. 버클리는 로크에 반대해서 제2성질들의 상황에 따른 가변성
(context-variability)이 제1성질들을 지각할 때에도 똑같이 적용된다
고 주장했다. 버클리는 이러한 점에서 옳았지만, 바로 그 이유 때문
에 제1성질들이 제2성질들만큼이나 주관적이라는 결론을 이끌어냈
다는 점에서 틀렸다. 그는 그 점에 있어서 로크의 영향을 받았다. 그
는 그것들이 똑같이 객관적이라는 다른 결론을 이끌어낼 수 있었을
것이고, 그리고 그렇게 했어야만 했다.
　그것은 제1성질들과 제2성질들 사이에 어떤 구분도 있을 수 없다
고 말하는 것은 아니다. 아리스토텔레스가 고유 감각 대상들과 공통
감각 대상들을 구분한 것은 아직도 유효하다. 그렇지만 만약 물리학
에 의해서 발견이 가능할지라도 이러한 구분이 제2성질들과 아무런

(London: Routledge and Kegan Paul, 1983) 안에 있는 나의 논문
"Perception and agency"를 보라.

관계도 맺지 않을 기체적인 본성들을 강조하는 본질주의의 변형과 관련이 없다면 본질주의와 어떤 특수한 관계도 없다. 실제로 이러한 견해에 따르면 실체들이 제2성질들을 가지는 이유는 기초가 되는 절차, 즉 제1성질들에 대한 언급만을 포함할 설명을 언급함으로써 잘 설명될 수 있을 것이다. 그렇지만 그러한 고찰들과 별도로, 제1성질들과 제2성질들 간의 구분의 타당성은 물질적인 실체들이 본질적으로 제2성질들을 갖지 않는 그러한 방식으로 제1성질들을 갖는다는 주장을 정당화하지는 않는다. 결국 그 구분은 어떤 것이 실체인가보다는 어떤 것이 물질적인가와 실제로 더 관련이 있다는 사실만을 분명히 지적할 수 있을 것이다.

제5장
개별자와 보편자[1]

제1절 구별

나는 제4장에서 개별성이 실체들의 한 특징으로 일반적으로 받아들여지고 있다고 말했다. 비록 나는 아리스토텔레스와 스트로슨에 의해 제시된 논증들이 우선적으로 존재하는 것은 개별적 실체들이거나 또는 스트로슨이 말하는 그것들에 해당되는 것이라는 결론을 가진다고 언급하였지만 그 논제를 논하지는 않았다. 사실 아리스토텔레스는 《범주론》(2b5)에서, 개별적 실체들이 존재하지 않는다면, 이것들과 일치하는 종들과 유들, 그리고 비-실체적 속성들이 존재하는 것이 불가능할 것이라고 주장한다. 이와 비슷하게 스트로슨은 화

---

1) * 옮긴이 주: 햄린은 영어로 particular와 individual 및 general과 universal을 따로 사용하지만 역자는 이를 특수자/개별자 또는 일반자/보편자라는 번역어가 별로 우리에게 익숙하지 않을 뿐만 아니라 햄린이 스트로슨과 관련해서만 대체로 individual을 사용하고 다른 경우는 모두 particular로 사용하므로 이 장에서 particular와 general을 각각 개별자와 보편자로 번역했다.

168

자-청자 지시동일성의 관점으로부터 물질적 대상들을 기본적 특수자들로 여기는 결론에 대해 논한다.

후에 《형이상학》에서 아리스토텔레스가 실체에 관한 자신의 견해를 좀더 보완했기 때문에 다른 결론에 도달했다고 주장될 수 있다. 그는 실체의 우선적인 사례들이 그것들의 본질들과 일치해야만 한다고 말하고, 이것은 그것들의 자기-설명적인 것, 즉 스피노자가 주장한 것처럼 자기 원인(*causa sui*)이 된다. 이러한 후자의 견해에 관해서 때로는 그것이 실체와 형상의 동일화에 해당한다고 이야기되며, 형상에 대한 단어와 종들(species)에 대한 단어가 동일한 것이기 때문에 그것은 아리스토텔레스가 종들의 특수한 예들보다는 종들에 더 큰 우선성(priority)을 부여하게 되었다는 것을 함축한다.[2] 만약 그러한 견해가 상식의 관점에서 볼 때 난해하게 보인다면 다음과 같은 것이 주목되어야 한다. 즉 만일 우리가 세계 속에 있는 영원하고 지속적인 것에 중요성을 더한다면 종들은 그러한 기준에 의해서 개별자보다 더 큰 중요성을 갖게 될 것이다. 왜냐하면 일정하게 지속되는 것은 종들이거나 형상들이며, 개별자의 기능은 형상 속에 그것과 비슷한 것들을 생기게 (재생산에 의해) 하므로 종들을 보존한다고 논의될 수 있기 때문이다. 그러한 견해는 생물학에 해당되는 경우에 너무 많은 주의를 기울이며 그것으로부터 부당하게 일반화

---

2) 오웬(G. E. L. Owen)의 "아리스토텔레스의 플라톤주의"(The Platonism of Aristotle)를 보라. 이것은 반스(J. Barnes)와 스코필드(M. Schofield), 그리고 소랍지(R. Sorabji)가 편집한 《아리스토텔레스 논문집》(*Articles on Aristotle*, London: Duckworth, 1975), 제1권에 수록되어 있다.

되었다고 반박당할 수 있다.[3] 그렇지만 그것은 진지하게 고찰되어야 할 필요가 있는 견해이다.

나는 상식의 관점에서 그러한 견해가 난해한 것처럼 보일 수 있다고 이야기하지만 어느 범위까지 상식이 이와 관련하여 문화의 산물인가를 확실하게 알 수는 없다. 문제가 되고 있는 견해는 덜 난해해 보인다. 서양의 철학 사상에서 개별자를 옹호하는 편견이라 불릴 수 있는 고유한 것이 있다는 사실은 부인될 수 없으며, 그 결과로 존재하는 모든 것이 개별자라는 로크의 주장은 상당한 동의를 얻을 수 있을 것이다. 그 주장을 거부하기 위해서 우리는 먼저 특수자들 이외에도 일반적인 것들이나 존재자들(entities)이 존재한다고 주장해야 할 것이다. 우리는 그 이상으로 그러한 일반적인 것들이 어떤 의미에서 존재에 대해 우선성(primacy)을 가진다고 주장해야 할 것이다. 이와 같은 후자의 논제는 내가 말한 것처럼 후기 아리스토텔레스에게 귀속시킬 수 있는 견해에 의해 나타나게 되고, 그것은 확실히 플라톤의 형상이나 이데아에 관한 이론의 일부이다. 왜냐하면 그것들이 무엇이든지 간에 후자는 의심할 여지없이 일반적이어서 보편자들(universals)을 이루기 때문이다. 그것은 단지 일반적인 것만이 존재하거나, 아마도 실제로 존재한다는 논제로 다시 옮겨갈 더 발전된 단계일 것이다. 사실상 마지막 논제가 실재와 현상 간의 구별의 배경을 제외하고 그리고 개별자들은 단순히 현상이고 일반적인 것들은 참된 실재를 이룬다는 형태의 논제를 제외하고도 명료하

---

3) 그러나 제4장에서 철저한 본질주의에 대해 이야기되었던 것을 기억하라.

게 주장될 수 있는지는 의심스럽다. 나는 그 논제를 더 발전시켜 고찰하지 않겠지만 이미 언급된 다른 견해들은 진지하게 다룰 필요가 있다.

아마도 먼저 개별자와 보편자 자체의 구별에 대해 분명히 밝혀야 할 것이다. 스트로슨은 《개별자들》의 제2부에서 그 구별에 관한 설명을 제시한다고 주장하지만, 그 설명은 분리되어야 할 다른 문제들과 혼합되어 있다. 나는 제4장에서 어떤 관점에서 볼 때 《개별자들》의 논의가 잘못된 순서로 나타나는 것처럼 보인다고 말했다. 스트로슨에 있어서 개별자들은 단순히 동일성의 대상들이거나 혹은 개별화의 대상들이다. 그래서 어떤 언어적 수단에 의해 설명될 수 있고 동일하게 지시될 수 있는 그 어떤 것도 개별자로 간주된다. 우리는 이러한 방식으로 다양한 종류의 특수한 것들뿐만 아니라 정의나 지혜 같은 일반적인 것들을 언어로 설명할 수 있다. 그것은 우리의 언어 현상학에 대한 사실이지만 스트로슨이 진지하게 다룬 것이다. 그는 다음의 두 가지 문제들에 관심이 있다. 어떤 개별자들 (individuals)이 화자-청자의 지시동일성의 관점에서 기본적인가? 그리고 만일 그것들이 개별자들이라면 어떤 개별자들인가? 그는 먼저 후자의 문제를 다룬다.

우리는 이제 앞의 문제, 즉 개별자들과 보편자들에 주어지는 우선성의 순서에 우리의 관심을 제한할 수 있다. 그것은 개별자와 보편자 간의 구별 자체를 설명하는 맥락을 제공하기 때문이다. 그러한 맥락을 스트로슨은 특수자들도 일반적인 것들도 주어-술어의 담론의 주어들로서 사용될 수 있지만, 개별자들이 아닌 보편자들만이 술어들로서 사용될 수 있고 따라서 주어들에 관해 서술된다는 고대의

(사실은 아리스토텔레스의) 이론에 의해서 표현한다. 이 논의는 보편자들이 전형적으로 논리적 주어들로서 간주될 만하다는 주장을 산출한다. 그러한 주장의 기초는 스트로슨이 주어의 위치와 개별자의 위치 사이에서 알 수 있는 유사성(affinity)―그것들 모두 어떤 완전성(completeness)을 가진다는 생각에 의해 표현되는 유사성―이다. 술어(그리고 비유적으로 함수 자체와의 비교에 의한 함수의 논항의 '포화성'[saturatedness]에 대한 프레게의 주장)⁴⁾와 비교하면 주어들은 그러그러한 것이라고 표현 가능한 어떤 것이 아니라는 방식으로 사유하기에 완전한 항목들이 된다. 이와 마찬가지로 개별자들도 그것들의 동일성이 완전한 사실에 관한 지식을 전제하기 때문에 완전성을 갖는다.

이러한 사유 과정 속에 포함된 '완전성'(completeness)의 의미들이 동일한 것인지, 그리고 만일 그것들이 동일하지 않다면 논증할 것이 무엇인지는 논쟁거리가 되는 문제들이다. 내 생각으로는 문제가 되는 의미들은 동일한 것이 아니며, 그것의 결론에 대해 따로 무엇이라 이야기되든지 간에 그것은 그 논증을 손상시킨다. 더욱이 스트로슨은 그가 특수한 것들과 일반적인 것들을 명제들(propositions) 속에 도입하기 위한 조건들이라 부르는 것과 담론(discourse) 속에 도입하기 위한 조건들이라 부르는 것을 구별함으로써 문제들을 뒤얽히게 하였다. 이렇게 다소 불분명한 구별들은 대충 다음과 같이 다른 방식으로 주장될 수 있다. 첫번째는 그 개념들에 대한 선험적인 이해가 이미 주어져 있는 보편자들과 반대되는

---

4) 98면을 보라.

것으로서의 개별자들의 지시동일성의 조건들과 관련된다. 이와 대조적으로 두 번째는 개별성과 보편성이 모두 적용되는 조건들과 관련되어 있다. 스트로슨은 첫번째 문제를 다룬 후에 계속해서 두 번째 문제를 고찰해 나아간다. 왜냐하면 첫번째 문제를 다루는 그의 방식은 개별자들이 무엇인가를 설명하는 데 완전히 실패하기 때문에 순환적이라고 반대될 수 있기 때문이다. 그러한 설명을 제공하기 위해 스트로슨은 지시동일성과 관련된 다른 조건들이 주어진다면, 그가 '특징들'(features)(대충 말하자면, 재료들)이라 부르는 것에 의해 논증적으로 설명된 장소와 시간에서 사건 발생(incidence)을 가지는 세계에 대해 좀더 근본적인 (또는 어쨌든 좀더 애매한) 사유 방식으로부터 어떻게 개별자의 개념이 나타날 수 있는가를 증명하고자 했다.[5]

여기서 전체 프로그램에 대한 세밀한 검토에 들어가는 것은 적절하지 못하다. 그것은 개별자들이 지시동일성으로 인해 일반적인 것들에 대한 우선성(priority)을 가진다는 것을 증명하는 어떤 경우에서라도 번거롭고 아마도 애매한 방식인 것처럼 보일 것이다. 나는 아마도 이 장의 뒷부분에서 그러한 방향에서 좀더 직접적인 고찰들로 되돌아갈 것이다. 그러나 논증의 맥락에 관한 이러한 대략적인 생각만 가지고, 개별자와 보편자 자체 간의 구별로 되돌아가자. (논의의 맥락을 이해하는 데 실패한 것은 그렇게 문제가 되진 않을 것이다. 나는 단순히 스트로슨이 구별에 관해 설명한 것을 요약했다.)

---

5) 내가 제4장에서 속성-위치(property-ocation) 언어들에 관해 이야기했던 것을 참조하라.

내가 스트로슨의 견해에 따라 한 특수자의 지시동일성은 완전한 사실에 관한 지식을 전제한다고 말했을 때 나는 이미 구별에 관한 스트로슨의 설명의 한 특징에서 힌트를 얻었다.

그러한 설명에 관한 스트로슨 자신의 요약은 (그는 아주 짧은 요약이라는 것을 강조한다) 다음과 같다. '개별자가 무엇을 의미하는지를 아는 것은 그것이 현재 도입되고 있는 개별자라는 사실과는 달리 개별자를 동일하게 지시하기에 충분한 어떤 경험적 사실을 아는 것 또는 때로는―청자의 경우에는―배우는 것을 내포하고 있다. 그러나 보편자가 의미하고 있는 것을 아는 것은 동일한 방식으로 어떠한 경험적 사실을 안다는 것을 내포하진 않는다. 그것은 단순히 언어를 안다는 것을 포함한다.'[6] 그래서 문제가 되는 용어들에 상응하는 항목들의 유의미한 지시동일성에 대한 조건과 관련하여 그러한 구별은 이루어진다. 제공된 설명에 근거하여 '소크라테스'라는 용어가 어떠한 개별자를 의미하는지를 아는 것은 그가 플라톤의 스승이었다는 것과 같이 소크라테스를 동일하게 지시하는 데 사용된 어떤 사실을 아는 것을 포함한다. 반면 '지혜'라는 용어가 어떤 보편자 또는 비-개별자를 의미하는지를 아는 것은 그러한 어떤 사실을 아는 것을 포함하는 것이 아니라 단지 언어를 이해하는 것을 포함한다.[7]

---

6) P. F. Strawson, *Individuals*(London: Methuen, 1959), 185면.

7) 나는 개별자들의 지시동일성 속에 전제된 사실들이 경험적이어야만 한다는 주장에 대한 어떠한 논평도 삼갔다. 그러나 《철학》(*Philosophy*, 1961)에 게재된 윌리암스(B. A. O. Williams)가 쓴 스트로슨의 책에 대한 비판적 단편을 보도록 하라.

174

개별자와 보편자를 이러한 제목에 포함되는 항목들을 성공적으로 동일하게 지시하기 위해 알려져야만 하는 것으로써 구별하려는 시도는 비록 그것이 스트로슨의 일반적인 논증의 맥락과 들어맞을지라도 약간 이상한 절차를 포함한다고 논의될 수 있다. 왜냐하면 그러한 제목에 포함되는 것들의 지시동일성은 제목들 자체를 이해하는 것을 전제하고 있지 않은가? 그러나 이러한 점에서 스트로슨의 관심이 개별성과 보편성을 구별하는 것이 아니라는 것을 기억해야만 한다. (그것은 일반적 논의 가운데 나중 단계의 목표이다.) 사실 그것은 개별성과 보편성을 앞서 이해한다면 개별자들과 보편자들로서 사물들을 동일하게 지시하기 위한 기준이 무엇인가를 제공하는 것이다. 그러한 목적에서는 그것들을 동일하게 지시하기 위해 두 종류의 사물을 서로 다른 조건들과 결합시킬 필요가 있다는 것은 분명하다. 그러나 이 설명은 제기능을 하는가?

개별자-지시동일성에 대한 지적은 사실 스트로슨의 지시 이론(theory of reference)의 한 측면이다. 이 이론에 따르면 성공적인 지시의 조건은 그 사물을 실제로 포함하고 있는 잘 알려진 어떤 기술이 있다는 것이 전제된다. 그래서 소크라테스에 대한 성공적인 지시는 소크라테스에 적용되는 '플라톤의 스승'과 같은 어떤 기술에 관한 지식을 전제한다. 크립키의 《이름과 필연성》(*Naming and Necessity*) 같은 최근의 지시 이론들은 어떤 것을 지시하기 위한 이름의 사용이 대안적인 기술들 중 일부나 또는 어떤 기술에 적용 가능하다는 것을 전제할 필요가 없다고 지적한다. 비록 어떻게 이름을 사용하게 되는지에 대한 유용한 설명들이 있을 수도 있지만, 그렇게 불리는 것과는 달리 문제의 사물에 관해 아무것도 알려지지 않는 경우들에서도 이해 가능한 이름들이 있다. 따라서 하나의 이름이 어떤 개별자를 의미한다는 것을 아는 것은 그것이 그렇게 불린다는 사실 이외에 그것에 대해 어떠한 사실을 안다는 것을 포함하지 않는다고 적어도 주장될 수 있다.

그럼에도 불구하고 개별자들에 대한 지시 조건들과 일반적인 것들―개별자들에 대한 지시어에 관한 올바른 설명이 무엇이든 간에―에 대한 지시 조건들 사이에 어떠한 구별이 남아 있다고 주장할 수 있다. 그러나 스트로슨의 방식으로 구별되는가? (논항과 함수에 상응하는) 대상과 개념 간의 구별에 대한 프레게의 생각으로부터 출발하는 철학자들은 일반성이 개념들을 통해 그 상황에 들어간다고 지적하는 것 같다. 또한 정의나 지혜와 같은 추상적인 대상들이 그와 상응하는 개념들에 기생(parasitical)한다고 주장될 수도 있다. 말하자면 지혜는 '지혜로움'(being wise)에 기생적이다.[8] 따라서 스트로슨이 언어에 관한 지식이나 또는 그와 상응하는 표현이 의미하는 것에 관한 지식을 전제하는 보편자들의 지시동일성에 대해 말한 것은 실제로 대상들이 아닌 개념들의 지시동일성에 관한 설명이라고 이야기될 수 있다.

더밋은 그 시도의 목적이 두 가지 종류의 대상들을 구별하는 기준을 제공하려는 것이라고 가정하면서 그 문제에 대해 프레게 이전의 설명을 제공한다는 점에서 스트로슨을 사실상 비판한다.[9] 또한

---

8) J. Searle, *Speech Acts* (Cambridge: C. U. P., 1970), 특히 120면을 참조하라. 거기에서 이러한 용어들로 스트로슨을 비판하고 있다.
9) M. Dummett, *Frege* (London: Duckworth, 1973), 257면 이하.

그는 (자신이 거부한) 이러한 지시어들 안에서 개념에 상응하는 추상적 대상이 있는지 없는지는 단순히 개념 표현이 이해되는지 않는지에 관한 고찰을 통해서 확신될 수 있는 어떤 것은 아니라고 계속해서 논한다. 이러한 연관하에서 그는 흄의 누락된 파란색의 색조(the missing shade of blue)의 사례를 관련된 예로써 제시한다. 모든 관념이 인상과 일치하는지의 문제를 고찰하면서 흄은 우리가 그 색조를 경험하지 않고 따라서 그러한 인상을 가지지 않고도 일련의 색조들에서 파란색의 어떤 색조에 관한 관념을 가질 수 있다는 것을 인정한다. 실제로 파란색의 그 색조가 어떤 대상에서도 결코 발견되지 않는 경우가 있을 수 있다. 그러한 경우에는 그 파란색의 색조에 관한 기술에 의해 보편자가 설명되는가? 스트로슨에 따르면 아마도 '그렇다'라고 대답해야 할 것이다. (그러나 이 경우에도 그것의 지시동일성을 위해 알려져야만 하는 색조에 대한 사실, 즉 일련의 색조들에서의 그것들의 위치—그러나 그것은 애매하게 경험적 사실이다—가 있다고 이야기될 수 있다.) 더밋의 견해로는 그가 아리스토텔레스의 입장이라고 다룬 것에 따라 '아니다'라고 대답해야 한다. 왜냐하면 그 색조를 예화하는 것은 아무것도 없기 때문이다. 그러나 이 문제에 대한 그 자신의 견해는 대상과 개념 간의 구별보다는 두 가지 종류의 대상들간의 구별을 전제하기 때문에 질문되어진 최초의 문제가 오인된다는 것이다.

그러므로 스트로슨의 지시어들 속에 들어 있는 스트로슨이 채택한 입장에 대한 대안적인 입장은 보편자가 존재하는지의 여부는 그것에 대한 대답으로 그에 상응하는 기술을 만족시키는 어떤 것이 있는지에 의존하는 문제라는 것이다. 그러한 경우에 거기에 보편자들이 있다는 것은 대상들에 대한 사실들, 즉 실제로 있는 것에 의존한다. 이러한 생각에서 암스트롱[10]은 보편자들에 대한 후험적 이론을 주장하거나, 또는 더 정확하게는 보편자들에 대한 후험적 실재론(a posteriori realism)을 주장한다. 그래서 예를 들어 그의 책 제2장에서 그는 그가 술어 유명론(predicate nominalism)이라고 부르는 것, 즉 보편자들이 거기에 있다는 것은 단순히 술어들이 거기에 있다는 것에 관한 문제라는 이론에 반대하여 논한다.—비록 유명론이 종종 보편자들에 대한 거부를 포함했다는 것이 역사적으로 주목되었지만, 그러한 견지에서 보면 스트로슨은 (그가 일반적인 것들의 존재를 인정한다고 가정된다면 아주 이상한) 술어 유명론자이다. 그렇지만 전문적으로 그는 술어들로부터가 아니라 이것들로부터 도출되는 추상적 대상들의 이름들로부터 나온 문제들에 접근한다. 그러한 전제에서 스트로슨은 유명론이 타당한 보편자들의 이론일 경우에만 옳을 것이다. 그리고 그것은 후에 이 장에서 좀더 고찰되어야 할 문제이다. 지시어들이 분명히 이 점에서 혼란되었지만 보편성에 대한 '유명론자'의 기준을 인정하는 것은 일반적으로 스트로슨이 문제들을 논하는 데 사용하는 실재론자의 용어들과 거의 양립할 수 없다는 것은 명백하다. 즉 그것은 [지시어들의] 활용이 실제로 존재한다고 생각되는 두 가지 종류의 대상들을 동일하게 지시하기 위한 조건들과 관련되어 있다는 생각과 양립하지 않는다.

그러므로 이러한 관점에서 볼 때 스트로슨이 문제를 논하는 방식

---

10) D. M. Armstrong, *Universals and Scientific Realism* (Cambridge: C. U. P., 1978)

178

이 프레게 이전 방식이기 때문이 아니라, 그가 제시하는 대답이 실제로 그가 채택하고 있는 접근 방식의 전제들과 일관성이 없기 때문에, 더밋이 스트로슨에 대해 가한 비판은 확실히 옳다. 다른 한편 보편자와 개별자를 구별하기 위해 개념/대상의 구별에 의존하는 것에 불만족스러운 점이 있다. 추상적인 대상들로서 보편자들이 개념들에 의존한다는 주장은 우리 사유의 구조가 필연적으로, 우리가 제3장에서 보았던 것처럼 프레게의 형식과 반드시 일치해야 한다는 앞선 주장의 진리를 전제한다. 그렇다 하더라도 추상적인 대상들로서 보편자들이 개념들로부터 파생된다는 제안은 개념들에 포함되는 기본적인 대상들이 구체적인 대상들이라는 것을 함축한다. 그러면 개별자 외에 어떤 것이 구체적인 대상인가? 그것은 개별자들이 존재하는 기본적인 실재들이며 보편자들이 존재한다는 것은 개별자들에 대해 참이라 생각될 수 있는 것에 의존한다는 것을 함축한다. 만일 그 모든 것이 참이라면, 개념/대상의 구별은 먼저 개별자들의 개념을 인정해야 한다는 것을 함축한다. 또는 만일 개념과 대상의 구별이 단순히 명제의 두 가지 측면들(함수와 논항)을 반영한 것일 뿐이라는 점에서 그것이 엄격히 참이 아니라면, 순수하게 '형식적인'(formal) 구별에 어떻게 우리의 사유가 세계와 관련되었는가에 대한 논제가 접목되고 있는 것이다.

　아마도 더밋이 추상적인 대상들을 그 본질에 있어서 고찰하게 되었을 때,[11] 그가 또한 다음과 같은 두 가지로써 추상적인 대상들과 구체적인 대상들을 구별하기 위한 기준을 제공한다는 것은 주목할

---

11) M. Dummett, *Frege*, 488면 이하.

가치가 있다. 하나는 구체적인 대상들의 지시동일성에서 명시성
(ostension)이 한 역할이고, 다른 하나는 그것들이 인과 관계들에 있
을 가능성이다.─두 가지 모두 추상적인 대상들에 적용될 수 없
다─그런데 후자의 기준은 인과성이 포함하고 있는 것에 대한 불
확실성 때문에 문제가 된다. 다시 한 번 그것은 순환적이라고 판명
하는 기준으로서 존재하는 것 같다. 전자의 기준은, 모든 종류의 다
른 것들이 전제되지 않는다면 명시성 전체에 대해 의심을 받기 때
문에 문제가 된다.[12] 예를 들어 개별자들에 관한 명시성이 보편자들
의 예화들로써의 그것들의 특징을 전제하는가? 만약 그렇다면 그
기준은 다시 한 번 그것이 설명하려고 하는 구별을 전제한다. 그러
나 이러한 고찰들이 특히 개념/대상의 구별 자체와 전혀 관계가 없
다는 것을 다시 한 번 강조할 필요가 있다. 그것들은 부가적인 문제
들을 포함한다. (그러나 예를 들어 수들과 같이 모든 추상적인 대상
들이 개념들로부터 파생되지는 않는다고 할 수는 있다. 이러한 이유
로 추상적인 대상들에 대한 고찰들은 불가피하게 개념들에 적절한
것들을 넘어설 수 있다. 그것은 개별자/보편자의 구별과 대상/개념
의 구별 간의 관계에 대해 이야기되었던 것에 영향을 주지는 않는
다.)
　　어떠한 논의도 개별자/보편자를 구별하기 위한 기준을 제시할 수
없다는 것을 증명하는 것으로 제안되지 않았다는 것을 인정해야 한
다. 그러나 순환성을 피할 수 있을지라도 이것들이 어떤 종류의 기
준일 수 있는지는 불분명해진다. 개별자와 보편자의 개념들은 궁극

---

12) 나의 책 《인식론》 40~42면을 보라.

적인 '범주들'처럼 보인다. 그리고 만일 그렇다면 이러한 개념들에 기준을 제공하려는 프로그램은 의미가 없다. 우리가 그것을 대상들이 주어져 있고 그것들을 개념들 아래로 끌어오는 것의 문제로서 생각하든지 또는 우리가 그것을 보편자들이 주어져 있고, 몇몇 철학자들이 했던 것처럼 그것들을 실재에 적용하는 문제로서 생각하든지 간에 여전히 개별자와 보편자 간의 구별은 우리의 사유 속에 고유하다. 그것은 개별자들이나 보편자들이 사유에 기본적인 것으로 다루어져야만 하는지에 관한 문제이다. 아마도 그것들 양자가 결합한다는 것이 참일 것이다. 사유는 확실히 개별적인 것과 보편적인 것 간의 구별을 전제하며, 사유가 객관적으로 고찰될 수 있다는 점에서는 그러한 구별에 적합한 세계에 대해 어떤 것이 있어야 하는 것처럼 보인다. 그것이 실제로 그런지는 이 장을 진행해가면서 살펴볼 문제이다.

제2절 '존재하는 모든 것은 개별자이다'

위의 논의에서 나는 어떤 의미로든 존재하기 위해 근본적인 것은 개별자들이라는 가정을 자주 언급했다. 이것은 철학자들간에 통하는 보편적인 믿음은 아니었다. 나는 지난 절 끝 부분에서 사유에 관한 보편자들을 우선적인 것들로서 여겼던 철학자들이 있었다는 것을 언급했다. 그것은 브래들리에게는 참인 것처럼 보인다. 아마도 그것은 헤겔 전통 전체의 특징일 것이다. 그러나 그러한 전통은 현상과 실재 간의 구별만 전제하는 것이 아니다. 그것은 또한 실재를

사유 과정을 통해 **구성된** 어떤 것으로서 본다. 그러나 경험이 주어
진 것이라는 것을 조건으로 하더라도 우리가 그러한 방식으로 구성
한 근거를 제공할 수는 없다. (사실 우리의 사유들이 그것들의 성격
상 일반적이라는 생각에서 출발한다면 어떻게 그러한 기초에서 단
지 개별자들에 대한 사유만이 일어나는 것으로 인식될 수 있는가는
문제가 된다.)

 우리가 보았던 것처럼 스트로슨은 개별자들이 전형적인 논리적
주어들이며 그러므로 화자-청자 지시동일성의 관점에서 볼 때 우선
적 존재들이라는 논제에 대해 논한다. 그러한 관점에서 볼 때 만일
화자들과 청자들이 화자-청자 지시동일성의 당사자라면, 그들 자신
들이 개별자들이고, 사실 스스로가 개별자라는 사실을 인식해야 한
다는 것은 가장 중요한 사실로서 간주되어야 한다. 그들이 다른 사
물들을 동일시하기 위한 조건은 그들이 시공간의 틀에서 서로를 동
일시하고 자신들을 동일한 틀의 부분으로 보아야 한다는 것이다. 그
러므로 궁극적으로 개별자들이 화자-청자 지시동일성에 기본적이라
고 하는 이유는 그러한 지시어들을 가지고 세계를 보는 것이 어떤
개별자들—그들은 자신들과 서로서로를 개별자들로서 간주해야 한
다—에 대해서 있는 그대로 그것을 보는 것이다.

 명시적이든 묵시적이든 간에 어떻게 사유하기 위해 사물들이 존
재하는가라는 문제로부터 출발하는 사람에게는 상황이 달라질 것이
다. 왜냐하면 사유 그 자체만으로 개별자들에 대해 특권을 주는 것
이 아무것도 없고 보편적이거나 일반적인 것을 강조하는 것이 많기
때문이다. 사상가들 없이는 어떠한 사상도 없기 때문에 그와 비슷하
게 어떻게 사유하기 위해 사물들이 존재하는지를 묻는 것은 잘못이

라고 논할 수 있다. 사유가 일부분이 되는 삶의 형식들에 대해 전혀 관심을 갖지 않는다면 어떻게 사유하기 위해 사물들이 존재하는가에 관해 말하는 것은 단지 비실제적인 추상이다. 그것은 사실 헤겔주의에 대한 한 가지 반발이었다. 만일 그것이 옳다면 (그리고 그것이 옳아야 한다는 의미가 분명히 있다면) 그것은 개별자들에 중요성을 주는 이유들이 삶의 형식—이와 관련하여 이러한 문제들이 쟁점이 된다—의 한 측면 속에 있다는 지적을 강화시킨다. 다시 문제의 측면은 그러한 삶의 형식을 나누어 가진 사람들 자신이 개별자들이고 불가피하게 자신들을 [개별자] 그 자체로 보아야 한다는 것이다. 왜냐하면 비록 우리가 사유나 상상력의 노력에 의해 우리를 둘러싼 세계의 나머지를 보편자들의 단순한 다발들로서 보려고 노력할 수 있고, 아마 그렇게 보는 데 성공할지라도 (그리고 어떤 철학자들은 그것이 우리가 그것을 보아야 하는 방법이라고 논했다), 우리는 그러한 방식으로 우리 자신을 볼 수 없는 것처럼 보인다.

　개별자들이 세계 개념—그 개념이 어떻게 생겨났든지 간에—에 근본적이라는 주장과 단순히 동일한 이유 때문에 개별자들이 필수적이라는 좀더 약한 주장은 존재하는 모든 것이 개별자라는 주장보다 훨씬 약하다. 이 마지막 주장은 아무리 그렇게 표현되었을지라도, 사유의 역사에서 꽤 자주 만나게 되는 주장이다. 그것이 분명히 거짓이라는 데에는 의미가 있다. 그렇지만 그것은 그러한 주장을 향하게 된 동기를 이해하는 데 본질적이다. 그것은 마지막 절의 끝에서 이미 언급된 이유 때문에 거짓이다.—만일 일반성을 포함하는 우리 사유의 여러 측면들이 있다면, 그리고 사유가 객관적일 수 있다면, 일반성이 실재 또는 그와 관련하여 사유가 객관적이 되는 그

러한 실재에 적용되어야만 한다는 결론을 거부하기는 어렵다. 그렇
게 말하는 것은 여전히 (우리가 나중에 고려하게 될) 구별되고 독
립적인 지위를 가진 보편적인 실재들의 개념에 우리 자신이 관여하
는 것이 아니다. 그것은 일반적인 실재의 측면이 있어야 한다는 것
을 실제로 제시하고 있다. 그러나 그것을 인정하는 것은 존재하는
모든 것이 개별자라는 단순한 주장을 배제하기에 충분하다.

그러나 그것을 인정하는 것은 독립적으로 존재하는 어떤 존재자
도 보편자나 일반자가 아니라고 인정하는 것과 양립 가능하다고 생
각될 수 있다. 그것은 실재의 일반적 특성들이 모두 개별자들의 속
성들의 형상을 가진다—이전의 절에서 주목했던 입장—고 말하는
것이다. 나는 이 장의 마지막 절에서 그 입장에 관한 고찰로 되돌아
갈 것이다. 이제 존재하는 모든 것이 개별자라고 주장하는 사람들에
게는 문자 그대로 해석된 논제와 **독립적인 존재**를 가진 모든 것이
개별자라는 논제 간의 혼돈이 있을 수 있다는 사실을 제시하는 것만
으로 충분하다. 그것은 논쟁거리가 되지 않는 모든 존재자가 개별자
라는 논제로 될 것이다. 사실 우리는 그러한 고찰하에서 그 논제를
다듬었기 때문에 그것이 덜 논쟁적으로 되는 것처럼 나에게 보인다.
비록 내가 주장했던 것처럼 우리는 우리 자신을 개별자들로서 간주
하는 데 실패할 수 없다고 할지라도 문자 그대로 해석하자면 우리
는 우리의 삶에서 일상적으로 만나는 것에서 구체적인 개별자들에
게 특권을 준다는 사실을 지적함으로써 그 논제를 만족스럽게 지지
하려고 할 수는 없다. 왜냐하면 우리의 삶의 일상적인 행위에서 사
물들이 판독성(edibility), 안락성(comfortableness), 엄격성(rigidity)
과 같은 일반적인 특성들 및 속성들을 가진다는 것은 우리에게 문

제가 되기 때문이다. 그래서 이와 같은 것들이 존재하는지는 우리에게 문제가 된다. 확실히 중요한 어떤 관점에서 볼 때 특권이 개별자들에게 부여된다고 말하는 것과 개별자들이 존재하는 유일한 것들이라고 주장하는 것은 별개의 문제이다.

그러나 나는 우리가 마지막 관점으로 향하게 하는 동기를 이해해야 한다고 말했다. 다음 절에서 보게 될 것처럼 그것은 유명론과 일치하는 동기이며 추정상 현실적인 마음(tough-mindedness), 즉 구체적인 것들에 대한 선호와 어울리는 것이다. 어떤 사람이든지 존재하는 모든 것이 보편자이거나 일반자 (그리고 다시 그것은 우선적으로 존재하는 것이 보편자라는 논제와 다른 논제이다)라고 말할 준비가 되어 있을 정도로 추상적인 사유에 집중하고, 우리의 삶의 구체적인 세부 사항들에는 그다지 전념하지 않는 것으로 나타난다. 그것은 확실히 브래들리와 같은 관념론자들에게는 참인 것처럼 보인다. 내가 이전에 주목했던 것처럼 그는 어떻게 판단할 때 실재가 관념들 또는 개념들하에 들어가는가라는 관점으로부터 실재에 접근한다. 그리고 그에게는 일상적으로 개별적인 것들은 '구체적인 보편자들'(concrete universals), 즉 어떠한 방식으로 결합되고 단일화된 보편자들의 다발들(bundles of universals)로서 간주된다. 그러나 사유를 일반적이거나 보편적인 것과 결합시키려는 경향은 때로는 그것에 대한 반작용들 (예를 들면 정신은 직관의 방법에 의하여 개별자들을 다룰 수 있다고 주장하는 윌리암 오캄의 철학에서)에도 불구하고 그것보다 훨씬 더 멀리 역행한다.

그럼에도 불구하고 사유가 단지 보편자들에만 관심이 있다는 믿음은 일상적인 물리적 존재에서 우리가 단지 개별자들에만 관심이 있다는 믿음만큼이나 상당히 미신적이다. 비록 하나의 개별자를 생각하기 위해 우리가 그것에 대해 일반적인 것들을 알아야만 한다는 것은 확실히 참이지만, 하나의 개별자를 생각하기 위해서 우리가 그것을 하나의 기술 또는 기술들하에서 생각해야만 한다는 것은 참이아니다.[13] 그러나 비록 그것들이 미신이라고 할지라도 그것들은 이해되어야만 한다. 아무리 그것들이 이론들로 정교하게 될지라도 그것들은 실제로 단순한 강조들—일상적인 물리적 생활에서 구체적이고 개별적인 것에 대한 강조와 사유 속에 존재하는 추상 능력에 대한 강조—에 대한 일반화를 처음부터 포함하고 있다.

제3절 보편자 이론들

보편자(universals)라는 논제는 특히 대안적이고 경쟁적인 이론들에 의해 논의하는 데 익숙한 철학적 주제들 중의 하나이다. 역사적으로 종종 그러한 이론들을 옹호하는 사람들간의 (때로는 격한) 충돌이 있어왔다. 그러나 나의 견해로는 그러한 충돌의 이유는 보편적이지는 않지만 거의 항상 어떠한 방식으로든지 보편자의 지위와 연합된 사물들과 관련되었기 때문이지, 그 지위 자체에 대한 믿음과

---

13) 내가 윌리암 오캄에 대해 언급한 것이 지시하는 것처럼 그것은 부인되었다. 이러한 부인은 친숙에 의한 앎(knowledge by acquaintance)이라는 러셀의 개념에서 명백해진다. 이것에 관해서는 나의 《인식론》, 104~106면을 보라.

186

연합된 것과 관련되었기 때문은 아니다. 예를 들어 초월적이지만 실재적이기도 한 보편자들에 대한 이론으로서 자주 제시된 플라톤의 형상 이론(Theory of Form)은 그것의 논쟁적 성격 때문에 형상들이 이상적 기준들 또는 전형(paradigms)을 이루고 있다는 사실에 의존한다. 사실 형상들의 존재에 대한 논증들을 비판하면서 아리스토텔레스가 그 논증들은 형상이 아니라 단지 보편자들의 존재만을 지적하기 때문에 결정적이지 않다고 말한 것은 흥미롭다. 그래서 그의 견해로는 타당하게도 플라톤의 형상들은 단순히 보편자들만은 아니며, 그렇기 때문에 그는 형상들을 논쟁거리로 생각하였다. 이와 비슷한 것들이 보편자에 대한 중세의 논증들에도 참이다. 이 논증들은 그것들이 보편자의 존재에 관한 직접적인 문제와 관련된 만큼 삼위일체(Trinity)론과 같은 신학적 문제들과 관련되어 있다.

한 가지 연관된 점은 종종 서로 다른 보편자 이론들이 주장하는 것이 옳은 것처럼 보인다는 것이다. 그것들이 부인하는 것이 바로 논쟁거리를 만들어내는 것이고, 또한 그러한 측면에서 그것들이 다른 논쟁적인 문제들을 함축하고 있는 것처럼 보인다는 것이다. 이러한 사실은 문제가 되고 있는 이론들에 대한 극단적인 해석들의 경우에 더 분명해진다. 반면 더 온건한 해석은 그것들이 비교적 부정은 적게 하고 비교적 인정을 많이 하기 때문에 덜 논쟁적으로 보인다는 것이다. 그렇다면 이러한 이론들은 무엇일까? 대개 세 가지 이론들—실재론, 개념론, 유명론—이 있는 것으로 이야기되나 프라이스(H. H. Price)는 몇몇 영국 경험론자들에 의해 주장된 보편자 이론 속에 인상들이 차지한 위치 때문에 우리가 이러한 목록에 인상론(imagism)을 덧붙여야만 한다고 주장했다.[14] 실재론자들은 우리 자

신과 독립하여 그리고 세계에 대해 우리가 생각하고 말하는 방식들
과 독립하여 존재하는 일반적인 종류의 실재들이 있다고 주장한다.
개념론자들(conceptualists)은 개념들 하에 사물들을 포괄하는 우리
의 능력을 지적하면서 우리 안에 그리고 우리의 정신 속에 일반성
(generality)을 놓는다. 이 개념들은 그러한 측면에서 일반화하고 분
류하는 역할을 한다. 유명론자들(nominalists)은 단어들과 비슷한 어
떤 것들을 주장한다. 이것들은 영국 경험론자들의 말로는 그것들의
본성상으로는 개별적이나 그것들의 표상(representation)에서는 일반
적이라고 이야기된다. 인상론은 개념론과 유명론 간의 일종의 교차
점이다. 그것은 유명론자들이 단어들에 대해 주장한 것과 동일한 종
류의 역할을 인상들(images)에 대해 주장한다.

　그러나 그러한 방식으로 이론들을 제시하는 것은 부당하게 타협
하는 것처럼 보인다. 왜냐하면 그렇게 제시된 이론들간에는 분명히
일관성이 있는 것처럼 보이기 때문이다. 만일 우리가 세계에 대해
일반적이면서도 객관적으로 생각하려고 한다면 그것을 가능하게 하
는 모든 세 가지─세계, 우리의 정신, 우리 사유의 표현 양식─에
대한 어떤 것이 있어야만 한다는 것은 사실상 분명하다. 다른 한편
만일 우리가 일반적으로 생각하는 세계에 어떤 것이 있다는 것을
부인하는 것은 우리의 사유 안에 있는 객관성에 대한 요구들과 양립
하지 못하는 임의성이나 협약주의(conventionalism)를 주장하는 것
이다. 다시 세계에 대해 일반적으로 생각할 수 있는 가능성에 기초
를 둔 우리의 정신들에 어떤 것이 있다는 것을 부인하는 것은 두 가

---

14) H. H. Price, *Thinking and Experience* (London; Hutchinson, 1953).

지 측면에서 반대 방향으로 나아간다. 첫째, 그것은 세계의 어떤 일반적 특징들이 구별 가능한가라는 문제는 인간 존재들과 그들의 정신이 소유한 특징들과 관련하여서만 대답할 수 있다는 점을 가볍게 다루어버린다. 둘째, 도대체 우리가 어떻게 세계의 그러한 일반적인 특징들을 알 수 있는가라는 문제는 일반적인 신비로 남겨둔다. 단어들이 이러한 문제에 어떠한 연관성을 가진다는 것을 부인하는 것은 어떻게 세계에 대한 일반적인 사유들이 현실화될 수 있는지를 그리고 무엇보다도 어떻게 그것들이 의사 소통되는지를 신비로 남겨두는 것이다.

이 모든 것은 경쟁적인 이론들이 부인하고 있는 것이 바로 논쟁으로 이끈다는 사실을 확립하게 된다. 그 이론들에 관해 극단적인 해석들과 온건한 해석들 속에 포함되어 있는 것을 고찰함으로써 그것에 대해 더 많은 논쟁이 생기게 된다. 왜냐하면 그러한 이론에 관한 극단적인 해석은 세계에 대해 일반적으로 우리가 생각할 수 있는 가능성에 관한 설명이 단지 그것과 관련된 특징 속에만 있다고 주장하는 경향이 있다. 따라서 극단적인 실재론(extreme realism)은 단순하게 우리가 어떤 형태의 직접적인 앎(direct awareness)을 가지고 있는 독립적인 보편자들의 존재를 가정함으로써만 그 가능성을 설명한다. 그러한 견해는 어떻게 그러한 보편자들(independent universals)과 그것들에 대한 우리의 앎이 세계에 대해 일반적인 방식으로 생각하게 하는 좀더 일상적인 능력들과 관련되어 있는가라는 문제를 일으킨다. 그러한 보편자들 (때로는 *ante rem*이라 불린다)과 그것들의 예들이라고 생각되는 일상적인 것들 간의 연관성은 무엇인가, 그리고 그러한 보편자들에 관한 우리의 앎과 우리가 사물

들을 일반적인 특징들과 속성들을 나타내는 것으로 보는 것 간의
관계는 무엇인가? 플라톤의 형상 이론이 보편자들의 이론 (그리고
형상들은, 그 외에 무엇이든 간에 확실히 보편자들이다)인 한에서는
그것은 그러한 문제들을 제기한다. 또한 형상들을 모방하거나 또는
그것들에 참여하는 감각적인 개별자들과 관련한 플라톤의 대답들
속에 포함된 어려움들은 악명이 높다.

  극단적인 유명론(extreme nominalism)은 아마 실제로 주장되었던
것보다 더 자주 언급되었다. 수많은 철학자들(예를 들어 콩피에
뉴의 로셀리누스[Roscelin of Compiègne]와 홉스[Hobbes])은 보편
적이거나 일반적인 유일한 것들이 이름들 또는 단어들과 같은 것들
이라고 말했다. 그러나 그들 중 어떤 사람들은 계속하여 단어들이
정신 속에 있는 개념들의 기표들(signs)이라고 덧붙이면서 그러한
주장을 어떤 형태의 개념론(conceptualism)이라고 규정한다. 또한
그들 중 어떤 사람들은 계속하여 개념들이 스스로 생성하는 방식에
대한 어떤 이론을 제공한다. 그러나 그렇게 하는 것은 극단적인 형
태의 실재론으로부터 제기된 문제들과 아주 비슷한 문제들을 이러
한 경우에 대답하려는 것이다. 그리고 답변들이 준비되어 있는 한
문제의 이론들은 극단적이기보다는 오히려 온건하게 된다. 극단적인
유명론자는 만일 단어들이 표현할 수 있는 것은 어떤 것이라도 그
러한 사물들이나 또는 우리의 사유 능력에서 기인되지 않는다고 한
다면 일반성이 단지 단어들과 사물들 간의 관계 속에만 있다고 말
해야 할 것이다. 단어들이 본성적으로는 개별적이지만 표상으로는
일반적이라고 말하는 것은 괜찮다. 그러나 우리는 사실상 어떻게 그
것들이 가능한가에 관해 어떤 설명을 필요로 한다. 이와 비슷한 것

190

들이 극단적인 개념론에 대해서 이야기될 수 있다.

보편자에 관한 경쟁적인 설명들에 관한 중세의 위대한 대표적 인물들의 이론에서 (중세 철학의 시기는 말하자면 그러한 이론들의 전성기였다), 공식적으로 채택된 것과는 다른 이론들의 요소들을 종종 발견할 수 있다. 실재론의 주요 대표자인 토마스 아퀴나스는 형상을 세계 속에 있는 사물들의 실재적이고 일반적인 특성으로 생각하였다. 다른 한편 보편자들은 그의 견해로는 자존적인 지위(self-subsistent status)를 가지지 못한다. 오히려 보편자들은 지각의 과정에서 사물들에 의해 우리 안에 만들어진 [감각적] 표상들(phantasmata)로부터 추상된다. 지성(the intellect)은 그것들로부터 말로 표현된 개념들을 형성한다. 그 문제에 관한 이러한 설명에는 분명히 경쟁적인 이론들이 강조하는 모든 세 가지 측면들에 관한 요소들이 분명히 있다. 중세 세계의 개념론자의 대표적인 예로서 생각되는 아벨라르(Abelard)는 보편자들이 개념들(sermones)이라고 주장했다. 그럼에도 불구하고 그는 개별적인 것들로부터 그것들의 특징들에 주목하여 그러한 개념들을 추상해낸 이론과 이러한 견해를 결합하였다. 더욱이 그의 'sermo'라는 단어의 사용은 그의 사유 방식으로는 개념들(concepts)과 발화(speech) 간의 연관성을 가리킨다. 14세기의 위대한 유명론자인 윌리엄 오캄은 원래 보편자들이 단지 단어들의 의미들이므로 논리적인 존재만을 가진다고 말하는데, 이러한 단어들은 사물들의 자연스러운 표시들인 개념들에 일치하는 사물들의 협약적인 기표들(conventional signs)이다. '보편자'라는 용어는 그것이 사물들의 집합에 관한 일차적인 우리의 파악에 대한 우리의 파악 (또는 의미)의 내용을 해석한다는 점에서, 그가 제2의 의미(second intention)라는 용어로 불렀던 것이다. 그러나 그것은 사물들이 집합들(classes)을 형성한다는 것과 그것에 관한 어떤 형태의 파악이 있다는 것을 전제한다. 사실 오캄은 나중에 좀더 직접적인 개념론과 비슷한 것을 받아들이게 되었다.

　만일 세계에 대한 일반적 사유의 가능성에 관한 완벽한 설명이 보편자들에 관한 모든 경쟁적 이론들의 요소를 전제한다는 것을 인정한다면, 어떠한 인간들도 또는 다른 의식적 존재들이 없을지라도 개별적인 것들 외에 어떤 것이 세계 속에 존재할 것인지와 같은 문제들을 질문하려는 유혹이 훨씬 줄어들 것이다. 왜냐하면 개별적인 것들간의 유사성들은 그것들을 인식하는 어떤 사람이 있는지 또는 없든지 간에 확실히 존재하기 때문이다. 더욱이 그러한 유사성들의 인식이 자연적이든 또는 아니든 간에 인식된 것보다 사물들간에 훨씬 더 많은 유사성들이 있다는 것은 의심할 여지가 없다. 신발, 배, 봉납(sealing-wax), 양배추, 왕은 우리가 생각할 수 있는 것처럼, 자연적인 집합(class)을 형성하지 못한다. 그러나 루이스 캐롤(Lewis Carroll)에 의해 그것들이 결합되는 이유는 단어들의 소리(the sound)만으로도 분명하다. 그러나 우리가 단어들의 본성에 호소해야만 한다는 사실은 우리가 그것에 의해서 어떤 집합에 약간 임의적인 것을 부여했다는 제안을 한다. 그러나 만일 우리가 아무리 억지라도 사물들 자체들간에 어떤 유사성을 발견할 수 있다면 그것은 또 다른 문제일 것이다. 그러한 유사성은 어떤 사람이 그것을 인식하든지 못하든지 간에 존재할 것이며, 유사성이 해당되는 속성도 마찬가지일 것이다. 이와 비슷한 고찰들이 단어들과 세계에 대한 관계들에 적용된다. 세계에는 우리가 단어들을 가지고 표현하는 것보다 훨씬 더 일반적인 특징들이 있다.

그러나 그러한 고찰들이 실재론에 믿음을 주는 한에서 (즉 비록 수수께끼에서일지라도—세계 속에 개별적인 것들의 측면들처럼 그 것들이 실재적인 보편자들의 존재를 믿는 것을 정당화한다는 범위 에서) 그것들은 그러한 보편자들이 무한히 많이 있을 수 있는 가능 성을 허용한다고 반대될 수 있다. 그러한 고찰은 경제성의 의미에 위반될 것이며, 이러한 의미에서 적절하게 오캄의 면도날이라고 불 리는 것에 적용될 수 있다. 또한 그러한 고찰들은 구성원들로서의 일차적 집합들로 이차적 집합들을 설명하고 다음에 삼차적 집합들 을 계속해서 설명함으로써, 점점 더 많은 집합들(classes)을 만들어 내고, 그렇게 하여 점점 더 많은 보편자들을 만들어낼 확실한 가능 성에도 적용된다.[15] 우리는 차분하게 보편자들의 그러한 확산 (proliferation)을 고찰할 수 있는가? 속성들의 결합이나 분리 또는 부정적 속성들에 상응하는 보편자들의 가능성은 어떤가? 관계들에 대해서는 어떤가? 이러한 후자의 문제들 중 어떤 것들과 동일한 종 류의 다른 것들은 암스트롱(D. M. Armstrong)의 《보편자 이론》(*A Theory of Universals*)이라는 제목을 가진 《보편자들과 과학적 실재 론》(*Univesals and Scientific Realism*)의 제2권에서 체계적으로 논의 되고 있다. 이 책에서 여러 가지 다른 방향들에서 이러한 문제들에

---

15) 이러한 과정은 종종 제3인간 논증으로 알려진 플라톤의 *Parmenides* (파 르메니데스)편에 나오는 논증과 비슷하게 된다. 사실 플라톤이 단순히 종들이나 보편자들에만 관심이 있었던 것이 아니라 보편자들과 마찬가 지로 전형들(paradigms)이나 기준들인 형상들에 관심이 있었다는 사실 로부터 생기는 두 가지 사이에 주목할 만한 차이가 있다.

답변하도록 어떤 사람을 이끌어 나아가는 고찰들이 나온다는 것은 분명하다. 그러한 문제들에 관심이 있는 사람들은 단지 암스트롱의 논의를 언급하기만 하면 된다.

그럼에도 불구하고 그러한 고찰들은 오캄의 면도날에 호소하도록 이끌어갈 수 있으며, 최소한 요청된 보편자들의 수를 감소시킬 수 있는 원리들을 발견하려는 시도로 이끌어갈 수 있다. 그러한 하나의 동향은 유사성의 구별된 종류들이나 또는 사물들이 그러한 종류의 유사성에 의해 가지는 속성들과 상응하는 보편자들의 존재를 상정하지 않고도, 단순히 사물들간의 유사성과 관련하여 일반적인 단어들과 일반적인 개념들을 사용하기 위한 어떠한 기초를 발견하려고 노력하는 것이다. 그러한 견해는 때로는 일종의 유명론으로 언급되나[16] 제공된 설명이 실재론적으로 근거지워진 최소한 하나의 보편자—유사성—의 존재를 전제한다는 것은 다른 많은 사람들에 의해서 지적되어왔다. 왜냐하면 사물들간의 유사성들이 세계의 객관적 특징들이라는 것은 문제의 이론에 의해 확실하게 전제되어 있기 때문이다. 참된 유명론자의 관점에서 볼 때 우리가 얼마나 많은 실재론자의 보편자들을 받아들이는가는 문제가 되지 않는다. 하나는 또한 여럿이다. 만일 우리가 하나를 받아들이게 된다면 거기서 멈출 수 있는 점이 많지 않다. 그럼에도 불구하고 유사성에 대한 호소가 더 많은 보편자들을 받아들일 필요를 실제로 막지 않을지를 알아볼 가치가 있다.

실재론자들은 일반적으로 유사성(similarity)에 호소하는 것으로

---

16) D. M. Armstrong, *Universals and Scientific Realism*, 제1권 제5장 참조.

194

충분하지 않다고 유사성 이론가들에게 대답했다. 왜냐하면 모든 유사성은 어떤 측면에서 주장되기 때문이다. 닮음(resemblance)은 항상 어떤 측면에서의 닮음이며, 그 측면들을 구별해내려는 시도는 그것들과 상응하는 보편자들에 대한 인식을 필요로 한다. 이러한 대답이 아주 일반적인 주장으로서 취급될지라도 올바르다는 것은 사실 분명하지 않다. 예를 들어 빨강과 주황 간의 닮음과 같은 어떤 닮음들은 구별 가능한 측면을 전제하는 것처럼 보이지 않는다. 더욱이 만일 가족-유사성 개념(family-resemblance concepts)이 있다면, 그러한 개념 하에 포함되는 모든 것들이 비슷해지는 한 가지 측면은 없을 것이다. 이 문제는 사물들의 분류 원리들이 항상 유와 종차의 원리들이고, 그래서 어떤 유의 종들은 항상 어떤 종차에 의해 구분되는지에 관한 일반적 문제와 연관된다. 또는 그것은 존슨(W. E. Johnson)이 한정사들(determinates)과 피한정사들(determinables)이라 불렀던 것에 의한 분류가 없는가라는 문제와 연관된다. 여기서 피한정사의 한정사들은 반드시 등위적(co-ordinate)이지는 않으며 하나의 종차에 의해 서로 구분되지도 않는다. 빨강과 주황은 피한정적인 색깔의 한정사들이다. 그것들은 물론 모두 색깔인데, 이것은 가족-유사성 개념인 게임의 예들이 모두 게임들인 것과 마찬가지다. 더욱이 빨간색의 대상과 주황색의 대상이 색깔이라는 측면에서 서로 닮았다고 이야기될 수 있다. 그러나 색깔들로서의 빨강과 주황은 그러한 측면에서 또는 실제로 어떠한 다른 측면에서도 서로 비슷하지 않다. 그것들은 어떠한 측면에서도 비슷한 것은 아니지만 바로 그 점에서 비슷하다.

그러나 빨간색의 대상과 주황색의 대상보다는 색깔들로서의 **빨강**

과 주황에 대한 언급은 이미 빨강과 주황이라는 보편자들에 개입
(commitment)을 함축하는 것으로 다루어질 수 있다. 따라서 만일
보편자들을 제거하거나 또는 최소한 그것들의 수를 감소시키는 것
이 관심이라면, 우리는 단지 개별자들, 즉 구체적인 것들에 관해서
말함으로써 보편자들에 대한 이러한 개별적인 언급들을 제거할 수
있는지를 알아야만 하며, 만일 제거할 수 있다면 우리는 그 경우에
그러한 것들이 비슷하게 나타나는 측면들에 대해 어떠한 언급을 할
필요가 있는지를 알아야만 한다. 왜냐하면 만일 우리가 그러한 측면
들을 언급할 필요가 있다면 우리가 모든 경우들에 그러한 언급이 없
어도 좋은 것은 아니라는 것은 분명할 것이며, 그리하여 그것은 실
재론의 경우를 강화할 것이다. 암스트롱은 아서 팝(Arthur Pap)과
프랭크 잭슨(Frank Jackson)에 의해 주장된 논의들[17]이 다음과 같은
것을 증명한다고 지적한다. 즉 어떤 측면에 대한 지시는 '빨강은 파
랑보다는 주황과 더 많이 닮았다'가 무엇을 말하는지를 개별자들과
그것들의 유사성들에 의해 이야기하려고 노력할 때 제거될 수 없다.
왜냐하면 만일 우리가 파란색의 대상들보다는 주황색의 대상들과
더 비슷한 빨간색의 대상들에 의해 그 명제를 분석하려고 노력한다
면, 문제의 대상들이 색깔과 떨어지더라도 그러한 관계들을 갖는 다
른 방식들이 있을 수 있기 때문이다. 따라서 우리는 우리가 대상들,
즉 그것들의 색깔을 살펴보고 있는 측면을 상술하지 않고는 우리가

---

17) D. M. Armstrong, 같은 책, 58면 이하를 보라. 팝과 잭슨이 쓴 논문들은
Philosophical Quarterly, Vol. 9, 1959, 334~338면과 *Mind*, Vol. LXXXVI,
1977, 427~429면을 보라.

이러한 방식으로 의미하고 있는 것을 설명할 수 없다. 프랭크 잭슨은 '빨강은 색깔이다' 라는 명제의 경우에서 이와 비슷한 논증을 주장했다. 이것은 '모든 개별자들 X에 대해 X가 빨강이라면 X는 색깔이 있다' 와 같을 수 없다. 왜냐하면 후자는 빨강이 색깔이라는 것과는 다른 이유들 때문에 참일 수 있기 때문이다. 따라서 그것은 '빨강은 색깔이다' 를 내포하지 못한다. 더 상세한 설명들은 암스트롱의 논의에 있다.

요컨대 개별자들과 그것들 간의 유사성에 의하여 분명히 언급을 하는 명제들을 분석해보면, 보편자들에 대한 언급이 필요없는 모든 경우에도 각 측면에 대한 언급을 제거할 수는 없는 것 같다. 따라서 그러한 경우들이 발생하는 만큼의 보편자들이 확실히 있을 것이다. 만약 우리가 그렇게 많은 보편자들을 가져야만 한다면 그것을 넘어서지 말라고 하지는 않는 것처럼 보인다. 그렇지만 내가 그것들에 어떤 제한이 있는지에 대해 이전에 언급했던 문제들은 여전히 남아 있다.

보편자들에 대한 실재론과 관계가 있는 더 발전된 어떤 반론에 아마도 주목해야 할 것이다. 유명한 논문[18]에서 데이비드 퍼스 (David Pears)는 보편자들에 대한 언급을 '왜 우리는 우리가 하는 것처럼 사물들에 이름을 붙일 수 있는가?' 라는 문제에 대한 어떤 답변으로 해석하고, 그 문제에 대한 가능한 모든 답변들이 필연적으로 순환적이며 이름 붙이는 방식(naming)을 설명하기 위해 사용된

---

18) D. Pears, "Universals", in A. G. Flew (ed.), *Logic and Language*, Vol. 2 (Oxford: Blackwell, 1953), 51~64면.

모든 비유들이 현상(phenomenon)과 너무 비슷해서 설명할 수 없든
지 또는 현상과 너무 거리가 멀어서 불만족스럽다고 주장한다. 따라
서 어떻게 하든 보편자들에 대한 언급은 불만족스럽고 어떠한 실제
적인 기능도 하지 않는다. 아마도 이름 붙이는 방식에 의해 문제를
고찰할 수 있다는 주장은 실패할 것이다. 왜냐하면 모든 이름들이
일반적인 것은 아니므로 그것들 전부가 보편자들과 관계를 가질 수
는 없기 때문이다. 그러나 나는 문제가 그러한 방식으로 주장되는
것이 우연이 아니라고 믿는다. 왜냐하면 퍼스는 일반적인 단어들의
사용을 그것들이 가진 의미의 종류라는 관점으로부터 이름 붙이는
것과 유사하게 만들기를 원하기 때문이다. 그러나 아무리 그럴지라
도 그가 가능한 유비들의 불만족성에 대해 표하고 있는 두 번째 지
적은 물론 타당하다. 왜냐하면 일반적인 단어와 그것이 적용되는 사
례 간의 관계는 보편자와 개별자의 관계를 전제하고 있으며, 그러한
관계를 설명하기 위해 분명한 유비를 발견하려는 시도는 내가 믿는
것처럼 그러한 관계가 유일하다면 소용없을 것이기 때문이다. 그러
나 그것은 그 관계 자체의 이해 가능성에 대한 반대는 아니다.

그가 한 첫번째 지적은 또 다른 문제이다. 앨런 도나간(Alan
Donagan)[19]은 '우리는 어떤 것들이 빨갛기 때문에 그것들을 빨갛다
고 부를 수 있다'라고 말하는 것은 '너무 명백하게 순환적이어서
정보를 준다고 볼 수 없다'는 주장이 타당하지 않다고 반대했다. 그
것은 검토되고 있는 논제가 실제로 "우리는 어떤 것들이 빨갛기 때

---

19) A. Donagan, "Universals and metaphysical realism", in *Monist*, Vol. 47,
   1963.

문에 그것들을 '빨갛다'라고 부를 수 있다"는 형태로 주장되어야 하기 때문에 그렇다. 그리고 그러한 경우에는 설명항과 피설명항으로 동일한 것을 반복하는 일은 없다. 왜냐하면 '빨강'이라는 단어가 처음 쓰일 때는 인용 부호가 붙어 있지만 두 번째 쓰일 때는 그렇지 않기 때문이다. 마이클 룩스(Michael Loux)[20]는 이러한 비판 위에 퍼스가 어떤 경우에서든지 자신의 경우에 매우 우호적으로 보이는 예를 선택했다는 더 강한 비판을 덧붙였다. 룩스는 만일 어떤 사람들이 용기를 예화하고 있기 때문에 우리가 그들을 '용기 있는' 사람들이라고 부른다고 말했다면 순환 현상은 없을 것이라고 생각한다. 왜냐하면 '용기 있는'과 '용기'라는 단어들은 동일한 것이 아니기 때문이다. 그것은 의심할 여지없이 참이다. 그러나 퍼스는 그가 주장하는 것처럼 단어들의 미궁으로부터의 유일한 출구가 궁극적으로 지적함(pointing), 즉 명시성(ostension)과 명시적 정의에 의해서 가능하다고 믿기 때문에 자신의 예를 선택한다. 우리는 실제로 어떤 사람에게도 만일 우리가 그들에게 '빨강'이 빨간 것들에게 적용된다고 말하는 경우에 '빨강'이 의미하는 것이 무엇인지를 설명할 수 없다. 우리는 명시성이 필요하다.

그것은 확실히 참이다. 만일 우리가 '용기 있는'이 용기를 예화하는 것들에 적용된다고 그들에게 말한다면 '용기 있는'이 의미하는 것에 대한 설명을 통해서 우리가 더 많은 것을 말하는 것은 아니라는 사실이 룩스에게 대답하는 가운데 이야기될 수 있다. 그러나 사실 보편자들에 호소하는 것은 실제로 그 문제에 대답하는 것이 아

---

20) M. Loux, *Substance and Attribute* (Dordrecht: Reidel, 1978), 22면.

니다. 비록 우리가 퍼스의 용어들로 문제를 주장할지라도 '왜 우리는 우리가 하는 것처럼 사물들에 이름을 붙일 수 있는가?'라는 문제는 만일 그것이 보편자들에 대한 언급을 생기게 하는 문제에 대한 올바른 해석이라면 어떻게 우리가 사용하는 단어들의 의미를 설명할 수 있는가에 대한 문제로서 해석되어서는 안 된다. 결국 문제는 '어떻게 가능한가?'이다. 그것은 어떻게 우리가 세계에 대해 일반적으로 생각하고 말하는 것이 가능한가를 묻는다. 이 문제에 대한 대답에서 발견되는 한 가지 요소는 단지 세계에 적용되는 어떤 것이 있는 경우, 즉 세계가 일반적인 특징들 또는 측면들을 가지는 경우에만 일반적인 단어들을 객관적으로 사용할 수 있다는 것이다.

어떤 측면에서는 그 상황은 '왜 어떤 진술이 참인가?'라는 질문에 '그것이 사실들과 일치하기 때문에'라고 대답하는 것과 비슷하다. 만일 그 질문을 어떤 주어진 진술이 참이라 말하는 이유에 대한 요청으로 다룬다면 후자의 경우에 추정상의 순환(putative circularity)이 있다.[21] 그럼에도 불구하고 진술들이 참일 수 있는 것은 단지 세계가 관련된 사실들이 있는 그러한 것이기 때문이다. 그것을 말하는 것은 객관성이 있을 수 있는 조건을 지적하는 것이며, 내가 한 번 이상 말했던 것처럼, 그것은 보편자 이론의 관심들 중 하나이다. 어떻게 일반적인 단어의 사용이 객관성을 반영한다고 할 수 있는가? 왜냐하면 그 단어의 사용이 반영하는 세계의 일반적 특성, 즉 보편자가 있기 때문이다. 그것은 단어의 의미에 대한 설명의 일부가 아니다. 오히려 그것은 객관적인 방식으로 그것이 의미를 가질 수 있

---

21) 나의 책 《인식론》 136면 이하를 보라.

는 그러한 일반적 조건들에 관한 진술이다.

제4절 개별자의 우선성

앞 절의 끝에 '보편자'에 대한 대안으로서 '세계의 일반적 특성'
이라는 단어들을 사용하면서 나는 만일 보편자들을 예화하는 개별
자들이 없더라도 보편자들이 있을 수 있는지의 문제에 대답하는 방
향으로 한 단계 나아갔다. '세계의'라는 단어들의 사용에는 보편자
가 속성으로서 기능한다는 것이 함축되어 있다. 그러나 더 나아가
속성이 개별자들 속에 예화되어야 하는지를 묻는 문제가 있다. 더밋
(Dummett)이 스트로슨에 반대하여 그의 지시어들의 경우에서조차
어떤 보편자들이 있는지를 고찰하면서 언어를 이해하는 데에 그 해
답이 있다고 말하는 것으로는 충분하지 않다고 말했던 것을 기억할
것이다. 즉 어떤 보편자들이 있는지는 어떤 이해 가능한 일반적 단
어들이 있는지 또는 심지어 어떤 이해 가능한 술어들이 있는지의
문제라고 말하는 것만으로 충분하지 않다. 흄의 누락된 파란 색조
(missing shade of blue) 같은 그러한 보편자가 있는지의 문제는 그
러한 경우에 그 색깔을 가진 어떤 것이 실제로 있는지의 문제이다.
그리고 그것은 후험적인(*a posteriori*) 문제이다. 만약 그러한 견해가
옳다면 어떤 보편자들이 있는가는 아주 명확하게 어떤 개별자들이
있는가에 의존하며, 그 문제는 다른 어떠한 방식으로도 결정될 수
없다.

다른 극단적인 견해는 사실상 거의 마주칠 수 없으나 결국 플라

톤의 철학 속에 있는 견해, 즉 보편자들이 엄밀하게 독립적인 존재를 가진다는 견해와 아마도 어떤 개별자들이 있는가는 어떤 의미에서 어떤 보편자들이 있는가에 의존한다는 견해이다. (그리고 그것은 개별자들의 지시동일성이 일반적 기술들 하에 그것들을 포함시킬 가능성에 의존한다는 것보다 더 많은 것을 의미한다. 그것은 바로 그 경우일 수도 있고 또는 아닐 수도 있으나, 그것은 보편자들이 독립적인 지위를 가진다는 것을 어떠한 방식으로도 함축하지 않는다.) 보편자들에 대해 플라톤주의는 이러한 의미에서 거의 마주치지 않는 것만은 아니다. 그것이 마주치게 될 때 거의 지지나 이해를 받지 못하기가 쉽다. 그것은 이해 가능하다. 또한 플라톤의 형상들은 보편자들일 뿐만 아니라 우리가 개별적인 사물들과 행동의 개별적인 과정에 대해 결정을 내릴 때 보아야 하는 절대적 기준이며, 플라톤에 따르면 제작자가 세계를 만들 때 보아야 하는 절대적인 기준들이라는 것을 인정해야 한다. 그래서 독립적으로 존재하는 보편자들의 영역을 설정하려는 동기는 다시 한 번 그 자체로 다루어지는 보편자 개념에 속하지 않는 어떤 것에 있다.

그럼에도 불구하고 우리는 두 가지 극단적인 견해들을 가지고 있다. (1) 보편자들은 존재하는 개별적인 것들의 속성들로서만 존재한다. (2) 보편자들은 독립적으로 존재하는 것들로서 존재하고, 그래서 보편자들이 개별자들에 대해 합리적 근거를 제공하는 것은 어쨌든 논리적으로 가능하다. 이러한 극단적인 견해들 사이에는 아마도 보편자들이 그 자신의 능력으로는 전혀 독립적인 존재를 가지지 못하며 그것들이 단지 속성들로서만 존재할 정도로 개별자들에 의존하는 반면, 그러한 속성과 그러한 보편자가 있기 위해서 실제로 존재하는 개별자 속에 예화된 속성이 있을 필요는 없다는 견해가 있다. 그러한 견해는 보편자를 동일하게 지시하기 위해서 우리가 언어를 이해하기만 하면 된다는 스트로슨의 주장 속에 함축되어 있다. 왜냐하면 그것을 이해하면서 어떤 사물들이 그러한 속성들을 가지는가를 알아내는 데에 사용되지 않은 방식으로 우리는 어떤 속성들이 있는가를 이해하기 때문이다. 우리가 X의 개념을 가지는 한에서 X라는 보편자는 존재한다. 그러나 물론 그 질문은 우리가 X의 개념을 가질 때만 생긴다.

이러한 마지막 지적 때문에 그리고 아마 다른 이유들 때문에 이러한 직접적인 보편자 이론이 다루기 힘든 성질을 가지고 있다는 것을 부인할 수가 없다. 추정상의 보편자들(a putative universal)이 존재하는지는 객관적인 문제가 되어야만 한다. 우리의 개념 소유가 그에 상응하는 보편자가 존재하는지를 결정한다는 이론에 따르면 이와 비슷하게 우리가 개념을 가졌는지는 객관적인 문제가 되어야 한다. 그러나 어떻게 그것은 결정되는가? 그것을 상정하는 데 어떠한 모순도 생기지 않는다는 것만으로 충분한가? 그것은 필연적인가? 둥근 사각형의 개념이 있는가, 그리고 만일 있다면 거기에 둥근 사각형이라는 보편자가 있는가? 또는 둥근 사각형의 개념 속에 모순이 있기 때문에 이러한 두 문제들에 대한 답변이 '아니오'인가? 보편자들이 단지 그에 상응하는 속성들을 가진 개별자들이 있을 때에만 있다고 제안하는 것은 확실히 이러한 문제들을 다루는 쉽고 직접적인 방법을 제공한다.

그럼에도 불구하고 어떤 보편자들이 존재하는가라는 문제에 대한 답변은 그러한 편의에 의거해서는 안 된다. 플라톤주의자들과 그들의 반대자들 간의 논증은 실제로 보편자들이 단순히 속성들로서만 존재하는지 또는 그것들이 독립된 실재들—아리스토텔레스가 사실상 말하는 것처럼 실체들—로서 존재하는지와 관련된 논증이다. 두 번째 지적은 만일 보편자들이 속성들로서 존재한다면 그러한 목적으로 그와 상응하는 술어(만약 그것이 진짜 술어, 즉 의미가 있는 술어라면)가 있는 것만으로 충분한지의 문제이다. 만약 우리가 확실히 해야 하는 것처럼 플라톤주의를 거부한다면 그 문제가 가진 전체적인 중압감이 두 번째 점에 가중된다. 이것에 근거해서 어떤 속성을 예화하는 것이 있기만 한다면—말하자면 그 속성을 가진 어떤 것이 있기만 한다면—확실히 객관적 사실로서 그 속성은 존재한다고 대답할 수 있다.

이러한 견해는 보편자에 대한 언급을 동일하게 지시할 수 있는 경우에 만족되어야만 하는 조건이 단지 언어의 이해일 뿐이라는 스트로슨의 주장을 반드시 거부하는 것은 아니다. 왜냐하면 더 나아가 언어를 이해하는 데 무엇이 포함되는가라는 문제가 있기 때문이다. 그것은 현대 언어 철학자들을 사로잡은 상당수의 쟁점들의 포문을 열었다. 그럼에도 불구하고 만일 보편자들이 속성들에 의존하거나 또는 그것들을 통해 존재한다면, 그리고 속성들이 실제로 있는지가 세계와 관련되어 있는 것에 의존한다면, 보편자가 존재하는지는 실제로 존재하는 개별자들에 실제로 적용되는 것에 의존한다. 그러한 의미에서 개별자들에 대해 우선성이 있다는 논제가 성립한다. 그러나 그것은 개별자들이 속성 없이 존재할 수 있다고 말하는 것은 아니며, 존재하는 유일한 것들이 개별자들이라고 말하는 것도 아니다. 그것은 기껏해야 개별자들이 독립적으로 존재하는 것과 관련하여 어떤 우선성을 가진다고 말하는 것이다. 만일 정의가 없다면 그것은 정의로운 것이 아무것도 없기 때문이다.

제6장
단순 실체들: 일원론과 다원론

제1절 실체들은 단순해야 하는가?

제4장에서 보았듯이 실체들이 단순하다는 것은 실체에 대한 아리
스토텔레스적 전통의 일부도 아니고, 또한 (만일 그러한 어떤 것이
있다면) 실체에 대한 우리의 일상적인 사고의 일부도 아니다. 그것
들은 정반대라고 이야기될 수 있다. 우리가 일상적으로 실체들로 생
각하는 것들은 사실 속성들의 다양성을 가지고 있고 공간적으로 나
누어질 수 있다는 의미에서 복잡하다. 더욱이 제4장에서 내가 플라
톤에 의해 알려진 것으로 언급했던 점 — 즉 '하나'라는 술어는 상대
적인 용어라서 어떤 것이 하나 또는 여럿으로 헤아려지는지는 앞선
질문인 '어떤 하나인가?'(One what?)에 대한 답에 의존해야 한다는
것 — 을 주목하는 것이 중요하다. 실체들이 단순하다는 생각은 그것
들이 절대적인 의미에서 하나여야 한다는 생각과 동일한 것이다.

실체에 관심있는 철학자들 가운데 실체의 단순성에 가장 관심있
는 것처럼 보이는 사람은 라이프니츠이다. 그는 보편자들이 단순해
야 하며, 보편자들이 단지 금화들의 자루들(sacks of pistoles)에 덧붙

인 가짜 단일성—즉 단순한 집합의 단일성—만을 소유한 것은 아니라고 생각했다는 것을 논할 수 있다. 왜냐하면 그는 이것이 실체들이 존재에 관해서는 우선적(primary)이라는 사실로부터 따라 나온다고 생각했기 때문이다. 다른 말로 하자면 그는 실체들이 절대적으로 단순해야 한다고 생각했다. 왜냐하면 그 복잡성(complexity)이 현실적이든 또는 가능적이든 간에 어떠한 복잡한 것도 그 복합체를 이루는 것들로 분해될 수 있으므로 그것들에 의존하고 있으며, 따라서 우선적일 수 없기 때문이다. 그러므로 참된 실체의 단순성(simplicity)은 존재에 있어서 그것의 우선성(primacy)으로부터 따라 나온다.

라이프니츠가 이러한 방식으로 생각했던 유일한 철학자는 결코 아니다. 그러한 생각은 원자론 형태를 취하는 대부분의 이론들의 특징이다. 하여간 이러한 경우에 그 이론은 단순히 물리적 이론으로 해석되지 않는다. 예를 들면 그것은 러셀과 초기 비트겐슈타인의 논리적 원자론에서 발견되는 것이다. 《논리-철학 논고》에서 비트겐슈타인은 2.02에서는 '대상들은 단순하다'고 말하고 2.021에서는 '대상들은 이 세계의 실체를 이룬다. 이것이 바로 그것들이 복합적일 수 없는 이유이다'라고 말한다. 비록 항상 동일한 방식으로 표현되지는 않았지만 동일한 생각이 브래들리와 같은 정반대의 신념을 가진 철학자들에게서도 발견될 수 있다. 《현상과 실재》에 나오는 브래들리의 일원론에 대한 논증, 즉 실제로는 단 하나의 것만이 있다는 논제는 관계들에 대해 가정된 불가능성에 의존하므로 그가 주장하는 것처럼(34면), '관계적인 경험은 참이 아니다.' 그러나 모든 복합적인 것은 그것의 부분들 또는 측면들간의 관계들을 포함한다. 따라서 실재는 복합적일 수 없으므로 단순해야만 한다.

실체에 관해 가정된 절대적 단순성을 강조하는 논제는 모두 현상과 실재 간의 구별을 포함한다. 왜냐하면 우리가 일상적으로 가정하는 것처럼 일상적인 것들이 그러한 방식에서는 절대적으로 단순하지 않다는 것이 분명하기 때문이다. 만일 그것들이 그러한 이유로 실체들이라고 주장된다면 그것들이 실체들로 보인다는 사실은 현상으로 간주되어야 하며 실재는 이와 아주 다르다. 이러한 이유로 라이프니츠는 일상적인 것들이 단순히 현상들이라고 주장했던 것이다. 그것들은 **충분히 근거지워진 현상들**(*phenomena bene fundata*)이다. 왜냐하면 그것들은 단순한 유사성이 아니지만 그럼에도 불구하고 실재를 구성하지 못하기 때문이다. 이렇게 된다면 참된 실재의 구성요소들을 확인하는 것은 그것들이 절대적으로 단순해야 한다는 주장에 근거를 두자면 라이프니츠가 할 일이다. 더욱이 그것들이 단순해야 한다는 것으로는 충분하지 않다. 만일 그것들이 실재의 구성요소들이라면 그것들은 우리가 그렇게 있다고 여기는 것처럼 세계가 있다고 하는 것에 합리적인 근거를 제공해야 한다. 그것들은 단순한 것들일 수 없다. 그것들은 내용을 가져야 한다. 그렇게 주장하는 라이프니츠의 방식에서 보면 그것들은 그것들의 단순성 속에 다수성을 반영할 수 있어야만 한다.

이와 같은 상세한 설명은 불가피하게 모순을 포함해야 하는 것처럼 보일 수 있다. 어떻게 어떤 것이 절대적으로 단순할 수 있으며, 그럼에도 불구하고 그것들이 세계를 구성할 수 있는 만큼의 내용을 제공하기 위해 필연적으로 전제되는 다수성일 수 있는가? 단순성의 개념은 실체들이 공간적이어야 한다는 가능성을 배제하는 것처럼 보인다. 왜냐하면 공간적인 것은 모두 최소한 원칙적으로 나눠질 수 있으며 그래서 여럿이 될 수 있기 때문이다. 그것은 엘레아의 제논 (Zeno of Elea)이 다원론에 반대하는 논증들에서 당연하게 인정했던 점이며, 라이프니츠도 진지하게 다룬 점이었다. 한동안 라이프니츠는 세계를 구성하고 있는 참된 실체들이 '대량의 점들'(massy points)—물리적 속성들을 가지고 있지만 연장되지 않은 점 같은 대상들—이라는 생각을 했다. 그러나 그러한 개념은 분명히 불만족스러웠기 때문에 그는 결국 '단자들'(monads)의 존재를 주장하게 되었다. 플라톤은 《필레보스》(*Philebus* 15D)에 나오는 개념—단 하나의 나눠질 수 없는 것의 개념—을 생각했으나 그는 라이프니츠가 했던 방식으로 그것을 적용하지 않았다. 라이프니츠는 이러한 종류에 속할 수 있으면서도 다수성 속에서 단일성을 이룰 수 있는 유일한 것이 (그리고 그것의 관점으로부터 세계를 반영하는 것도 마찬가지다) '자아'('le moi')와 같은 어떤 것이라고 생각했다. 그가 그 자신 또는 자아를 단순 실체의 모델로 간주했다는 것과 그가 그렇게 한 유일한 철학자는 아니라는 것은 흥미롭다.[1] 그는 자아가 단순하면서도 지각을 통해 하나의 관점으로부터 세계를 반영할 수 있다는 것을 자아 개념에 대한 이해하기 쉬운 역설로 다룬다. 만일 그것이 진지하게 다루어진다면 그것은 어떤 다수성(a plurality) 속에서 단일성(a unity)을 이룰 수 있는 사물들에 분명한 모델을 제공할 것이다.

 동시에 세계의 실체가 다수의 자아들 또는 자아들과 비슷한 다수

---

1) 제9장에서 제시된 리드(Reid)에 대한 언급들을 보라.

의 존재자들로 이루어져야 한다는 것은 일반적으로 역설적인 것으로 간주될 것이다. 그러한 견해는 어느 경우에든 세계에 대한 우리의 일상적인 믿음들이 단지 현상에 대한 믿음들이라는 당연한 결론을 가진다. 현상이 '충분히 근거지워져' 있다고 말하는 것은 어떻게 이러한 상황들에서 그것이 충분히 근거지워지는가에 대한 만족스러운 설명이 제공될 수 없다면 역설을 제거하는 데 도움이 되지 않는다. 비교하자면 러셀의 단순한 것들은 '논리적 원자론의 철학'에 대한 그의 강의들에서 설명되었던 것처럼 감각-자료들(sense-data)과 동일시된다. 그는 우리가 현상론의 논의들과 친숙한 방식으로 감각-자료들에 기초함으로써 경험 세계의 본성에 관해 설명할 수 있다고 생각한다.[2] 그러나 만일 그것이 하나라면 감각-자료들로부터 세계를 만들 가능성은 감각-자료들이 내용뿐만 아니라 내가 제4장에서 지적했던 것처럼 동일성을 포함하는 실체의 다른 특성들을 제공할 것을 요구한다. 이 점에서 러셀은 약간 애매한 입장을 취한다. 왜냐하면 그의 개별자들(즉 감각-자료들)에 실체의 특징인 시간을 통해 지속되는 성질을 거부하면서, 그는 계속해서 개별자가 '대체로 한 순간이 아니라 매우 짧은 시간 동안에 지속되기 쉽다'고 말하기 때문이다. 어떤 경우에든 어떻게 감각-자료들이 그것들에 관해 요구되는 모든 것을 할 수 있으면서도 여전히 절대적으로 단순할 수 있는지는 분명하지 않다.

어떤 것이 절대적으로 단순할 수 있다는 생각과 그것이 실재적인

---

2) 나의 책 《인식론》(London and Basingstoke: Macmillan, 1971), 170면 이하
를 보라.

실체를 구성할 수 있다는, 말하자면 그것의 구성 요소들 중 하나라는 생각 사이에 충돌이 있는 것처럼 보인다. 내가 출발했던 점—절대적으로 단순한 그러한 것은 없다는 것—을 아는 것이 유일한 길이다. 이것은 그러한 것이 있을 수 없기 때문이 아니라 절대적 단순성의 개념 자체가 비일관적인 것이기 때문이다. 단순성은 항상 상대적인 문제이다. 왜냐하면 단순성의 개념 자체가 상대적인 것이기 때문이다. 따라서 '그러그러한 단순한 것이 있는가?'에 대한 적절한 대답은 '단순한 것은 무엇인가?'이다. 이것을 인정한다고 할지라도 단순한 것만이 존재에 있어 우선적일 수 있다는 라이프니츠의 논의 때문에, 우리는 실체가 존재에 있어 우선적이라는 논제를 포기해야 할 필요는 없다. 왜냐하면 비록 절대적 단순성의 개념이 포기된다 할지라도 존재에 있어 우선성이 라이프니츠가 생각했던 의미에서 단순성을 내포한다고 생각할 필요는 없기 때문이다. 복합체 F가 분명히 단순체 F에 부수적이라는 것을 제외한다면 복잡한 것이 반드시 부수적이어야 한다는 논의를 받아들일 필요는 없다. 그러나 단순체 F는 절대적으로 단순할 필요가 없고 사실 그럴 수도 없다.

이러한 점은 심지어 공간적인 복합성과 단순성을 포괄한다. 공간적으로 나눠질 수 있다는 점에서 공간적으로 복합적인 대상은 그것의 부분들이 순수하게 독립적인 존재를 가질 수 있는 한에서만 그것의 부분들에 대해 이차적이다. 그러나 어떤 것이 단지 원칙적으로만 나눠질 수 있다는 사실은 그것이 이차적인 지위를 가진다는 것을 의미하지 않는다. 왜냐하면 그러한 경우에는 그것이 독립적인 존재를 가질 수 있는 부분들로 나눠질 수 있다는 것을 전혀 함축하지 않기 때문이다. 그러한 이유로 어떤 것이 공간에서 연장되어 있다는

단순한 사실은 그것이 의존하고 있는 더 단순한 어떤 것의 존재를
필연적으로 함축한다는 의미에서 그것이 복잡하다는 것을 내포하지
않는다. 따라서 내가 이전에 라이프니츠에 관하여 언급했던 지
적—단순성의 개념은 실체가 공간적일 가능성을 배제한다는
것—은 타당한 지적이 아니다. 그것은 (연장성의 결과라고 할 수
있는) 단순한 나눔의 가능성이 어떤 실체가 그것이 속하는 종(kind)
의 하나라는 것은 물론이고 그 실체가 하나라는 것도 충분히 막을
수 있는 경우에만 타당할 것이다. 실체가 공간적이어서 잠재적으로
공간적으로 나눠질 수 있다는 사실은 실체가 자신의 존재를 분리
가능한 부분들에 의존한다는 사실뿐만 아니라 그것이 공간적으로
복합적이라는 사실도 내포하지 않는다. 그러므로 실체들은 그것들의
종(kind) 가운데서 연장될 수 있으며 단순할 수도 있다.

　비록 하나의 실체가 분리 가능한 부분들을 가지고 있다고 할지라
도 이러한 사실이 그 실체가 그것의 종 가운데서 단순한 것이라는
것을 막지는 못한다는 것을 실제로 주목할 가치가 있다. 라이프니츠
가 참된 실체를 '금화들의 자루들'(sacks of pistoles)과 대립시켰을
때 그는 참된 실체를 어떠한 종의 일원이기 위해서 참된 단일성을
이루지 못하는 단순한 집합들(mere collections)과 대립시키고 있다.
그렇지만 그러한 의미에서 참된 단일성을 이루면서도 분리 가능한
부분을 가진 것들이 확실히 있다. 비록 내가 그것이 모든 것에 적용
되는지를 알지 못할지라도 어떤 경우에 부분들이 분리되었을 때 그
것들은 전체에 기여할 때와는 전혀 다른 상태(어떤 사람들로 하여
금 전체는 부분들의 총합 이상이라고 말하도록 이끌어가는 것)에
있다. 그러한 단일성들은 때로는 '유기적'(organic)이라고 불린다.

왜냐하면 유기체의 부분들은 전체와 분리되어 있을 때 전체의 부분일 때와는 전혀 다른 상태에 있기 때문이다. 예를 들면 그것들은 그것들이 전체의 부분일 때 하는 기능들을 못하며 [전체로부터] 분리되면 그것들이 전체에 기여하는 것을 분명하게 보여주지 못한다. 유기적인 단일성들이 가장 분명한 방식으로 그러한 사실들을 드러내긴 하지만 그것들이 유기체들에 제한된다고 생각하는 것은 오류일 것이다. 카뷰레터(carburettor)는 분리되면 엔진의 부분일 때와는 전혀 다른 상태로 된다. 이러한 종류의 것이 적용되지 않는 한 가지 분명한 예는 라이프니츠의 '금화들의 자루들'에서와 같이 전체가 단순한 집합체인 경우이다.

그러므로 단순성에 대한 문제들은 실체들의 범위를 단자들(monads)이나 또는 유기적 실재들과 같은 어떤 종류의 사물들에 국한시키지 않는다. 사실 단순성에 대한 모든 문제는 실체라는 주제가 관련된 한에서 그것이 단순성의 개념이라는 잘못된 개념에 의존하고 있다는 점에서 주의를 분산시키는 것이라고 말해질 수 있다. 만일 단순성이 상대적인 문제라고 인정된다면 연쇄적으로 일어나는 것처럼 보이는 모든 어려움들은 아마도 대부분 사라질 것이다. 그러나 그러한 사실은 그 개념에 의존하는 또는 우리가 심층부를 파고들어갈 때 의존하는 많은 다른 문제들이 제기되는 것을 막지 못했다. 이와 같은 문제는 일원론을 포함하는 형이상학적 이론들과 대조적으로 다원론을 주장하는 형이상학적 이론들 간의 대립이다.

제2절 일원론과 다원론

마지막 절의 끝에 '반론을 통해'라는 단어를 내가 사용한 것은 의도적이었다. 단순히 많은 사물들, 심지어 많은 실체들이 있다고 말하는 것은 솔직히 따분한—우리가 생각할 수 있는 것처럼 따분할 정도로 명백한—논제에 스스로 만족하는 것일 것이다. 역사적으로 흥미롭거나 또는 심지어 도전적으로 보였던 다원론자의 논제들은 아마도 훨씬 더 도전적인 일원론자의 논제에 대해 항상 반론의 형태를 취했다. 단지 하나의 사물만 있다거나 심지어 단지 한 종류의 사물만이 있다는 일원론을 주장하는 것은 그것을 제거하거나 환원시키기 위해 수많은 논증이 필요한 역설적 상황을 일으킨다. 그러므로 일원론(monism)이 선험적 고찰들에 의존한다는 의미에서 '합리론'이라고 불려질 만한 종류의 논증들에 의해서 일반적으로 지지되어왔다는 것은 놀라운 일이 아니다. 대조적으로 다원론(pluralism)은 아주 강한 상식을 포함하는 것처럼 보였다. 그러나 더 세밀하게 검토해보면 상식에 의거하며 다원론을 분명하게 지지한 것은 우리를 속이는 것처럼 보일 수 있다. 나는 세계 속에 많은 사물들 또는 많은 종류의 많은 실체들이 있다는 것이 상식적인 견해가 아니라는 것을 의미하지는 않는다. 그것은 다원론자의 이론들이 일반적으로 매우 특수한 종류의 많은 것들의 존재를 주장하고 가끔은 단순한 것들을 주장한다는 것이다.

이것에 관해 명확한 견해를 얻기 위해서는 먼저 **실체**(substance) 일원론/다원론과 **종**(kind) 일원론/다원론을 구별할 필요가 있다. 예를 들어 고대 그리스의 원자론자들은 많은 것들—원자들—이 있지만 그것들이 모두 동일한 종류의 것이라고 생각했고, 사물의 종들간의 명백한 차이가 동일한 종류의 사물들, 즉 원자들의 결합들간의 차이로 환원될 수 있다고 생각했다. 대조적으로 엠페도클레스(Empedocles)는 사물의 네 가지 (또는 아마도 여섯 개) 종류들—흙, 불, 공기, 물에 더하여 어떤 방식으로는 사랑과 투쟁—이 있으며, 사물의 다른 종류들은 이것들로 환원될 수 있다고 생각했다. 아낙사고라스(Anaxagoras)는 종(kind)의 명백한 차이들이 종의 그러한 몇 가지 근본적인 차이들로 환원될 수 없다고 생각했다. 그리고 이것이 그렇게 분명하지는 않지만 그는 사물의 종들이 무한하게 있으며 확실히 사물들도 무한하게 있다고 생각했을 것이다. 그러므로 어떤 철학자는 사물-다원론자이거나 또는 실체-다원론자일 수 있으며 종-일원론자이든지 또는 종-다원론자일 수 있다. 단지 하나의 실체만이 있다고 생각하는 어떤 철학자가 어떻게 실체의 많은 종들이 있다고 생각할 수 있는지를 알기는 어렵다. 그렇지만 스피노자가 믿었던 것처럼 그는 하나의 실체가 한 종류 이상의 속성들을 가진다는 것과 그러한 의미에서 사물들의 많은 종들이 있다고 믿을 수 있다. 나는 여기서 더 나아가 얼마나 많은 종류들의 사물이 있는가—확실히 많이 있기는 하지만—라는 문제를 고찰하지는 않을 것이다. 그러나 나는 제8장에서 그러한 종류의 어떤 개별적인 문제—정신적인 것들과 물리적인 것들의 이원론이 유지될 수 있는지—에 관심을 가질 것이다.

그러므로 우리의 관심을 실체-일원론자들과 실체-다원론자들 간의 문제에 제한시켜 보자. 나는 이전에 그러한 일원론자들이 일반적으로 자신들의 견해들을 논하면서 선험적 고찰들에 의존했다고 말했다. 그러한 고찰들은 항상 동일한 종류의 것은 아니었지만, 그것들은 철학자들이 실체들의 다수성(a plurality of substances)이라는 개념에서 보는 어려움들 또는 비일관성에 따라 다양한 방식으로 좌지우지되는 경향이 있다. 따라서 그들은 상식적인 관찰들에 관한 고찰로부터 출발하며 그것들을 인정할 수 없다는 것을 선험적으로 논한다. 그러므로 일원론들이 일반적으로 어떻게 사물들이 실제로 있는가의 문제와 어떻게 사물들이 있는 것처럼 보이는가의 문제를 구별한다는 것은 놀랄 만한 것이 아니다. 그러나 내가 제2장에서 증명하려고 했던 것처럼 현상과 실재의 두 영역들이 비록 종종 구별되긴 할지라도 구별할 필요는 없다.

제2장에 나왔던 예를 요약해보자면 파르메니데스는 자신이 '인간의 믿음들'(beliefs of mortals)에는 전혀 진리가 없다는 것을 증명할 수 있었다고 생각했다. 그러나 그의 견해로는 '진리의 길'(Way of truth)과 '억견의 길'(Way of opinion) 간에는 구별이 있고, 후자가 '인간의 믿음들'이라고 하는 것이라는 사실은 '억견의 길'이 현상의 영역에 관한 설명을 제시한다는 것을 내포하지는 않는다. 파르메니데스가 '억견의 길'과 관련된 그의 시 일부분에서 제시하는 세계에 관한 설명은 보통 사람들이 세계를 보는 그대로의 세계에 관한 가장 훌륭한 설명일 수 있다. 그럼에도 불구하고 그는 그것이 전부 틀렸다고 말한다. '있는 것'(what is)은 하나라는 것이 진리이다. 왜냐하면 그것에는 다수성을 위한 자리가 없기 때문이다. 다수성은 차이(difference)와 상이(disparity) 그리고 구별(distinction)을 함축한다. 그것들은 모두 그 자체의 개념으로 '있지 않는 것'(what is not)의 가능성을 함축한다. 왜냐하면 만일 A와 B가 다르다면 A가 있는

216

곳에 B는 없기 때문이다. 더욱이 파르메니데스는 자신이 '있지 않는 것'은 생각될 수도 없다는 결론에 타당한 이유를 가지고 있다고 생각한다. 나는 더 이상 논의의 세부적인 부분들로 나아가지는 않을 것이다. 그것이 이러한 이유로 차이와 다수성이 불가능하다는 결론으로 이끌어가는 엄밀하게 선험적 논증이라는 것을 아는 것만으로 충분하다. 세계에 관해 다른 방식으로 제시하는 설명은 아무리 그것이 타당하게 보일지라도, 거짓임에 틀림없다. 그 논증과 그것의 결론은 대담한 것들이다. 그것들은 어중간한 것은 전혀 인정하지 않는다.

스피노자도 마찬가지로 선험적이기는 하지만 다르게 논한다. 그는 만일 실체가 우선적이라면 그것은 그 자신의 이론적 근거(rationale)여야만 하며 그러한 이유로 그것은 그 밖의 다른 것에 의존할 수 없다는 전제로부터 출발한다. 실체는 자기 원인이다(*causa sui*). 이러한 출발점으로부터 스피노자는 실체가 그 밖의 다른 어떤 것에 의해서도 제한되어서는 안 된다고 논한다. 따라서 실체는 무한하며 바로 이러한 이유로 하나이다(유한성은 제한성을 의미하며 따라서 그것을 제한하는 그 밖의 어떤 것을 의미하지만 무한성은 그러한 것을 배제한다.) 그러나 그는 세계에 관한 우리의 일상적인 견해가 전부 거짓이라고 — 아무리 그것에 관한 우리의 생각들이 부적절하다고 할지라도 — 말하지 않는다. 사실 일상적인 것들은 실체들로서는 아니지만 어떤 의미에서 그 이론에 의해서 보전된다. 대신 그것들은 신 또는 자연인 하나의 무한한 실체의 양상들이다. 만일 우리가 이러한 이론에 근거하여, 실재(reality)가 무한한 속성들을 가진 하나의 실체를 구성하고 우리가 일상적으로 실체들이라고 다루는 것이 실제로는 그것의 양상들이기 때문에 세계에 관한 우리의 일상적인 견해가 현상을 이룬다고 말하기를 원한다면 현상은 여전히 실재 속에 자신의 기반을 가지고 있다.

이와 매우 동일한 것이 일원론을 논하는 브래들리에 관해서도 참이다. 브래들리는 언뜻 보기에 파르메니데스가—엄밀하게 말하자면 결론을 내리지 않고—의존하고 있는 것들, 즉 우리가 일상적으로 생각하는 것은 전부 거짓이라는 것들과 어느 정도 유사성을 가지고 있는 고찰을 통해 일원론을 옹호한다. 내가 이 장에서 후에 더 상세하게 개괄하게 될 브래들리의 논증은 결국 그가 관계들의 개념에서 보는 비정합성(incoherence)에 좌우된다. 그러나 사물들의 다수성의 가능성은 만일 차이라는 관계만 있을지라도 그것들간의 관계가 있다는 사실에 의존한다. 만약 관계들이 비정합적이고 비합리적이라면 다원론도 그래야 한다. 그리하여 많은 것들로 이루어진 세계에 대한 우리의 일상적인 견해는 단지 현상에 관한 견해만을 구성해야 한다. 그러나 브래들리는 현상이 전부 거짓이라고 생각하진 않는다. 실재는 어떻게 하든 현상을 포함해야 한다. 왜냐하면 실재에 관한 완전한 설명은 왜 현상이 있으며, 왜 그것이 현재 있는 그대로 있는가를 또한 설명해야 하기 때문이다.

나는 이들 사상가들간의 어떤 차이들—그들의 일원론과 상식 사이의 관계와 관련하여 논증 양식과 결론에서의 차이들—을 강조했다. 그러나 그들은 다수성의 관념이나 여하간 실체들의 다수성의 관념이 합리적으로 견지될 수 없는 관념이라는 취지를 가지는 선험적 논증을 공통적으로 사용한다. 복합성(complexity)이나 다수성(multiplicity)의 가능성을 배제하는 절대적인 의미에서 단 하나의 것, 즉 단 하나의 실체만 있어야 한다. 그러므로 실재를 포함하는 하나의 것은 그들이 그러한 용어들로 문제를 주장하든지 않든지 간에 절대적인 의미에서 하나이며 단순해야만 한다. 실재는 다수성의 모든 가능성을 배제하는 의미에서 하나일 수 없지만 그럼에도 불구하고 단지 어떤 상대적인 의미에서만 단순하다.

그러한 주장에 반대했던 다원론자(pluralist)들은 단지 상식을 강조하고 이러한 근거에서 단순히 많은 것들의 존재를 주장하는 데 만족해오지 않았다. 라이프니츠는 어떤 점에서 만일 단자들이 없다면 스피노자가 옳을 것이라고 말했다. 그것은 여러 가지 방식들에서 궁금증을 자아내는 표현이다. 그러나 그것은 라이프니츠가 스피노자의 결론들을 인정하기를 원하지 않고서도 스피노자와 동일한 종류의 고찰들에 의해 얼마나 영향을 받게 되었는가를 가리킨다. 여러 다원론자들 가운데 전형적이라 할 수 있는 어떤 다원론자는 상식과 매우 심하게 충돌하는 일원론자(monist)이다. 그것은 예를 들어 파르메니데스에 대해 응답하는 그리스 원자론자들(the Greek Atomists)에게 해당된다. 왜냐하면 그들은 그의 논의의 어떤 부분들, 또는 어쨌든 그의 하부-결론들(sub-conclusions) 중 어떤 것을 인정했기 때문이다. 특히 원자론자들은 어떤 것도 생성하거나 소멸할 수 없다는 것(파르메니데스가 '있지 않는 것'의 불가능성으로부터 따라 나온다고 증명했던 입장)을 인정했으나 가능한 상식의 세계를 보존하기를 원했다. 그러한 이유로 각 원자는 파르메니데스의 '일자'로 간주될 수 있는 의미가 있다. 따라서 원자론자들은 '만일 원자들 (그리고 물론 허공)이 없다면 파르메니데스가 옳을 것이다'라고 말했을 것이다.

이와 비슷한 것들이 다음 절에서 내가 보여줄 것처럼 러셀과 초기 비트겐슈타인의 논리적 원자론(logical atomism)에 대해서 말해질 수 있다. 만약 그것이 일반적인 경우라면 일원론에 대한 다원론자의 반응들은 일원론자의 하나의 실체가 가진 것과 동일하거나 비슷한 특성을 가진 다수의 실체들의 존재를 주장하는 것으로서 특징 지워질 수 있다. 다원론은 그러한 기준에 의하면 상식적인 '편견들'의 재-주장이 아니라, 명확한 형이상학적 주장이다. 다른 한편 그것은 상식의 색조를 진하게 띠고 있는 형이상학이다. 그러한 이유로 다원론자의 논증들이 전적으로 선험적이지는 않다. 그래서 그것들은 일원론자들의 논증들보다 덜 합리주의적이다. 그것은 놀랄 만한 것이 아니다. 왜냐하면 일원론이 내포하는 상식으로부터의 이탈은 최소한 존재하는 것들의 수와 관련해서는 상식이 옳다는 주장보다 더 근본적인 종류의 논증을 필요로 하기 때문이다. 그러나 다원론과 상식이 동일한 것이 아니라는 것과 일원론에 대한 다원론자의 반응이 결국 단순히 세계 속에 많은 것들이 있다는 주장으로는 만족될 수 없다는 것은 다시 강조되어야만 한다. 왜냐하면 실제로 그것은 전혀 철학적인 주장이 아니며, 형이상학의 일부도 아니라는 것이 확실하기 때문이다.

제3절 절대적 관념론과 논리적 원자론

절대적 관념론자(the absolute idealist)인 브래들리와 논리적 원자론자들(the Logical Atomists)인 버트란트 러셀과 초기 비트겐슈타인간의 대립적인 입장에 집중해볼 만한 가치가 있다. 그것은 부분적으로는 대립되는 세부 항목들이 일원론자들과 다원론자들 간의 갈등들의 다른 예들보다도 조사가 덜 되어 있을 수 있기 때문이며, 부분적으로는 그것은 약간의 흥미를 끄는 그것 자체의 고유한 특성들을 포함하기 때문이다. 이름에 의해 알 수 있듯이 논리적 원자론은 20세기의 현상이나 그것에 비추어 전의 사상가들에게서 이와 비슷한 견해들을 인식할 수 있다.[3] 동시에 20세기의 논리적 원자론은 만일 브래들리의 절대적 관념론이 반박되지 않았더라면 그와 같은 형태를 취하지는 않았을 것이다. 러셀이 많은 관념론자들의 영향하에서 자신의 철학적 삶을 시작했다는 것을 염두에 두어야 할 것이다.

일원론에 대한 브래들리의 논의는 실제로 두 가지 단계들을 가지고 있다. 첫번째 단계는 헤겔적인 맥락에서 제안하자면, 오성의 차원에서 작용하며, 브래들리의 《논리학의 원리들》에서 발견되는 것이다. 두 번째 단계는 이성의 차원에서 작용하며 그의 《현상과 실재》에서 발견되는 것이다. 그가 헤겔 철학의 어떤 측면들을 거부함에도 불구하고 (특히 그가 '범주들의 냉담한 춤' [the bloodless ballet of the

---

3) 제랄드 프라우스(Gerold Prauss)가 플라톤에 대해 쓴 책은 《플라톤과 논리적 엘레아주의》(*Platon und der logische Eleatismus*, Berlin: Walter de Gruyter, 1966)이다. 논리적 엘레아주의는 그것이 지시하는 '하나들' 이 의미(meaning)의 원자들이라는 점에서 논리적 원자론과 매우 비슷한 것으로 판명되었다. 길버트 라일(Gilbert Ryle)도 플라톤에서 논리적 원자론의 측면들을 보았다: *Mind*(XLVIII권, 1939), 129~151면과 302~325면에 나오는 '플라톤의 파르메니데스' 에 대한 그의 논문들을 보라.

categories]으로서 언급했던 것), 브래들리는 아주 많은 측면들에서 헤겔주의자로 남았고, 그리고 그의 논증 안에는 헤겔의 《정신현상학》의 도입 부분에 대한 많은 모방들이 있다. 《논리학의 원리들》에서 브래들리는 판단 이론에서 오성에 관한 그의 설명을 제시하는데, 그것의 중심적인 측면들은 처음 두 장들에 설명되어 있다. 브래들리의 견해로는 사유의 기본적인 요소는 판단이지 영국의 경험론자들과 그들의 19세기 계승자들, 가령 제임스(James)와 밀(J. S. Mill)에 의해 제시되었던 이론의 기본적 도구를 구성했던 관념들이 아니다. 그리고 브래들리 논의의 어떤 부분은 후자에 비판적 태도를 취한다. 그는 판단과 독립적인 어떠한 '떠도는 관념들'(floating ideas)도 없다고 주장한다. 그것은 결국 관념들의 논리적 지위가 판단의 서술적인 측면들의 지위라는 것을 의미하며, 이러한 이유로 관념들은 논리적으로 독립적인 지위를 가질 수 없다. 우리는 판단에서 주어가 무엇이든지 간에 주어를 관념하에 가져온다. 이와 유사한 프레게의 용어들을 사용하자면 우리는 개념들하에 대상들을 가져온다. 판단의 주어들로서 간주되는 그러한 대상들은 실재 또는 실재의 어떤 선택된 부분들을 포괄한다. 그러나 판단할 목적으로 실재의 부분들을 선택하는 것은 단지 관념들 아래에서의 포섭(subsumption)을 통해서만 이루어질 수 있으며, 우리가 보게 될 것처럼, 그것은 중요한 결론들을 가진다.

브래들리의 견해로는 판단의 목적은 관념들하에 실재를 가져오는 것이다. 그것을 이러한 방식으로 완전하게 손에 넣는 것은 실제로 어떤 일련의 관념들과 실재를 동일시하는 것, 즉 브래들리가 주장한 것처럼, '그것'(that)과 '무엇'(what) 간의 동일성을 포함할 것이다.

222

그러나 '그것'과 '무엇'은 프레게의 대상들과 개념들이 그러한 것과 동일한 방식으로 범주상으로 다르다고 이야기될 수 있다. 그러므로 공감을 하지 않는 비판가는 브래들리의 판단 개념에 고유한 비정합성이 있다고 말할 수가 있다. 그러나 그는 그것이 차이성에 있어 동일성 개념의 중요성을 증명한다고 여긴다. 그는 그러한 생각 없이도 우리가 동일한 것을 서술하는 경우에 아무것도 말하지 않는 것이지만, 우리가 다른 것을 서술하는 경우에 우리는 틀린 것을 말하는 것이라는 오래 된 딜레마에 마주하게 된다고 말한다. 그럼에도 불구하고 판단 이론의 결과는 브래들리가 주장한 것처럼 논리학이 실재에 대해서는 참이 아니라는 사실과 밀접한 관련이 있다. 오성은 실재에 대해 충분하게 파악할 수 없다. 만일 그렇다면 오성이 우리에게 실재에 대해 말하는 것은 참일 수 없거나 또는 완전히 참일 수는 없으며, 그리고 오성은 많은 다른 대상들을 가진 실재에 관해 우리에게 말하기 때문에 실재라는 개념은 이미 의심을 받아야 한다. 또는 브래들리는 우리가 그렇게 믿기를 원한다. 일원론을 향한 추진력은 판단에 관한 논의의 세부 사항들에서 더 명백하게 된다.

브래들리는 다섯 가지 종류의 판단을 구별한다. 즉 ① 감각의 분석적 판단들, ② 감각의 종합적 판단들, ③ 단칭 무-현상적 판단들(singular non-phenomenal judgements), ④ 존재론적 판단들(existential judgements), ⑤ 추상적 보편 판단들을 구별한다. 판단의 그러한 분류의 기초는 전반적으로 분명하지 못하고, 그것을 만들면서 브래들리는 전혀 전통적이지 않은 방식으로 칸트의 용어들과는 전혀 관계가 없는 '분석적'과 '종합적'이라는 용어들을 사용한다. 그럼에도 불구하고 그는 그 구별들이 철저하게 되었다고 생각한다.

그가 관심있는 문제는, 만약 있다면, 이러한 종류들의 판단 중 어느 것이 실재에 관한 확실한 파악을 제공할 수 있는가 또는 그가 주장하는 것처럼 만약 있다면 그것들 중 어느 것이 무조건적인 진리를 제공하는가라는 문제이다. 그의 궁극적인 대답은 그것들 중 어떤 것도 그렇게 하지 못한다는 것이다. 브래들리는 모든 단칭 판단들(all singular judgements)이 실제로 존재론적(existential) 판단들이라고 논한다. 왜냐하면 판단의 주어들은 존재적인 함축을 가지고 있기 때문이다. 그러한 이유로 우리는 존재론적 판단들이라는 독립적인 범주를 필요로 하지 않는다. 다른 한편 모든 보편적 판단들은 실제로 정언적(categorical)이기보다는 가언적(hypothetical)이다. 왜냐하면 '모든 A들이 B이다'라고 말하는 것은 실제로 '만일 어떤 것이 A라면, 그것은 B이다'라고 말하는 것이기 때문이다. 결론적으로 그것들은 비록 긍정적인 근거에 의존할지라도, 정언적 진리를 제공할 수 없다. 따라서 우리는 단지 단칭 판단들에서만 무조건적 진리에 합당한 후보가 되는 어떤 것을 발견하려는 희망을 가진다.

위의 ① ② ③이 그러한 종류의 세 가지 후보들일 수 있다. ① 종류의 판단인 감각의 분석적 판단들은 단지 주어진 경험을 분석한다. 브래들리는 그러한 판단들의 다양한 형태들을 구별한다. 그러나 근본적으로 그것들이 명제적 형태로 표현되었을 때, 그것들은 '이것', '여기' 또는 '지금'과 같은 지시형에 의해 주어진 경험의 어떤 부분을 설명하는 것과 현재 경험에 대한 분석을 제공하기 위해 그것을 관념 아래로 가져오는 것을 포함한다. ② 종류의 판단들, 즉 감각의 종합적 판단들은, 고유 명사들의 사용으로 일어나는 것처럼 경험 속에 주어진 것과 경험 밖에 놓여 있는 어떤 것을 결합한다. 그런데 그 고유 명사의 사용은 시간을 통해 동일성을 가지는 어떤 것에 대한 언급을 포함하거나 또는 바로 이 시간이나 이 장소 밖에 놓여 있는 어떤 것에 대한 언급을 함축하는 시제들의 사용 또는 유비적인 표현들을 함축한다. ③ 종류의 판단들, 즉 단칭 무-현상적 판단들은 개별적인 역사 또는 더 분명하게 우주 또는 신과 같은 경험을 전적으로 초월하는 어떤 종류의 개별자에 대한 언급을 포함하고 있다.

이러한 구별을 하면서 브래들리는 그것들 중 어떤 것도 무조건적인 진리를 제공하지 못한다고 논한다. 왜냐하면 그것들이 말하는 것은 항상 그 밖의 어떤 것을 조건으로 하기 때문이다. 《정신현상학》의 첫 장에 있는 헤겔의 용어들을 사용하자면, 그것들은 실재에 관한 직접적인 의식이 아닌, 단지 간접적인 의식만을 제공한다. 문제는 주어-용어가 제공한다고 생각되는 주어의 지시동일성에 있다. 감각의 종합적 판단의 경우에 어떤 지시 항목(referential item), 예를 들어 고유 명사, 한정적 기술구, 시제에 의해 주어로서 설명되는 것은 단지 더 많은 관념들에 의해서만 현재의 직접적인 경험인 것과 연관된다. 고유 명사들의 경우에, 브래들리는 밀에 반대하여 그것들이 의미를 가지며, 그것들의 의미가 사물에 적용되는 일련의 기술들이라고 주장한다. 그러므로 러셀이 말했던 것처럼 고유 명사들은 사실상 위장된 기술들(disguised descriptions)이다. 그러한 경우에 감각의 종합적 판단은 판단을 할 때 관념하에 오게 되는 실재의 그 부분에 대한 무조건적이고 독특한 지시동일성을 제공하지 못한다. 그러한 지시동일성은 다른 관념들, 다른 기술들—이것들 모두가 언급하고 있는 표현의 의미를 만들어 간다—하에 오게 될 수 있는 경험

속에 주어진 것을 조건으로 한다. 이러한 이유로 그러한 판단들은
스스로 무조건적 진리를 제공하는 것이라고 이야기될 수 없다.

감각의 분석적 판단들은 무엇인가? 그것들은 대개 다른 신념들을
가진 철학자들이 '감각-자료 문장들'이라 불렸던 것과 일치하며, 그
리고 그러한 철학자들이 '이 빨강'(This red)과 같은 명제가 수정할
수 없는 것인지에 관해서 가졌던 논의들은 그러한 용어들로 표현된
판단이 무조건적 진리를 제공하는지에 대한 브래들리의 논의와 정
확하게 일치한다. 브래들리는 '이것'과 같은 표현들이 실제로 일반
적이라고 주장하면서 헤겔을 따르고 있다. 헤겔은 이러한 종류의 색
인어들(indexicals)이 보통 명사들과 같이 더 분명한 종류의 일반적
표현들과 마찬가지로 다양하게 적용될 수 있다(그것들은 많은 것들
에 적용될 수 있다)는 근거에서 그러한 결론에 찬성한다. 브래들리
는 '이것'(this)이 단순히 한 계열에서 상대적인 위치만을 의미한다
고 적극적으로 논한다. 사실상 '이것'은 '가까운, 더 먼, 훨씬 더 먼
등'이라는 시리즈에서 '가까운'을 의미한다. 이것은 '지금'이 '과거,
현재, 미래…'라는 계열에서 상대적인 위치를 의미하는 것과 마찬가
지다. 색인어들의 역할에 관한 이러한 견해에 대해 많은 것들이 이
야기될 수 있다. 그로부터 우리가 그러한 표현들에 의하여 지시체
(reference)를 확보하지 못한다는 것이 따라 나오는 것이 아니라, 만
일 지시체가 그러한 표현들에 의해 확보될 수 있다면 많은 것이 이
해되어야만 하고 전제되어야만 한다는 것이 따라 나온다.

브래들리의 견해에서도 우리가 경험 속에서 우리에게 주어지는
어떤 것에 관한 단순한 사실(the bare fact)과 마주친다는 것이 당연
하다 하더라도 그것에 대해 생각하는 그 어떤 방식도 보편적 관념

들 하에의 포섭을 포함한다. 따라서 분석적이든 또는 종합적이든 간에 감각의 단일한 판단은 주어진 것(what is given)을 지시하지만 그것은 단지 조건부 방식으로만 그렇게 한다. 왜냐하면 그것은 다른 오성을 전제하기 때문이다. 더욱이 그것은 만일 주어진 것이 그러한 다른 관념들하에 오게 된다면 그것은 판단에서 명시적이게 되는 관념하에 오게 된다는 것을 단지 말할 뿐이다. 그 점에서 정언적인 것은 아무것도 없으며, 결론적으로 모든 판단들은 그러한 범위에서는 가언적이다. 그것들은 만일 실재가 S라면 그것은 P이다라고 말한다. 이러한 판단 이론에는 실재가 상호 연관된 관념들의 체계, 즉 내적인 관계들(그것들이 'S이면 P이다'라는 형태의 가언적 판단에서 표현될 수 있다는 사고 속에 함축적인 것처럼 우연적인 것 이상의 지위를 가지는 관계들)에 의해 결합된 체계와 일치하는 한에서, 판단이 실재를 파악할 수 있다는 생각으로 나아가게 하는 어떤 추진력이 있다. 왜냐하면 어떤 관념이나 또는 일련의 관념들에 의해 실재를 확인하려는 시도는 모두 그 이상의 어떤 관념이나 또는 관념들의 적용 가능성을 조건으로 할 것이기 때문이다. 브래들리에게는 개별적인 것들이 구체적인 보편자들이다. 즉 판단에 관한 한 개별적인 것들에 대한 언급 속에 포함되어 있는 내용은 그것과 현재의 경험과의 연관에 의해 구체성을 부여받은 관념들의 다발의 내용이다.

이제 단칭 무-현상적 판단들만이 남아 있으며, 정언적 진리가 그것들의 사례에서 발견될 수 있는지의 문제에 대답하여 브래들리는 '여기이든지 또는 아무데도 없다'고 말한다. 그러나 주석(113면, 66번)에서 그는 그 대답이 궁극적으로 '아무데도 없다'이어야 한다고 말하고 있다. 사실 그것은 제시된 판단 이론에 근거해서 그렇다는 것이다. 왜냐하면 아무리 지시체가 확보되었다 할지라도 '그것'과 '무엇' 간의 정언적인 틈(categorical gap)은 판단이 실재와 관념들과의 동일시를 통해 실재를 파악하는 것을 불가능하게 만들기 때문이다. 그러므로 오성을 통해 실재(reality)에 직접 가는 방법은 없다. 오성은 기껏해야 판단이 적합한 범위에서 현재 경험에 첨부되는 증가하는 관념들의 정합적 체계만을 제공할 수 있다. 이것 중 아무것도 실재가 일원론 자체가 요구하는 의미에서 하나이어야만 한다고 전혀 제시하지 않는다. 그러나 무조건적 진리로 가는 길에서 얻어질 수 있는 최상의 것이 실재를 최대한 정합적인 관념들의 체계하에 가져오는 것이라는 제안은 실재가 판단에 이용될 수 있는 한에서 실재가 어떤 의미에서 단일체(a unity)라는 것을 함축한다. 그러나 '~인 한에서'는 중요하다. 우리는 판단을 통해서, 즉 오성을 통해서 완전히 실재를 파악하지 못한다. 문제는 이성이 더 나을 수 있는지이다.

이성의 관점으로부터 나온 오성에 관한 브래들리의 비판은 《현상과 실재》의 제1부—현상과 관련된 부분—에서 발견될 수 있다. 그의 적극적인 설명은 실재와 관련된 부분에 나온다. 제2부에서 실재는 경험으로 이루어진다. (이로부터 관념론이 나온다.) 그것은 어떠한 방식으로는 현상을 포함하지만 초월한다는 것이 밝혀진다. 우리의 목적들에 더 중요한 것은 실재가 하나라는 사실이다. 그것이 많을 수 없다는 것은 실제로 제1부, 특히 처음 세 개의 장들에 들어있는 비판으로부터 나오며, 그것들의 끝부분에서 브래들리는 다음과 같이 말한다. '이 장의 원리를 따라 오면서 그것을 파악한 독자는 그것에 연속되는 논의들에 시간을 낭비할 필요가 거의 없을 것이다.

228

그는 관계적인 우리의 경험이 참이 아니라고 보았을 것이다. 그리고 그는 들어볼 필요도 없이 대량의 현상들을 비난했을 것이다.' 그러한 논평은 사실 타당하거나 또는 만일 논증 자체가 타당하다면 참일 것이다. 현상들이 여러 가지 방식으로 오성에게 자신을 나타낸다는 현상들에 관한 비판은 《정신현상학》의 도입부에 나오는 헤겔의 유사한 비판, 특히 '힘과 오성'(Force and understanding)에 대한 장에서 발견되는 비판을 아주 밀접하게 따르고 있다.

《현상과 실재》 제1장은 로크에 대한 버클리의 비판으로 친숙한 제1성질과 제2성질에 대한 문제들을 제기한다. 버클리의 견해처럼 브래들리의 견해로는, 사물들의 객관적 성질들을 구성하는 제1성질과 그렇지 않은 제2성질들을 확고하게 구별할 수 없다는 것은 양자의 주관적 또는 관념적 특징을 지적한다. 다음 두 장에서 실질적인 내용을 발견할 수 있다. '실사와 형용사'(Substantive and adjective)에 대한 제2장은 헤겔에 의해 제기된 문제들과 비슷한 일(一)과 다(多)에 대한 문제를 제기한다. 브래들리에게는 어떻게 설탕 덩어리와 같은 단일한 것이 그것의 성질들과 관련되는지가 문제이다. 그리고 이 문제들은 내가 이 책의 제3장 끝에서 제기했던 문제들과 비슷하다. 결정적인 문제는 어떻게 성질들의 다수성이 사물의 단일성을 이루는가이며, 브래들리는 점차적으로 사물의 단일성이 관계가 있는 성질들에 의해 제공된다고 생각하게 되었다. 그는 그것이 의미할 수 있는 것에 대한 어려움들, 즉 어떻게 우리가 관계들을 이해할 수 있는가에 따라 결정되는 어려움들을 제기한다. 그것들은 독립적으로 다루어지거나 또는 함께 다루어지는 그것들의 용어들의 속성들로서 생각될 수 없다. 다른 한편으로 만일 우리가 관계를 당연히 구별되는 어떤 것으로서 생각한다면, 우리는 브래들리의 관계들의 역설(paradox of relations)로서 알려지게 된 것과 직면하게 된다. 만일 우리가 A와 B, 그리고 관계 R을 가진다면 어떻게 관계 R이 A와 B라는 용어들에 첨부되는가라는 문제가 제기된다. 우리는 A를 R에, R을 B에 관련시키는 더 많은 관계들을 필요로 하지는 않을까? 만약 그렇다면 문제는 다시 제기되고 우리는 무한 소급에 직면하게 된다.

브래들리가 여기서 내적 관계들을 위하여 외적 관계들을 비판하고 있다는 것은 간혹 제시된 적이 있다.[4] 즉 그가 단순히 이전에 언급했던 필연적 관계들에 대립되는 것으로서의 우연적 관계들을 비판하고 있다는 것이 제시된 적이 있다. 그러나 그렇게 했다는 증거는 없다. 브래들리는 관계가 어떤 종류의 것인지를 묻고 있는 것처럼 보이며, 속성들로서 해석되든지 또는 독립적인 용어들로서 해석되든지 간에 관계들에 대한 반론들을 발견한다. 독자는 '그러나 그것들은 관계들이다' 라고 외치기를 원할 수 있다. 브래들리는 너무 제한된 일련의 범주들을 가지고 작업하고 있는 것처럼 보인다. 더욱이 일과 다에 관한 어떠한 일반적인 문제도 확실히 없다. 어떤 것들의 경우에는 그것들을 현재 있는 그대로의 단일성들로 만드는 것에 대해 아주 순수한 문제들이 있을 수 있다. 그러나 제3장에서 내가 지시했던 것처럼 만일 우리가 일반적으로 어떤 사물이 그것의 속성들의 합인지 아닌지를 묻는다면 그 대답은 우리가 어떤 사물의 모

---

4) 예를 들어 Richard Wollheim, *Bradley* (Harmondsworth: Penguin, 1959), 109면 이하.

230

든 속성들을 언급했을 때 그러한 종류에 대해서 더 이상 언급할 것이 없다는 것이다. 그것을 단일하게 만드는 것은 모든 속성들이 그 사물 속에 포함된다는 것이다. 속성들은 다른 경우들에는 다른 방식으로 결합될 수 있어서 라이프니츠의 예로 되돌아가보면 참된 실체들과 '금화들의 자루' 간의 구별이 있다. 이것은 어떤 사물과 그것의 속성들의 관계에 관한 일반적 문제를 함축하지 않는다. 그것은 단지 어떤 경우들에서만 제기되는 문제이다.

아무리 그럴지라도 제3장인 '관계와 성질'(Relation and quality)에서 브래들리는 '관계들 없이 다루어진 성질들은 어떠한 이해 가능한 의미도 갖지 않는다… 그것들을 함께 다루게 된다면 그것들은 똑같이 이해될 수 없다'(30면)고 논하면서 헤겔의 변증법의 일부가 관계들과 성질들 간의 관계에 영향을 미치게 하였다. 또한 그는 동일한 방식으로 다른 방향에서 성질들이 있건 없건 간에 관계들이 이해될 수 없다고 논한다. 논의가 본질적으로 대칭적이기 때문에 우리는 첫번째 방향으로부터만 문제를 고찰할 필요가 있다. 성질들이 관계들 없이는 이해될 수 없다는 논의는 타당해 보인다. 그것은 만일 어떤 성질과 다른 성질들 간에 또는 그것의 예화들간에 어떤 관계들—유사성이든 또는 차이성이든 간에—도 없다면 어떤 성질의 귀속(attribution)이 불가능할 것이라는 의미다. 즉 만일 전혀 관계들이 없다면 우리는 성질의 관념을 가질 수 없다. 성질들이 관계를 가진 것이 아니라는 논제는 더 많은 논증을 필요로 한다. 브래들리는 만일 일반적 논증의 첫번째 부분이 받아들여진다면 '성질들은 반드시 있어야 하며, 또한 관련되어 있어야 한다'(31면)고 주장한다. 그러나 그가 말하기로는 그것은 각 성질 안에 포함되어 있는 다양성이 있다는 것을 의미한다. '그것은 이중적 특성, 즉 관계를 유지하면서 관계에 의해 만들어지는 것으로서의 성격을 가진다.' 여기까지는 참이다. 그것은 사실 이전의 논증의 결론으로부터 만일 어떤 것이 관계들 속에 있을 때 바로 그때에만 성질이라는 사실이 따라 나온다. 이것에 잘못된 것은 전혀 없다.

  이 점에서 브래들리는 이것이 성질을 두 가지 속성들—위에서 언급된 이중적 특성—을 가진 어떤 것으로 만든다고 제안한다. 그러한 경우에 설탕 덩어리에 적용되는 일과 다의 문제는 똑같이 성질에도 적용된다. 만일 우리가 어떠한 이성적 설명도 설탕 덩어리의 개념에 대해 제공될 수 없다는 것을 인정한다면 우리는 동일한 것이 성질의 개념에 적용된다는 것을 인정해야 한다. 그것은 사실 브래들리가 이끌어냈던 결론이며, 그는 관계들의 측면으로부터 동일한 결과를 논한다. 헤겔주의자에게는 실재적인 것(the real)은 이성적인 것(the rational)이다. 만일 비정합성이 순수하게 성질과 관계의 개념들 속에 존재하는 것으로 보여졌다면, 그러한 것들은 비합리적이고 실재적일 수 없다. 그것은 브래들리의 견해로는 관계적인 경험이 참이 아니라는 것이 따라 나오는 이유이다. 다른 한편 만일 어떤 사물과 그것의 속성들 간의 관계에 어떠한 비정합성도 없다면 성질과 관계의 개념들에도 어떠한 비정합성도 없다. 그것은 사실 올바른 결론을 이끌어내었다. 그러나 그것은 브래들리 자신이 이끌어낸 결론은 아니며, 그리고 그가 관련되어 있는 한 어떤 형태의 다수성도 관계들을 전제하기 때문에 논증은 직접적으로 실재가 하나이어야 한다는 결론으로 이끈다. 이 사실에서 마지막으로 일원론이 나온다.

  헤겔을 따라서 브래들리는 그의 하나의 실재를 절대자(the

Absolute)라고 부른다. 왜냐하면 그것은 동일화의 무조건적 대상일 수 있는 하나의 것이기 때문이다. 우리는 그것이 경험으로 이루어진 다는 것을 안다. 왜냐하면 그것은 《논리학의 원리들》에서 시작했던 탐구들을 위한 출발점이기 때문이다. 우리는 주어진 경험이며 그리고 그것은 직접적인 어떤 것이다. 우리는 지금 관계들의 개념이 브래들리의 견해로는 비정합적이기 때문에 경험인 실재가 하나—그러므로 절대적으로 단순하다—이어야 한다는 것을 '안다.' (그리고 오성의 차원에서조차, 판단은 최대한 정합적인 관념들의 체계—이 것은 '유일성'(uniqueness)을 가진다—하에 경험을 포섭하는 범위에서만 참일 수 있다. 브래들리에게 진리는 정합성이다. 진리의 정도들과 실재의 정도들도 있다.) 그러나 단순히 그 논증이 현상이라고 '증명하는' 모든 것을 없는 셈으로 칠 수는 없다. 절대자는 현재 있는 대로 현상에 대한 이성적 근거들을 제공해야만 한다. 따라서 결국 하나의 절대자는 경험의 모든 측면들을 반영할 수 있어야 하며, 그러한 범위에서 그것은 확대된 라이프니츠의 단자이다.

어떻게 그것이 가능한가는 아주 애매한 문제이며, 그것에 관한 논의는 《현상과 실재》의 제2부와 더 많은 부분 전체를 차지한다. 여기서 세부적인 부분으로 들어갈 수도 없고 들어갈 필요도 없다. 그러나 여기서조차 판단이 절대적인 진리에 도달할 수 없다는 것을 주목할 만한 가치는 있다. 그렇지만 브래들리는 '지적으로 수정할 필요가 없는'(not-intellectually corrigible) 그리고 그러한 범위에서 절대적인 그러한 진리의 존재를 허용하지만(그의 책 제27장에서) 그는 결국에는 그것에 대해서도 의심을 표현한다. (문제가 되고 있는 진리는 실재의 내적 본성에 대한 진리—그의 논의의 형이상학적 결론—이다.) 우리는 '주어진' 경험이며 그래서 실재이기 때문에 절대자에 관한 지식은 (러셀의 단어를 사용하자면) 친숙 (acquaintance)의 형태를 취해야 하며 판단으로 표현될 수 있는 어떤 것이 아니다. 그것은 아마도 직관(intuition)의 형태—비록 그것은, 내가 알기로는, 브래들리가 이러한 맥락에서 사용한 단어는 아니지만—일 것이다.

러셀이 '논리적 원자론의 철학'에 대한 그의 강의에서 논리적 원자론의 경쟁 이론을 설명하게 되었을 때 그가 바로 처음부터 '다소간에 헤겔을 따르는 사람들'의 이론을 자신의 이론과 대립시킨다는 것은 중요한 지적이다. 그리고 세 번째 강의의 시작에서 그는 자신이 '개별자들'이라고 부른 것의 자존성(self-subsistence)과 개별자들이 친숙한 대상들—이러한 친숙은 사물들에 대한 기술에 의한 지식과 사실들의 지식 둘 다에 앞서며 둘 다에 의해 전제되는 것이다—이라는 점 모두를 주장한다. 그래서 모든 판단의 조건적 본성에 대한 브래들리의 주장에 대한 러셀의 대답은 반대로 브래들리가 전체로서의 절대자에 대해 말한 것이 실제로 그의 개별자들에 적용된다는 사실을 주장하는 것일 것이다. 다른 말로 하면, 우리는 개별자들과 친숙하기 때문에 세계에 대해 판단하기 위해 토대를 제공하는 방식으로 그것들에 대한 독특하고 무조건적 지시동일성의 가능성이 있게 된다.

《철학의 문제들》(*Problems of Philosophy*)의 제5장에서 러셀은 우리가 이해할 수 있는 모든 명제가 전적으로 우리에게 친숙한 구성요소들로 이루어져야만 한다는 것을 근본적인 공리로서 진술한다. 아마도 현대 독자들이 그 원리를 이해하는 방식에는 장애물들이 있을 것이다. 어떤 장애물들은 이러한 맥락에서 논리적 원자론에 대한 강의들이 '상징'(symbol)이라 부르는 것을 지시하는 것이 아니라 상징이 가능한 객관적으로 존재하는 사태들로서 말하거나 또는 기술하는 것을 지시하기 위해 러셀이 '명제'(proposition)라는 용어를 사용하는 데서 비롯된다. 그럼에도 불구하고 원리가 함축하는 것은 어떤 것이 이야기되든 간에 친숙한 대상들을 독특하게 개별화하는 항목들로 분석될 수 있어야만 한다는 것이다. 《철학의 문제들》에서 친숙의 대상들은 감각-자료들뿐만 아니라 보편자들도 포함했다. '논리적 원자론의 철학'에 따르자면, 가장 단순한 형태의 명제, 즉 원자적 명제는 감각-자료들에 제한되는 개별자들 간의 다양한 질서들의 관계들을 말한다. 성질들은 단자적 관계들(monadic relations) — 약간 호기심을 돋구는 개념 — 로서 해석된다. 러셀은 이러한 문제들에 관한 견해를 비트겐슈타인에 의해 영향을 받았다. 비트겐슈타인은 《논리-철학 논고》에서 사태들(states of affairs)을 명확한 관계에 있는 대상들로 이루어진 것으로 생각했고, 명제들은 그러한 사태들을 묘사하는 것으로 생각했다. 그러므로 그것들이 완벽하게 분석된 형태에서는 사태들은 관계가 있는 대상들 외의 다른 어떤 것으로도 구성되지 않으며, 원자적 명제들은 이것들을 반영한다. 어떻게 어떤 것의 성질을 주장하는 명제들이 그러한 방식으로 분석되는가는 애매하게 남아 있다. 그러나 러셀이 사용한 것처럼 속임수라는 인상을 주는 개념인 단자적 관계들이라는 암시는 없다.

그럼에도 불구하고 러셀과 비트겐슈타인에 의해 알려진 실재에 대한 묘사는 단지 외적인 관계들에만 있는 단순한 대상들 중 하나이다. 그것은 브래들리에 의해 제시된 것과 완전히 반대되는 묘사이

다. 그렇지만 연관성과 유사성을 가진 많은 점들이 있다. 판단
(judgment)이나 오성(the understanding)의 차원에서 문제의 핵심은
브래들리가 감각의 분석적 판단들이라 부른 것에 있다. 그러한 판단
들이 색인어들 또는 그것들의 등가물(equivalent)을 포함한다는 것
을 기억해야 할 것이며, 그리고 그러한 표현들이 실재 또는 그것의
어떤 부분에 관해 무조건적 지시동일성을 제공하지 않는다는 것은
바로 브래들리의 주장이다. 러셀에게 그것은 아주 반대가 된다. 그
러한 표현들은, 그의 생각으로는, 그가 '논리적으로 고유 명사들'
(logically proper names)이라고 부를 만한 제1후보자들이다. 그것들
에 대한 기준은 만일 그것들이 개별자들이라고 부르지 않는다면 그
것들은 전혀 이름들이 아니라 소리에 불과하다는 것이다.[5] 그것들은
[실제로] 사용될 때 그것들이 지시한다고 주장하는 것을 설명하는
데 실패할 수도 있다. 따라서 그것들은 오류 불가능한 지시동일성의
표현이다. 일상적인 고유 명사들은 실제로 위장된 기술들이다. 어떤
것도 그것들이 실제로 존재하는 독특한 지시어의 대상을 설명한다
는 것을 확신시킬 수 없다.

　우리가 이전에 보았던 것처럼 브래들리가 그러한 용어들로 문제
를 주장하기를 원했든 또는 그렇지 않든 간에 그는 그러한 점에 동
의를 했을 것이다. 그러나 그의 견해로는 논리적으로 고유 명사들과

---

5) 마쉬(R. C. Marsh)가 엮은 《논리학과 지식》(*Logic and Knowledge*,
　London: Allen and Unwin, 1956)에 나오는 "논리적 원자론의 철학"(The
　philosophy of logical atomism)이라는 첫번째 강의의 끝에 나온 논평들
　을 보라.

같은 것들은 없다. '이것'(this)과 같은 표현들은 지시하는 데 실패할 만한 것이 아니다. 그것들이 지시하는 것은 논박되지 않는다. 그의 견해로는 '이것'과 같은 표현들은 그것들이 사용된다고 해서 반드시 지시하는 기능을 가진 것은 아니다. 논리적인 고유 명사들과 보통 명사들 간의 차이는 내가 위에서 이야기했던 것이 아니다. 즉 논리적인 고유 명사는 지시하는 것 외에 어떠한 다른 기능도 가지지 않고, 만일 그것이 그 점에서 성공하지 못한다면 결코 이름이 아니다. 그러나 브래들리의 견해로는 '이것'은 대조적인 기능도 가진다—그것은 이것을 저것과 반대되는 것으로서 그리고 어떤 계열에 있는 다른 항목들과 반대되는 것으로서 의미한다. 따라서 이 단어의 성공적인 사용은 언급되고 있는 대상이 존재한다는 것 외에 다른 전제들을 가진다. 만일 다른 문제들이 아니라면 그 점에서 브래들리는 옳은 것 같다.

이와 함께 어떤 판단의 주체가 친숙(acquaintance)에 의해 지식의 대상일 수 있는 어떤 것을 설명하지 못한다는 인식론적 지적이 있다. 그러나 이렇게 주장하면서 브래들리는 친숙에 의한 지식의 전 개념을 그가 했어야 했던 것처럼 거부하지 못한다. 왜냐하면 우리가 보았던 것처럼 그는 절대자의 지식에 대한 개념과 같은 어떤 것에 호소해야 하기 때문이다. 윌리엄 제임스는 (비록 그의 경우에는 '~에 대한 지식'과 반대되지만) 친숙에 의한 지식의 개념을 포함하면서 그의 첫번째 화제에서 어린아이가 우주와 친숙해진다고 말했다. 물론 어린아이는 그것에 대해 아무것도 알지 못한다. 브래들리는 '우주'보다는 오히려 '실재'를 사용하기를 더 좋아할 것이다. 그러나 그렇지 않더라도 그는 동의할 수 있을 것이다. 왜냐하면 경험 속

에 주어진 것은 실재이기 때문이다. 그러나 감각-자료에 기초한 이
론이 상정하는 것처럼 그것은 이미 조각들로 잘라지지는 않는다. 러
셀은 어떠한 방식으로든 과거에 그것이 있었다고 믿었다. 그리고 초
기 비트겐슈타인이 '대상들'의 본성에 대해 더 불명확했지만, 그가
비슷한 어떤 것을 염두에 두었다고 생각할 만한 근거들이 있다.[6]

'논리적 원자론의 철학'에 대한 강의들의 첫부분에서, 러셀은 '내
가 나의 논리학이 원자론적이라고 말할 때, 나는 내가 많은 독립적
인 것들이 있다는 상식적 믿음을 공유하고 있다는 것을 의미한다.
나는 세계의 외관상의 다양성을 단순히 하나의 불가분한 실재의 국
면들 및 비실제적인 부분들로 여기지 않는다'고 말한다. 그러나 실
재가 어떤 의미에서든 원자적인—어떤 분석 과정의 궁극적이고 자
존적인 산물이라는 의미에서 원자적이라는 것은 말할 것도 없
고—사물들로 이루어진다는 것은 상식적인 것이 아니다. 러셀도
'만일 나의 개별자들이 없다면 브래들리는 옳을 것이다'라고 말했
을 수도 있을 것이다.

러셀은 개별자들을 '원자적 사실들(atomic facts) 속에 있는 관계
들이라는 용어들'[7]로 정의하지만 그 정의에 선행하는 원자적 사실
들에 관한 설명은 단지 그것들의 단순성에 관한 상대적인 설명만을
제시한다. 비트겐슈타인은 《논리-철학 논고》 4.221에서 분석이 우리

6) L. Wittgenstein의 "Notes on logical form", *Proc. Arist. Soc.* (*Supp.* Vol. 9,
1929)의 162~171면을 보라.
7) 러셀의 "논리적 원자론의 철학"(Philosophy of logical atomism)의 두 번
째 강의에 나온다.

를 요소 명제들(elementary propositions)로 이끌어가며, 이것들이 요소적 또는 원자적 사실들과 일치한다는 것은 분명하다고 주장한다. 그러므로 그 가정은 원자적 사실들이 분석의 가능성에 대한 전제로서 존재해야만 한다는 것이다. 러셀도 이와 비슷하게 생각했던 것처럼 보인다. 4.211에서 비트겐슈타인은 '어떤 명제가 요소적이라는 표시는 그것과 모순되는 어떠한 요소적 명제도 있을 수 없다는 것이다'라고 말한다. 그것은 명제들이 요소적이라는 것을 결정하는 절차를 거의 제공하지 않는다. 왜냐하면 그것은 다른 요소적 명제가 이미 확인되었다는 것을 전제하기 때문이다. 그럼에도 불구하고 요소적 명제들과 원자적 사실들의 한 특징은 그것들이 서로에 대해 어떠한 논리적 관계도 가질 수 없다는 것이다. 왜냐하면 그것은 그것들이 논리적 분석의 최종-결과들이라는 사실로부터 나오기 때문이다.

그러므로 만일 러셀과 비트겐슈타인이 왜 단순한 것들이 있어야 하는가라는 질문을 받았다면 대답은 단지 만일 논리적 분석이 있다면 단순한 것들이 있어야 한다는 것일 수 있는 것처럼 보인다. 왜냐하면 여기서도 복잡한 것은 단순한 것을 전제하기 때문이다. 그러나 단순한 것들이 있어야만 한다는 것은 전혀 분명하지 않다. 왜냐하면 전제된 의미에서 논리적 분석과 같은 어떤 것이 있다는 것은 분명하지 않기 때문이다. 그것에 따르면 우리가 의미하는 것을 절대적으로 단순하고 원자적인 대상들을 포함하는 의미(meaning)의 원자적이고 기본적인 단위들로 분석할 수 있다. 단순성에 관한 한 논리적 원자론과 관련된 상황은 정확히 라이프니츠에 관해 성립하는 상황과 아주 비슷하다. 그러나 한 가지 큰 차이점이 있다. 라이프니츠의 단자들은 절대적으로 단순한 것만은 아니다. 단자들은 그것들의 관점에서 세계를 반영할 수 있어야 하므로 단순한 것 속에 다양성을 포함할 수 있다. 우리는 브래들리의 절대자에 대해서도 이와 비슷한 어떤 것을 말할 수 있다. 그러나 논리적 원자론의 단순한 것들은 내용에 있어서도 단순하다. 왜냐하면 단순한 것들은 논리적 분석, 즉 의미에 의한 분석의 산물이라고 생각되기 때문이다. 만일 이것이 실제로 그것에 대해 있는 전부였다면 최소한 단순한 것들은 그것이었을 것이다. 그러나 우리가 이미 보았던 것처럼 단순한 것들은 경험의 요소들―감각-자료들―이라고 생각된다. 그렇다 하더라도 그것들은 세계를 반영할 수 없으며, 그래서 어떻게 그러한 단순한 것들에 기초하여 세계를 구성할 수 있는가라는 질문은 불가피하게 제기된다. 왜냐하면 그러한 세계는 동일성을 가진 대상들을 포함해야 하기 때문이다.

감각-자료의 철학의 일련의 과정[8]은 그러한 계획을 실현하는 데 어려움들과 장애물들을 드러낸다. 그러나 그러한 어려움들에 대한 감지는 이미 한 번 이상 언급했던 다음과 같은 러셀의 언급 속에 어느 정도 나타나 있다. 즉 그의 개별자들은 그것들이 시간을 통해 지속할 수 있는 성질을 결여하고 있다는 것과 함께 그것들이 실제로 매우 짧은 시간 동안에만 지속된다는 추가 사항을 제외한다면, 개념상 실체라는 오래 된 개념과 비슷하다. 만일 어떤 것이 시간을 통해 아무리 짧을지라도 어떤 식으로든 존속한다면 그것은 절대적

---

8) 나의 책 《감각과 지각》(*Sensation and perception*, London: Routledge and Kegan Paul, 1961), 제10장을 보라.

으로 단순할 수 있을까? 라이프니츠는 그렇게 생각하지 않았을 것이다. 그것은 그를 시간과 공간이 단순히 관념적이라는 견해로 이끌어갔던 어떤 것에 대해 그가 느꼈던 것이었다. 그러나 라이프니츠의 단자론은 엄밀히 말하자면 논리적 원자론만은 아니다.

비록 우리가 어떻게 어떤 이론이 논리적 원자론을 포함할 수 있으면서도 여전히 세계에 대한 것일 수 있는가의 문제를 무시할지라도, 감각-자료들에 대한 언급이 제시하는 것처럼 왜 경험이 조각들로 잘라진다고 생각되어야 하는가라는 문제는 남는다. 브래들리가 밀과 같이 경험론적인 선구자들에 대해 한 비판들은 그러한 측면에서 강력하다. 그러나 그는 우리가 보았던 것처럼 '주어진'(given)의 관념도 함께 거부하지 않는다. '주어진'이라는 개념을 전적으로 거부하기를 원한 사람에게 적절한 반응은 '염병할'과 같은 어떤 것이어야만 한다. 실재가 어떠한 수준이든지 간에 기본적으로 단순해야 한다는 생각에도 동일한 것이 적용된다. 브래들리와 그의 반대자들이 따르는 길을 결정하는 동기는 복잡하다. 절대적인 의미에서 실체들이 단순할 필요가 없다는 것을 인정하고, 존재론이 인식론에 의해 결정되어야 한다고 생각하지 않는 사람에게는 그러한 동기의 대부분이 관련이 없는 것처럼 보일 것이다. 그럼에도 불구하고 그러한 동기가 무엇으로 이루어지는가를 알기 위해 노력하는 것은 중요하다. 따라서 나는 이러한 사상가들에게 주목했던 것이다.

이러한 문제들을 떠나기 전에 더 나아가 내가 그것들을 실체에 대해 말해야만 했던 다른 것들과 연관시켜야 한다는 고찰에 주목하는 것이 아마도 유용할 수 있을 것이다. 러셀의 생각 속에서 개별자의 개념에 부여된 중요성은 명백하다. 처음 보기에는 브래들리에게

는 덜 분명해 보인다. 그렇지만 그의 견해로는 단 하나의 개별
자—절대자 자체—가 있다고 정당하게 이야기될 수 있다. 동시에
브래들리의 논리적 사유에는 보편자들의 개념에로 향하는 견인력도
있다. 비록 브래들리는 '떠도는 관념들'(floating ideas)을 거부하지
만 실재, 즉 존재론에 대한 그의 사유의 출발점이자 분기점인 것은
인간 정신이 판단 속에 있는 관념들에 의해 영향을 받는 것이다. 관
념들은 성격상 보편자이다. 따라서 일상적인 실체들이 구체적인 보
편자들이라는 것이다. 이 모든 점에는 보편자들의 역할에 주어진 분
명한 특권이 있다. 비록 그 논증이 절대자가 하나의 큰 개별자라는
결론을 내릴지라도 그것은 여전히 유용한 범위 내에서 최대한 관념
들의 정합적인 체계를 통해서만 판단, 즉 추론적 사유에 유용할 수
있는 사례이다.

  그러므로 개별자의 우선성 개념에 관한 강조가 브래들리의 사유
에는 빠져 있으며, 따라서 우리가 그러한 원리에 관해 제5장에서 이
야기되었던 것에 대해 여기서 예외를 가진다고 말해질 수 있는가?
확실히 브래들리는 이러한 일상적인 단어들의 의미에서 보편자들이
존재한다는 것이 개별자들이 존재한다는 것에 의존한다고 생각하지
않는다. 오히려 판단이 관련된 한 개별자로서 생각될 수 있는 것은
보편자들이 정합적인 전체 속에서 결합될 수 있다는 것에 의존한다.
비록 그것은 내가 제5장에서 '개별자의 우선성'이라는 표제하에 논
했던 문제이지만 나는 또한 우리가 우리 자신에 관계하는 방식이
개별자 개념에 분명한 특권을 준다는 사실도 지적했다. 우리가 우리
자신을 보편자들로부터 구성된 것으로 생각할 가능성은 없는 것 같
다. 그러한 점이 인정될 때에만 우리는 보편자들이 개별자들과의 관

계에서 독립적인 지위를 가지는지 또는 의존적인 지위를 가지는지를 물어볼 수 있다. 그러므로 어떻게 브래들리가 사물들에 관한 자신의 도식에서 자아의 지위를 보고 있는가라는 문제가 제기된다.

그러한 질문에 대한 하나의 대답은 문자적인 의미에서 그가 그 문제에 대해 어떠한 견해도 가지지 않았다는 것이다. 왜냐하면 이것들은 그가 언급하는 용어들이 아니기 때문이다. 브래들리의 견해상 판단의 주어는 판단 속에 있는 용어일 수 없으며, 그러므로 어떤 판단의 가능한 대상일 수 없다. 다른 한편 그의 《논문 선집》(*Collected Essays*)에 있는 논문들 중 하나는 "심리학에 있어서 현상주의의 옹호"라는 제목의 논문이다. 그것의 주제는 내성(introspection)의 관점으로부터 발견될 수 있는 모든 것이 흄이 인상들과 관념들―19세기 관념론자들이 '느낌들'(feelings)이라고 부르던 경향이 있는 단순히 정신의 수동적인 상태들―로서 생각했던 것이라 할 수 있다. 흄이 생각했던 것처럼 거기서 발견되는 자아는 없지만 브래들리는 흄의 자아와는 다른 도덕적인 것을 끌어낸다. 그의 견해로는 '나'는 심리학에 가능한 주제가 아니다. 비록 '나'가 판단 속에 있는 용어일 수 없지만 그것은 판단 안에 전제되어 있으며 논리학의 주제이다.

이러한 측면에서 브래들리는 다음과 같은 《논리-철학 논고》 5.631 이하에 나오는 초기 비트겐슈타인의 언급들에 동의할 것이다. '관념들을 생각하거나 포함하는 주체와 같은 것은 없다… 주체는 세계에 속하지 않는다. 오히려 그것은 세계의 한계이다'. 판단에 관한 한 브래들리의 출발점(그리고 어느 정도는 초기 비트겐슈타인의 출발점)은 칸트의 '나는 생각한다'이다. 우리가 제9장에서 보게 될 것처럼 그것은 일반적으로 자아와 인간 정신의 현상들을 이해하는 데 많은 장점들을 가지고 있다. 그러나 내가 제3장에서 지시하려고 했던 것처럼, 그것은 존재론에 대한 적절한 출발점은 아니다. 그 이유는 '나'의 개념이 '우리'의 개념 없이도 가능한지가 분명하지 않으며, 그것이 공유하는 공적인 세계 없이도 가능한지가 분명하지 않기 때문이다. 만일 그 모든 것이 참이라면 개별자들이 보편자들로부터 만들어진 구성물들이라는 지위를 가지고 있다는 브래들리의 생각 속에 포함되어 있는 제안들은 부적절하게 기초지워진 것이다. 왜냐하면 그는 어떻게 객관적인 판단이 그 자체로 가능한가에 관해 인정할 만한 설명을 만족스럽게 하지 못했기 때문이다. 그것 없이도 보편적인 것이 어떠한 의미에서든 개별적인 것에 대해 우선성을 가진다는 제안은 단지 선결 문제 질문의 오류를 범한다.

제7장

시간과 공간

제1절 시간과 공간이란 무엇인가?

우리 모두가 공유하고 있는 실재가 많은 종류의 사물들로 이루어져 있으며 이것들 중에서 실체들이 어떠한 탁월성을 가진다고 말하면서, 만일 실체들이 시간을 통해 변화하고 존속하며 공간을 차지한다는 것이 강조되지 않는다면, 그러한 실재의 중요한 특성들을 빠트린 것이다. 나는 제4장에서 이러한 고찰들을 하였다. 그러나 우리가 그것들을 이해하려고 노력해야 한다는 것이 중요하다. 특히 시간과 공간이란 무엇인가? 그것들은 어떠한 종류의 것들인가? 하나의 자연스러운 답변은 그것들이 공간의 경우에는 3차원적이고, 시간의 경우에는 1차원적인 연속체들(continua)로 이루어진다는 것이다. 말하자면 시간과 공간은 연속적인 다양체들(manifolds), 즉 실체들과 사건들 각각이 차지할 수 있으며 그 자체로 존재하는 위치들(positions)로 이루어져 있다. 사건들과 과정들은 그러한 위치들을 차지함으로써 서로 잇달아 발생하는 것으로 보여지며 실체들은 어떤 공간적 관계들 속에 있는 것으로 보여진다. 그러나 이것은 어떤 의미로도 '시간'과 '공간'의 정의로 여겨질 수는 없다. 왜냐하면 내가 공간에 대해 말했던 것은 공간적 관계들을 지시하는 반면, 내가 시간에 대해 말했던 것은 시간적인 의미로 여겨져야만 하는 '이후'(after)를 지시하기 때문이다. 그럼에도 불구하고 내가 연속체들에 대해 말했던 것은 자연스러운 것으로 여겨질 수 있을 것이다.

그러나 그것이 항상 자연스러운 것으로 생각된 것만은 아니었다. 현대에 뉴튼(Newton)의 견해가 어떻게 수정되어왔든지 간에 뉴튼 이후에야 그것은 비로소 자연스럽게 되었다고 주장될 수 있다. 그리스인들에게는 그러한 방식으로 생각하는 것이 자연스럽지 않았다. 그들은 어떤 사건들이 다른 사건들—확실히 일어난 사건들 그리고 머지 않아 일어날 다른 사건들—이전과 이후에 일어난다고 생각하지 않았으며, 또는 물질적인 것들이 다른 장소들과 관련 있는 장소들에 있고 그것들을 차지하고 있는 것들이라고 생각하지 않았다. 이것은 그들이 시간의 간격을 측정하지 못했다거나 사물들간의 거리를 측정하지 못했다고 말하는 것이 아니라 시간과 공간을 위에서 상술한 의미에서 독특한 연속체들로 이루어진 것으로서 생각하지는 않았다는 것이다.

그리스 사상에서 공간 개념에 대한 일종의 대체물로 나타나는 허공(void) 개념은 단순히 그 안에 어떤 물체들도 없는 물체들 사이의 간격들이라는 개념이다. 일반적으로 그리스인들은 사물의 장소(place)에 대해 그 사물을 담고 있는 물체에 의해, 즉 사물과 그 사물이 들어 있는 것 간의 관계에 의해 생각하는 경향이 있었다. 아리스토텔레스가 장소를 최초의 움직이지 않는 수용적 물체의 한계(the limit of the first unmoving containing body)라고 정의할 때 그는 그러

한 개념을 형식적으로 설명하고 있는 것이다.—안타깝게도 이 정의
는 순환적인데 그 이유는 '움직이지 않는'이 궁극적으로 '장소에
있어서 변하지 않는'을 의미할 뿐이기 때문이다. 심지어 허공조차
세계 안에 포함되어야만 한다. 아리스토텔레스의 견해로는 모든 물
체들의 총합으로서 간주되는 우주의 바깥에는 아무것도 없고, 따라
서 그것은 어떤 장소도 가지지 않는다. 그럼에도 불구하고 공간적인
간격들은 잠재적으로 무한하게 나누어질 수 있다.

대조적으로 시간적인 간격들은 아리스토텔레스의 견해로는 잠재
적으로 무한하게 나누어질 수도 있고 잠재적으로 무한하게 연장될
수도 있다. 왜냐하면 그에게 있어서 시간은 이전과 이후라는 점에서
운동의 척도이며, 또한 운동이나 변화는 항상 있어왔고 또 항상 있
을 것이기 때문이다. 시간이 운동이나 변화와 그렇게 밀접하게 연관
되어 있다는 사실은 고작해야 사건들 사이에 사건이 없는 간격들이
있다는 것을 의미한다. 비록 그러한 간격들이 무한하게 점점 더 작
아지거나 무한하게 점점 더 커지는 것으로 생각될 수 있다 하더라
도 아리스토텔레스의 견해로는 사건들이 그 범위 내에서, 그리고 그
순간에 발생하는 그러한 '시간'이라고 불리는 연속체가 있었다는
것은 아니다. 우리가 실제로 말할 수 있는 것은 시간 및 공간과 관
련하여 아리스토텔레스와 그리스인들에게는 앞에서 설명했던 것처
럼 상호간의 간격을 유지하면서 장소를 차지하는 대상일 가능성과
다른 사건들의 전후에 발생하는 사건들일 가능성만이 있었다는 점
이다. 시간과 관련해서는 다음과 같은 점에서 후자의 가능성만이 있
을 것이다. 즉 우리가 어떤 사건들은 지금 일어나고 있는 것으로, 어
떤 것들은 일어났던 것으로, 그리고 어떤 것들은 머지않아 일어날

것으로 생각한다는 사실을 아리스토텔레스는 정확하게 의식하고 있
었다. 그래서 그가 그러한 방식으로 시간의 '경과'(passage)를 나타
내기 위해 전자의 사실들과 후자의 사실들을 연결시키고자 한다는
것이다. 나는 나중에 그러한 고찰들로 되돌아갈 것이고, 왜 공간에
대해서는 그러한 방식으로 생각하는 경향이 없는가에 대한 질문으
로 되돌아갈 것이다.

이 모든 것들은 단지 예를 들어 라이프니츠에게서 발견되는 시간
과 공간에 대한 상대적인 견해일 뿐이라고 말할 수 있다. 왜냐하면
라이프니츠에 따르면[1] 공간은 '시간이 연속(successions)의 질서인
것처럼 공존(coexistences)의 질서'이기 때문이다. 공간 자체는 관념
적인 것이고 그래서 '세계 밖의 공간은 분명히 상상의 것임에 틀림
없다.' 시간에 대해서도 이와 유사하다. 우리가 생각하는 것으로서
의 공간은 단지 모든 장소들을 포괄하는 것이고, '그 안에서 정신이
관계들의 적용을 생각하는' 그러한 것이다. 그리고 이 상황은 다시
한 번 시간에 대해서도 유사하다. 이러한 견해와 아리스토텔레스의
견해 사이에 차이가 있다면 그것은 아리스토텔레스가 비록 순간들
이나 시간들과 구별되는 것으로서의 어떤 시간 개념은 가지고 있긴
하지만 장소들(places)과 구별되는 공간(space) 개념을 가지고 있지
않았다는 것이다. 바꿔 말하면 라이프니츠는 우리가 시·공간 개념
을 본질적으로 가진다는 것을 인정했지만, 그 개념이 아리스토텔레

---

1) 라이프니츠와 클락의 세 번째 서신 왕래, J. J. C. Smart (ed.), *Problems of
   Space and Time* (New York and London: Collier-Macmillan, 1964), 89면
   이하.

스의 견해와 비슷한 어떤 것으로 환원되어야만 한다고 생각한다. 공
간에 대한 또 다른 차이가 있다면, 그것은 우리가 모든 것 이상의
어떤 것도 상상할 수 없기 때문에 우주 너머에 있는 어떤 것을 상
상할 수조차 없다고 아리스토텔레스가 주장할 것이라는 것이다. 그
렇지만 아리스토텔레스가 그 질문을 실제로 제기하지는 않았기 때
문에 이것은 단지 추측일 뿐이다.

이 모든 것과 완전히 대조적으로 우리는 뉴튼이 그의 《원리》
(*Principia*)의 정의들에 대한 주해에서[2] '스스로 그리고 본성상 절
대적이고 참인 수학적인 시간은 외부의 어떤 것과도 관계없이 균등
하게 흐르며 지속(duration)이라는 다른 이름으로 불린다. … 본성상
외부의 어떤 것과도 관계없는 절대적인 공간은 항상 유사하고 움직
일 수 없는 것으로 남는다'고 말하는 것을 발견한다. 나는 절대적이
고 상대적인 시간과 공간 간의 대조에로 직접 돌아갈 것이다. 당장
의 목적을 위해서 중요한 것은 뉴튼의 견해로는 시간과 공간이 그
밖의 어떤 것에 의존하지 않고서도 자체의 본성을 가진다는 것과
그것들 각각이 그것의 어느 한 부분이 다른 어떤 부분과도 구별될
수 없는 그러한 연속체로 이루어진다는 것이다. 우리가 존재하는 것
으로 여기는 모든 차이들은 장소를 차지하는 사물과 순간에 일어나
는 사건들 때문이지 시간과 공간 자체 때문은 아니다.

라이프니츠는 이것을 시간과 공간은 실체들이라고 말하는 것으로
해석한 다음에, 만약 뉴튼이 가정한 것처럼 시공간이 있다면 신은
사물들을 다른 곳에 두기보다는 어떤 한 장소나 질서 안에 두거나

---

2) 같은 책, 81면 이하.

혹은 그것들을 다른 시간보다는 어떤 한 시간에 창조할 만한 어떤 충분한 이유도 갖지 않을 것이라고 반대한다. 충족 이유율(the principle of sufficient reason)에 대한 이러한 호소는 어떤 차이도 없는 곳에서는 차이를 만들 어떤 방법도 없다는 생각을 제안하는 방법이다. 다른 말로 하면 뉴튼이 말한 것이 가정될 경우에 무엇이 그러한 장소와 시간을 차지하는지와는 상관없이 한 장소나 순간들을 다른 것들과 구별되는 것으로서 결정할 어떤 방법도 없기 때문에 시간이나 공간의 어떤 부분보다는 또 다른 한 부분에 대해서 말하는 것은 의미가 없다. 그것은 의미가 검증될 수 있는 것에 한정된다는 의미에서 결국 의미의 검증 원리에 호소하는 것이다.

그렇지만 뉴튼은 절대적인 시간과 공간을 그것들의 상대적인 대립쌍과 구분할 수 있는 한 가지 방법—결국 절대적인 위치들(즉 장소들과 시간들)과 상대적인 위치들의 구분이 되는—이 있다고 생각했다. 이러한 구분을 할 수 있는 경우는 운동이 어떤 시간에 한 장소에서 다른 장소로 움직이는 물체의 문제이기 때문에 절대적인 운동과 상대적인 운동 역시 구분할 수 있는 경우이다. 그러한 구분은 '정의들에 대한 주해'(the Scholium on the Definitions) 안에서 소위 '물통 실험'(bucket experiment)이라고 불리는 것에 호소함으로써 주장되었다. 비록 뉴튼이 그가 경험했던 것을 인용하기 때문에 그것은 완전한 '사유실험'은 아니지만 그래도 아주 단순한 생각을 포함한다. 그는 물로 채워진 물통을 끈으로 매달고 그 끈을 풀어지도록 하여 그 결과 그 물통이 공중에 매달려 회전하게 된다면 어떤 일이 일어나는지를 고찰한다. 그는 말한다. '물의 표면은 물통이 움직이기 시작하기 전처럼 처음에는 평평할 것이다. 그러나 그 후에 물통은 점차로 물통의 움직임을 물에 전달하면서 눈에 보일 만큼 물을 회전하게 만들고 조금씩 중앙에서부터 멀어지게 만들고 물통의 측면들 위로 올라가게 만들고 오목한 모양으로 만들 것이다(내가 관찰했던 것처럼). 그리고 움직임이 더 빨라질수록 물은 더 높이 올라가서 마침내는 물통과 동시에 회전을 계속하면서 그것 안에서 상대적으로 정지하게 될 것이다.'[3] 뉴튼은 계속해서 '물의 상승'을 '그것의 운동의 축으로부터 멀어지려는 물의 시도'라고 말하고, 그리고 '물의 참되고 절대적인 회전 운동'이 이것을 통해서 알려지게 된다고 말한다. 단순히 상대적인 운동은 그러한 결과를 가질 수 없을 것이라고 전제된다.

예를 들어 에른스트 마하(Ernst Mach)에 의해 그런 것처럼[4] 이러한 논증에 대한 그 이후의 비판들은 물통 안에서 일어나는 소위 물의 절대적인 운동이라는 것이 가령 항성들처럼 어떤 다른 기준 좌표계(frame of reference)에 따라 여전히 상대적인 운동일 수 있다고 주장하는 경향을 가지고 있었다. 마하는 실제로 소위 항성들이 고정된 지구 주위를 빠르게 선회한다면 어떤 일이 일어날지 우리가 모를 뿐만 아니라 물통의 측면들이 '몇천 미터의 두께'가 될 때까지 두께와 질량이 증가한다면 어떤 일이 일어날지 또한 알 수 없다고 주장했다. 만약 그런 종류의 비판이—실제로 그렇다고 보여지는 것처럼—옳다면, 유일한 결론은 물리적인 운동에 대한 적절한 설명 안에서 사용될 수 있는 단일한 기준 좌표계가 있는가 하는 질문이

---

3) 같은 책, 85면.
4) 같은 책, 126~131면.

252

과학적인 질문이지, 어떤 선험적인 논증의 형태를 통해 답변될 질문
은 아니라는 것이다. 엄밀히 말하면 뉴튼은 물론 그의 논증을 선험
적인 논증으로 의도하지는 않았고 단지 아주 단순하게 관찰되는 경
우에 호소함으로써 진행될 수 있는 논증으로 의도했다. 그럼에도 불
구하고 도출되는 유일하게 합리적인 결론은 절대적인 공간(그리고
시간에 대해서도 마찬가지이다)과 같은 것이 있는가라는 질문이 철
학적인 문제가 아니라는 것이다. 동일한 결론이 리차드 스윈번
(Richard Swinburne)[5]이 이 영역 안에 있는 두 번째 문제로서 구분
한 질문, 즉 시간과 공간이 그것들 안에 포함된 대상들과 사건들에
영향을 받지 않는 그 자체의 속성들을 가지는가라는 질문에도 적용
된다. 보다 정확히 그것들이 아인슈타인의 일반 상대성 이론에서 거
론된다고 생각되는 것처럼 문제가 되는 속성들이 물리적인 속성들
이라면 동일한 결론이 적용된다.

　나는 다음의 이유들 때문에 그렇게 제한한다. 뉴튼의 논증은 특수
한 경우에 그런 구분을 할 만한 근거들이 있다는 것을 보여주기 위
해 가정된 어떤 것을 언급함으로써 절대적인 시·공간과 상대적인
시·공간 간의 구분을 확립하려고 시도한다. 만약 그것이 타당하다
면, 그것은 물론 시간과 공간이 단순히 각각 대상들과 사건들 간의
관계들의 문제일 수 없다는 것을 보여줄 것이다. 다른 한편으로 그
것이 타당하지 않다면 그것은 시공간이 그러한 관계들 이외에 아무
것도 아니라는 것을 보여주지는 않는다. 라이프니츠는 실제로 만약

5) R. Swinburne, *Space and Time* (London: Macmillan, 1st edn 1968; 2nd edn 1981), 제3장.

우리가 공간을 예를 들어 커다란 상자로 생각한다면 그 안에서 어떤 위치를 차지하고 있는 대상들과 따로 떼어서 그 위치들을 결정할 어떠한 것도 없고, 그리고 그 상자가 무한히 크다면 그 상자의 측면들에 대해 상대적인 위치들을 결정할 수 없다고 주장했다. 이러한 고찰로부터 그러한 공간 개념이 틀렸다는 사실이 따라 나오는 것처럼 보인다. 그러나 공간은 대상들과의 관계 외에 아무것도 아니라는 사실이 직접 따라 나오지는 않는다.

　뉴튼이 공간을 실체라고 말했다고 생각하는 라이프니츠의 주장은 그가 실체와 관계의 범주들에 한정되는 범주들의 체계로 작업을 하고 있다는 것을 지적한다. 우리는 부가적인 범주들을 찾아야 할지도 모른다. 시간과 공간이 단순히 관계들일 뿐이라는 생각은 무엇이 그것에 관련되는지에 관한 문제를 초래한다. 어떤 연장된 대상은 그 어떤 것이든지 공간을 차지하고, 그것의 공간성은 공간의 상대적인 견해에 근거해 요소들간의 관계들 안에 내재해야만 한다. 그러나 만약 그러한 요소들 자체가 공간을 차지한다면 동일한 주장이 그것들에도 적용되어야만 한다. 이렇게 생겨나는 후퇴를 멈추는 유일한 방법은 공간적인 관계들에 의해 관련되는 대상들 그 자체가 공간을 차지하지 않는다고 가정하는 것이다. 우리가 제6장에서 본 것처럼 라이프니츠는 실재의 요소들이 '대량의 점들'(massy points) ─점과 비슷하여 연장되어 있지는 않지만, 물리적인 속성들을 가진 대상들─로 구성되어야만 한다는 가능성을 잠시 동안 진지하게 다루었다. 이러한 생각에서 아주 불만족스러운 것들, 그리고 어떻게 그러한 대량의 점들로부터 세계를 구축할 수 있는가라는 문제가 결국 그를 단자론으로 이끌었다. 그러나 여기에서 그러한 견해는 공간이

254

(그리고 시간 역시) 단순히 관념적일 뿐이라는 가정으로 이끌었다. 시간과 공간이 단순히 관계들 안에 내재해 있을 뿐이라는 가정이 관계항에 관한 문제들을 발생시킨다는 것은 아주 명백하다. 만약 공간에 대해서 말하는 것이 단지 일상적인 사물들간의 일종의 관계에 대해 말하는 것이라고 한다면 우리는 그러한 사물들이 어떻게 그리고 어떤 의미에서 공간을 차지할 수 있는지에 대하여 분명히 지적해야만 한다.

유사한 결론들이 브래들리가 자신의 절대적인 관념론을 지시하는 용어들 중에서 시간과 공간 개념이 비정합성을 포함하기 때문에 시간과 공간의 개념이 단순한 현상이라는 것을 보여주기 위해 사용한 논증에서도 나온다. 그는 정립과 반정립이 모두 받아들여질 수 없다는 것을 보여주려고 했던 헤겔의 변증법을 사용하여 그러한 결론을 주장한다. 공간의 경우에 (그리고 시간에 대한 논증도 마찬가지이다) 정립은 공간이 단순한 관계가 아니라는 것이다. '왜냐하면 어떤 공간도 연장된 부분들로 이루어져야만 하고, 이러한 부분들은 분명히 공간들이기 때문이다. … 공간이 단지 공간들의 관계에 지나지 않는다는 명제에 도달하게 될 것이다. 그리고 이 명제는 그 자체로 모순이다.'[6] 다른 한편으로 공간이 단지 관계에 지나지 않는다는 반정립이 있다. 어떤 공간도 부분들로 이루어져야만 하는데, 이것들도 공간들이다. 그러나 또다시 이 부분들은 부분들로 이루어져야만 하

6) F. H. Bradley, *Appearance and Reality* (London: Sonnenschein, 1893), 제4장 참조. 또한 Smart (ed.), *Problems of Space and Time*, 132면 이하 참조.

는데, 이것들도 공간들이다. 말하자면 어떤 공간도 반드시 무한하게 나누어질 수 있고, 그래서 그러한 분할의 어떤 단계에서도 다른 부분들과 공간적으로 관련된 부분들이 있어야만 한다. "관계항들은 관계에 본질적이고, 그리고 관계항들은 존재하지 않는다. 끝없이 살펴보더라도 우리는 결코 관계들 이상의 어떤 것도 발견할 수 없다. 그리고 우리는 우리가 그럴 수 없다는 것을 안다. 공간은 본질적으로 관계들의 관계항들을 찾는 것이 수포로 돌아가는 그러한 관계들로 변하는 것의 관계이다. 그것은 우리가 발견할 수 없는 것들의 끝없는 연속이다."

그러한 논증을 하면서 브래들리는 아주 자유롭게 범주들을 사용한다. 공간 전체에 대해서 그는 그것이 '사물이나 실체 혹은 성질 (당신이 원하는 대로 불러라) …'이라고 말한다. 그렇지만 그가 진지하게 유용한 것으로 생각한 유일한 범주들이 실체, 성질, 그리고 관계의 범주들이라는 점은 분명하다. 공간은 분명히 성질이 아니다. 그것은 실체도 아니다. 왜냐하면 그것은 무한하게 공간들로 나누어질 수 있기 때문이다. 그것은 이미 제시된 이유들 때문에 단순히 관계도 아니다. 공간이 실체라고 주장하는 데 반대하는 그 논증이 얼마나 타당한지는 의심스럽지만 설령 공간이 실체이더라도 다른 실체들과 비슷하지 않다는 것은 아주 분명하다. 어쨌든 이러한 이유로 라이프니츠 식의 논증들은 뉴튼을 반대한다.

지금의 상황에서 우리에게 필요한 것은 새로운 범주인 것처럼 보이는데 이는 전혀 놀랄 만한 일이 아니다. 왜냐하면 지금까지 요청된 범주들은 시간과 공간 안에 있는 사물들, 즉 시간과 공간 자체보다는 시간과 공간을 전제하는 사물들에게 가장 분명하게 적용되기 때문이다. 그러므로 시간과 공간을 직관의 형식들로서 특징지운 칸트에게로 주의를 돌리는 것이 도움이 될 것이다. 그러한 생각은 사용된 용어들이 칸트의 인식론적 장치를 전제한다는 이유만으로도 문제가 된다. 직관의 형식(a form of intuition)에 대해서 이야기하는 것은 지각이나 지각의 대상들이 가져야만 하는 형식을 언급하는 것이다. 칸트는 공간이 외부 감각의 형식이라고 말한다. 그것은 일상적인 지각의 대상들이 가져야만 하는 형식을 말하는 것이다. 시간은 외부 감각과 내부 감각 모두의 형식이다. 그것은 사건들이 지각의 대상들이든 아니면 지각들 자체이든지 간에 그것들이 가져야만 하는 형식을 말하는 것이다. 이러한 설명은 시간과 공간이 정확히 무엇인지를 밝히기에 충분하지 않다. 왜냐하면 그것은 분명히 시간성(temporality)과 공간성(spatiality)에 대한 선험적인 이해를 전제하기 때문이다. 그렇지만 '형식'이라는 용어의 사용은 도움이 될지도 모른다. 비록 어떤 주석가들은 형식이란 개념이 단지 어떤 종류의 관계들의 관념일 뿐이라고 제안했지만 칸트는 라이프니츠에 의해서 제안된 시간과 공간에 대한 상대적인 견해를 받아들이지 않았다. 그는 형식이 그것을 채우는 어떤 대상들이나 사건들 없이도 존재할 수 있다고 생각했다. 다른 한편으로 그는 시간과 공간에 포함되는 형식들이 지각과 밀접하게 연관되어 있고 그러한 맥락 외에는 어떤 여지도 없다고 생각했기 때문에 뉴튼의 개념도 받아들이지 않았다.

칸트는 시간과 공간이 단순히 직관의 형식들이기만 한 것은 아니라고 가끔 말한다. 그것들 자체는 선험적인 직관들이기도 하다. 그것은 매우 어려운 개념이다. 그렇지만 만약 우리가 사유의 인식론적인 껍질을 벗겨낸다면, 즉 일단 인식론적인 전제들이 제거되기만 하면 직관들과 개념들에 대한 칸트의 구분이 대상과 개념에 대한 프레게의 구분과 동일한 것이라는 사실을 안다면, 칸트가 시간과 공간이 개념들이 아니라 대상들이라고 말하고 있다는 것이 명백해진다. 다른 방식으로 표현하면 시간과 공간에 대해서 생각하는 것은 단순히 세계에 대해 **생각하는 방법들**을 생각하는 것이 아니다. 그것은 세계가 실제로 어떻게 있는지를 생각하는 것이다. 더욱이 시간과 공간은 단순히 가능성들이 아니라 실제적인 어떤 것이다. 그래서 그것들이 본성상 물리적인 속성들을 가지든지 그렇지 않든지 간에 그것들 자체는 본성상 어떤 것이다. 그런 경우에 사물들과 사건들이 시간적이고 공간적인 관계들의 종류들 속에 있을 수 있는 이유는 시간과 공간이 현재와 같은 방식으로 있기 때문이다. 시간과 공간은 사물들과 사건들 간의 실제적인 관계들로 구성되어 있지도 혹은 가능한 관계들로 구성되어 있지도 않다. 그것들은 그러한 종류 중 어떤 관계들이 가능한지를 결정한다.

이러한 견해로는 우리가 주목했던 것처럼 시간과 공간이 그것들을 차지하는 사물들과 사건들 없이도 존재했을 것이라는 주장이 적어도 논리적으로는 가능하다. 우리는 신이 시간과 공간을 창조하면서 그것들을 차지하는 어떤 것도 계속해서 창조하지 않고 그 상태로 남겨둘 수도 있었을 것이라고 말함으로써 어느 정도 선명하게 지적할 수도 있다. 그것은 라이프니츠의 견해로는 가능하지 않지만 뉴튼의 견해로는 가능하다. (비록 뉴튼의 신학적인 생각들이 그의 실제 견해에 난점들을 초래하지만 말이다.) 그렇지만 뉴튼의 견해는 어떤 과학적이고 물리학적인 고찰들을 제기하고 이러한 고찰들은 그 자체로 아주 중요하긴 하지만 철학적인 관심을 가질 필요는 없다. 그렇지만 칸트 안에서 우리는 아마도 이 두 가지 견해들 사이에 있는 시간과 공간 개념을 발견할 수 있다. 즉 그것에 의하면 시간과 공간은 스스로 존재하는 실제적인 어떤 것이고, 그리고 세계 안의 사물들과 사건들 간의 시간적이고 공간적인 관계들이 그렇게 있는 이유는 시간과 공간이 그렇게 있기 때문이다. 이것의 중요성은 시간과 공간이 필연적으로 무한한지—내가 다음 절에서 논의할 어떤 것—를 고찰함으로써 또한 나타나게 될 것이다.

그렇다면 시간과 공간이란 무엇인가? 그 질문에 대답하는 것은 매우 어려우며, 그리고 그것에 대답하는 데 있어서 우리가 호소할 수 있는 어떤 단일한 범주도 없다. 칸트의 형식 개념은 그러한 연관에서 뭔가를 하지만, 그러나 그 맥락에 대한 더 이상의 설명이 없다면 충분하지 않을 것이다. 시간과 공간은 세계 안의 사물들과 사건들이 그 안에 처해 있는 그러한 가능한 관계들에 형식을 제공하는 두 개의 거대한 연속체를 이루는 것처럼 보인다. 공간적인 연속체의 측량 가능한 속성들은 기하학의 용어들로 형식화될 수 있고, 기하학의 기능은 측정 가능한 용어들로 그러한 연속체 개념 안에 포함된 것을 설명하는 것이다. 대안적인 기하학들의 가능성이 그것을 덜 참되게 하지는 않는다. 그러나 만약 세계 안의 사물들이 그러한 연속체 안에 내재하는 것과의 관계에 있어 일치하지 않는다면 그러한 기하학들은 물리학 이론의 연관 안에 있는 세계에 전혀 적용되지 않을 것이다. 우리가 그것을 어떻게 요약하든지 간에 공간은 그러한 연속체이다. 그것은 사물들이 어떤 논리적 속성들—특히 비대칭성(asymmetry), 비반사성(irreflexibility), 전이성(transitivity)의 속성들—과 관련하여 서로서로 관계들을 가지면서 있을 수 있기 때문이다. 공간이 3차원을 가지는 반면 시간은 1차원을 가진다는 것, 그리고 우리가 보게 될 것처럼 비록 현재에 발생하는 것이 항상 변하고 있다 하더라도 우리가 시간에 있어 단일한 위치—현재—를 차지한다는 것만(이러한 어떤 것도 공간에 유효하지는 않다) 제외하면 시간에 대해서도 동일한 주장이 적용된다.

제2절 시간과 공간이 무한해야만 하는가?

칸트가 시간과 공간 개념들에 대한 형이상학적 설명이라고 부른 것과 관련된 그의 첫번째 《비판》의 '초월론적 미학'(Transcendental Aesthetic)의 부분들에서 그는 네 가지 명제들을 제안한다. 정확하게 말하면 그는 공간과 관련하여 네 가지 명제들을 설명하고 시간과 관련해서는 다섯 가지 명제들을 설명한다. 그러나 시간의 다섯 명제들 가운데 하나는 이 부분에 속하지 않는다. 공간과 관련된 네 가지 명제들은 다음과 같다. (1) 공간은 외부의 경험들로부터 파생되는 경험적 개념이 아니다. (2) 공간은 모든 외적 직관들의 토대가 되는 필연적인 선험적 표상이다. (3) 공간은 우리가 말하는 것처럼 사물들 일반의 관계들에 대한 추론 개념이나 일반 개념이 아니라 순수한 직관이다. (4) 공간은 다양성이 주어진 무한으로서 표상된다. 시간에 대한 네 개의 관련된 명제들은 필요한 수정이 가해진다면 유사한 것들이다. 여기에서 모든 이러한 명제들을, 특히 그것들을 표현한 용어에 대해서 상세하게 다루는 것은 도움이 되지 않을 것이다. 그렇지만 약간의 일반적인 설명들은 적절할 것이다. 따라서 나

260

는 두 가지 특별한 점에 주의를 집중할 것이다.

"공간은 경험적 개념이 아니다"라는 칸트의 말은 공간 개념이 경험적인 개념이 아니라는 것을 의미한다고 추정된다. (결국 위에서 언급된 세 번째 명제는 공간이 도대체 개념이라는 것을 부정한다.) 따라서 그는 공간 개념을 어떤 공간적인 관계들 안에 있는 사물들에 대한 우리의 지각으로부터 추정해서 얻는다는 로크의 주장에 반대하고 어떤 공간적인 관계들 안에 있는 사물들에 대한 지각 자체가 공간 개념을 전제하고 있다고 아주 정확하게 주장한다. 비록 그것이 인식론적으로 중요한 문제들을 제기하긴 하지만 그것은 여기서 더 이상 관여할 필요가 없는 인식론적인 주제이다.[7] 두 번째 명제는—내가 앞 절의 끝에서 말했던 것처럼—대상들이 공간이라는 연속체 안에서 위치들을 차지한다는 전제 없이는 우리가 대상들을 지각할 수 없다고 주장한다. 공간적인 관계들 안에 있는 것으로서 대상들을 지각하기 위해서 우리는 공간적 관계 속에서 대상을 보는 그러한 차원에 대한 선험적인 표상을 반드시 가지고 있어야만 한다. 이것으로부터 우리가 기대할 수 있는 것처럼 칸트는 계속해서 우리는 결코 공간이 없다는 것을 표상할 수는 없지만 그것을 대상들이 없는 것으로 생각할 수는 있다고 말한다. 많은 사람들은 이 주장에 놀란다. 어떤 대상들도 들어 있지 않는 한 공간의 영역들이 있을 수 있다고 가정하는 것은 내가 보기에 비교적 별다른 문제가 되지 않

---

7) 시간과 관련해서 그 점에 대한 논의를 위해서는 나의 책 《인식론》 (*Theory of Knowledge*, London and Basingstoke: Macmillan, 1971), 196면 이하를 보라.

을 것 같다. 이와 마찬가지로 어떤 사건들이 존재하기 전에 시간이 존재했을 것이며 어떤 사건들이 없게 될 그 이후에도 결국 시간은 존재할 수 있을 것이라고 가정하는 것도 별다른 문제가 되지 않는다. 만약 그것이 가능하다고 할지라도, 그것은 어떤 대상들도 없는 그러한 공간이 있었을 것이라는 가능성에 대한 고찰에 큰 기여를 하는 것은 아니다.─그리고 시간에 대해서도 마찬가지이다.─그러한 가능성을 생각하는 것은 물론 시간과 공간에 대한 순수하게 관계적인 견해를 거부하는 것이지만 그것은 우리가 이미 전에 다루었던 점이다.

공간이 개념이 아니라는 것, 즉 단순히 사물들에 대해서 생각하는 방법이 아니라는 것 또한 문제는 없는 것 같다. 공간성이 세계에 대해 생각하는 방식이 아니라 세계 자체의 속성이라는 것은 정말 그럴 듯하다. 이것은 세계의 그러한 특징에 대해서 생각하는 대안적인 방법들이 있다는 가능성을 막지는 않는다. 즉 우리는 공간 개념이나 개념들을 가지고 있다. 그렇지만 이것은 공간 자체를 개념으로 만들지는 않는다. 그렇지만 이 점에 관해 고찰하는 사이에 칸트는 우리가 우리 스스로 하나의 공간만을 표상할 수 있다고 (그리고 만약 공간이 개념이라면 그것이 다양한 예들을 가졌을 것이라고) 주장한다. 실제로 그는 공간이 본질적으로 하나라고 강조한다. 나는 다음 절에서 그 점으로 돌아갈 것이다. 그의 마지막 요지는 공간이 크기가 주어진 무한으로서 표상된다는 것이다. '주어진'이라는 단어에 대한 그의 강조는 아마도 로크가 생각한 그런 방식─특수한 공간적인 관계들의 특징들로부터 무한하게 추정하는 가능성─으로 공간이 무한하다고 생각하지는 않는다는 것을 지적하려는 의도일 것이다. '~의 오른쪽에 있음'이라는 관계는 전이성, 비대칭성, 비반사성의 논리적 속성들을 가지고 있다. 이 속성들은 이 관계를 수단으로 해서 어떤 한계들도 가지지 않는 공간적인 연속들(a spatial series)을 만들 수 있게 한다. 덧붙여서 만약 그러한 공간적인 연속들이 수의 연속과 유사하고 순전히 이러한 종류의 관계에 의해서만 결정된다면 (수들이 관련되는 한 '~의 뒤에 옴'이란 관계의 경우에서처럼) 그것은 필연적으로 어떤 한계들도 가지지 않을 것이다. 이것은 로크가 시간과 공간을—우리가 사물들과 사건들 사이에서 획득되는 것으로 지각하는 이러한 속성들을 가지는 시공간적인 관계들로부터 추정될 수 있는 것으로서—생각한 방법이다.

칸트는 그가 시간과 공간 개념이 선험적이라고 강조했을 때 이미 그러한 방법을 부정했다. 그는 명확한 공간적인 간격들이나 시간적인 간격들에 대한 어떤 표상도 그러한 간격(interval)에 한정된 전체로서 단일한 공간이나 단일한 시간을 전제한다고 주장한다. 시간과 공간의 한계들이 그러한 방법으로만 경험 내에서 발생하기 때문에, 그는 시간과 공간이 한계가 없어야만 하고 그 자체로 주어져야만 한다고 여긴다. 이러한 이유로 그는 공간과 그것의 부분들과의 관계가 개념과 그것의 예들과의 관계와 동일한 것이라고 생각하지 않는다. 공간의 모든 부분들은 무한히 공존한다. 그리고 시간에 대해서도 마찬가지이다. 그래서 그는 '공간에 대한 원래의 표상이 개념이 아니라 선험적인 직관이다'라는 결론을 다시 한 번 끌어낸다. 시간과 공간은 그것들 자체를 한계지우는 것이 아무것도 없기 때문에 무한하다. 그러한 한계들은 경험의 범위 내에서 그리고 그 결과로서 그렇게 발생한다.

이러한 논증으로부터 실제로 따라 나오는 것은 단지 우리가 생각하는 것 속에 있는 그 어떤 것도, 즉 시간과 공간 개념들 안에 있는 어떤 것도 심지어 가능한 경험과 관련된다 하더라도 공간이나 시간에 어떤 한계도 주지 않는다는 것일 뿐이다. 실제로 있는 어떤 한계들을 제공하는 것은 실제적인 경험이다. 그러나 칸트에 의하면 그러한 한계들은 시간과 공간의 범위 내에 있고, 그래서 시간과 공간 자체가 한계지워진다고 생각할 만한 어떤 이유도 제공해주지 않는다. 그럼에도 불구하고 비록 우리가 칸트의 지시어들을 받아들인다 하더라도 시간과 공간 자체가 그것들을 생각하는 이러한 방식이 제안하는 것과 정확하게 같은 것인가 하는 문제가 남는다. 이것은 앞에서 언급된 문제 — 어떤 공간적인 연속들이 전이성, 비대칭성, 비반사성의 논리적 속성들을 가지는 관계에 의해서 전적으로 결정될 수 있는지의 문제 — 와 같은 것이다. 칸트의 관점에서 보면 경험에 의하여, 즉 한정된 시간과 공간에서 우리가 이해할 수 있는 것이 무엇인가라는 그 이상의 문제가 있다. 이것은 어떤 의미에서 검증주의의 전제들을 갖는 문제이지만, 아마도 직면해야 할 문제이다. 그것을 생각하는 하나의 방법은 우주가 모든 점에서 분명하게 유한하다는 아리스토텔레스의 견해로 되돌아가는 것이다.

내가 이 장의 시작 부분에서 말했던 것처럼 엄밀하게 말해서 아리스토텔레스는 공간 개념을 가지고 있지 않다. 그의 견해로는 사물들은 그것들을 포함하는 어떤 것 안에 있다는 의미에서 장소를 가지고, 그리고 우주 — 모든 것 — 는 모든 것을 그 안에 포함하는 그러한 것은 없기 때문에 장소를 가질 수 없다. 그 이유 때문에 아리스토텔레스는 우주를 유한하다고 여긴다. (그렇지만 그 결론은 아마

264

도 엄밀하게 따라 나오지는 않을 것이다.) 많은 비판가들은 우주 외
부에 아무것도 없다는 가정이 불합리하다고 생각했다. 루크레티우스
(Lucretius)와 같은 원자론자들은 우리가 우주의 경계에 가게 될 때
무슨 일이 일어난다고 가정되는지를 물었다. 우리가 투창을 바깥쪽
으로 던지려고 시도한다면 투창은 외부의 뭔가에 의해 멈춰질 것이
고 이 경우에 우리는 경계에 있는 것이 아니다. 혹은 투창이 실제로
바깥으로 가게 되면 이 경우에는 우주 외부에 적어도 어떤 것, 즉
투창이 그곳으로 움직일 수 있는 어떤 공간이 있어야만 할 것이다.
원자론자들은 투창이 움직일 수 있는 빈 공간이 있다고 생각했다.
그것은 아리스토텔레스가 다른 이유들 때문에 불합리하다고 생각한
개념이었지만, 물체들의 전체 집합 외부에 허공과 같은 것이 있느냐
는 질문은 선험적인 방법으로든 혹은 어쨌든 지금까지 제시된 고찰
들에 의해서든 대답될 수 있는 질문이 아닌 것 같다. 동일한 종류의
논증을 우주가 아니라 공간 자체에 적용함으로써 그 이상의 고찰들
이 제기될 수 있는가?[8]

그 경우에 논증은 대략 다음처럼 될 것이다. 공간에 경계가 있다
면 우리가 계속 전진하려고 시도하거나 혹은 뭔가를 던지려고 시도
하는 경우에 무슨 일이 일어날까? 우리가 저쪽의 뭔가에 의해 멈춰
져야만 한다면 이 경우에는 경계로 가정된 그곳은 경계가 아닐 것

---

8) 루크레티우스(*De Rerum Natura* I, 968면 이하)가 그것을 하려고 의도했
   는지는 분명하지 않지만, 그러나 만약 우리가 공간 개념을 사물들에 대
   한 아리스토텔레스의 도식 안으로 끌어들인다면 공간과 우주가 같은
   크기라는 가정에 관하여 이전의 논증이 제기될 수 있다.

이다. 또는 우리가 더 나아갈 수 있거나 혹은 뭔가를 밀어낼 수 있다면 이 경우에도 경계로 가정된 그곳은 다시 한 번 경계가 아닐 것이다. 이러한 가정들은 배제적 선택사항들을 이룬다. 따라서 공간에는 어떤 경계도 있을 수 없다. 스윈번이 말한 것처럼[9] 유사한 논증이 공간이 필연적으로 연속적이라는 것을 보여주기 위하여 요청될 수 있다. 그는 어쨌든 공간이 논리적 필연성 때문에 경계가 없고 연속적이라는 것을 보여주려는 것으로 여겨진다면 두 논증들이 타당하다고 생각한다. 공간이 무한한지 어떤지는 공간이 어떻게 기하학적인 용어로 가장 잘 해석될 수 있는지와 관련된 부가적인 요인들에 달려 있다.[10] 그렇지만 이러한 논증들은 내가 보기에는 완전히 부당한 것 같다. 나는 공간에 경계가 없다는 주장에 관심을 국한하겠다.

우리가 공간의 경계에 이르렀을 때 무슨 일이 일어나는가라는 질문에 대해 형식적으로 옳은 대답은 갈 수 있는 장소가 없기 때문에, 즉 차지할 수 있는 그 이상의 장소들이 없기 때문에 우리는 더 이상 갈 수 없다는 것이다. 공간의 경계 말고는 더 이상의 전진을 막을 것이 아무것도 없고 혹은 그것을 막을 필요가 있는 것이 아무것도 없다. 단지 그것만이 그 이상의 전진을 배제하기에 충분하다. 그렇지만 그런 형식적인 대답은 그 다음에 일어날 것에 대해 어떠한 설명을 하지 않는다면 불충분해 보인다. 내가 앞에서 지적했던 것처

9) R. Swinburne, *Space and Time*, 초판, 31면.
10) 공간은 무한하지만 경계가 없다는 아인슈타인의 대중적인 번역물들을 참고하라.

럼 그것에 대해 묻는 것은 경험의 관점에서 볼 때 우리가 경계에 있다는 가정에 어떤 의미가 있을 수 있는지를 묻는 것이다. 그러한 요구와 관련된 난점은 그것이 우리 상상력의 풍부함에 의존하는 많은 다른 가능한 방법들로 충족될 수 있다는 것이다. 예를 들어 자연의 법칙들은 우리가 경계 쪽으로 다가감에 따라 운동이 점근적(漸近的)으로 점차 느려지고, 그래서 우리가 결코 거기에 완전히 이를 수 없다는 것이다. 어떤 의미에서 우리는 경계를 넘어가는 데 방해를 받지만, 경계의 다른 쪽에 있는 어떤 것에 의해서 그런 것은 아니다. 아마도 우리가 경험하는 것은 거울을 통과해서 우리가 방금 분명하게 '떠났던' 공간에로 다시 돌아가고 있는 우리 자신을 우리가 발견하게 되는 것과 비슷하다.[11] 확실히 경계 너머를 보거나 지각하는 것은 불가능해야만 한다. 왜냐하면 그 경계 너머에는 아무것도 없기 때문이다. 그렇지만 우리가 실제로 경계 너머를 보고 있는 경우가 아닌 한 사물들이 어떻게 보이는가에 대한 수많은 대안적 가능성들―안개, 어둠, 뚜렷한 거울의 상―을 생각하는 것은 가능하다.

칸트가 말한 것은 우리의 감성이 주어진다면 우리의 경험이 대상들이 차지할 수 있는 공간이 경계를 갖는다는 생각과 양립할 수 있는 것이라는 가정에 어떠한 의미도 더할 수 없다는 것을 함축한다. 그것이 그렇다는 것은 분명하지 않다. 다른 한편으로 내가 암시했던 상상의 상황들에서 공간이 실제로 유한하고 경계지워진다고 우리가

---

11) 내가 알기로 그러한 상황을 묘사하려고 시도한 작품은 클라크(Arthur C. Clarke)가 쓴 '우주 둘레의 벽'(A wall round the universe)이라는 공상 과학 이야기가 있다.

결론지어야만 한다는 것은 분명히 실제적이지 못하다. 그렇지만 우리의 현재의 목적을 위해 그러한 결론이 있을 수 있다는 것으로 충분하다. 나는 공간이 실제로 경계지워진다거나 혹은 공간이 그러한 것으로 보여지기 위한 조건들을 규정하는 것이 가능하다고 가정하고 싶지 않다. 나는 공간이 경계지워지든 그렇지 않든 간에 그것이 선험적인 문제가 아니라 사실적인 문제라고 가정하고 싶다. 유사한 고찰들이 시간에도 적용된다. 그 시간 이후에 더 이상의 어떤 시간들(그 이상의 어떤 사건들이 없는 것이 아니라 어떤 이후도 없는)도 없게 될 그러한 시간이 있을지 어떨지는 사실적인 문제이다. 시간은 실제로 '멈출 수' 있다. 유사한 고찰들이 시간과 공간이 무한하게 나누어질 수 있는가 없는가라는 질문에도 적용된다고 부연될 수 있다. 만약 그것들이 무한하게 나누어질 수 없더라도 그것은 연속체로서의 그것들의 지위에 필연적으로 영향을 미치지는 않을 것이다. 왜냐하면 최소의 부분들이 서로 경계를 이루는 한 시간과 공간의 어떤 두 부분들 사이에 아무리 작다 하더라도 다른 부분들이 있어야만 한다는 것이 그것들의 연속성에 필연적이지는 않기 때문이다.[12]

시간과 공간은 무한한가, 그리고 그것들은 무한하게 나누어질 수 있는가? 나는 알지 못한다. 그러나 그것들이 논리적으로 그러해야만

---

12) 시간과 공간이 사실상 무한하게만 나누어질 수 있다는 가정이 어떤 제논의 역설들을 야기하지는 않는다는 것은 아마도 주목할 가치가 있다. 왜냐하면 제논의 논증들은 그것들이 타당하고 분할 불가능한 것에 관련한다는 점에서 그러한 분할 불가능한 것이 원리상 나누어질 수 없을 때에만 그러하기 때문이다. 그것들은 사실상 단순히 나누어질 수 없는 어떤 것에 관해 아무런 말도 하지 않는다.

한다고 생각할 만한 어떤 근거들도 없다.

제3절 시간과 공간은 본질적으로 하나인가?

이 질문은 시간과 공간이 하나의 통합된 체계를 함께 형성하는가 라는 질문이 아니다. 그러한 식으로 생각하는 것이 유용한지 어떤지 는 과학적 문제이지 엄밀하게 철학적인 문제는 아니다. 시간과 공간 이 본질적으로 하나라는 칸트의 주장은 우리가 이미 주목했던 것처 럼 그것들이 개념들로 생각되어질 수 있다는 가정에 반대하는 과정 중에 나타난다. 그는 공간에 대해서 '우리는 우리 자신에게 단지 하 나의 공간만을 표상할 수 있다. 그리고 우리가 다양한 공간들에 대 해서 말한다면 우리는 그것으로 단지 하나의 그리고 동일한 유일한 공간의 부분들만을 의미한다'라고 말한다. 그는 '이러한 부분들은 모든 것을 포괄하는 하나의 공간을 앞설 수는 없는데, 이것들이 하 나의 공간을 구성할 수 있는 요소들이기 때문이다. 다른 한편으로 그것들은 단지 공간 안에 있는 것으로서만 생각될 수 있다'라고 덧 붙인다. 그래서 그는 '공간은 본질적으로 하나다'라고 말함으로써 그 문제를 요약한다. 언뜻 보기에 칸트가 말한 것은 두 가지 주장이 된다. 첫째, 우리는 우리 스스로 단지 하나의 공간만을 표상할 수 있 다. 둘째, 실제로 단지 하나의 공간만이 있다. 시간과 공간이 초월론 적으로 관념적이지만 경험적으로는 실재적이라는 칸트 이론의 문맥 안에서 이러한 두 가지 주장은 서로 무너진다. 그것은 우리가 그것 들을 그 문맥 밖으로 따로 떼어내어 생각할 수 없다는 것을 의미하지 않는다. 우리는 나중에 이 점을 강조하게 될 것이다.

하나 이상의 공간이 있느냐 혹은 있을 수 있느냐는 질문은 장소들 혹은 장소를 차지하는 사물들의 집합들이 있느냐 혹은 있을 수 있느냐는 질문과 같다. 이때 각각의 집합 내에 있는 요소들은 서로 공간적으로 관련되어 있지만 집합들 자체는 서로 공간적으로 관련되어 있지 않다. 유사한 공식이 시간에 대해서도 만들어질 수 있다. 그 질문에 대한 대답은 그러한 가정 안에 어떤 모순도 없다는 것이다. 그렇지만 다른 그러한 집합들이 있든지 없든지 간에 어떤 사람도 하나의 공간적 집합 내에서 위치들을 차지하는 것에 대해서 아무것도 언급할 수 없다. 공간의 경계에 대한 가능성과 관련된 경우와는 달리 이런 경우에는 심지어 대안적인 공간들과 시간들이 있는지라는 질문과 관련되는 경험에 대해서조차 어떠한 기술도 할 수 없다. 그것은 최근에 부정되었다. 그러나 그러한 부정들을 고찰하기 전에 논점이 무엇인지를 분명히 하는 것이 좋다.

공간이 추정적으로 경계지워지는 경우에 공간이 경계지워진다는 가정과 어쨌든 모순되지 않은 경험을 기술한 것이 요구된다. (경계가 없는 공간에 대해서는 어떤 문제도 없다고 가정된다). 유사한 방법으로 다수의 공간들의 추정상의 가능성과 관련하여 하나 이상의 공간이 있다는 가정과 적어도 모순되지 않는 경험을 기술하는 것이 필요하다. (단지 하나의 공간만이 있다는 데는 어떤 문제도 없다고 가정된다.) 방해물은 다수의 시간과 공간의 가능성과 경험 사이의 양립 가능성에 관해서 도대체 어떤 문제도 없다는 것이다. 경험이 그러한 다수에 대한 증거를 제공할 때에만 문제가 발생한다. 나는 공간이 경계지워진다고 가정할 때 이러한 사실이 요구되었다고 주장

270

하지는 않는다. 그렇지만 나는 내가 묘사했던 그러한 상황들에서 누군가가 공간에 대한 적당한 근거들에 접근하는 어떤 것을 제공하지 않고서도 공간이 경계지워진다는 가설을 합리적으로 제안할 것이라고 믿는다. 하나 이상의 시간과 공간이 있을 수 있다고 가정하는 경우에도 그것이 가능한지조차도 분명하지 않다.

최근에 다르게 제안한 최초의 사람은 아마도 "공간들과 시간들"이라는 논문을 쓴 앤소니 퀸톤(Anthony Quinton)일 것이다.[14] 다른 사람들이 지적했던 것처럼[15] 퀸톤 논문의 한 가지 문제점은 그것이 상당히 많은 칸트의 지시어와 인식론적인 장치를 가지고 있다는 것이다. 그것은 '우리의 경험 개념은 본질적으로 공간적이지 않은 방식으로 본질적으로 시간적이다'라는 그의 종결 문장 안에서 분명해진다. 결국 우리의 경험이 항상 시간을 포함하는 것처럼 보이는 반면에 경험의 대상들에 반대되는 것으로서의 시간의 많은 부분은 공간을 전혀 포함하지 않는다. 그러므로 우리는 경험과 경험의 대상들 사이를 구분할 필요가 있지 않은가? 둘째로 퀸톤은 현상과 실재 간의 구분이 우리의 개별적인 경험들의 특징들의 견지에서 우리 개개인이 만들고 만들어야만 하는 그러한 것이라고 생각하는 것 같다. 따라서 그는 '그렇다면 내가 제안하는 것처럼 실재는 진지하게 다

---

14) A. Quinton, "Spaces and Times", *Philosophy*, Vol. 37, 1962, 130~147면. 또한 그의 *The Nature of Things* (London: Routledge and Kegan Paul, 1973)를 보라.

15) R. Swinburne, "Times", *Analysis*, Vol. 25, 1965, 185~191면.
A. Skillen, "The myth of temporal decision", *Analysis*, Vol. 26, 1965, 44~47면.
M. Hollis, "Times and Spaces", *Mind*, Vol. LXXVI, 1967. 524~536면.

루는 것이 가능하고 현명한, 우리의 전체 경험의 부분이라는 것이
다'라고 말한다(같은 책, 144면). 그리고 그는 그 자체로는 정합적
이지만 우리의 일상적인 경험들과는 아주 다른 추정상의 경험들의
집합이 단순한 꿈의 경험들로서 제쳐두어져야 한다는 가정을 제거
하기 위하여 그러한 생각을 사용한다. 이것이 바로 무엇이 실재적이
고 무엇이 그렇지 않은가라는 질문을 결정할 수 있는 방식이라는
것은 분명하지 않다. 비록 이러한 반대들이 철회되었지만 우리에게
여전히 남겨진 문제는 우리의 일상적인 경험들과는 다른 경험들의
집합이 너무나 달라서 그것들이 다른 시간과 공간들 안에 있는 사
건들의 경험들이라는 것만이 유일한 합리적인 가정이 될 수 있는가
하는 것이다.

　퀸톤은 그가 '신화'(myth)라고 부른 것에 — 이것에 따르면 런던
에서 일상적으로 살고 있는 어떤 사람은 잠자고 나서 아주 다른 문
화를 가진 호수 주변의 마을에서 깨어나는 자신을 발견한다 — 의해
서 다음 단계로 나아간다. 퀸톤은 이 이야기를 아주 재미있는 방법
으로 고안하고, 그러한 토대에 근거해서, 만약 그 장소가 어딘지에
대해서 어떤 증거도 발견될 수 없다면 호수 주변의 삶이 꿈이었다
거나 혹은 그것이 지구의 다른 어떤 곳이나 그 밖의 다른 곳에서
일어났다고 가정하는 것이 쓸데없는 일이라고 결론내린다. 그는 실
제로 '우리가 칸트의 이론을 선호한다는 사실을 제외하면 그 호수
가 일상적인 물리학적 공간 안의 어딘가에 위치해 있다고 말할 어
떤 긍정적인 이유도 있을 수 없고, 상상된 상황들에서 그것의 위치
를 부정할 만한 좋은 이유들이 있다'고 말한다(143면). 나는 그것이
충분하다고 생각하지 않는다. 또한 내가 전에 언급했던 것처럼 그것

은 '호수 주변에 심사숙고를 하고, 미래를 내다보며, 과거를 돌아볼 만한 정확한 회상을 하기에 적합한 장소가 있다'는 근거에서 그리고 그것이 경험들을 실재적인 것이라고 생각하기에 충분하다는 근거에서, 그 경험들을 꿈으로 규정하는 것이 불합리하다고 생각하지 않는다. 경험에서의 변화는 찾아진 결론을 정당화하는 데 충분하지 않다. 경험에 대한 묘사는 우리가 잠들었을 때 (마술적으로) 전송된 우주 안의 어떤 곳에서 일어난 사건들의 경험에 대한 (놀랍게도) 정합적인 꿈이 있다는 것과 일치한다. 칸트의 이론에 집착하는 것은 단순한 편견은 아니다. 왜냐하면 우리가 세계를 이해하기 위해 배웠던 것은 단일한 시·공간적 구조의 범위 내에 있기 때문이다. 물론 이것이 잠자는 중에 우리가 다른 공간으로 '전송되는' (비록 이것은 옳은 단어일 수 없지만) 기적이 일어날 수 없다고 말하는 것은 아니다. 그것은 가정된 상황에서는 그것이 그렇다고 생각할 만한 어떤 이유도 전혀 없다는 것이다.

　아무리 그것이 가능하다 하더라도 퀸톤은 계속해서 시간과 관련된 많은 것을 거부할 만한 이유들을 제공한다. 그는 우리가 다른 시간으로 '전송될'(transported) 수 있다는 가정에 일종의 정합성을 줄 만할 유사한 신화들이 만들어질 수 없다고 지적하려 한다. 그 이유는 '만약 경험이 나의 것이라면 그것은 기억 가능해야 하고 그리고 만약 그것이 기억 가능하다면 그것은 나의 현재의 상태와 시간적으로 연결되기 때문이다'(146면). 여기서 '기억 가능한'은 단지 '실제상으로가 아니라 원리상 기억 가능하다'를 의미한다. 따라서 만약 호수 주변의 사건들이 런던에 있는 사람에 의해서 원리상 기억 가능하다면 그 사건들은 이전 시간에 발생했어야만 했고 그 이유 때문에 다른 시간에 위치할 수는 없다. 사건들이 어쨌든 논리적으로 말해서 다른 공간에서 발생할 수 있었을 것이지만 시간에 대해서는 이것이 가능하지 않다는 사실들 때문에 퀸톤은 경험에 비추어 시간과 공간 사이에 비대칭(asymmetry)이 있다는 이미 언급된 결론에 이르게 된다. 내가 머지않아 다룰 이유들 때문에 나는 어떤 방식으로 우리가 공간보다는 시간 안에 더 단단히 묶여 있다는 의미에서 그러한 비대칭이 있다고 생각한다. 그러나 비록 그것이 참일지라도 그것은 우리가 시간적으로 나누어진 방식이 아니라 공간적으로 나누어진 방식으로 우리의 삶을 이끌 수 있다는 가정에 명확한 의미를 줄 수 있다는 것을 결코 증명해주지는 않는다.

내가 심사숙고 끝에 그러한 용어들로 그 문제를 제안하는 이유는 그것이 퀸톤의 논의와 이러한 맥락에서 다른 철학자들에 의해 행해진 이후의 논의들이 도달하게 되는 것이기 때문이다. 우리는 단순히 하나 이상의 공간이나 시간이 있다는 가능성을 고찰하도록 요청받지는 않는다. 왜냐하면 그것은 확실히 명백한 형식적 가능성으로 남기 때문이다. 문제는 우리가 다중 공간적으로 혹은 다중 시간적으로 살았던 삶들에 대한 생각을 이해할 수 있는가이다. 그 문제에 대한 퀸톤의 대답은 공간에 대해서는 '예'이고 시간에 대해서는 '아니오'이다. 1965년 《분석》(Analysis) 지에 실린 "시간들"(Times)이란 제목의 논문에서 리차드 스윈번은 시간에 대해서도 '예'라는 대답을 정당화시킬 수 있다고 생각했으며 어떤 대안적 신화에 호소했다. 그의 이야기는 오쿠족과 보쿠족이라는 두 부족에 대한 이야기로 구성된다. 이들은 서로 계속해서 전쟁을 하고 따라서 분쟁을 막기 위해서 그들의 예언가에 의해 다른 시간대로 따로 분리되었다. 그 후에 그들은 어느 정도 의심스러운 이유들 때문에 다시 통합된다.[15] 그들이 다른 시간에 살게 된 배경은 신화 속에서 예언가가 단지 그렇게 말했다는 것이다. 그 이후에 한 장소와 시간에서 이들이 재통합되었을 때 초래되는 기술적인 문제는 한 부족에 의해서는 만들어지지 않았지만 다른 한 부족에 의해서 만들어졌을 수 있는 지형과 사물의 물리적 배치에 관한 변화에 대한 것이다. 그럼에도 불구하고 스윈번은 우리가 단순성을 고려하면 설명된 사건들에 대한 복-시간적 해석(a bitemporal interpretation)을 선택할 것이라고 믿었다.

그 이후에 그의 《시간과 공간》(Space and Time)에서[16] 스윈번은 그러한 결론에 대한 자신의 생각을 바꾸었는데, 왜냐하면 사건들에 대한 복-시간적 해석이 '만약 무의식적인 물질 대상이 어떤 삶의 역사를 갖는 것, 즉 다양한 다른 시간의 기간 동안 다양한 장소들에 있는 것이 논리적으로 가능하다면 의식적인 물질 대상도 그와 동일한 삶의 역사를 갖는 것이 논리적으로 가능하다'는 내용의 논리적으로 필연적인 진리에 대한 부정을 함축한다는 이유에서이다. 그 신화에 의하면 물질적 대상들이 두 개의 시간 동안 하나의 삶의 역사를 갖는 것이 가능해야만 한다. 그렇지 않을 경우 스윈번에 의하면 동일성의 기준 중 장소에 대한 기준이 빠질 것이다. 그러므로 의식적인 물질 존재가 두 개의 시간 동안 하나의 삶의 역사를 갖는 것이 가능해야만 한다. 그렇다면 재통합의 순간에는 무슨 일이 발생할

---

15) 예언가는 그들에게 각각의 부족이 서로 다투는 것을 멈출 수 없기 때문에 차라리 그들과 다툴 수 있는 그 외의 누군가를 가지는 게 더 낫다고 말한다.

16) R. Swinburne, *Space and Time*, 초판, 205~206면.

까? 이 문제에 대한 스윈번의 설명은 전적으로 명확하지는 않지만 이 문제는 다음과 같아 보인다. 문제가 되는 의식적인 존재는 재통합 이전에는 다른 시간에 그에게 일어나는 것에 대해서 어떤 방법으로도 의식할 수 없다. 그렇지 않다면 퀸톤의 원리에 근거해서 그것은 시간들을 일시적으로 연결하여 다른 시간들이 될 수 없도록 해야 할 것이다. 그러므로 그는 의식적인 존재로서는 분열된 삶의 역사를 가져야만 한다. 그렇지만 재통합은 그를 분열되지 않도록 하여 그의 한 부분이 처음에 다른 부분들에 일어나는 사건들을 의식하게끔 해준다. 그 반대도 마찬가지이다. 스윈번이 가정한 것처럼 그것은 일관적이지 못하다. (스윈번은 실제로 그것보다 더 강한 어떤 것을 말하는데 그는 만약 추정적으로 복-시간적 삶을 갖는 한 사람이 단지 재통합의 순간에만 한 시간의 사건들을 의식하게 되면 그 시간에 그러한 사건들을 경험하고 있지 않았다는 것이 '논리적으로 필연적'이라고 주장한다. 이것은 인격 동일성에 관한 어떤 고찰들을 제기한다. 각각의 자아들이 서로에 대해 어떤 지식도 갖고 있지 않은 상태에서 분열된 인격으로 재통합되는 경우와 관련하여 하나의 자아로서의 그 사람이 통합되는 순간에만 그 자아들을 알게 된다면 그는 다른 어떤 자아에 대해서는 경험을 가질 수 없다고 말해야 하는가?)

나의 견해로는 이 모든 것은 실제로 우리가 시간적으로 나누어진 삶을 살고 있는 사람에 대해서는 단지 그가 자아들간의 연관없이도 분열된다고 생각할 때에만 합리적으로 고찰할 수 있다는 것을 보여준다. 재통합은 스윈번이 제시한 까다로운 이유들 때문이 아니라 퀸톤의 이유—재통합이 될 때 두 가지 시간의 사건들은 원리적으로 그 순간에 기억될 수 있기 때문에 그 사건들 각각은 재통합 이전에 일어난 것이어야 한다—때문에 불가능하다. 비록 그것은 사건들의 두 집합 사이에 얼마나 정확한 시간적 관계가 존재하는지를 결정하진 못하지만 그 두 집합을 시간적으로 연결시키는데, 이것은 처음의 가설에 반대되는 것이다. 공간적으로 나누어진 삶의 가능성에 대해서는 어떤 어려움도 일어나지 않으며 그래서 그러한 삶이 형식적으로 가능하다는 것은 참이지만, 그러한 가능성이 도대체 실현됐다고 생각할 만한 어떤 이유도 있을 수 없다. 다른 한편으로 삶의 역사들과의 관련없이 다수의 공간들과 시간들이 있어야 한다는 것은 논리적으로 가능하며 이 가정으로부터 어떤 모순도 나오지 않는다.

그렇다면 시간과 공간은 본질적으로 하나인가? 가능한 경험과 관련해서는 그렇다. 왜냐하면 그렇지 않다는 것을 함축할 만한 경험의 변화에 대해 생각하는 것은 불가능해 보이기 때문이다. 이것은 별도로 하고, 단지 하나의 공간과 하나의 시간만이 있다는 것은 필연적인 진리인가? 아니다. 왜냐하면 아니다로 가정하는 것으로부터는 어떤 모순도 일어나지 않기 때문이다. 그러나 그 가정이 중요하지 않다는 것은 논쟁거리이다. 그렇지만 이 점에서 나는 이 절의 시작 부분에서, 즉 시간과 공간이 본질적으로 하나라는 칸트의 언급이 두 개의 다른 고찰들—첫번째는 우리가 우리 스스로 하나 이상의 공간이나 시간을 표상할 수 있는지와 관련된 고찰이고, 두 번째는 하나 이상의 공간이나 시간이 실제로 있는지와 관련된 고찰이다—을 포함한다고 내가 지적했을 때 제기된 고찰로 되돌아갈 것이다. 시간과 공간이 가능한 경험과 관련하여 본질적으로 하나인지에 관한 고찰들은 두 번째 문제가 아니라 첫번째 문제와 실제로 관련이 있다.

그것은 내가 이 단락의 시작 부분에서 설정했던 질문들이 왜 다른 대답들을 갖는지에 대한 이유이다.

제4절 시간성과 시간적 생성

시간과 공간 사이의 가능한 비대칭에 관한 바로 앞 단락에 있는 잠정적인 언급들에도 불구하고, 나는 지금까지 시간과 공간을 마치 그것들이 어떠한 독립된 문제들을 제기하지 않으며 유사한 방식으로 다루어질 수 있는 것처럼 생각했다. 공간이 3차원을 가지는 반면에 시간이 1차원만을 가진다는 것, 그리고 정신적인 사건들이 어쨌든 직접적으로 단지 시간만을 전제하는 반면에 물리적인 사건들은 시간과 공간 모두를 전제한다는 것은 물론 참이다. 그렇지만 둘 사이에는 다른 차이들이 있다. 일반적으로 사람들이 시간의 경과에 대해 말하는 것은 자연스러워 보인다. 그러나 이와 유사한 어떤 것도 공간에 대해서는 적절해 보이지 않는다. 이러한 방식으로 시간의 경과에 대해서 이야기하는 것은 물론 은유에 호소하는 것이고, 시간의 강이나 시간의 화살을 언급할 때 보다 분명해지는 것이다. 강에 대한 은유의 경우에 상황이 어떻든 간에 시간의 화살은 엇갈리는 방향으로 움직이고 있는 것으로서 생각될 수 있다. 따라서 우리는 우리 자신에 관해 생각하거나, 또는 과거로부터 현재를 거쳐 미래로 움직이는 것으로서 사건들을 생각하거나, 또는 미래에서 우리를 향해 와서 우리를 뒤로 하며 과거로 물러가는 것으로서 사건들을 생각할 수도 있다. 어느 방향이든 간에 우리는 이러한 이미지 속에서

278

하고 있는 역할을 주목할 가치가 있다. 그 문제와 관련된 또 다른 방법은 사건들을 점차로 생성하는 것으로서 생각하는 것이고, 이것은 '시간적 생성'(temporal becoming)으로 알려져 왔다.[17] 그 현상이 객관적인지, 아니면 그것이 사건들 자체보다는 사건들에 대한 정신적 관점의 한 특성이라는 의미에서 그것이 주관적인지에 대해서 많은 논의들이 있었다.

내가 주목했던 은유들이 운동 개념을 통해서 공간에 대한 언급을 전제로 하는 반면에, 그 은유들이 전달하는 시간에 대한 견해는 공간과 더 직접적인 유비 관계가 있는 물리학에 의해서 전제된 것과 구별되어야만 한다고 가끔 제안되어왔다. 그리하여 앙리 베르그송(Henri Bergson)은 물리학에서는 사건들을 이전과 이후라는 관계에 의해 단순하게 서로 관련된 것으로서 본다는 점에서, 물리학의 시간(le temps)이 시간의 직접적인 공간화를 포함한다고 주장했다.[18] 이전(before)과 이후(after)의 개념들은 본질상 공간적 개념들이 아니다. 우리는 어떤 것들을 공간적으로 다른 것들의 이전과 이후에 있는 것으로서 생각할 수 있지만, 이러한 단어들에는 시간적인 의미도 있을 뿐만 아니라 논리적으로 순서를 정하는 데 전제되는 의미도 있다. 즉 일련의 자연수들의 경우에 우리는 하나의 수를 다른 수의 이전이나 이후에 오는 것으로서 말한다. 그러나 베르그송이 지적했던 것처럼 시간은 통상적으로 추의 진동이나 숫자판에서의 시계 바

---

17) 예를 들어 R. Gale, *The Language of Time* (London: Routledge and Kegan Paul, 1968), 제10장과 제11장을 보라.

18) H. Bergson, *Les Données Immédiates de la Conscience* (Paris: Alcan, 1889).

늘의 회전과 같은 일정한 주기적인 운동에 의해 제공되는 단위들에 따라 일정한 속도로 움직이는 물체가 이동한 거리에 의해 측정된다. 따라서 베르그송은 물리학이 직선 운동에 의해 시간을 생각하는 경향이 있다고 결론지었다. (뉴튼이 시간을 균등하게 흐르는 것으로서 말했다는 것을 기억하자.) 대조적으로 의식의 시간(*la durée*, 지속)은 그러한 항상성(constancy)이나 어떠한 사건들의 반복도 결코 포함하지 않는다. 그러나 그것은 베르그송이 생의 약동(*élan vital*) 개념과 관련하여 설명하려고 시도했던 일종의 발전, 즉 사건들을 미래로 펼쳐놓는 것을 포함한다.

베르그송이 시간에 대해 사유하는 두 가지 방법들을 대조시키기 위해 이 문제에 관해 말한 모든 것에 동조할 필요는 없다. (나는 베르그송이 했던 것처럼 시간의 두 가지 종류의 존재를 함축하기보다는 그 문제를 의도적으로 다음과 같은 방식으로 제안한다.) 그렇지만 물리학의 시간이 시간의 실제적인 본성이 명백하게 되는 것을 막는 그러한 시간의 공간화 혹은 초-공간화(over-spatialization)를 포함한다는 점에서 시간의 본질이 물리학의 시간(*le temps*)보다는 의식의 시간(*la durée*)에서 발견된다는 것은 베르그송 사유의 또 다른 함축이다. 그러한 사유 방식은 더 나아가(프루스트나 스베보와 같은 소설가들뿐만 아니라) 다른 철학자들에 의해서 선택되었다. 나는 하이데거의 《존재와 시간》(*Being and Time*)에 대해서는 말할 것도 없이 후설의 《내적 시간-의식의 현상학》(*The Phenomenology of Internal Time-Consciousness*)과 메를로 퐁티(M. Merlean-Ponty)의 《지각의 현상학》(*Phenomenology of Perception*)의 '시간성'(Temporality)에 관한 장을 염두에 두고 있는 것이다. 메를로 퐁티는 '내가 그저께 빙하가 이 순간에 지나가고 있는 물을 만들어냈다고 말할 때, 나는 세계 안의 어떤 지점에 묶여 있는 목격자의 존재를 암묵적으로 가정하고 있고, 그리고 나는 그의 연속적인 관찰들을 비교하고 있다'고 말한다. 또한 그는 '바로 그 사건 개념은 객관적인 세계 속에 어떤 장소도 차지하지 않는다'는 논제를 예증하기 위하여 이것을 말한다. 문제가 되는 장은 여러 가지 방식으로 그 주제를 변형시킨 것들이다. 그는 '따라서 시간은 실제적인 과정도 아니며 내가 기록할 수 있는 현실적인 연속도 아니다. 그것은 사물들과 나와의 관계로부터 발생한다'고 말한다.[19] 이러한 견해로는 시간의 본질적인 특징은 미래로 향하는 추진력이고, 또한 인간 및 개별적인 의식의 기능이다.

그 장의 끝에서 메를로 퐁티는 시간의 본질적인 주관성을 지지하는 이러한 주장에 대한 명백한 반론, 즉 어떤 의식적인 존재들이 있기 전에 사물들은 분명히 존재했고 사건들은 발생했으며 이와 동일한 일이 의식적인 존재들이 존재하기를 멈춘 후에도 마찬가지라는 반론과 맞서려고 한다. (우리가 제2장에서 주목했던 것처럼) 그 이전의 쇼펜하우어와 비슷하게 메를로 퐁티는 의식이 있기 전에 존재하는 사물들의 관념이 가지는 유일한 의미가 의식적인 존재에 의해서 지금 검증될 수 있는 것 안에 있어야만 한다고 주장한다. 따라서 그는 그 장의 끝에서 지구가 '원래 원시적인 성운으로부터 유래' 했을 것이라는 가정과 관련하여 '아무도 보지 못한 성운이 무엇인지

---

19) M. Merleau-Ponty, *The Phenomenology of Perception*, trans. C. Smith (London: Routledge and Kegan Paul, 1962), 411~412면.

에 대해 어떤 것도 결코 나를 이해시킬 수 없을 것이라고 말한다. 라플라스 성운은 우리 뒤에, 즉 우리의 먼 시초에 있지 않고 문화적 세계 속에 있는 우리 앞에 있다'라고 말한다. 이 마지막 언급은 아주 애매모호하다. 그러나 메를로 퐁티의 말들은 그가 받아들인 두 개의 다른 논제들, 즉 현재의 우선성에 대한 논제(내가 나중에 다시 다룰 개념)와 지각의 우선성에 대한 논제(의미가 지각적인 용어들로 바뀌어야만 한다는 검증주의의 이론)를 함축한다. 아마도 후자의 개념이 더 눈에 들어올 것이다. 그것은 사건들의 연속이라는 개념에 딸린 의미의 조건으로서의 가설적인 관찰자에 대한 언급이 이루어진다는 점에서 그 논의 전체에 걸쳐서 나타나 있다.

그렇지만 만약 우리가 시간이 '사물들과 나의 관계로부터' 발생한다는 메를로 퐁티의 주장을 진지하게 여긴다면, 우리는 시간이 관련되는 한 그의 견해 속에 포함된 극단적인 주관성을 의식해야만 한다. 시간은 나의 의식의 기능이다. 그렇다면 우리는 어떻게 시간과 그것의 경과에 대한 공통된 지각과 이해를 얻을 수 있는가? 이 질문에 대한 메를로 퐁티 자신의 대답은 그의 철학에서 매우 핵심적인 어떤 것—우리의 의식 안의 신체의 장소, 그리고 그것이 다른 것들에 대한 우리의 지식과 이해와 관련하여 가능하게 만드는 것—에 호소한다. 우리 개개인에게 있어 현재는 살고 있는 것이며, '살고 있는 현재'(living present)는 살고 있기 때문에 우리가 공유할 수 있는 것이다. 퐁티의 견해로는 바로 이러한 사실이 우리의 개별적인 의식에 묶여 있는 모든 우리의 개별적인 과거들과 미래들에 대한 공통의 장소이며 만남의 장소를 중재하고 제공한다. 따라서 시간적인 생성이 가진 본래적인 주관적 본성에도 불구하고 우리 모두

가 공유하고 있으며 우리의 신체적 존재를 가능하게 한 살았던 현재를 통해 그 주관성은 초월된다.

현재의 우선성뿐만 아니라 살았던 현재(the lived present)의 우선성에 대한 이러한 호소는 많은 사람들에게는 불만족스러운 것으로 보인다. 왜냐하면 살았던 현재가 우리의 개별적인 시간적 의식들을 하나로 묶는 책략이라고 가정되는 방식에는 마술(magic)의 기운이 있기 때문이다. 과거, 현재, 미래 개념들은 분명히 그리고 적어도 간주관적인 개념들(intersubjective notions)이다. 즉 간주관적인 개념들은 우리가 그것들에 대해 하나의 공통된 생각을 가지는 그러한 개념들이다. 그렇지만 우리 각자는 우리의 개별적인 의식들을 통해서 서로 다른 방식으로 그 공통된 생각을 채운다. 메를로 퐁티와 같은 철학자들을 시간에 대한 주관적인 견해로 이끌었던 몇 가지 고찰들에서 부정할 수 없는 것처럼 보이는 것은 우리가 만약 우리가 가지고 있는 종류의 시간적인 의식을 가진 창조물이 아니라면 과거, 현재, 미래에 대해 어떤 생각도 없을 것이라는 것이다. 그렇게 말하는 것은 과거, 현재, 미래의 개념들이 의미상 인간 중심적이라고 말하는 것이다.[20] 그러나 이러한 개념들의 인간 중심성(the anthropo-centricity)은 그것들의 객관성을 부정하지는 않는다. 스마트(J. J. C. Smart)는 이 점에서 과거, 현재, 미래의 개념들과 색깔 개념들 사이에서 정확한 유비를 끌어냈다. 그 개념들 각각은 간주관적이지만 반

---

20) 또한 다른 형태의 논증에 대해서는 R. Gale, *The Language of Time*, 제1부와 내가 다음 절에서 다룰 맥타가르트(J. M. E. McTaggart)의 생각을 참고하라.

면에 그것이 적용될 때에는 의식의 개별적인 형태들에 의존한다. 사물들에 있는 색깔의 속성이 감각의 각각의 형식들에 의존하기 때문에 색깔이 주관적인 현상이라고 주장하는 것은 여러 철학자들과 과학자들에게 공통적인 것이었다. 그렇지만 이러한 사실로부터 색깔의 속성이 간주관적일 수 없다는 것이 따라 나오지 않고, 또한 사물이 어떤 색깔을 가지는가라는 질문이 객관적인 문제일 수 없다는 것이 따라 나오지도 않는다. 이와 유사한 고찰들이 과거, 현재, 미래의 개념들에도 적용된다.

내가 언급했던 철학자들은 시간에 대한 적절한 관념을 위하여 과거, 현재, 미래 개념들의 필요성을 분명하게 강조한다.[21] 이와 마찬가지로 우리가 시간에 관하여 생각할 때 이러한 개념들이 하고 있는 역할을 인정하면서도 시간에 대해 고유한 것은 이전과 이후의 관계들에 의해 해석되는 사건들의 연속일 뿐이라고 강조한 철학자들도 있다. 이러한 견해에 따르면 우리는 우리의 시간적인 의식의 특징들을 통해서 과거, 현재, 미래의 개념들에 이르게 되지만 시간 자체에 본질적인 것은 시간적 연속일 뿐이다. 더욱이 시간의 흐름이나 시간의 화살에 대한 생각들은 시간적 연속 그 자체 속에서 그것들이 필요로 하는 모든 근거를 갖는다. 사실 시간이 얼마나 빨리 흐르느냐고 질문할 정도로 시간의 흐름에 대한 개념을 너무 문자 그대로 다룰 때 나타나는 위험들이 그러한 철학자들에게 공통적으로

---

21) A. Grünbaum, "The status of temporal becoming" in R. Gale (ed.), *The Philosophy of Time* (Hassocks: Harvester, 1978), 322면 이하. J. J. C. Smart, *Philosophy and Scientific Realism* (London: Routledge and Kegan Paul, 1963) 참고.

강조된다.

그러한 식의 생각은 예를 들어 에이어의 논문 "과거에 관한 진술들"[22]에서 발견될 수 있다. 거기서 에이어는 시간의 흐름 안에 포함된 것을 이해하기 위하여 과거, 현재, 미래 개념들의 중요성을 강조한 브로드(C. D. Broad)를 비판하고, 그 개념들 없이는 시간이 말하자면 정지해 있는 것으로 간주되어야 할 것이라는 그의 주장을 비판한다. 에이어는 이전과 이후의 개념이 요구되는 모든 것을 제공한다고 주장한다. 동일한 이론이 보다 최근에 그리고 약간은 더 현대적인 형태로 휴 멜러(Hugh Mellor)[23]에 의해서 주장되었다. 멜러의 이론은 너무 복잡해서 상세하게 평가할 수는 없지만, 그것은 기본적으로 동시대의 철학자들 사이에 널리 받아들여진 의미가 진리 조건들과 관련 있다는 생각에 의존한다. 멜러는 과거, 현재, 미래 개념들이 이전과 이후 개념들로 단순히 환원될 가능성이 없다는 것을 인정한다. 실제로 그러한 생각은 일반적으로 시제를 포괄하도록 확장될 수 있다. (시제가 표현된 말들에 의해 표현될 수 있는 것을 포함한다는 점에서 그의 용어상 순수하게 문법적인 개념보다는 더 포괄적인 개념) 그러한 의미에서 시제는 뒤쪽이나 앞쪽으로 바라보는 어떤 현상을 표현하기 위해 없어서는 안 된다. 그럼에도 불구하고 그는 시제 문장들과 판단들에 대한 진리 조건들이 시제가 없는 용어들(tenseless terms)로 진술될 수 있다고 주장한다.

---

22) A. J. Ayer, "Statements about the past", in his *Philosophy Essays* (London: Macmillan, 1954), 제7장.

23) H. Mellor, *Real Time* (Cambridge: C. U. P., 1981).

이러한 이유로 그는 시제적 사실들(tensed-facts)의 개념에 반대해서 주장한다. 그는 그것들의 유일한 기능이 시제가 표현된 문장들과 판단들을 참으로 만들거나 거짓으로 만드는 일일 것이라고 지적한다. 그러나 그 기능은 이미 시제가 없는 사실들에 의해 수행되었는데, 이 경우에 그것들은 그가 '시제 문장과 판단 사례'(즉 개별적인 상황에서 그 유형[type]의 문장이나 판단을 사용)라고 불렀던 것의 참과 거짓을 결정한다. 그래서 그는 "'e가 과거다'라는 사례가 e보다 나중에 주어진다면 그것은 참이다. e와 사례 이외의 어떤 것도 문제가 되지 않는다"라고 말한다(102면). 그는 "그것들의 시제가 없는 진리 조건들은 시제적 사실들이 그것들의 진리값들을 결정할 만한 어떤 전망도 남겨두지 않는다. 그래서 실재 안에는 사례적 사실들이 결코 없다"라고 말하면서 모든 시제 진술들과 판단들을 포괄할 정도로 그 주장을 계속해서 일반화한다.

그러한 논증의 결론은 다소 곤란해 보일지도 모른다. 그렇지만 'e가 과거다'가 참일 필요 충분 조건이 'e가 과거다'라는 문장을 사용한 발언이 e보다 나중에, 즉 이후에 일어난다는 것을 부정할 수 없다. 따라서 그러한 문장을 사용하기 위한 진리 조건들은 무엇이 무엇 이후에 있다는 사실에 의하여 배타적으로 진술될 수 있다. 문장의 의미가 그것이 만드는 진술들에 대한 진리 조건들에 의해 주어진다고 생각하는 철학자들은 그 누구든지 실재 안에 있는 어떤 것도 시제 용어들로 된 표현을 요구하는 시제 표현들에 의해서 말해지지 않는다고 생각해야만 한다. 멜러는 시제의 필수성에 대한 그의 주장 때문에 거의 그것을 말하지는 않는다. 그의 입장은 차라리 비록 시제 표현들이 필수적이기는 하지만 시제적 사실들은 없다는 것이다. 왜냐하면 그러한 표현들에 대해 필요 충분한 진리 조건들을 제공하기 위하여 요구되는 모든 사실들은 시제가 없는 사실들이기 때문이다. (그는 또한 우리가 다음 절에서 다루게 될 시간의 비실재성에 관한 맥타가르트의 논증과 관련된 이유 때문에 시제 문장들의 진리 조건들이 시제가 없거나 모순적이라고 생각한다. 그러나 그러한 부가적인 이론은 다음 절에서 잘 논의된다.)

방금 언급된 부가적인 논제와는 별도로 그 논증은 다음처럼 말하는 것과 유사하다. 어떤 것이 어떤 색깔로 되어 있다는 진술의 진리 조건들은 예를 들면 입사된 빛(the impressed light)의 파장과 반사된 빛(the reflected light)의 파장 간의 관계가 그러그러하다는 것, 그리고 그러한 사실들이 필요한 전부라는 것이다. 진리 조건에 색깔에 대한 언급이 포함될 여지가 없으며 이러한 이유로 색깔을 포함하는 사실들과 같은 그러한 사실들은 없다. 따라서 어떤 것이 이러이러한 색으로 되어 있다는 것의 필요 충분 조건은 입사되는 빛과 반사되는 빛의 관계에 대한 이러이러한 사실이 있다는 것이다. 내가 전에 스마트의 견해와 관련하여 말했던 것이 가정된다면 그러한 대비가 있다는 것은 별로 놀랍지 않을 것이다. 그렇지만 내가 제4장에서 제2성질들을 고찰하면서 했던 것처럼 만약 내가 가령 어떤 것이 빨갛다는 것이 그것에 관한 객관적인 사실이라고 주장하고, 마찬가지로 어떤 사건들이 과거라는 것은 그것들에 관한 객관적인 사실들이라고 주장하더라도 별로 놀라운 일이 아닐 것이다. 다시 다른 종류의 예를 들자면 어떤 것이 삼각형일 필요 충분 조건은 그것이 세 변일 때이다. 이것은 그것이 삼각형이라는 것이 객관적인 사실이 아니라는 것을 의미하지는 않는다. 어떤 것이 하나의 사실(a fact)이라는 것을 배제하기 위해서는 가정된 사실과 일치하는 진술의 진리에 대한 다른 필요 충분 조건들이 있다는 것보다 더 많은 것이 요구된다.

더욱이 비록 과거, 현재, 미래의 개념들이 색깔 개념과 마찬가지로 어떤 의미에서 인간 중심적이라는 것에 동의한다 하더라도(그리고 우리가 보았던 것처럼 이것은 그것들의 객관성을 배제하지는 않는다) 왜 우리가 사건들을 과거, 현재, 미래로서 보는지에 대한 설명은 전적으로 우리 주변의 사실들 속에 있을 수는 없다. 그 설명은 시간 자체와 관련이 있는 뭔가를 가져야만 한다. 사물들이 색깔을 가진다는 것과 우리가 사물들을 그 자체로 본다는 사실들은 사물들을 설명하기 위한 부분으로서 그것들이 반사하는 빛의 파장과 관련이 있어야만 하는 것처럼 말이다. 따라서 'e가 과거다'가 참일 필요 충분 조건은 그 문장을 사용한 발언이 e보다 후에 일어난다는 것임을 인정해보자. 그렇다면 마치 대상으로부터 반사된 빛의 파장에 관한 어떤 것이 부분적으로 그 대상이 빨갛다는 가능성을 설명하는 것처럼, e가 과거일 가능성을 설명하는 바로 그 사실에 대한 어떤 것이 어쨌든 부분적으로 있어야만 한다. 하나가 그 경우가 아니라면 다른 하나도 그 경우가 아닐 것이라는 것 말고는 어느 경우라도 그 설명이 정확하게 어떤 형태를 취하는지는 분명하지 않다. 그러나 그것은 실제로 그 문제에 영향을 미치지 않는다. 과거, 현재, 미래가 이전과 이후라는 관계에 의해서 표현될 수 있는 그러한 방식으로 서로 연관되어 있다는 구조적인 사실이 있다. 그러나 색깔들의 구조와 파장들의 구조 간의 관계는 더욱 복잡하다. 그럼에도 불구하고 당장의 목적을 위해서 중요한 것은 사건들이 과거, 현재, 미래로 여겨지는 것을 가능하게 만드는 시간에 관해 뭔가가 있어야만 한다는 것이다. 그러한 사실이 무시되어서는 안 된다.

어떤 사건들이 다른 사건들보다 이전에 혹은 이후에 있었다는 것은 알았지만 그 사건들이 과거인지 현재인지 미래인지에 대해서는 몰랐던 어떤 사람은 만일 그것이 가능하다면 매우 부적절한 시간 개념을 가질 수도 있다는 상황이 발생한다. 어떤 종류의 상상적인 허구의 사건들이 과거나 현재 혹은 미래로서 표상되는지에 대해 알지 못하지만 어떤 종류의 상상적인 허구 안에 있는 사건들간의 시간적인 관계를 이해하는 것은 물론 가능하다. 그렇지만 그러한 시간적인 표상에 대한 이해는 우리의 일상적인 시간적인 이해에 의존한다. 실제로 이것과 별도로 사건들간의 관계가 도대체 시간적이라고 생각할 만한 어떤 근거도 없을 것이다. 만약 의식의 시간적인 형식들을 가진 존재가 없다면 과거임, 현재임, 미래임의 속성도 없을 것이다. 그러나 가능한 의식적인 존재들에 의해 그러한 것으로서 해석되는 사건들의 가능성은 여전히 남을 것이다. 시간에 대해서 그러한 가능성을 창조하는 뭔가가 있어야만 한다. 우리에게 우리가 가지고 있는 시간에 대한 완전한 생각을 주는 것은 그러한 가능성이 우리 안에 실현된다는 사실이다.

제5절 시간의 비실재성에 관한 맥타가르트

내가 관여해왔던 많은 문제들은 시간의 비실재성에 관한 증명으로 잘 알려진 (우리는 거의 '악명 높은'이라고 말할 것이다) 맥타

가르트의 고찰로부터 분명하게 나타난다.[24] 과거, 현재, 미래가 있어
야만 한다는 것이 시간에 본질적이라는 요점을 내가 장황하게 설명
하는 한 가지 이유는 그 점이 맥타가르트의 논증의 한 단계에서 중
요한 역할을 하고 나는 그가 그것을 받아들인 이유들이 부적절하다
고 생각하기 때문이다.

맥타가르트는 사건 개념을 당연한 것으로 여기고 시간 개념을 분
석하기 위해서 사건들을 A, B, C라는 세 개의 가능한 연속들
(series)의 용어들로서 본다. B-연속은 이전과 이후의 관계들에 의해
서(그러한 관계들은 추정적인 시간적 의미를 가지고 있다) 정돈된
사건들의 연속이다. A-연속은 과거, 현재, 미래에 의해서 정돈된 사
건들의 연속이다. C-연속은 실제적인 논증에서 중요한 역할을 하지
는 않지만 실재에 대한 맥타가르트의 일반적인 개념에 중요하다. 맥
타가르트는 헤겔주의자였지만 그는 브래들리의 의미에서 일원론자
는 아니었다. 그는 실재가 정돈되어야만 하고 그리고 C-연속이 정
돈된 사건들의 연속을 포함하기 때문에 C-연속이 그러한 요구에 부
응한다고 생각했다. 사건들은 전이적이고 비대칭적인 관계들 속에
있다. 그것들은 수들이 수의 연속에서 그럴 수 있는 것처럼, 시간적
인 이전과 이후로 되지 않고서도 그 연속 안에서 다른 항목들의 이
전에 올 수도 이후에 올 수도 있다. 우리는 실제로 C-연속이 A-연
속과의 결합에 의해서만(그래서 B = A + C) 시간적으로 된다고 말

24) J. M. E. McTaggart, *The Nature of Existence* (Cambridge: C. U. P., 1927),
제33장을 보라. 또한 R. Gale이 편집한 *The Philosophy of Time*, 86면 이
하를 보라.

한다. 그러나 그것은 어떤 의미에서 맥타가르트의 논증으로부터 나타나는 것이지만 그것의 전제는 아니다.

맥타가르트는 B-연속이 시간에 대해 필수적이기는 하지만 궁극적이거나 충분하지는 않다고 말한다. 그가 그렇게 믿는 이유들은 그가 A-연속이 근본적이고 그것 없이는 B-연속도 있을 수 없을 것이라고 생각한 이유들과 똑같다. 그의 논증은 시간이 필연적으로 변화를 포함하고 B-연속의 범위만으로는 변화의 가능성이 있을 수 없다는 주장에 의거한다. 그는 실제로 '내가 추측하건대 시간이 변화를 포함한다는 것은 보편적으로 인정되는 것 같다'고 말한다.[25] 시간은 변화를 포함한다는 것과 변화 없이는 시간의 경과를 주목할 수도 기록할 수도 측정할 수도 없다는 것은 물론 참이다. 그렇지만 나는 전에 칸트를 따라서 변화들을 포함하는 시간은 말할 것도 없고 아무것도 발생하지 않는 시간의 개념에는 아무런 모순도 없다고 주장했다. 단일한 변하지 않는 과정(아마도 연속적으로 변하지 않는 휘파람)이 차지하는 시간을 생각하는 것은 힘든 일이 아니다. 따라서 가장 타당하게 주장될 수 있는 것은 시간이 변화의 **가능성**을 포함한다는 것이다.

비록 우리가 그러한 반론을 무시했다 하더라도, B-연속이 사건들로만 구성되어 있기 때문에 그리고 사건들은 단순하게 발생하기 때문에 B-연속의 범위 내에는 변화의 여지가 없다는 것은 놀랄 만한 일은 아니다. 그것들은 변화에 종속되지 않는다. 스마트가 지적했던 것처럼,[26] 변화하는 것은 실체들이지 사건들이 아니다. 그렇지만 맥

---

25) R. Gale (ed.), 같은 책, 89면.

타가르트는 지금 미래인 사건이 현재가 될 것이고 그 다음에 과거
가 될 것이기 때문에 A-연속의 범위 내에 변화의 여지가 있다고 주
장한다. 그것이 일상적인 변화가 아니라는 것은 말해져야만 한다.
피터 기치(Peter Geach)는 그가 제안한 것처럼 맥타가르트에게 경의
를 표하기 위하여 그 변화가 '캠브리지 변화'(Cambridge change)라
고 불려져야만 한다고 제안했다. 다른 사람들은 그것을 시간 안의
변화라기보다는 시간의 변화라고 불렀다. 그것은 내가 이 장의 앞부
분에서 언급했던 시간적인 생성, 즉 현재로 되고 그 다음에 과거로
되는 것이다.

　그러므로 맥타가르트의 논증은 이 단계에서 세 가지 연관된 근거
들에 의해 비난받을 수 있다. (1) 변화는 시간에 본질적이지 않다.
(2) 변화는 어떤 경우에도 사건들에 적절하지 않다. (3) A-연속의
근본성(ultimacy)을 옹호하는 주장을 정당화하기 위하여 변화의 필
연성을 사용하는 것은 동일한 이유 때문에 잘못된 생각이다. 그렇지
만 그 논증이 부당하다는 사실은 그 결론이 틀렸다는 것을 의미하
지는 않는다. 'A-연속 없이는 어떤 시간도 없다'는 것은 참으로 남
을 수 있다. 그것은 내가 바로 앞 절에서 시간에 대한 과거, 현재,
미래의 필연성에 관한 요점을 장황하게 설명했던 이유 중 하나이다.
만약 만족스러운 논증들이 있다면, 그것은 실제로 'A-연속 없이는
시간도 없다'의 경우가 될 것이다. 그 점에서부터 진행해보자.

　맥타가르트의 다음 논증은 그 취지상 A-연속이 불가능하다는 것

26) J. J. C. Smart, "The river of time", *Mind*, Vol. LVIII, 1949. 그리고 A. G.
N. Flew (ed.), *Essays in Conceptual Analysis* (London: 1956)에서 찾아보라.

292

이다. 그것은 정합적이지 않다. 실재가 합리적이라는 관념론의 원리에 따르면 그것을 포함하는 어떤 것도 비실재적이어야만 한다. 이러한 이유로 실재는 A-연속에 의하여 특징지워질 수 없다. B-연속이 A-연속을 전제하기 때문에 그것 또한 안 될 것이다. 단지 C-연속만이 남았다. 우리는 그 문제들을 정확하게 이러한 용어들로 고찰할 필요는 없다. 더밋은 "시간의 비실재성에 관한 맥타가르트의 증명에 대한 옹호"라는 제목의 논문을 썼는데,[27] 거기서 그는 시간의 비실재성에 대해서는 거의 아무 말도 하지 않지만, 그 논증이 '실재에 대한 완전한 기술'(complete description of reality)은 결코 있을 수 없다는 것을 보여주었다고 칭찬한다. (즉 우리가 나중에 보게 될 것처럼 다수의 관점이란 개념을 피하는 실재에 대한 완전한 기술은 없다.) 다시 한 번 그것이 맥타가르트가 실제로 산출한 논증으로부터 나왔건 그렇지 않았건 간에 이러한 용어들로 형성된 결론은 참일 것이다.

맥타가르트는 먼저 A-연속의 특징들인 과거, 현재, 미래가 어떤 범주에 속하는지를 실제로 물은 다음에, 그것들이 관계들이거나 성질들이어야만 한다고 제안한다. 그는 이 두 가지 제안들 가운데 보다 그럴 듯해 보이는 것은 관계들이라고 생각하지만, 결국 그것이 별다른 차이는 없다고 생각한다. 만약 그 특징들이 관계들이라면, 그 연속이라는 용어들간의 관계들은 변하지 않기 때문에 그 용어들

---

27) M. Dummett, "A defence of McTaggart's proof of the unreality of time", *Philosophical Review*, Vol. LXIX, 1960, 497~505면. 그리고 *Truth and Other Enigmas* (London: Duckworth, 1978)에서 찾아보라.

은 시간 외부의 어떤 것에 관계해야만 한다. (사실상 다른 말로 하면 그 특징들을 연속이라는 용어들간의 관계들로서 해석하는 것은 과거, 현재, 미래를 '～에 비해 과거'로 환원하는 것일 것이고, 그리고 이러한 관계들은 단순히 이전과 동시에, 이후로 될 것이다. 한 사건이 과거라고 말하는 것은 그것이 어떤 다른 사건에 비해 과거라는 것 이상을 말하는 것이다.) 만약 그 특징들이 그 연속의 사건들을 시간 외부의 어떤 것과 관련시키는 것으로 여겨진다면 이것을 가능하게 하는 것은 무엇인가? 그 특징들이 성질들로 여겨진다면 동일한 고찰이 일어나지는 않을 것이지만 그러나 맥타가르트가 그 것을 어쨌든 그럴 듯한 가정으로 고찰하지 않았다는 사실은 별도로 하고 다음의 논증이 두 가지 가정들을 다루는 것으로 여겨진다.

어떤 하나의 사건도 모든 세 개의 특징들을 그 속성으로 가질 수 있다. 그러나 그것들은 양립 가능하지 않다. 그러한 비판에 대한 명백한 반론은 하나의 사건이 각기 다른 시간에 세 개의 특징들을 가지고 있어서 그것들 사이에는 어떤 실재적인 모순도 없다는 것이다. 만약 사건이 지금 발생하고 있다면 그것은 미래였고 과거일 것이다. 즉 그것은 동시에 현재, 미래, 과거인 것은 아니다. 그러나 맥타가르트는 그런 식으로 대답하는 것이 A-연속을 다시 한 번 요청하는 것이라고 말한다. 그 사건이 현재이며 미래였고 과거일 시간은 현재이고, 이것이 다시 미래였고 과거일 것이다. 첫 단계에서 양립 불가능성을 피하기 위하여 A-연속을 요청하는 것은 순환성을 포함하고, 그리고 이러한 순환성은 무한 후퇴의 형식으로 보여질 수 있다. 주어진 단계에 있는 특징들의 양립 불가능성을 다루기 위하여 A-연속을 요청하는 것은 어떤 것이든지 또 다른 단계에 있는 특징들의 또 다른 양립 불가능성을 포함하고, 그래서 그것을 회피하기 위하여 A-연속에 대한 그 이상의 호소를 포함한다. 이런 일은 시간적 특징의 어떤 시제적 속성에 대해서도 일어난다—날짜를 적기 위한 예들 안에서 사용된 것들은 아니다. 맥타가르트에 의하면 A-연속을 사용해야 한다는 결론들을 피하는 어떤 방법도 없으며, 그러한 결론들은 모순 혹은 적어도 양립 불가능성을 포함한다.

이것에 대한 두 개의 극단적인 반론이 있다. 첫번째는 A-연속의 특징들 사이에 실제적인 불일치가 있다는 것을 받아들이는 것이고, 이것은 A-연속이 모순적이라는 것과, 이렇게 불려질 수 있다면 '시제적임'(tensedness)이 정합적이지 않다고 말하는 것이다. 그렇지만 그는 계속해서 그 결론을 이미 언급한 결론, 즉 관점들을 필요로 하기 때문에 실재에 대한 완전한 묘사는 가능하지 않다는 결론으로 약화시키고 있다. 더밋은 자신의 논문에서 그러한 방식으로 출발한 것 같다. 멜러는 철저하게 극단적인 방식으로 주장한다. 그는 그 어떤 시제적 문장을 위한 시제적 진리 조건들도 무한 후퇴를 할 수밖에 없다는 것에 주목하는데, 왜냐하면 진리 조건들이 참이 되는 시간을 지적하는 것은 항상 필요하기 때문이다. 'e가 과거다'가 참일 필요 충분 조건은 e가 과거인 경우라고 말하는 것은 특이한 것 같진 않지만, 이미 말해졌던 것이 참일 필요 충분 조건은 지금은 e가 과거인 경우이며, 또한 이것이 참일 필요 충분 조건은 지금 지금은 e가 과거인 경우이다 등등을 계속해서 덧붙일 필요가 있다. 시제가 표현된 방식으로 또한 최종적으로 진리 조건들을 진술하려는 모든 시도는 무한 후퇴로 나아가게 된다. 다른 한편으로 멜러는 "어떤 단계에서 멈추고 명확한 답을 주는 것은 단지 모순만을 산출할 뿐이다. 왜냐하면 그 문장이 (어떤 현재 시간에) 참이라면 그것은 또한 (어떤 다른 시간에) 거짓이기 때문이다"라고 말한다(98면).

다른 극단적인 반론들을 예시하는 사람들은, 현재 요구되고 있는 것이 가능하게 제공될 수 있는 것 이상이기 때문에 단지 쓸데없는 분쟁만 일으키는 것처럼 보인다고 말함으로써, 이러한 입장의 불합리성을 잘 발견할 것이다. 현재 요구되고 있는 것은 시제가 표현된 문장들을 위한 **명확한** 진리 조건들이 있어야만 한다는 것이다. 현재의 맥락 속에서 그것은 다음과 같은 진리 조건들을 의미한다. 즉 그것은 언제 진리 조건들이 적용된다고 가정되는지에 대해 전혀 어떠한 제한도 두지 않는 진술을 말한다. 멜러에 의하면 어떤 시제적인 문장도 현재 요구되는 것을 만족시킬 수 없고, 그것을 그렇게 하도록 만드는 시도는 무한후퇴나 모순을 포함한다. 그러나 이것은 그것들이 무엇인지에 대한 시제가 표현된 발언들을 아는 데 실패한다는 것을 포함한다. 누군가 'e가 과거다'라고 말할 때는 그것이 언제 과거인지를 말함으로써 보완될 필요가 있는 발언 안에는 어떤 부정확성도 없다. 시제가 표현된 발언의 사용은 그것을 사용할 때의 상황들이 설명될 때 분명해진다. 우리는 이러한 점에서는 서로를 완벽하게 이해한다. 그러나 씌어진 시제 문장을 우리가 우연히 마주치게 되고 그것이 씌어졌던 상황들을 우리가 전혀 모를 때와 마찬가지로, 상황들이 어떤 방식에 있어서 모호할 때만 문제들이 일어난다. 이와 마찬가지로 맥타가르트가 그의 A-연속의 특징들을 현재 있는 대로 아는 데 실패하였고 그것들이 그것들이 아닌 것이 될 것을 요구하고 있다고 말해질 수 있다.

그러한 반론을 표현하는 한 가지 방법은 더밋이 제안한 것처럼

'사례-반영적인(token-reflexive) 표현들의 명백한 속성들에 대해 알
지 못한다'[28]고 말하는 것이다. 더밋이 사례-반영적 표현을 정의한
것처럼 그것은 "문장에서의 그것의 본질적인 발생이 그 문장을 그
것의 발언 환경에 따라—누구에 의해서, 언제, 어디서 그것이 발언
되는지, 누구에게 그것이 말해지는지, 그것이 어떤 몸짓을 동반하는
지 등등—다른 진리값들을 가질 수 있게 해주는 그러한 '나', '여
기', '지금' 같은 것"이다. 그러한 설명은 '사례-반영어'라는 단어들
을 설명하지 않는다. 또한 상황들에 관한 진술 자체가 사례-반영어
들을 포함하는지 않는지가 분명하지 않다는 점에서 그러한 설명은
애매한 점을 가지고 있다. 사례-반영어라는 개념은 라이헨바흐(Hans
Reichenbach)에 의해서 도입되었다. 그것이 사례-반영어라고 불렸던
이유는 그것이 자신의 발언 사례를 반성적으로 되돌아가는 언급을
포함하기 때문이다. 즉 그러한 표현에 대한 이해는 그 모든 것에 대
한 이해와 문제가 되는 발언을 확인할 수 있는 능력을 포함한다. 그
러한 이해와 능력이 나타나는 경우가 어떤 것이어야 하는지는 흥미
있는 문제이다. 그렇지만 사례-반영어들에 대한 이해가 함축된 진리
조건들을 아는 것을 포함하고, 그리고 그것들의 진술이 그 이상의 사
례-반영어를 포함했다면, 우리는 무한 후퇴의 시작 부분에 있기 때
문에 실제적인 문제가 있을지라도, 사례-반영적 표현을 이해하는 데
실제로 어떤 어려움도 가지고 있지 않다. 한 사람을 예로 들면 멜러
는 사례-반영어라는 용어를 그것들의 발언의 상황들이 그것들의 진
술 안에서 그 이상의 사례-반영어를 필요로 하는 그러한 방식으로

---

28) M. Dummett, "A defence", 499면.

사용한 것 같다.

그렇지만 더밋은 맥타가르트가 (그리고 실제로 그의 옹호자들도 마찬가지) 사례-반영적 속성들을 이해하지 못했다는 반론이 요점을 놓치고 '심각한 오해'를 포함한다고 생각한다. 이것은 중요한 점에 있어서 시간적인 사례-반영어와 다른 것들 사이에 비대칭이 있기 때문이다. 맥타가르트는 '여기'와 '거기' 혹은 '나'와 '너'에 관해서 시간에 대해서 가정된 종류의 역설을 산출하는 것이 가능하다고 생각하지는 않았다. (그 밖의 누구도 그렇게 생각하지 않았다.) '여기' 있는 어떤 것은 다른 위치에서 보면 '거기'로 쉽게 간주되고, 그리고 우리가 어떤 것에 대해서 그것이 '여기' 있다 혹은 '거기' 있다고 말할 만한 그러한 상황을 상상하는 것은 쉽다. 유비적으로 (나에게) 너인 그 사람은 (너에게는) 나이다. 왜 시간에 대해서는 역설이 있고 공간 혹은 이러한 다른 표현들이 포함하는 것에 대해서는 아닌가? 더밋은 이러한 경우들간의 차이를 아는 데 실패하는 이유는 맥타가르트가 과거, 현재, 미래에 대한 언급을 포함하는 종류의 사실들이 없다면 어떤 시간도 없을 것이라고 말했을 때 그의 논증의 앞부분을 적절하게 설명하는 데 실패하기 때문이라고 주장한다. '여기'와 '거기'에 대한 언급을 포함하는 공간들과 사실들에 유효한 것과 유사한 어떤 것도 없다. 더밋은 "공간적으로 사례-반영적 표현들을 사용하는 것은 우주 안에 있는 것으로서의 대상들에 대한 묘사에 본질적이지 않다. … 비록 나 자신이 공간 안에 어떤 위치를 가지고 있지만 나는 우주 안에 있는 대상들의 배치를 묘사할 수 있다"라고 주장한다(500면). 그는 계속해서 그 예로서 나의 시야장(visual field)의 공간을 제시한다.

298

그 예는 논쟁의 여지가 매우 많다. 그러나 더밋은 어떤 다른 예도 제공하지 않는다. 시야장의 개념 전체는 문제들을 일으킨다.[29] 더욱이 어떤 여기도 혹은 어떤 거기도 없는 그러한 곳에서 소위 정확하게 그렇게 불려지는 어떤 것이 있는지조차 의심스럽다. 우리가 '비록 그 자신은 그 공간 안에 어떤 위치도 차지하지 않았지만 우리의 3차원의 물리적인 공간 안의 대상들을 지각할 수 있는 존재'를 이해하는 그러한 유비로서의 그것은 매우 불확실하다. 어떤 사상가들이 신을 그러한 위치에 있는 존재로서 간주했다는 것은 인정되어야만 하지만, 그러나 그들은 신을 시간 안에 펼쳐진 모든 사건들을 영원성(eternity)의 관점으로부터 볼 수 있는 존재로서 생각한 것처럼 시간과 관련하여 동일한 종류의 것을 주장하기를 일반적으로 원했다. 나는 이러한 개념들의 이해 가능성에 대해 판결을 내리기를 원하지 않지만 그 개념들간에 어떤 비대칭이 있는 것처럼 보이지는 않는다. (비록 다른 문제들이 있기는 하지만 말이다. 가령 우리는 신적인 지식과 자유 의지 사이의 관계에 관한 문제를 들 수 있다. 그러나 그것은 시간의 경우에 발생하지만 공간의 경우에서는 그렇지 않다.) 사례-반영어들에 관한 문제들이 다른 어떤 것에서보다도 시간과의 연관에서 더욱 심각하다고 생각할 만한 좋은 이유가 있다면 우리는 다른 고찰들을 기대해야만 한다.

우리가 사례-반영어를 사용해서 말한 것을 우리가 다른 수단들을 사용해서 정확하게 말할 수 없다(혹은 그것이 철저하게 사례-반영

---

29) 나의 논문 "The visual field and perception", *Proc. Arist. Soc.*, Supp. Vol. XXXI, 1957, 107~124면을 보라.

어라 할지라도 말하지 못한다)는 것은 분명히 참이다. 따라서 비록 공간의 경우에 우리가 사례-반영어를 생략하면 말해질 수 없는 것들이 있을 것이고, 그 정도로 공간적인 용어로 실재에 대한 완전한 묘사를 하는 것은 불가능할 것이다. 그렇지만 우리가 사례-반영어들 없이도 공간에 대한 모든 문제들을 말할 수 있기 때문에 그것이 걱정할 바가 아니라고 말할지도 모른다. 공간적인 관점들이 있을 수 있다는 것은 단순히 공간 안에 다른 장소들, 즉 다른 위치들이 있다는 사실 때문이다. 더욱이 우리는 아무 문제 없이도 어쨌든 원리상 공간 안의 우리의 위치를 바꿀 수 있다. 말하자면 공간적 위치의 변화에 대한 개념 안에는 어떠한 비정합성도 없다. 그러나 동일한 것이 시간에 대해서는 참이 아니다.[30]

우리는 시간에 있어서의 우리의 위치를 단지 계속해서 살면서만 바꿀 수 있다. (어떤 철학자들이 자신들은 해결할 수 있다고 생각한 시간 여행에 관한 잘 알려진 역설들이 있다. 그렇지만 내가 시간 여행의 결과로서 목격한 사건들에 대한 나의 경험들이 내가 출발하기 전에 목격한 사건들의 경험들 이후에 있다는 것은 참이어야만 한다. 그러나 물론 문자 그대로 마술인 것에 의해서는 어떤 것도 이루어질 수 있다!) 우리가 계속해서 사는 것을 제외하고는 자신의 시간적 위치를 바꾸는 것이 불가능하다는 것은 단순히 인간의 한계일 수는 없다. 그것은 어느 정도는 시간 자체 혹은 시간과 우리와의 관

---

30) 그것은 '나'와 '너'에 대해서도 참이 아니고 이 사실은 시간성과 자아 개념을 함께 야기시킨다. 나는 제9장에서 이것에 관하여 더 많이 이야기하게 될 것이다.

계 때문이다. 만약 시간에 있어서의 위치들이 공간에 있어서의 위치들이 변하기 쉬운 것과 같은 식으로 변하기 쉽지 않다면 공간적 사례-반영어들이 우리의 공간 개념 속에서 가지고 있는 중요성보다는 시간적 사례-반영어들이 우리의 시간 개념 속에서 더욱 중요성을 띤 시간과 공간 사이에 비대칭(asymmetry)이 있다. 만약 실제로 그렇게 보이는 것처럼 A-연속의 특징들이, 유사한 공간적인 특징들이 공간과 관련하여 그렇지 않은 방식으로 시간에 대해 본질적이라면, 이것은 맥타가르트가 제안한 것처럼 시간이 필연적으로 변화를 포함하기 때문도 아니고 과거, 현재, 미래에 대한 언급을 포함하는 사실들이 있을 때에만 변화가 가능하기 때문도 아니다. 내가 앞 절에서 주장한 것처럼 그것은 시간 자체에 관한 어떤 것이 우리가 시간적인 관점을 가진다는 것을 결정하기 때문이고, 또한 비록 사건들이 변화의 관점(즉 아리스토텔레스가 비록 지금인 것이 변하기는 하지만 '지금'이 항상 동일한 것이라고 말함으로써 표현하려고 시도했던 관점을 말한다)으로부터 보여지긴 하지만 그러한 시간적 관점은 어떤 의미에서 고정되어 있다.

　나는 다음 절에서 시간과 공간 사이의 이러한 비대칭의 결론들 중 일부를 고찰할 것이지만 여기서 그러한 종류의 비대칭 역시 강조하게 될 것이다. 시간적인 현상에 대해 말해질 수 있는 것과 공간적인 현상에 대해 말해질 수 있는 것 사이에 유비가 어느 정도 있을 수 있는지를 연구했던 시도들이 있었다. 리차드 테일러(Richard Taylor)는 그러한 점에 있어서 어떤 비대칭도 없다고 주장했고, 리차드 게일(Richard Gale)은 그에게 대답하려고 시도했다.[31] 나 자신이 했던 지적은 시간적인 특징들과 공간적인 특징들 사이에 유비가 없다는 것보다 우리의 시간적인 경험의 특징들과 우리의 외부의 존재의 특징들 사이의 비대칭에 더 관련이 있다고 말해질 수 있다. 그러나 내가 강조하려고 했던 것처럼 우리가 우리의 시간적인 관점을 바꿀 수 없다는 것은 다른 형태의 가능한 경험에 반대되는 것으로서의 우리의 시간적인 경험에 관련된 사실은 아니다. 그것은 마치 우리가 공간보다는 시간 안에 더 단단하게 묶여 있는 것과 같다. 그것은 은유이며 원칙적으로 상황이 변할 수도 있다는 것을 가정한다. 그렇지만 우리는 결과적으로 그것이 무엇이 될 것인지에 대해서는 어떤 생각도 할 수 없다. 비록 칸트는 과거, 현재, 미래의 개념들을 매우 중요시하지는 않았지만, 그는 과거인 것이나 미래인 것을 현재로 만들 어떤 방법도 없다는 것이 가능한 경험의 선험적인 조건이라고 말했을 것이다. 그것이 시간이 우리에게 있는 방법이며, 또한 시간이 우리에게 그렇게 있는 이유는 시간이 그렇게 있기 때문이다.

시간과 관련하여 공통적으로 생겨나는 은유들이 비록 그것들이 본질적으로 시간적인 것의 공간화(spatialization)에 또한 의존하긴

---

31) R. Taylor, "Spatial and temporal analogies and the concept of identity", in J. J. C. Smart (ed.), *Problems of Space and Time*, 381면 이하; R. Gale, "Here and Now", *Monist*, Vol. 53, 1969; 또한 G. Schlesinger, "The similarities between space and time", *Mind*, Vol. LXXXIV, 1975, 161~176면을 보라; B. Mayo, "Space and time re-assimilated", *Mind*, Vol. LXXXV, 1976, 576~580면; G. Schlesinger, "Comparing space and time once more", *Mind*, Vol. LXXVII, 1978, 264~266면; J. M. Shorter, "Space and time", *Mind*, Vol. XC, 1981, 61~78면; A-연속의 특징들의 중요성과 특이성을 강조한 Gillian Romney의 탁월한 논문이 있다. "Temporal points of view", *Proc. Arist. Soc.*, Vol. LXXVIII, 1977/8, 237~252면.

302

하지만 적절하다고 할 수 있다. 시간의 방향 개념 및 그것과 물리적인 과정들 간의 연관(비록 그것이 적긴 하지만)에 관한 많은 철학적 논의들이 있어왔다. 어떤 철학자들은 실제로 인과적 순서가 없다면 또한 물리적 과정들이 어떤 의미에서 그리고 어떤 경우에서라도 뒤집어질 수 없다면 시간의 방향 개념에 대해 언급할 만한 시간에 관한 어떤 것이 있는지를 물었다.[32] 보다 분명한 것은 미래는 미래이고 과거는 과거라는 것이다. 시간의 방향과 관련된 것은 모두 인간의 예측들(expectations)과 기억들(memories)에 의해서 설명될 것 같지는 않다. 그럼에도 불구하고 시간이 어떤 방향을 가지고 있다고 보는 우리의 사유는 우리가 그러한 예측들과 기억들을 가지고 있다는 사실에 매우 많이 의존하는 것 같다. 그러나 의식의 그러한 상태들이 앞뒤로 바라보는 데에 있는 것들이라는 것은 시간이 앞뒤로 바라보는 의식의 상태들이 가능한 그러한 것이기 때문이다. 이러한 고찰을 남겨둔 시간에 대한 설명은 최선의 경우라도 아무도 결론을 내리지 못할 것이고 최악의 경우에는 오해를 불러일으킬 것이다.

제6절 시간과 인간 존재

나는 이미 이 주제와 관련된 것을 많이 논의했다. 예를 들어 과거, 현재, 미래 개념들의 인간 중심성과 이러한 개념들의 객관성에 대한 것의 함축들이 있다. 나는 또한 그러한 개념들이 시간의 고유개념에

---

32) 스마트(J. J. C. Smart)가 편집한 《시공간의 문제들》(*Problems of Space and Time*) 제4부에 있는 A. Grünbaum의 논문을 보라.

본질적인가라는 질문을 논의했고 '예'라고 대답했다. 나는 더 나아가 한 가지 점을 강조하고 싶다. 시간을 통해 존속하는 모든 것은 시간적인 존재라는 것보다도 더 심오한 의미에서 우리는 시간적인 존재들이다. 어떤 물리적인 대상은 그것이 이미 존재했고 계속해서 그렇게 존재할 것이라는 부가적인 의미에서 과거와 미래를 가지고 있다. 인간 존재는 적어도 어떤 것들이 그들에게 과거였고 다른 것들은 그들에게 미래였다는 부가적인 의미에서 과거와 미래를 가지고 있다. ('적어도'는 죽음의 불가피성을 요약한다.) 이러한 사실들은 의식의 기능으로서 시간적인 구분들이 그 현재와 같은 방식으로 인간 존재에게 나타나는 것을 가능하게 만들어준다. 그것들의 존재를 포함하는 사물들에 대한 의식의 형태를 가지는 영원한 존재, 스피노자의 말을 사용하자면 영원한 상 아래(*sub specie aeternitatis*)에 대한 생각은 이치에 맞을 수도 혹은 맞지 않을 수도 있다. 그러나 비록 어떤 신비론자들과 철학자들은 다르게 생각했지만 그것이 우리 자신과의 관계에 있어서 도대체 이치에 맞는지는 의심스럽다.

우리가 가지는 시간적인 의식의 형태가 가정된다면 우리가 차지하는 시간은 메를로 퐁티와 유사한 확신을 가지는 다른 철학자들이 강조했던 것처럼 우리에게는 '살았던 시간'(lived time)이다. 이 점에서 우리가 현재 안에 산다는 것은 자명한 이치이고 그 이상이기도 하다. 그것은 과거나 미래 속에서 살고 있는 어떤 이에 대해 말하는 것을 의미 있게 해주지만 그것은 현재 속에 살아간다는 보다 일상적인 개념에 의존하는 의미이다. 과거와 미래는 알다시피 의식에 있어서는 현재에 부차적이다. 메를로 퐁티는 살아 있는 현재(living present)에 대해서 우리가 더 이상 살지 않는 과거와 우리가

304

아직까지 살지 않았고 우리가 살지 않을 수 있는 미래에 대해 열려 있는 것이라고 말한다.[33] 그는 계속해서 전-대상적 현재(pre-objective present)의 두꺼움(혹은 촘촘함)에 대해서 말한다. 이것은 살았던 현재가 가져오는 것을 지시하는 매우 모호한 방법이다. 그것은 내가 약간 정교하게 설명해야만 할 것이다.

어떤 종류의 뇌 손상 때문에 시간적인 의식의 대부분을 잃어버린 사람들이 있다. 그들은 아마도 기술이나 지식 안에 남아 있는 것을 제외하고는 어떠한 장기 기억도 가지고 있지 않다. 그들은 단기 기억도 거의 가지고 있지 않을 것이고 미래를 예견하는 어떤 능력도 가지지 않을 것이다. 그러한 사람은 문자 그대로 현재 안에 살고 있다고 말해질 수 있다. 그렇지만 메를로 퐁티가 지적한 것처럼 현재에서의 일상적인 삶은 과거와 미래에 대해 열려 있는 것이다. 내가 언급했던 삶은 기껏해야 그것에 관해 매우 약화된 해석이다. 그들이 '과거 안에 산다'고 우리가 말하는 그러한 사람들의 삶이 일상적인 삶에 대한 약화된 해석과 똑같다고 말해질 수 있다. 그러나 그것은 다른 방식이다. 과거 안에 사는 사람은 파생적인 의미에서 그렇게 '산다.' 그것은 단지 그들의 의식의 중심이 사실상 과거인 것

---

33) M. Merleau-Ponty, *Phenomenology of Perception*, 433면. 사실상 그는 내가 살고 있는 현재에 대해서 말하지만 그것은 내가 이미 비판했던 주관론의 산물이다. 그는 또한 그 결과 다른 시간성들—다른 사람들의 것들—에 대해 열려 있는 우리의 현재에 대해서 말했다. 만약 시간적인 생각들이 간주관성과 비트겐슈타인이 '삶의 형식에 있어서의 동의'라고 불렀던 것을 전제로 한다는 것이 보여지면 어떤 문제도 더 이상 일어나지 않는다.

들—그것들이 문제의 사람들에 대해서 과거이든 아니든 간에—에 의해서 차지된다는 것이다. 그것이 시간적 의식에 대해서 그런 것처럼 시간에 대하여 우리가 완전히 이해하게 되는 그러한 정상적인 경우는 메를로 퐁티가 기술한 것, 즉 과거와 미래에 대해 열려 있는 살았던 현재에 대한 의식에 의해서 사물들을 기술하는 것이 자연스러운 경우이다. 그것은 현재의 우선성이 도달하는 것이고, 그것은 시간적인 의식을 이해하기 위한 중요한 개념이다.

비록 우리가 제9장에서 '나'의 우선성에 대해 우리가 말할 수 있는 어떤 의미가 있다는 것을 알게 되겠지만 우리가 '여기'의 우선성에 대해 말할 수 있는 어떠한 유사한 의미도 없다. 물론 우리의 신체는 세계를 의식하는 데 있어서 중요한 역할을 하고 또한 심리학적인 사실 문제로서 가까이 있는 것이 대부분의 사람들에게 가장 중요하다는 것은 논의될 만하다. 그렇지만 그것은 기껏해야 우연적인 사실일 뿐이지 현재의 우선성이 포함할 것 같은 필연적인 사실은 아니다. 어떤 의미에서 현재라는 것이 그런 것처럼 저기보다 여기에 있다는 것은 상대적인 문제이다. (핀들레이[J. N. Findlay]가 강조했던 것처럼[34]) 우리는 현재의 순간, 시간, 날, 해, 세대 … 에 대해서 말한다.) 그렇지만 매우 다른 방식에서 여기 있는 것이 절대적이지 않지만, 현재는 절대적인 것이다. 그것은 전에 강조되었던 의미에서—현재의 내용은 일단 우리가 그 안에 있기만 하면 우리가 아무것도 바꿀 수 없는 어떤 것이다—그러하다. 내가 먼저 말했던 것

---

34) J. N. Findlay, "Some puzzles about time", in A. G. N. Flew (ed.), *Logic and Language*, 제1권 (Oxford: Blackwell, 1951).

처럼 이것은 우리가 어느 정도 공간보다는 시간 속에 더 깊이 묶여 있다는 것을 의미한다. 의식적인 존재는 신체를 가지고 있기 때문에 공간적이어야만 한다는 것은 아마도 다양한 이유들 때문에 많은 현대 철학이 공통적으로 받아들이는 것이다. 영국계 철학자들은 인간 존재 안의 시간성의 장소에 대해 별로 주의를 기울여오지 않았다. 데카르트가 그랬던 것처럼 어떤 철학자들은 우리가 신체적 존재라는 조건들 없이 생각할 수 있으므로 신체가 없는 존재의 개념이 어떤 종류의 의미를 받을 수 있다고 생각했다. 그리고 아마도 이러한 이유로 비공간적인 존재라는 관념이 의미가 있을 것이다. 그러한 관념이 궁극적으로 어떤 의미가 있든지 없든지 간에 위대한 많은 사상가들은 어쨌든 그것이 그러한 관념과 작용을 하거나 해야만 한다고 생각했다. 그것은 비공간적인 존재가 이해되기 어렵다는 결론에 도달하는 논증에는 거의 필요가 없다. 만약 그렇다면 어떤 의미에서 인간 존재들은 공간적인 존재들이라는 방식보다는 더 근본적인 방식으로 시간적인 존재들이다.

결론적으로 다음과 같이 말할 수 있다. 시간은 가장 풍부한 철학적 주제이다. 그것은 많은 측면을 가지는 주제이고 또한 만족스럽게 다루기가 가장 어려운 문제들 중의 하나이다. 나는 내가 말했던 것이 만족스럽든지 그렇지 않든지 간에 그것이 거기에 있는 풍부한 문제들 가운데 단지 작은 일부만 검토했을 뿐이라는 것을 마지막으로 강조하고 싶다.

제8장
정신

제1절 정신적인 것의 개념

나는 제1장에서 실재가 무엇인지에 대한 논의가 사물들과 그것들의 시-공간적인 틀(spatio-temporal framework), 그리고 인격들 또는 자아들에 대해 무언가 말할 것을 포함한다고 말했다. 나는 실재가 단순히 어떤 인격 또는 인격들에게 실재일 뿐이라고 — 실재는 어떤 인격이나 또는 인격들이 가지는 관점에 따라 상대적이라는 사실 — 제안할 의도는 없었으며, 제2장에서 그러한 사실을 강조하기 위해 노력하였다. 그럼에도 불구하고 실재에 관한 우리의 개념이 비록 실재 자체가 반드시 그러한 개념들에 의해 제한되지는 않을지라도 우리가 가지고 있는 개념들에 의존한다는 것은 자명한 이치이다. 실재에 관한 우리의 개념은 다른 것들뿐만 아니라 인격들을 포함하는 것이고, 그러므로 실재에 관한 설명은 인격들을 언급해야 한다. 여기서 문제가 될 수 있는 유일한 것은 인격들을 분리하여 다룰 필요가 있는지이다. 왜 인간 존재들 또는 인격들(그리고 나는 이것들이 동일한 것인지의 문제를 뒤로 미루어둘 것이다)을 자연의 나머지

308

것들과 떨어뜨려 놓는가? 만일 유물론이 참이라면 우리가 인간들에게 실재란 무엇인지에 관해 이야기할 수 있다는 사실을 포함하여 인간 존재들에 대한 다양한 사실들로부터 생겨나는 명백한 난점들에도 불구하고, 유물론은 인간들을 자연의 나머지들과 떨어뜨려 놓을 이유가 없다고 제안할 것이다. 다른 한편 퍼트남은 우리가 사물들이 실재라고 생각할 때 포함되어 있는 바로 그 사물에 대한 지시개념이 유물론이 설명할 수 없는 어떤 것이라고 생각했다.[1]

인간 존재들이나 또는 인격들에게 실재란 무엇인지에 관해서 말하는 것은 그러한 존재들이 의식적이라는 것을 함축하며, 그러므로 이것은 인격들을 자연의 나머지 것들로부터 구별하는 한 가지 이유이다. 나는 제9장에서 인격의 개념과 인격 동일성의 개념들을 논할 것이다. 인격의 개념이 의식적일 뿐만 아니라 자기-의식적인 존재들에 제한되어야 한다는 것은 논의될 만하며, 그러한 경우에 우리가 침팬지들과 같은 고등 동물들을 인격들의 집합에 포함해야 하는지는 논의할 여지가 있는 문제일 것이다. 그러나 그 집합에 포함되지 않을 자기-의식적이지 못한 동물들의 무리—비록 이러한 동물들 중 어떤 것들은 의식적이라고 생각될 수 있을지라도—도 있을 것이다. 이것이 바로 인격들을 분리해서 다룰 만한 명백한 이유가 될 것이다. 그러나 나는 앞으로 대체로 인간 존재들에게 논의를 한정시킬

1) H. Putnam, *Reason, Truth and History*(Cambridge: C. U. P., 1981) 제1장과 두 개의 논문, 즉 "왜 이미 만들어진 세계가 있는가"와 "왜 이성은 자연화될 수 없는가"(*Synthese* 1982)를 보라. 이것은 *Realism and Reason: Philosophical Papers*, 제3권(Cambridge: C. U. P., 1983)에 다시 인쇄되었다.

것이다. 왜냐하면 인간 존재들이야말로 그들에게 실재란 무엇인지를
묻는 것이 의미있는 존재들의 전형적인 경우들이기 때문이다.

  무엇이 인격들을 구별하는가라는 기초적인 질문을 설정하는 하나
의 방법은 정신이나 정신들의 지위에 대해 묻는 것이다. 사실 그것
은 지난 몇 세기를 거쳐 그 질문을 하는 전통적인 방식이었다. 그
문제는 정신적인 것 그리고 정신과 신체의 관계에 대한 다양한 이
론들을 많이 낳았다. 사실 현재 유행하는 유물론은 단순히 그러한
문제에 대한 하나의 대답으로서 해석될 수 있다.—우리가 정신적이
라고 부르는 것은 물리적인 것에 관한 하나의 해석이다. 왜냐하면
정신적인 항목들이 물리적인 항목들과 동일하기 때문이든지 또는
아마도 우리가 내적인 체계들에 의해 인간 존재의 소위 정신적인
면과 관련 있는 모든 것을 설명할 수 있기 때문일 것이다. 위의 내
적인 체계는 경제적으로 그러한 인간 존재를 이루는 어떤 기능적인
역할을 가지고 있으며 그러한 체계들은 순수하게 물리적으로 현실
화된다.

  이러한 이론들 중 첫번째는 정신의 동일성 이론—모든 정신적인
항목은 어떤 물리적인 항목과 동일화될 수 있다는 것—으로서 알
려져 있다. 이 논제에 대해 다양한 방식의 정교한 논의들이 있어왔
다. 전부는 아니지만 어떤 것은 우리의 사유 방식들로부터 정신적인
개념을 전적으로 제거할 것을 바라고 있다는 사실을 함축한다. 두
번째 논제는 기능주의로 알려져 있으며 부분적으로는 동일성 논제
자체에 관한 어떤 해석들에 대한 불만족으로부터 제기되었고, 부분
적으로는 심리학, 특히 인지 심리학 내부에서 널리 알려진 어떠한
사유 방식들로부터 제기된다. 비록 이러한 종류의 책에서는 세부 항

목들을 충분히 다룰 수는 없지만, 나는 이 장의 마지막 절에서 이러한 문제들 중 어떤 것으로 돌아갈 것이다. 이렇게 전체적으로 사유의 방식을 거부하는 것은 어떠한 방식으로는 정신적인 것에 독립적인 지위를 부여할 것을 포함할 것이며 그래서 심신 관계에 관한 다른 이론을 포함할 것이다.

어쨌든 17세기 이래로 그러한 관계에 대한 수많은 이론들이 주장되었고 유물론의 현행 형태들은 그러한 이론들의 한 가지 예에 대한 변형물들을 이루고 있다. 고대 그리스 철학자들이나 또는 그들에 의거한 중세 철학자들에게 이러한 형태로 문제가 존재했다는 것은 분명하지 않기 때문에 나는 앞에서 '17세기 이래로' 라고 말하였다. 고대 세계에는 영혼의 본성과 영혼과 신체의 관계에 대한 문제가 있었다. 그러나 고대의 영혼 개념은 우리 시대에 사용하게 된 정신 개념과는 동일하지 않다. 그리스어 누스(nous)는 때때로 '정신'(mind)이라고 번역되었으나 실제로는 지성 또는 이성을 의미한다. 그렇게 말하면서 나는 지성과 이성이라는 개념들이 정신과 정신적인 것이라는 현대적 개념들 속으로 들어온다는 것을 부인하기를 원하지 않는다. 우리는 '어떤 것에 전념하는 것'과 '정신적 노력'에 관해 말하며 이러한 어법들은 문제가 되는 개념들을 반영한다. 그러나 정신적인 것에 관한 우리의 더 최근의 개념들은 그 이상의 것을 포함한다.

더욱이 고대의 그리스 사상에서 프쉬케(psuche) 또는 영혼에 관한 가장 초기의, 가장 근본적인 개념은 생명과 연합되어 있다. 영혼은 어떤 것을 살아 있게 하는 것이다. 이것은 《영혼론》(De Anima)에 나오는 아리스토텔레스의 영혼에 관한 연구가 서로 다른 종류들의 생명체가 소유하고 있는 생명의 다양한 형태들이 가지는 능력들에 의해 영혼 개념을 설명할 때 포함시킨 그러한 개념과 잘 일치한다. 따라서 식물들은 성장, 영양 섭취, 재생산—이것들은 식물들 속에서 생명이 구성하는 것이다—을 하는 능력을 가진다는 의미에서만 영혼들을 가진다. 동물들은 감각-지각과, 대부분의 경우들에서 운동을 하는 능력을 추가로 가진다. 인간 존재들은 추가로 추론하는 능력을 가지며 인간 존재들을 자연의 나머지 것들과 구별하는 것은 이성의 소유 여부이다. 플라톤에서도 우리는 영혼 안에 있는 이성을 강조하는 경향을 발견할 수 있으며 경우에 따라 두 가지를 동일시하는 경향도 발견할 수 있다. 아리스토텔레스는 그렇게 생각하지 않았지만 플라톤은 영혼을 신체가 소멸하더라도 살아 남을 수 있으며 그래서 불멸할 수 있는 실재 자체로서 생각하는 경향이 있다. 그럼에도 불구하고 이러한 철학자들은 영혼을 의식의 자리로 생각하거나 또는 정신을 내적인 어떤 것이며 소위 외부 세계와 대조되는 어떤 것으로 생각할 여지가 없다. 내적이고 사적인 정신 생활에 관한 어떠한 개념도 없다.

이 마지막 주장은 자주 반박되었다. 그럼에도 불구하고 나에게 참인 것처럼 보인다. 그러나 주장되고 있는 것에 대해 분명히 하는 것이 중요하다. 그리스어에는 명시적으로 '의식'(consciousness)을 의미하는 단어가 없으며 이와 연관된 내포를 가진 '정신적인'(mental)에 대한 단어도 없다. 이러한 사실은 어떤 그리스어가 프쉬케에 대한 이론 속에 그러한 개념들을 구체화하는 것을 어렵게 만든다. 그럼에도 불구하고 일상적인 그리스어의 용법과 일상적인 사람들의 이야기에는—비극 작가들과 다른 문학적 인물들의 이야기에 관해서 말하는 것이 아니라―그들이 의식을 소유하고 있다는 사실을 우리에게 암시하는 사람들에 대해 이야기하는 방식들이 있다. 이와 똑같이 때로는 우리가 내부의 것과 외부의 것이라는 용어들로 주장할 수 있는 대조가 만들어진다. 예를 들어 에우리피데스(Euripides)의 《히폴리투스》(*Hippolytus* 612), "나의 혀는 맹세하나 나의 정신(phren-정신 또는 심장)은 맹세하지 않는다"를 고찰해 보라. 그러한 격언은 외부의 관찰된 행동과 내부의 사유 간의 대조를 함축하는 것으로 다루어질 수 있다. 그럼에도 불구하고 그러한 대조는 철학자들에 의해 제안되는 영혼의 이론들 안에서 명시적이게 되는 것처럼 보이지 않고, 그러한 사실은 아리스토텔레스의 경우에는 매우 두드러진다. 우리는 이것에 적합한 이유들에 대해 고찰할 수 있으며, 하나의 가능한 논제는 철학적 사유의 표면에 내/외의 대조를 부각시킨 것은 근본적인 형태의 회의주의를 필요로 한다는 것이다.[2]

아무리 그렇다 할지라도 데카르트에게서 우리는 먼저 신체적인 어떤 것에도 타당하지 않은 어느 정도는 사적이고 특권적인 방식으로 정신적인 것의 개념에 접근할 수 있다는 생각을 명시적인 형태로 발견한다. 데카르트가 정신적인 것의 소위 사적인 성질을 강조하게 된 이유는 역사적으로 고찰해야 할 문제이다. 그것은 대답하기 쉬운 문제는 아니다. 그러나 그가 주장하는 것처럼 결과적으로 우리는 신체에 대해서는 가지고 있지 않은 그러한 방식으로 우리의 정신에 대해 어느 정도 명석 판명한 관념을 가진다는 견해가 생긴다.

---

2) 제2장 주 3에 언급된 버닛이 쓴 논문을 보라.

우리의 정신들에 대한 우리의 '밀접성'이라는 관념은 반대로 우리가 본질적으로 정신적이라는 논제를 만들었고, 그래서 '나는 무엇인가?'라는 질문에 데카르트는 '사유하는 것'(사실 사유하는 비-연장적인 것이다. 연장은 사유가 정신의 본질적인 속성인 것처럼 신체들의 본질적 속성이다)이라 대답할 수 있었다. 정신과 신체 간의 이러한 대조는 그 후 줄곧 소위 심-신 문제의 논의에서 형태를 갖춘 것이다. 나는 나중에 이 문제에로 되돌아갈 것이다. 그러나 심-신 이론이 어떤 종류의 것일 수 있는가를 아는 것과 그러한 이론들의 지시어들에 대해 어떤 것들을 주목하는 것이 필요하다. 나는 '정신적인 것이 무엇인가?'라는 질문에 아직까지 분명하게 대답했다고 주장하지는 않는다.

제2절 심-신 이론들

신체와 정신 간의 관계에 관한 데카르트의 설명은, 그것이 상호작용하는 구별된 본질적 속성들을 가진 두 가지 실체들간의 구별을 전제한다는 점에서 일반적으로 일종의 상호 작용주의(interactionism)라고 이야기된다. 어떻게 그러한 상호 작용이 인식될 수 있는가에 대해 악명 높은 어려움들이 있다. 데카르트는 상호 작용이 신체 속에 있는 영혼이나 정신의 자리인 송과선을 매개로 하여 일어났다고 생각했다. 그러나 그러한 견해는 궁극적으로 구별되는 실체들간의 상호 작용의 가능성을 전혀 설명하지 못하며, 보헤미아의 엘리자베스 공주(Princess Elizabeth of Bohemia)와 서신을 왕

래하며 그것을 설명하도록 요구받았을 때 그는 어떠한 설명도 주어
질 수 없었던 영혼이나 정신과 신체 간의 유사-실체적 결합(a quasi-
substantial)을 언급했다. 왜냐하면 비록 감각들이 그것의 존재에 관
해 우리에게 말할지라도 우리는 그것에 관한 명석 판명한 관념을
전혀 가지고 있지 않기 때문이다. 그러한 견해는 대부분의 주석가들
에게 분명히 불만족스럽게 보였다.[3]

　다른 한편 비록 우리는 상호 작용의 본성에 대해 아무것도 말할
수 없을지라도 실체들은 그것간의 상호 작용에 관해 말하는 것이
의미가 있는 그러한 종류의 것이다. 사실 심-신 이론으로서 상호 작
용주의는 전형적으로 두 가지 실체들간의 관계에 대한 이론이다. 그
것은 두 가지 종류의 과정들이나 일련의 사건들간의 관계 이론으로
서 인식될 수 있으나 그러한 경우에서조차 사건들의 과정들이나 연
속들이 구별되는 실체들과의 연관하에 일어난다면 더욱 이해하기
쉽다. 스피노자는 정신적인 것과 신체적인 것을 단일한 실체의 두
가지 측면들이라고 인식하지만 두 가지 측면들을 상호 작용하는 것
으로 생각하기는 어렵다. 그래서 신체와 정신에 관한 소위 이중 국
면 이론은 상호 작용주의와 아주 다른 이론이며 아주 다른 지시어
들을 가진 이론이라고 생각할 만한 충분한 이유가 있다. 버나드 윌
리암스(B. A. O. Williams)는 실체 이원론과 성질 또는 속성 이원론
을 구별했다.[4] 우리는 데카르트가 말한 듯 보이는 것처럼 사람들이

---

3) 그러나 R. C. Richardson, "The scandal of Cartesian interactionism", *Mind*,
　　Vol. XCI, 1982, 20~37면을 보라.

4) B. A. O. Williams, *Descartes: The Project of Pure Enquiry* (Harmondsworth:

두 가지 아주 다른 실체들의 혼합이라고 말하기를 원하지 않고도 사람들이 각각 정신적인 것과 물리적인 것이라고 불리어지는 두 가지 아주 다른 성질들 또는 속성들의 집합을 가지고 있다고 말하기를 원할 수 있다. 그러나 만일 우리가 그러한 속성들이 상호 작용한다고 생각한다면 그것은 실체들이 상호 작용한다는 것과는 어느 정도 다른 방식으로 있을 것이다.

라이프니츠가 정신적 사건들의 순서는 신체적 사건들의 순서와 유사하다고―종종 평행주의(parallelism)라고 불린다―제안한 논제는 비록 사건들간에 어떠한 인과적 관계가 없을지라도 분명히 사건이나 과정들, 즉 이것들의 순서에 대한 논제이지, 실체들 속에 있는 어떤 것에 대한 논제는 확실히 아니다. 만일 이러한 논제에서 우리가 실체들의 속성에 관심이 있다는 것이 라이프니츠의 견해였다면 평행주의 그 자체에는 그것을 포함하는 것은 아무것도 없다. 동일한 것이 부수현상론(epiphenomenalism), 즉 때로는 일방적인 상호 작용주의(물리적인 것은 정신적인 것을 산출하지만 그 역은 아니다)로서 나타나는 견해에도 적용된다. 언뜻 보기에 이 이론은 정신적인 사건들과 물리적인 사건들 및 과정들 또는 상태들간의 관계를 긍정하는 것으로 해석될 수 있지만 본질적으로는 실체들에 관해 아무것도 말하지 않는다. 동일한 것이 동일성 논제에도 적용된다.

대부분의 이론들이 정신적인 사건들과 물리적 사건들 및 상태들 또는 과정들간의 관계에 대해서 공통된 논제를 가지고 있다고 이야기될 수 있다. 그러나 상태들이 무엇에 관한 상태들인가라는 문제와

Penguin, 1978), 제10장.

어떤 것과 관련하여 사건들과 과정들이 일어나는가라는 문제가 여전히 남아 있다. 데카르트의 견해에는 그것에 대한 문제는 없다. 왜냐하면 상태들은 두 가지 구별된 실체들을 포함하기 때문이다. 그러나 두 가지 실체들의 존재는 그 관계를 설명하기 어렵게 만든다. 스피노자의 이중 국면 이론(double-aspect view)은 단 하나의 실체가 있다는 것을 분명히 하지만 바로 그 사실이 그렇게 인식된 상태들이 인과 관계에 있는 것으로 생각하는 것을 어렵게 만든다. 그러한 방식으로 그것들을 인식할 필요는 없다고 주장될 수 있을 것이다. 즉 단 하나의 실체 속에 있는 두 세트의 상태들간의 관계를 설명하기 위해 어떤 이론적 설명이 나올 수 있다는 사실만이 요구된다. 만일 상태들간의 차이가 그것을 배제한다고 생각할 만한 어떠한 독자적인 이유도 없다면 동일성은 하나의 가능성일 수 있다. 대안적으로 그 관계는 물리적 실체의 거시적 상태와 미시적 상태 사이에 성립되는 것과 비슷한 것일 수 있다. 사건들은 문제가 되는 그 관계에 관한 어떤 이론적 설명을 제공할 수 있어야 한다. 실제로 심신 이원론의 논제의 일부는 필연적이지는 않지만 데카르트와 관련하여 그와 같은 설명을 제공할 수 없다. 왜냐하면 구별되는 본질들을 가진 구별되는 실체들이 있기 때문이다.

　만일 실체의 정신적인 상태와 물리적인 상태 간의 관계에 관한 이론적 설명이 가능하다면 그것은 그 실체의 본성에 관한 설명을 구성 요소로서 가져야 할 것이다. 동일성 논제의 장점들 중 하나는 그것이 그러한 가능성을 허용하는 것처럼 보인다는 것이다. 만일 모든 정신적인 상태들이 물리적 상태들과 동일하다면 그러한 상태들을 유지하는 순수하게 물리적인 실체에 대한 문제도 없다. 다른 한편 이원론의 형태를 존속시키는 어떠한 논제도 그러한 상태들의 이원성을 가능하게 만드는 실체의 본성을 설명하는 데 어려움들을 제공하는 것 같다. 물리적인 상태들과 속성들 그리고 어떤 의미에서 정신적인 다른 것들을 모두 직접 가지고 있는 어떤 물리적 실체가 있어야 한다는 주장은 아마도 불가능한 것만은 아닐 것이다. 우리가 보았던 것처럼 버나드 윌리암스는 이것을 하나의 가능성으로 생각하는 것처럼 보인다. 그러나 속성들의 이원성을 설명하는 실체의 본성에 근접하는 설명이 전혀 없을 때 속성 이원론은 확실히 불만족스럽다. 대안은 두 가지 종류들의 속성을 소유한 실체는 직접적으로 물리적이지도 않고 또는 직접적으로 정신적이지도 않고, 이것들 양자가 전제하는 어떤 것이라고 생각하는 것이다. 인격에 관한 스트로슨의 개념은—그는 이것을 논리적으로 우선적이라고 주장하였다—그것으로 된다. 그것이 두 세트의 속성들 간의 연관 관계를 알기 쉽게 만드는 것만으로 충분한지는 문제이다. 나는 제9장에서 그 개념을 논할 것이다.

제3절 데카르트의 이원론

데카르트의 이원론은 다양한 이유로 많은 현대 철학이 가장 싫어하는 것(bête noire)이고 은신마(stalking horse)이다. 예를 들면 비트겐슈타인은 그것을 격렬하게 반대했으며 그것이 잘못되었다는 것을 증명했다고 이야기되고 있다. 증명을 했든 못했든 간에 대부분 현대 철학자들이 데카르트의 이원론을 명백히 잘못된 것이라고 부인할 수는 없다. 그리고 그와 함께 일반적으로 이원론은 사라졌다. 나는 이미 그 견해의 주요 측면들과 데카르트가 그것으로부터 이끌어낸 결과들의 주요 측면들 — 근본적으로 구별되고 그리고 다른 본질적인 속성들을 가지고 있지만 그럼에도 불구하고 설명할 수 없는 유사-실체적인 결합으로 묶여 있는 두 가지 종류의 실체들이 있다는 사실 — 을 진술했다. 그러나 지금까지 나는 왜 데카르트가, 내가 첫 번째 절에서 사밀성(privacy)에 대해 말했던 것을 제외하고, 이 모든 것이 그래야만 한다고 생각했는지에 대해서는 전혀 설명하지 않았다. 이 이야기에는 세 가지 단서들이 있다.

첫번째 단서는 데카르트가 이전 철학자들로부터 이어받았으며 심지어 아리스토텔레스에게서도 나타나는 논제이다. 그것은 길버트 라일(Gilbert Ryle)이 《마음의 개념》(*Concept of Mind*)에서 공식적 이론이라 부른 논제이며 그가 정신을 준-기계적 원인(para-mechanical cause)으로 다룬 것으로서 기술한 논제이다. 마지막 논제는 《정념론》(*Passions de l'âme*)에서 주로 발견되는 것이다. 거기서 그는 영혼이나 또는 정신의 자리로서 신체의 신경들 속에서 영혼과 동물의 혼들(spirits) 간의 상호 작용을 매개로 하는 송과선에 관해 분명하게 말한다. 그러나 왜 정념들과 능동적 행동은 순수하게 신체 속에서 일어나는 것에 의해, 그리하여 데카르트의 역학에 의해 설명될 수 없는가? 데카르트의 대답은 사실 지성의 작업들과 이성적 행동을 포함하여 그것을 내포하는 어떤 것도 그의 역학에 의해 설명될 수 없다는 것이다. 따라서 역학 체계와는 다른 어떤 부가적 원인이 필요하다. 그것이 바로 라일이 준-기계적 원인이라 부르는 것이다. 동물의 행동은 그러한 원인을 언급하지 않고도 설명될 수 있으며,

그러한 의미에서 동물들은 인간 존재들과 달리 기계들이다. 아리스토텔레스도 지성이 살아 있는 인간 존재의 다른 능력들을 지배하는 생물학적 원리들에 예외적인 것이라고 논했다. 그리고 그는 영혼의 나머지 부분들과 분리될 수 있는 소위 능동적 지성이 있다는 결론을 이끌어냈다.[5] 데카르트는 지성의 특별한 지위에 관한 이론을 이어받았으며 그것을 인간 영혼 전체에 적용한다. 그러나 (아리스토텔레스가 실제로 생각한 것으로 보이는 것처럼) 어떠한 특별한 고찰들도 영향을 줄 수 없다면 이성적 행동이나 또는 이성적 행동의 과정에서 만들어진 움직임들이 순수하게 물리적인 용어들로 설명될 수 있는지는 기껏해야 경험적인 문제인 것 같다.

두 번째 단서는 더 정확하게 데카르트 자신의 것이다. 그것은 '의심의 방법'(method of doubt)과 '나는 생각한다'(Cogito)로부터 나온다. 내가 모든 종류의 것을 의심할 수 있다고 논의되었으나 내가 의심할 수 없는 한 가지는 내가 의심하며 그러므로 생각한다는 것이다. 그러므로 '나는 생각한다'는 의심할 수 없는 진리이다. 그것은 생각하는 사람, 즉 나 자신이 있어야만 한다는 사실이 따라 나오는 것으로 여겨진다. 그것은 신체일 수 없다. 왜냐하면 나는 모든 신체들의 존재를 의심할 수는 있지만 나 자신의 존재를 의심할 수는 없기 때문이다. 그러므로 나는 나의 신체와 구별되는 사유하는 것으로서 존재해야 하며, 연장된 것으로서의 나의 신체는 의심 불가능성과 관련해 동일한 지위를 갖지는 못한다. 나는 여기서 이 논증을 논하지는 않을 것이다. 그것은 많은 곳에서 광범위하게 분석되었다. 데

---

5) 나의 논문 "Aristotle's Cartesianism", *Paideia*, 1978, 8~15면을 보라.

320

카르트에게 있어서 'cogitatio'가 정신의 의식적 상태에 대한 단어이며, 따라서 그 논증은 의식이 물리적인 것들의 어떤 특징과도 구별되는 지위를 가진다는 것을 증명하도록 기획되었다고 가끔 제안되었다. 나는 'cogitatio'의 의미에 관한 주장에 대해 의심을 가지고 있으나 어떠한 경우에서든지 그 논증은 의심하는 일을 그 한 가지 예로 가지는 사유의 특징에 주로 의존해 있다. 생각한다는 것은 물리적인 것들의 어떤 특징과도 구별되어야 한다는 것이 중요하다. 왜냐하면 후자는 존재하지 않는 것으로 생각될 수 있지만 그런 일은 사유를 넘어서는 불가능하기 때문이다. 따라서 이원론은 사유하는 것들과 사유하지 않으나 연장되어 있는 것들 간의 이론이다. 나는 이 점으로 직접적으로 되돌아갈 것이다.

그러나 완결된 이야기의 세 번째 단서는 그것으로부터 도출된다. 그것은 지금까지 주어진 설명이 감각과 느낌, 그리고 일반적으로 지각에 대해 제기하는 어려움에 의존하고 있다. 두 번째 《성찰》(Meditation)에서 데카르트가 '나는 무엇인가?'라고 묻고 '생각하는 것'이라고 대답할 때 그는 감각과 그와 비슷한 것들이 신체적인 것으로 생각된다고 말한다. 그것들은 물론 신체에 의존하므로 필연적으로 사유하는 것을 포함하지는 않는다. 그러나 그것은 그러한 것들이 무조건 신체적이라는 주장을 충분하게 정당화할 수 없다. 그것들은 우선 첫째로 어떤 직접적인 의미에서 연장되어 있지 않다. 여섯째 《성찰》에서 데카르트는 정신과 신체 간의 관계의 문제를 조사할 때 감각들에 대한 다른 설명을 제시한다. 그는 심지어 굶주림과 갈증의 감각들을 분명히 포함하는 감각들이 '사유의 혼란된 양태들'(confused modes of thinking)이라고 말한다. 그것들은 자신들이 양태들로서 속해 있는 것—이 경우에는 사유—과 분리하여 인식될 수 없다는 의미에서 양태들이다. 그러나 그것들은 똑같이 신체에 의존하며, 그래서 '정신과 신체의 결합과 명백한 혼합'으로부터 생겨난다.

따라서 감각들은 신체에 의존하면서도 신체적이지는 않다. 우리가 생각하는 것들이 아니라면 감각들은 아마도 존재하지 않을 것이다. 만일 문자 그대로 다룬다면 그 논제는, 비록 전부는 아니지만 대부분의 감정들의 경우에서 더 큰 가능성을 가진다 하더라도 거의 그럴 듯하지 않다. 왜냐하면 이것들은 그것들의 대상들에 관한 믿음들, 즉 종종 특수한 믿음들을 포함하기 때문이다. 그러나 데카르트의 정신적인 것의 우선적인 기준은 사유의 현존인 것으로 나타난다. 그럼에도 불구하고 그의 생각으로는 우선적인 것들에 의존하는 정신적인 것의 2차적인 경우들이 있다. 이것들은 부수적이다. 왜냐하면 만일 정신과 신체 간의 결합이 없다면 그것들은 존재하지 않을 것이기 때문이다. 이 사실에서 유-실체적인 결합(the quasi-substantial union)이 유래한다.

이 모든 것에서 사유의 장소는 명백하다. 그러나 만일 우리가 사유가 감각들처럼 신체에 의존하지 않는 이유를 묻는다면 우리는 두 가지 종류의 대답을 얻게 된다. 첫째, 완결된 이야기의 첫번째 단서에서 지시되었던 것처럼 사유와 그것의 표시들은 신체들의 운동을 설명하는 것들과 동일한 원리들에 근거하여 설명될 수는 없다. 둘째, 두 번째 단서에서 제시되었던 것처럼 우리는 사유의 존재를 의심할 수 없다. 우리는 그것에 직접적이고 확실한 접근을 할 수 없다. 이 두 가지 고찰들은 서로 매우 다르지만 최소한 《성찰》에서의 유

322

력한 논증은 두 번째 단서로부터 나온다. 만일 그렇다면 비록 정신적인 것이—그것의 순수한 형태로는—사유하는 것에 제한될지라도 그 논증이 정신적인 것에 직접적이고 확실하게 접근하는 것에 대한 인식론적인 지적을 포함하고 있다는 사실은 데카르트의 이원론에 결정적이다. 데카르트 이원론에 관한 최근의 많은 비판은 그러한 인식론적인 지적에 향해 있다. 더욱이 만일 정신적인 것에 대한 직접적이고 확실한 접근에 관한 논제가 파괴된다면 이원론도 마찬가지라고 생각되기 쉽다.

그러나 정신적인 것에 대한 직접적이고 확실한 접근에 관한 논제를 주장하지 않고도 정신적인 것과 물리적인 것, 즉 정신적인 항목들과 물리적인 항목들 간의 구별을 주장하는 이유들이 있을 수 있다. 더욱이 그러한 확실하거나 명확한 접근 없이도 최소한 어떤 정신적인 항목들에 대한 직접적인 접근이 있을 수 있다. 예를 들면 우리의 감정들에 관한 지식은 비-추론적일 수 있으며 그러한 의미에서 직접적이다. 즉 그러한 접근 없이도 우리는 그러한 감정들에 대해 오류를 범하지 않는 경우가 있다. 나는 여기서 이러한 인식론적 문제들을 더 다루지는 않을 것이다.[6] 그러나 이것들은 다양한 측면의 데카르트의 논제가 있으며 그것들 중 어떤 것은 폐기될 수 있으나 어떠한 형태로든 이원론을 여전히 유지할 수 있다는 것을 증명하는 데 사용된다.

그러한 경우일지라도 거기서 남는 것을 평가하기 전에 정신적인

---

6) 나의 책《인식론》(London and Basingstoke: Macmillan, 1971) 제8장을 보라.

것의 개념에 대해 가능한 분명하게 밝힐 필요가 있다. 그리고 이 장의 첫번째 절에서는 그러한 방향에 제대로 도달하지 못하였다. 그러나 대부분의 이원론의 논의들은 물리적이거나 또는 신체적인 것이 무엇을 의미하는지는 충분히 밝혀지지 않았다고 추정된다. 나는 결코 그러한 추정이 공정하다고 생각하지 않는다. 물론 물리학의 성공으로 고무되긴 하였지만 예를 들어 생물학에서 물리학으로의 환원은 기껏해야 가능성으로 남아 있다. 데카르트는 물리적인 것의 본질적 속성이 연장(extension)이라고 생각했다. 그것은 별로 알려주는 것은 없지만 명백한 것처럼 보일 수 있다. 물리적인 물체들은 확실히 시-공간적 틀의 일부이어야 한다. 그러나 정신적인 것을 물리적인 것으로 환원하지 않는다면 이와 동일한 일이 어떤 의미에서는 정신적인 항목들에 관해서도 동일하게 참일 수 있다. 따라서 비록 연장이 물리적인 것의 필요 조건이라고 할지라도 충분 조건은 아닐 것이다. 또는 여하튼 선결 문제 질문의 오류를 범하지 않으면서 이원론에 반대하여 그렇다고 추정될 수는 없다. 그러나 나는 이러한 논점들을 더 이상 논하지 않을 것이다. 나는 우리가 물리적인 것에 관해 어떤 직관적인 이해를 가지고 있다고 추정할 것이다. 그러나 정신적인 것에 관해서는 어떤가?

제4절 정신적인 것의 기준

의심할 여지없이 우리는 어떠한 종류의 것들이 정신적인 것으로 생각될 것인가에 대해서도 상식적이고 직관적인 견해를 가지고 있

324

다. 그렇지만 데카르트의 신체적 감각들의 지위에 대한 모호한 생각은 많은 사람들이 공유하고 있다고 인정할 만한 것일 수 있다. 결국 신체적인 감각들은 통상적으로 신체의 어떤 부분에 위치할 수 있으며 그러한 이유로 사유들보다는—예를 들어 우리가 믿는 것처럼 사유들이 뇌에 의존적이라고 할지라도—신체와 더 친밀한 관련을 가지고 있다. 동시에 많은 사람들은 감각들과 사유들 중 어느 한 쪽이 어떤 명시적인 물리적 상태, 사건 또는 과정을 가진 것보다 그것들이 서로 공통점을 더 많이 가지고 있다는 것을 인정할 것이다. 정신적인 것으로 구분되는 그것들이 공통적으로 가지고 있는 것은 무엇인가? 그러한 질문을 하는 것은 정신적인 것의 기준을 묻는 것, 즉 모든 정신적인 항목들이 어떤 특징을 가졌는지를 묻는 것이며, 이 특징은 주어진 항목이 정신적이라는 결정을 하기 위한 기준으로 사용된다.

《마음의 개념》에서 라일은 정신과 신체 간의 구별은 범주의 구별이라고 주장했다. 나는 이미 라일이 데카르트에서 발견한 논제, 즉 정신의 개념에 호소하는 것은 준-기계적 원인(a para-mechanical cause)의 개념에 호소하는 것이라고 언급했다. 그러한 방식으로 사물들을 보는 것은 정신에 대한 언급을 이성과 지성에 대한 언급으로 보는 것이며, 이성적이고 지성적인 행동에 대한 설명이 일상적인 기계적 역학의 영역 밖에 있는 특수한 종류의 원인 속에 있을 수 있는 가능성을 고찰하는 것이다. 라일은 그러한 설명을 거부하지만 정신에 관해서 말하는 것이 이성적이고 지적으로 행동할 수 있는 능력에 관해 말하는 것이라는 지시어들을 그대로 사용하고 있다. 그러므로 그의 견해로는 정신의 개념을 설명하는 것은 인간 존재들이 소유하고 있는 다양한 이성적이고 지적인 능력들과 성향들 속에 포함되어 있는 것에 관한 설명을 제공하는 것이며, 이것들이 준-기계적인 원인에 호소한다는 생각을 거부하는 것이다. 라일은 그러한 호소가 범주 오류(category mistake)를 포함한다고 말한다. 범주 오류는 라일이 표명하는 것처럼 옥스포드에서 모든 단과 대학들(colleges)을 보고 나서 종합 대학(university)을 보려고 길을 묻는 사람과 동일한 방식으로 잘못된 유형의 것을 찾는 것을 의미한다. 왜냐하면 그는 종합 대학이 모든 단과 대학들로 이루어진 집합체(the class)라는 것을 알지 못했기 때문이다. 그 예가 일반적으로 범주-오류의 개념을 해명하는지는 의심스럽지만, 범주-오류는 확실히 이야기된 것의 논리를 이해하는 데 실패하게 되어 어떤 종류의 무의미(nonsense)로 이끌어가는 것이다.

내가 이 장의 앞부분에서 말했듯이 지성과 이성에 대한 언급을 포함하는 것으로서 정신의 개념은 '정신'과 '정신적인 것'이라는 용어들의 몇 가지 용법들 속에 반영되어 있는 것과 일치하며, 데카르트의 사유의 한 가지 단서—그가 아리스토텔레스로 거슬러 올라가는 전통으로부터 물려받은 것—에 반영되어 있는 것과 일치한다. 그것은 그러한 단어들의 다른 용법들과 데카르트의 사유 속에 있는 다른 단서들을 올바르게 평가하지 않는다. 라일의 개념과 그것의 이론적 발전이 정신적 생활의 보다 수동적인 측면들—존 위즈덤(John Wisdom)이 일찍이 의식의 흐름에 떠다니는 표류물과 투하물로서 특징지었던 것[7]—을 만족스럽게 다루지 않는다는 것은 잘 알려져

7) J. Wisdom, "The concept of mind" in his *Other Minds* (Oxford: Blackwell, 1952).

326

있다. 그것들은 감각들과 이미지들 그리고 의식의 다른 변형 (modifications)을 적절하게 다루지 않는다.

'의식의 변형들'이라는 구문을 사용하면서 나는 정신성 (mentality)의 주요 측면을 언급하였다. 최근에 상당히 주목을 끌고 있는 정신적인 것의 기준이라는 제목에 대한 두 가지 주요 후보들 은 모두 의식의 측면들을 반영한다. 그것들은 사밀성(privacy)과 지 향성(intentionality)이다.[8] 나는 그것들을 차례대로 고찰할 것이다. 사밀성이 정신적인 것의 기준이라고 말하는 것은 정신적 항목들 (mental items)이 우리와 맺고 있는 관계에 의해 그러한 항목들을 구별하는 것이다. 사적인 것의 개념은 물론 데카르트가 염두에 두었 던 직접적이고 확실한 접근의 대상이라는 개념보다 더 넓다. 왜냐하 면 감각이나 사유가 사적이라고 말하는 것은 반드시 우리가 그것을 확실하고 정확하게 말하는 것이 아니기 때문이다. 그것은 우리가 다 른 사람들이 하지 않는 방식으로 우리 자신의 정신적 상태들에 접 근한다고 말하는 것이지만 그러한 접근의 인식론적 지위에 대한 어 떤 것을 함축할 필요는 없다. 그러한 지적을 하는 것은 정신적 항목 들이 사적이라고 이야기될 수 있는 적절한 의미를 가려내는 작업을 시작하는 것이다. 왜냐하면 다른 사람들[9]에 의해 지적되었던 것처럼 예를 들어 고통이 사적이라는 의미는 나의 속성, 나의 목소리 또는

---

8) Kathleen Wilkes의 *Physicalism* (London: Routledge and Kegan Paul, 1978) 의 첫 장을 보라.

9) 예를 들어 Don Locke, *Myself and Others* (Oxford: Clarendon Press, 1968) 제1장과 A. J. Ayer, *The Concept of a Person* (London: Macmillan, 1963) 에 나오는 "사밀성"(Privacy)을 보라.

심지어 내가 소유할 수 있는 정보도 사적일 수 있다는 의미는 아니
다. 돈 로크(Don Locke)조차 자신이 '정신적으로 사적'이라고 부른
'사적'(private)의 의미를 상술하였는데, 그는 이 개념을 어떤 것이
'단지 한 사람만이 그것을 인식할 수 있을 때에' 정신적으로 사적
이라고 말함으로써 정의했다. 그러나 그는 계속해서 그러한 기준에
의해 고통들이 정신적으로 사적인 반면, 의식적 과정들(즉 지각하고
생각하는 것과 같은 것들)은 그렇지 않다고 말한다. 왜냐하면 그것
들은 '어떤 사람에 의해서도 전혀 느낄 수도 없고 지각될 수도 없
기' 때문이다.[10] 더욱이 그러한 기준에 의해 어떤 것들은 단순히 우
연적인 이유들로 인해 정신적으로 사적일 것이다. 즉 나를 제외한
어느 누구도 내가 문제되는 것을 지각할 수 있는 입장과 아주 동일
한 입장을 가질 수 없다. 우리는 '정신적으로 사적'의 정의가 단지
선결 문제 질문의 오류에 의해서만—앞선 개념인 정신적인 것(the
mental)을 전제함으로써만—그러한 우연적 불가능성들을 배제할
수 있다고 추정한다.

　이것이 난점이다. 직관적으로 어떤 의미에서 정신적인 상태들과
사건들이—다른 사람들이 가질 수 없는 것들에 우리가 접근한다는
방식이 있다는 점에서는—사적이라는 것은 명백해 보인다. 그것은
사실 그러한 항목들의 큰 집합에 대해서는 우리가 그것들에 대해
궁극적인 권위자인 경우가 있을 수 있다. 확실히 만일 우리가 고통
을 느낀다면 비록 더 복잡한 정신적 상태들의 경우에는 상황이 덜
분명하지만 우리가 고통을 느끼지 않는다고 주장하는 것은 다른 사

---

10) D. Locke의 *Myself and Others*, 10면을 보라.

람들에 의해 정해지는 것이 아니다. 우리가 자신의 정신 상태들에 이러한 종류의 접근을 할 수 있는 이유는 그것들이 우리의 상태들이기 때문이다. 어떠한 정신 상태는 그것이 누구의 것인가에 관한 중립적일 수 없다. 어떤 정신적인 상태에 관한 소유권을 가진다면 그것에 대해 다른 사람들이 이용할 수 없는 접근을 하게 된다. 그러나 그러한 용어로 순환 오류를 범하지 않고도 정신적 상태들은 사적이라는 그러한 '사밀성'의 의미를 정의할 수는 없다. 왜냐하면 우리는 실제로 정신적 상태들의 소유주들이 다른 사람들에게 열려 있지 않은 방식으로 그 소유권을 가지기 때문에 그것들에 접근한다는 의미에서 정신적 상태들이 사적이라고 말해야 하기 때문이다. 따라서 사밀성은 정신적 상태의 필요 조건일 수 있는 반면 그것은 독립적인 충분 조건이 아니다. 그리고 이러한 충분 조건은 그것의 수단에 의해 정신적인 것과 정신적이지 않은 것—또는 순환 오류를 범하지 않고도 정신적이지 않은 것—을 우리로 하여금 결정할 수 있게 한다.

정신성에 관해 제안된 다른 기준, 즉 지향성의 기준은 다른 결점들로부터 영향을 받는다. 그 기준은 원래 또는 최소한 현대에는 프란츠 브렌타노(Franz Brentano)로부터 나온다. 그는 정신적 행위들의 분류를 정신에 관한 설명으로서 제안했는데, 이러한 행위들 전부는 그가 주장한 것처럼 '지향적인 비존재'(intentional inexistence)를 가지는 대상과 관련되거나 또는 관련될 수 있다. 그는 그것이 다음과 같은 것을 의미한다고 생각한다. 즉 그것은 문제가 되는 대상이 내적으로 행위와 관련되어 있으며, 자연 세계에 상응하는 어떤 것이 있든지 없든지 간에 행위와 관련하여 단순하게 존재한다는 것이다.

모든 정신적인 행위는 그러한 대상을 지향, 말하자면 그러한 대상을 향한다. 그래서 명제가 상응하는 사실이 있든지 없든지 간에 판단은 명제를 지향한다. 명제는 판단과의 내적인 관계에서만 존재한다는 점에서 지향적인 비존재를 가진다. 정신적 행위들에 관한 브렌타노 자신의 분류는 약간 특별하며 논쟁적이다. 그러나 더 최근에는 정신성에 관한 일반적 기준을 제공하기 위해서 일반적 이론이 다른 여러 사람들 중 치좀(Roderick Chisholm)에 의해 부활되었다.[11] 지향성에 관한 치좀의 설명은 문제가 되고 있는 지향적 상태의 존재를 진술하는 데 사용된 명제들의 형식에 의해서, 예를 들어 믿음 문장들(belief statements)의 형식에 의해 지향적인 것과 비-지향적인 것을 구별하려는 것이다. 결과적으로 지향적인 것과 내포적인 것(the intensional), 비-지향적인 것과 외연적인 것(the extensional)의 동화 작용(assimilation)이 있다. (어떤 명제는 그것의 구성 요소들이 진리-함수적 용어들로 정의할 수 있는 논리적 연결 기호들에 의해 결합될 때 그것의 진위가 그것의 구성 요소들 또는 그것의 가능한 구성 요소들의 참 또는 거짓에만 의존한다면 외연적이다.) 그것만이 정신적인 것으로서 특징지워질 수 있는 사태를 기술하는 그러한 지향적 문장의 형식을 상술하려는 시도들이 있어왔다. 이러한 지향성의 '언어적' 표현 양식은 그것이 충분하지 않다는 이유가 있을 경우에만 성공할 수 없다. 그 기준들은 정신적인 것들을 다루지 않는

---

11) R. Chisholm, "Substances about believing", *Proc. Arist. Soc.*, Vol. LVI, 1955/6, 125면 이하를 보라. 또한 *Perceiving* (Ithaca: Cornell U. P., 1957)과 많은 다른 출판물들을 참조하라.

문장들에만 적합하다. 예를 들어 만약 어떤 사람이 p가 실제 상황이든 그렇지 않든 간에 p를 믿을 수 있다는 것이 믿음의 한 표시라고 주장된다면, 정확하게 동일한 것이 '그것은 p일 수 있다'와 같은 양상(modal sentences) 문장들에 관해서 참이라고 지적될 수 있다.

이에 대한 대답으로 지향성의 언어적 기준이 타당하든지 또는 그렇지 않든지 간에 넓은 범위의 정신적인 상태들(특히 어떠한 방식으로 믿음을 포함하고 있는 상태들)에 지향성의 일반적 논제가 유효하다는 것은 참이다. 즉 자연 세계 속에 존재하는 그러한 대상 없이는 대상으로 향함(directedness to an object)이라고 상술되는 그러한 상태들 속에 있을 수 있다. 그것에 대해 두 가지 반대들이 있다. 첫째, 그렇게 상술된 지향적 상태들이 물리적인 것들 또는 체계들[12]에 귀속될 수 없다는 것은 분명하지 않다. (비록 물리적인 것들이 정신적 성질들을 가질 수 없을 때에만 그것은 결정적인 반대일 수 있지만 성질 또는 속성 이원론이 가능한 논제라면 물리적 성질들은 정신적 성질들을 가질 수 있다.) 둘째, 우리가 직관적으로 정신적인 것으로서 생각할 수 있는 모든 상태들, 예를 들어 고통들과 다른 감각들이 이러한 방식으로 지향적이라는 것은 분명하지 않다. 만일 그렇지 않다면 지향성은 정신적인 것의 필요 조건이 아닐 것이며 충분 조건도 아닐 것이다.

의식의 지향성은 사르트르와 메를로 퐁티와 같은 현상학자들 간의 공통적인 논제이다. 논제를 해석하는 한 방법은 의식이 항상 그

---

12) 이러한 경향의 최근의 논문들 중의 하나인 Berent Enç의 "International states of mechanical devices", *Mind*, Vol. XCI, 1982, 161~182면을 보라.

러그러한 것으로 대상을 향해 있다고 말하는 것일 것이다. 그러한 논제와 같은 어떤 것은 볼하임(Richard Wollheim)이 쓴 논문[13]에서 모든 정신적인 현상들은 어떤 생각을 포함한다는 (모든 정신적 현상들은 ~라는 생각하에 대상에 관한 의식을 포함한다) 그럴 듯한 생각하에서 만날 수 있다. 그러나 그는 논제가 감각들(sensations)에 유효하지 않다는 것을 인정해야 한다. 토마스 리드(Tomas Reid)는 지각(perception)과 대비하여 감각(sensation)을 그 자신과 다른 어떤 대상도 가지지 않는 정신의 행위로서 정의했다. 그러므로 그것은 구별된 대상(a distinct object)에 관한 어떠한 개념도 포함하지 않는다.[14] 전반적으로 우리가 그것을 가지고 있다는 것을 의식하지 않고는 어떤 감각도 가질 수 없다는 것은 참이지만 (그렇지만 그것조차도 우리가 주의하지 않는 감각들에 대해 반박할 수 있다) 순전히 거짓말이 아니라면 우리가 고통의 개념을 가지지 않거나 또는 고통을 겪고 있다고 생각하지 않고는 고통을 가질 수 없다고 주장하는 것은 확실히 잘못일 것이다. 고통의 의식과 같은 감각들 속에 포함된 의식의 형태는 우리가 주장할 수 있는 것처럼 의식이 향하게 되는 구별된 대상이 있는 타동적인 의식의 형태들과 반대되는 것으로서 자동적인 의식의 형태라고 주장하는 것이 더 유력하다. 그러나 그것은 의식의 모든 형태들이 지향적이라는 논제와는 반대가 될 것이다. 의식의 개념을 통해 보자면 지향성에 의해 정신적인 것의 정

---

13) R. Wollheim, "Thought and passion", *Proc. Arist. soc.*, Vol. LXVIII, 1967/8, 1~24면.

14) T. Reid, *Essays on the Intellectual Powers* (London: Macmillan, 1941), I. 1.

의에 이르는 어떠한 길도 없는 것처럼 보인다.

　우리는 정신적인 것에 관한 이러한 두 가지 기준들의 실패로부터 정신적인 것이 없다고 추론해야 하는가? 비록 어떠한 다른 후보들도 근접해 있는 것처럼 보이지 않지만 다른 후보들이 검토되지 않는다면 그러한 결론은 성급한 것이다. 그러나 그 결론을 받아들이는 데에는 타당한 이유들이 있다. 기준의 개념은 우리가 주어진 집합 또는 유 안에 있는 항목을 상술하는 것에 관심있을 때 아주 잘 작용한다. (사실 유와 종차에 의한 전통적인 정의의 개념은—이에 따르면 종은 종차에 의해 유 안에서 독특하게 결정된다—비록 그것이 바로 그러한 방식으로 항상 작용한다고 생각하지 않을지라도 거의 그 개념의 패러다임이다.) 그러나 더 넓은 집합(class)이나 유(genus)가 없을 때 기준의 개념은 적절하지 않다.[15] 정신적인 것의 집합이 포함되는 더 넓은 집합이 있는 것처럼 보이지 않으며 또는 어쨌든 실체적인 집합은 아니며 단지 제3장에서 형식적 개념들에 대해 상술했던 의미에서 형식적인 집합이 있는 것처럼 보이지 않는다. 만일 정신적인 것의 집합이 궁극적인 유를 이룬다면 정신적인 것의 기준을 찾을 희망이 없게 된다.

　그렇다면 도대체 우리는 어떻게 정신적인 것의 개념을 가지게 되는가? 그것은 흥미로운 문제이며 만일 내가 옳다면 그것은 그리스인들이 그러한 개념을 갖지 않았다는 사실과 관련 있다. 그 개념은 말하자면 귀납적으로 그들의 시대 이후에 데카르트가 착수한 반성

---

15) 범주 혹은 최고류 개념의 견지에서 만들어진 동일한 점에 대해서는 나의 《인식론》 71면, 주 18을 보라.

의 종류의 결과로서 나타났다. 데카르트가 '나는 생각한다'에 덧붙인 의심 불가능성이 일반적으로 정신적인 것에도 적용된다고 생각하는 데에 잘못이 있다는 사실은 그가 자신이 했던 방식으로 주목한 점이 잘못이라는 것을 의미하지 않는다. 비록 그것이 데카르트 자신에게 명시적으로 나타나지 않았을지라도 그것으로부터 의식의 개념이 출현했으며 그것은 우리에게 다양한 방식들과 다양한 변형들로 나타난다. 데카르트 이래로 정신적인 것에 대한 우리의 개념은 더 발전되어서 우리는 이제 일반적으로 비교적 충분한 의미에서 단지 의식적인 생물에서만 무의식적인 정신적 상태들이 있을 수 있다는 것을 허용할 수 있다. 감각적이라는 의미에서만 의식적인 어떤 생물은 그것에 대한 지각들이 낮은 정도의 의식 또는 주의 (attention)를 포함했다는 의미에서 라이프니츠가 '무의식적 지각들' (unconscious perception)이라고 불렀던 것을 가질 수 있다. 그러나 어쨌든 우리는 프로이트(S. Freud) 이래로 무의식적인 정신적 상태들을 이해하게 된 것처럼 그러한 생물은 그러한 상태들을 가질 수 없다. 그러므로 정신적인 것을 설명하는 것은 의식이 스스로를 드러내는 각양 각색의 방법들에 관한 설명을 포함해야 하지만 동일한 설명이 전 범위에 대해 유효하다고 생각하는 것은 잘못일 것이다.

제5절 이원론은 옹호될 수 있는가?

이원론에 대한 현대의 일반적인 반대는 내가 위와 같은 형태로 이 절에서 관심을 가진 문제를 주장하는 것이 바람직하다는 것이다.

우리는 데카르트의 이원론이 본질적인 부분으로서 어떤 인식론적 주장을 포함한다는 것을 보아왔다—그 주장은 우리가 우리의 정신 상태들에 대해 또는 우리가 지금 그것들을 불러야 하는 것처럼 우리의 의식 상태들에 대해 직접적이고 의심할 수 없는 접근을 한다는 것이다. (왜냐하면 우리는 확실히 무의식적인 정신적 상태들에 대해서는 그러한 접근을 하지 못하기 때문이다.) 비록 그것이 어떤 특별한 경우들에는 적합할 수 있지만 일반적으로는 그러한 주장을 받아들일 타당한 이유가 없다. 예를 들어 만일 내가 의도적으로 어떤 것을 하고 있다면 나는 내가 하고 있는 것에 대해 거의 의심을 하거나 오류를 범할 수 없다. 왜냐하면 그것이 의도적 행동이라는 개념 속에 포함되어 있는 것이라는 특별한 이유 때문이다. 우리가 그러한 개념 안에 포함되어 있는 것에 관해서는 틀릴 수 없다는 그러한 자각은 정신적인 것의 전 범위에 걸쳐 있는 것이 아니다. 그러나 내가 이야기했던 어떤 것도 신체적인 것과 정신적인 것 간의 근본적인 구별, 즉 우리가 주장할 수 있는 것처럼 그것의 기초에 있는 인식론적이 아닌 존재론적인 구별을 배제하지 않는다. 존재론적 이원론은 비트겐슈타인을 따른다고 주장하는 현대 철학자들이 데카르트의 이원론에서 반론할 수 있다고 생각한 (비록 물질론자들은 존재론적 이원론도 반론할 수 있다고 생각했지만) 종류의 인식론적 이원론을 전제할 필요가 없다.

의식적인 존재들이 있으며 무-의식적인 존재들이 있다. 이것은 이원론의 종류이다. 그러나 우리가 일상적으로 살아가면서 알고 있는 모든 의식적인 존재들은 물론 신체적이다. 말하자면 그것은 본질적으로 탈육화 또는 전혀 육화되지 않은 의식적 존재들의 가능성을 배제하지 않는다. 그것은 단지 분명한 것을 강조하는 것일 뿐이다. 또한 비트겐슈타인의 소위 '사적 언어의 논의'(private language argument)의 맥락에 따르면 만일 의식이 공적(public)으로 표현되지 못해서 아마도 신체적 형태로 행동이 일어나지 못한다면 우리는 그것에 관해 어떠한 개념도 가질 수 없다고 주장될 수 있다. 그러나 일단 또다시 그러한 논의는 의식이 항상 육화되어야 한다는 것을 증명하지 않으며 증명하는 데 사용될 수 없다. 즉 그것이 증명하는 모든 것은 의식이 통상적으로 육화되지 않았다면 우리는 그러한 개념을 가지지 않았을 것이라는 것이다. 통상적인 것에 예외들은—그것들이 현실태로 일어나든지 일어나지 않든지 간에—항상 가능하다. 내가 제9장에서 설명하려는 것처럼 스트로슨은 우리가 의식의 상태들과 신체적 특징들 모두의 소유자로서의 인격의 개념을 필요로 하며, 이것이 어떤 철학자들을 인격들과 신체의 이원론(어떤 신체들은 이러한 의미에서 인격들에 의해 소유되지 않는다)에 관해 이야기하도록 이끈다고 논한다.[16] 이러한 사실은 이러한 견해에 따라 의식적 존재들이 인격들이어야 한다(그리고 이것은 확실히 반박 가능한 논제이다)는 단서를 단다면 내가 이전에 언급했던 의식적인 존재들과 무-의식적인 존재들의 이원론이 된다.

　나는 실체들의 이원론으로서 정신들과 신체들의 이원론을 옹호하지 않는다. 그러한 이원론은 영혼과 신체의 이원론과 똑같을 것이

16) 예를 들어 P. Herbst, "A critique of the materialist identity theory", in C. F. Presley (ed.), *The Identity Theory of Mind* (St Lucia: University of Queensland Press, 1967)를 보라.

며, 그것은 부분적으로 신학적인 복잡한 난제들을 끌어들이는데 여기서 이러한 것들을 도입한다면 논점을 잃을 것이다. 어느 경우라도 우리의 관심이었던 것들, 예를 들어 신체가 통상적으로 가능하게 만드는 요소들—가령 지각과 행동—없이도 한 인격에 관해 기대할 수 있는 개별성을 가진 영혼의 개념에 관해 어떤 의미가 있을 수 있다는 점과는 아주 다른 종류의 고찰들이 제기될 것이다. 우리가 우리의 일상적인 삶에서 만나며, 우리 자신을 예화하는 그러한 육화된 의식적 존재들과 관련하여 우리가 그것들이 소유할 수 있는 두 가지 근본적으로 다른 종류의 상태—의식적 상태들과 단순한 신체적 상태들—를 구별할 수 있다는 것은 참이다. 의식적 상태들이 어느 정도로 신체적 상태들에 의존하든지 간에 전자는 후자로 환원될 수 없다. 의식적 상태들이 어느 정도로 신체적 상태들에 의존하고 있는가라는 문제는 다음과 같은 사실의 문제처럼 보인다. 즉 그것은 어떤 이론에 의해 단지 우리가 신체적 사건들만 일으키는 의식적 존재들에 대한 모든 것을 설명할 수 있는지, 또는 정신적 사건들과 상태들도 끌어들일 필요가 있는지에 달려 있다. 만일 정신적 또는 의식적 상태들이 신체적 상태들과 독립적인 인과적 역할을 한다고 판정된다면 정신적 사건들과 상태들을 끌어들이는 것이 필연적일 것이다. 비록 그렇지 않다고 판정되었을지라도 이원론의 형태는 가능하게 남을 수 있다. 왜냐하면 결과적으로 의식이 하는 유일한 역할이 의식이라는 존재가 자신에게 다른 것들을 귀속시키기 위한 개념적인 필요 조건일지라도 부수현상론자들이 생각하는 것처럼 인과성은 다른 방식으로 작용할 수 있기 때문이다. 예를 들어 비록 어떤 것이 일으키는 모든 운동들이 다른 신체적 사건들에 의해 인과적으

로 설명될 수 있고 의식이 그러한 사건들의 부산물일지라도[17] 우리
는 어떤 것이 의식적이지 않다면 그것에 행동을 귀속시킬 수 없을
것이다.

나는 이원론이 그 가능성들을 설명하기 위해서 취할 만한 다양한
형태들을 지적해왔다. 그럼에도 불구하고 현대의 이데올로기는 이원
론이 거짓이라고 한다. (우스꽝스럽게도 많은 사람들이 그러한 견해
를 가지고 있다). 대체로 의식과 그것의 변형들은 단순히 물리적인
것으로 환원될 수 있는 것이 아니라 어떠한 정신적 사건이나 상태
도 실제로는 물리적인 사건이나 상태라는 것이다. 나는 대체로라고
이야기했는데, 왜냐하면 물리주의나 유물론의 한 가지 종류가 소위
제거적 유물론(eliminative materialism)이기 때문이다.[18] 이러한 견해
에 따르면 정신적인 것과 물질적인 것의 동일성에 관한 인식은 순
조롭게 진행되어 정신적인 것의 개념이 불필요하며, 그 개념은 단순
히 사람들의 생각에 뒤떨어진 것이라는 더 나아간 인식으로 이끌게
될 것이다. 그러나 대부분 제안된 논제는 정신적인 것과 물질적인
것 간의 우리의 일상적인 구별에도 불구하고, 실제로는 단 한 가지
만 있으며 그것이 물리적인 것이라는 것이다. (논리적으로 '그리고

17) 나의 논문 "Causality and human behaviour", *Proc. Arist. Soc.*, Supp. Vol.
XXXVIII, 1964, 125~142면을 보라.

18) R. Rorty, "Mind-body identity, privacy and categories", *Review of Metaphysics*, Vol. XIX, 1965, 25~54면과 S. N. Hampshire (ed.), *The Philosophy of Mind* (New York and London: Harper Row, 1966) 안에 있는 같은 논문을 보라. 또한 그의 *Philosophy and the Mirror of Nature* (Oxford: Blackwell, 1980)를 보라.

그것은 정신적인 것이다'라고 말할 수 있다는 점을 주의하라. 그것은 이데올로기 또는 퍼트남이 과학주의라고 부른 것이라고 논의될 수 있다.) 그러한 논제는 이원론과 대비하여 '심-신 일원론'(psycho-physical monism)이라 불릴 수 있다.

제6절 심-신 일원론

아마 심-신 일원론을 향한 최초의 자극은 플레이스(U. T. Place)가 쓴 논문으로부터 생겨났지만 이 견해는 더 큰 악명을 얻었던 스마트(J. J. C. Smart)의 논문에서 마무리되었다.[19] 스마트는 라일의 '행동주의'(behaviorism)가 감각에 관한 설명을 제외하고는 대부분의 정신적 개념들에 대한 설명으로 만족스럽다고 생각했다. 그는 감각의 설명 외에 어떤 방식들로 행동하려는 성향들에 의해 대부분의 정신적 개념들을 분석하는 것이 만족스럽다고 생각했다. 예를 들어 믿음은 믿음의 대상에 적절한 방식으로 행동하려는 성향에 의해 분석될 수 있다. 이러한 이유로 심-신 일원론에 관한 그의 최초의 이론은 감각들에 제한되었으며, 그가 말했던 것처럼, 이러한 감각들은 뇌 상태들과 동일하다. (그렇지만 엄격히 말하자면 스마트가 때때로 깨달았던 것처럼 그것은 뇌 상태와 동일한 감각들을 가진 것이다.)

---

19) J. J. C. Smart, "Sensations and brain processes", *Philosophical Review*, Vol. LXVIII, 1959, 141~156면 ; U. T. Place, "Is consciousness a brain process?", *Brit. J. Psych.*, Vol. XLVII, 1956, 44~50면.

그러한 논제에 대한 스마트의 유일한 긍정적인 논의는 그것이 이론적 경제성(theoretical economy)으로 이끌어가고 '법칙적으로 매달리는 사람들'(nomological danglers)에게 필요한 것, 즉 물리적 법칙들에 예외들인 것들을 제거했다. 따라서 그의 논문의 대부분은 있을 법한 반론들을 다루려는 시도들로 충당되어 있으며, 그것들 중 어떤 것들은 라이프니츠의 법칙—추정상으로는 다르지만 실제로는 동일한 것들은 자신들의 모든 속성들을 공통적으로 가져야만 한다는 것—에 집중되어 있다. 그것은 특히 감각들이 뇌-상태들이 갖지 않은 강도(intensity)와 같은 현상적 성질들을 가진다는 반대와 필연적으로 마주친다. 스마트는 자신이 감각들의 귀속(ascription)에 관한 주제-중립적 분석(topic-neutral analysis)이라고 불렀던 것에 호소함으로써 그러한 반대에 맞서려고 한다. 그는 감각이 인격 속에서 지속되고 있는 어떤 것에 대한 생각에 의해서 상술될 수 있다고 제안했다. 그 개념은 인격이 순수하게 물리적 조건들에 의해 상술될 수 있는 상황 속에 있을 때 지속되고 있는 것과 비슷한 것이다. 예를 들어 오렌지 잔상의 발생은 적당한 빛 등으로 우리가 오렌지를 보고 있을 때 지속되고 있는 것과 유사한 어떤 것이 인격에서 일어난다는 생각에 의해 상술될 수 있다.

미카엘 브래들리에 의해 그 설명이 순환성을 포함했다는 것이 논의되었고, 그 이후 에이어에 의해 그것이 어느 경우라도 실제로는 불충분하다고 논의되었다. 왜냐하면 내가 오렌지를 보고 있을 때 내 안에서 지속되고 있는 많은 것들이 있을 수 있기 때문이며, 그것들 전부가 오렌지 잔상에 관한 세부적인 사항들과 관련되어 있는 것은 결코 아니기 때문이다.[20] 예를 들어 이러한 어려움을 모면하는 한 가지 방법은 이전에 언급했던 점 — 엄격히 말하자면 그것은 정신적 사건을 이루는 잔상 또는 고통을 가지는 것 — 을 진지하게 다루는 것일 것이다. 그러한 경우에 잔상이나 감각의 소위 현상적 속성들(phenomenal properties)은 정신적 사건 자체의 속성들이 아니라 내용의 속성들일 것이다. 정신적 사건은 예를 들어 오렌지의 잔상을 가짐일 것이며, 오렌지임(orangeness), 즉 현상적 측면은 김재권(Jaegwon Kim)이 주장하는 것처럼[21] '사건의 구성 속성'(the constitutive property)으로 다루어진다. 그래서 그것은 사건 자체의 성질이 아니며, 그러한 현상적 측면들 때문에 우리는 물리적 사건들이 가지지 않는 속성들을 정신적 사건들이 가진다고 말해서는 안 된다. 어떤 현상적 측면에 의해 상술될 수 있는 어떤 종류의 감각을 가지는 것은 우리의 신체들 속에서 지속되고 있는 어떤 신경학적 과정을 가진 것과 동일한 사건일 수 있다.

나는 이 모든 것에서 아무것도 그것이 사실상 그렇다는 것을 증명하지 못하기 때문에 '~일 수 있다'고 말한다. 사실 사건들의 개별화에 대한 문제들이 있다. 데이빗슨(Davidson)은 사건들이 그것들의 인과적 관계들에 의해 개별화되고 그래서 두 사건들이 만일 동일한 인과 관계에 있다면 그것들은 동일한 것이라고 가정했다.[22]

---

20) A. J. Ayer, *The Central Questions of Philosophy* (Harmondsworth: Penguin, 1976), 128면. 브래들리의 비판은 Smart, *Philosophy and Scientific Realism* (in *Aus. J. Phil.*, Vol. XLII, 1964, 262~283면)에 대한 그의 비판에서 발견된다.

21) J. Kim, "Phenomenal properties, psychophysical laws and the identity theory", *Monist*, Vol. 56, 1972, 177면 이하, 특히 183면을 보라.

그러나 그것이 현재의 경우에 어떠한 도움을 제공한다고 생각하는 것은 오류일 것이다. 왜냐하면 어떤 감각을 가지는 것이 지속적으로 일어나고 있는 어떤 신경학적 과정을 가지는 것과 동일한 인과적 관계 속에서 나타난다고 주장하는 것은 선결 문제 질문의 오류일 것이기 때문이다. 만일 이것들 중 하나가 사실 다른 것의 원인이라면 그것들의 인과 관계들에서 비대칭(asymmetry)이 있을 것이다. 어떤 경우에라도 명백해야 하는 것처럼 두 가지 경우들에서 '가지는 것'(having)의 개념에는 애매성이 많이 있다. 적절한 것처럼 보이는 '가지는 것'의 의미에서는 그것은 인격들이며, 이러한 것들을 가지는 것과 비슷한 것이다. 그러나 인격의 개념이 어떻게 등장하게 되는가는 여태까지 분명해지지 않았다.

이와 비슷한 점들은 모든 정신적 개념들을 포괄하는 스마트의 동일성 논제에 대한 암스트롱(David Armstrong)의 일반화와 관련하여 지적되었다. 그의 책 《정신에 관한 유물론자의 이론》(A Materialist Theory of the Mind)은 감각에 대해 스마트가 주장한 범위 안으로 모든 정신적 개념들을 끌어들이려는 시도이다. 그는 정신적 상태에 관한 정의를 제공하고 모든 정신적 개념들이 그러한 정의와 일치한다고 논함으로써 그렇게 한다. 왜냐하면 그것들은 그것의 용어들로 분석될 수 있기 때문이다. 이러한 분석들이 성공적인지 아닌지는 여기서 논의하기에는 너무 복잡한 문제이다. 그러나 정신적 상태의 기본적 정의는 그것이 행동의 어떤 형태들을 일으키기 쉬운 인격의 상

---

22) D. Davidson, "The individuation of events" in his *Essays on Actions and Events* (Oxford: Clarendon Press, 1980), 163면 이하.

태라는 것이다. 그것은 인격의 개념의 역할에 대해 위에서 내가 언급했던 것들과 동일한 문제를 끌어들인다. 만일 우리가 어떤 형태들의 행위를 일으키기 쉬운 **동물**의 상태로서 정신 상태를 정의함으로써 그 문제를 잘 피하려 노력했다면, 우리가 더 나중에 보게 될 것처럼 그 정의는 정신에 관한 소위 기능주의적 설명들과 공통적인 점을 많이 가질 것이다. 그러나 우리가 보았던 것처럼 그것은 에이어가 스마트의 주제-중립적 분석에 대해 한 것들과 동일한 종류들의 반대에 부딪칠 것이다. 분명히 정신적 상태들이 아닌 행동의 형태들을 일으키기 쉬운 동물의 상태는 확실히 있다. 만일 그렇다면 그 정의는 충분하지 않다.

나아가 여태까지 주목했던 이론의 종류들이 개체 동일성(token identity)이라 불렸던 것과 유형 동일성(type identity)이라 불렸던 것을 구별하지 않았다는 점이 있다. 그것은 어떤 유형의 모든 정신적 상태가 어떤 유형의 물리적 상태와 동일하다고 주장되고 있는지, 또는 단지 모든 개체적 정신 상태, 즉 모든 개별적인 상태가 어떤 개체적 또는 개별적인 물리적 상태와 동일하다고 주장되고 있는지는 이러한 이론들로부터 분명하지 않다고 말하는 것이다. 두 번째 논제는 첫번째 논제보다 훨씬 더 약하다. 왜냐하면 첫번째 논제는 어떤 유형의 정신 상태와 그것이 현실화된 물리적 상태의 유형을 연결하는 심-신 법칙들의 존재를 함축하는 것처럼 보이기 때문이다. 두 번째 논제는 이러한 종류의 것을 전혀 함축하지 않는다. 퍼트남과 포도(J. Fodor), 그리고 다른 사람들은 정신적 상태들의 유형들이 각각 하나의 종류의 현실화(realization)를 가진다고 생각하는 것이 그럴 듯하지 않다고 논했다.[23] 왜냐하면 그러한 정신적 상태들은 매우 다른 종류의 생물에서 발견될 수 있기 때문이다. 따라서 어떤 주어진 유형의 정신적 상태 또는 사건은 다수의 현실화를 가지며, 동일성의 논제로서 인정될 수 있는 가장 좋은 것은 개체 동일성에 제한되는 것, 즉 모든 개별적 정신 상태 또는 사건이 어떤 개별적인 물리적 상태 또는 사건과 동일하나 각 경우에 필연적으로 동일한 것은 아니라고 말하는 것이다.

그러한 논제가 가진 문제점은 그것의 특수성이 그것에게 유리한 어떤 일반적 논의를 배제하는 것처럼 보인다는 것이다. 도날드 데이빗슨의 논문 "정신적 사건들"[24]은 그것이 그러한 일반적 논의—실제로 선험적인 것—를 제공하려고 시도한다는 점에서 중요하다. 그러한 이유에서만 그것은 고찰할 만하다. 나는 그것에 관해 직접적으로 관련 있는 측면들만 고찰할 것이다. 간단히 주장하자면 그 논의는 다음과 같이 나온다. 우리는 일상적으로 물리적 사건들이 정신적 사건들(지각에서처럼)을 일으키며 그 역도 (의도적 행동에서처럼) 마찬가지라고 믿는다. 인과성이 있다면 원인과 결과로 연관된 사건들은 엄격하고 보편적인 인과 법칙에 포함되어야 한다. 어떤 심-신 법칙들도 없다. 따라서 추정상 그렇게 관련된 사건들은 사실 무-심리학적이고 그러므로 물리적인 기술들하에서 그렇게 된다. 따라서

23) H. Putnam, *Mind, Language and Reality: Philosophical Papers*, Vol. 2 (Cambridge: C.U.P., 1975) 안에 있는 그의 논문 "Psychological predicates"와 "Minds and machines": J. Fodor와 N. Block, "What psychological states are not", *Philosophical Review*, Vol. LXXXI, 1972, 159~181면.

24) D. Davidson, *Essays on Actions and Events*, 207면 이하.

어떠한 정신적인 사건도 물리적 기술을 가져야 하며 그러한 방식으로 물리적이어야 한다. 따라서 모든 정신적 사건은 어떤 물리적 사건과 동일해야 한다.

이 논의에서 거의 모든 단계는 비판받을 수 있으며 그러한 비판들을 중단시키려고 하는 데이빗슨의 다른 논문들이 있다. 그러나 논의에서 가장 결정적인 단계는 의심의 여지없이 어떠한 심-신 법칙도 없다는 주장으로 이끌어가는 단계이다. 데이빗슨은 정신적인 것의 개념을 설명하기 위해서 그것이 모든 경우를 포괄할 수 없다는 것을 인정하면서 지향성에 의거하는 정신적인 것의 기준에 호소한다. 다른 한편 그는 어떤 사건이 정신적 기술을 가질 때에만 정신적이라고 이야기될 수 있다고 말하며, 그가 인정하는 것처럼 그것은 이미 언급된 기준에 근거해서조차 언뜻 보기에 전혀 정신적이지 않은 사건들, 예를 들어 어떤 물리적 서술어들이 적용되고 어떤 연필이 그의 책상 위를 굴러가기 시작한 것을 존스가 알아차린 것과 동시에 일어나는 별의 충돌 같은 사건들을 말한다. 왜냐하면 그러한 설명에 의하자면 별의 충돌은 정신적 기술을 가지는데, 그것은 존스가 그와 동시적인 어떤 일을 알아차린 것을 이야기하는 것에 포함된 것이기 때문이다. 그러므로 어떠한 물리적인 사건이라도 정신적 기술을 가지며, 만일 정신적인 것이 무엇인지에 관한 설명이 인정된다면 그러한 이유로 그것은 정신적일 수도 있다. 데이빗슨은 그러한 이유로 단지 우연적으로 포함된 것을 배제할 필요가 없다고 말함으로써 비판을 피하고자 한다. 여기서 문제가 되는 것은 정신적인 모든 것이 포함된다는 것이다. 우리는 그 대답에 대해 은근히 의심을 품을 수 있다. 내가 그렇게 말하는 이유는 더 나중 단계의 논의에서 데이빗슨이 지향성의 기준이 명시적으로 적용되는 정신적 '사건들'에 의존하며 그것이 적용되지 않는 어떤 것들은 배제하기 때문이다. 물론 그럼에도 불구하고 만일 어떠한 사건이라도 정신적인 것에 관한 그러한 기준에 의해 정신적인 기술을 가질 수 있다면 어떤 다른 기준에 의해 정신적인 사건들도 마찬가지다. 여기에 남아 있는 문제는 논증이 이루어진 그것들이 단지 진술된 기준에 의해서만 정신적이어야 하는지의 문제이다.

내가 그것에 의해 의미하고자 하는 것은 다음과 같다. 심-신 법칙의 불가능성에 대한 데이빗슨의 논의는 또 다른 이론—정신적인 것의 전체론(holism)—에 대한 호소를 포함한다. 우리는 인격이 가질 수 있는 욕구들과 독립적인 믿음들을 확인할 수 없다고 주장할 수 있다. 왜냐하면 한 인격의 행동과 관련하여 만일 우리가 그의 욕구들에 대해 어떤 것을 알 때에만 우리는 그가 어떤 믿음을 가졌다—그 역도 마찬가지다—고 할 수 있기 때문이다. 그의 행동에 대한 해석은 믿음들과 욕구들 양자의 복합체에 대한 언급을 포함하며, 우리는 그 사람의 일반적인 정신 상태로부터 그의 욕구들을 이루는 상태들과는 따로 떼어내어 그의 믿음을 구성하는 개별적 상태를 구별할 수 없다. 그것은 믿음들의 본성이 아니라 믿음들의 **지시동일성**(identification)에 대한 문제라고 논의될 수 있다. 또한 아마도 그러한 이유로 콜린 맥긴(Colin McGinn)은 믿음들과 같은 정신 상태들이 자연적인 종들(natural kinds)을 포함하지 않기 때문에 자연 법칙들 속에 있는 용어들(terms)일 수 없다는 논제를 논하기 위해서 퍼트남의 다수 실현 논제(multiple realization thesis)를 사용하여 데이빗슨의 논의를 보완하려고 했다.[25)]

346

그렇지만 이미 언급된 논문에서 김재권이 지적했던 것처럼 데이빗슨이 말해야 하는 것 (그리고 그것은 위에서 주목했던 것처럼 맥긴이 그 논제를 보완했을 때조차도 참이다)이 정신적인 모든 것에 적용된다고 보기는 어렵다. 예를 들어 그것은 감각들에 적용되지 않는다. 이미 주목되었던 것처럼 감각들은 정신적인 사건들(events)로서 생각되는 여태까지 언급되었던 후보들 가운데 가장 좋은 자격을 가진다. 즉 믿음들은 사건들이 아니라 상태들(states)이다. 물론 감각들은 정신적인 기술(a mental description)이며 데이빗슨이 제안한 기준에서조차 정신적인 것으로 여겨진다. 그것들은 믿음들과 이와 비슷한 인식론적 상태들과 연관될 수 있다. 그러나 그것들은 더 직접적인 면에서 정신적인 것처럼 보인다. 그리고 비록 믿음들에 대한 데이빗슨의 논의와 정신적인 것의 전체론(holism)이 받아들여질 수 있을지라도 감각들이 믿음들과 자신들을 연관시키는 기술(description)을 가질 수 있다는 것은 감각들이 심-신 법칙들 속에 들어 있는 용어일 수 없다는 것에 대해 아무 말도 하지 못할 것이다. 따라서 데이빗슨은 감각들이 심-신 법칙 속에 들어 있는 용어일 수 없다는 것을 증명하지 못했으며, 더욱이 그는 감각들과 신체의 상태들 간의 인과 관계들이 단순히 물리적인 기술하에서만 유효하다는 것을 증명하지 못했다. 그와 함께 개별적인 물리적 사건들과 모든 정신적 사건들의 개체 동일성(token identity)을 증명하는 주장도 역시 무너진다. (그러나 맥긴이 모든 정신적 사건들을 포괄하는

---

25) C. McGinn, "Mental states, natural kinds and psychophysical laws", *Proc. Arist. Soc.*, Supp. Vol. LII, 1978, 195~220면.

데까지 논의를 확대하기 위해 다른 고찰들을 끌어들였다는 것은 인정되어야 한다. 이에 첨가되어야 할 고찰들은 너무 복잡해서 여기서 착수할 수는 없는 다른 이론들을 전제하지만 논쟁이 연속되리라는 것은 분명하다.)[26]

데이빗슨은 그의 주장을 '무법칙적 일원론'(anomalous monism)이라고 부른다. 그것은 일원론이다. 왜냐하면 모든 정신적 사건은 어떤 물리적 사건과 동일하며, 따라서 근본적으로 단지 한 종류의 사건만 있기 때문이다. 그는 모든 사건들이 물리적이라는 것을 주장하면서도 정신적 현상들이 순수하게 물리적으로 설명될 수 있다는 것을 부인한다는 점에서 자신의 입장이 유물론과 전적으로 다르다고 주장한다. 정신적 현상들은 물리적 현상들에 수반된다. 비록 정신적인 것이 물리적인 것 없이는 존재할 수 없을지라도 심리학은 그 자체의 설명 원리들을 가진다. 만일 그러한 견해를 정신적인 사건들이 물리적인 사건들의 인과적 산물들이라는 부수현상론(epiphenomenalism)과 구별하는 것이 어려운 것처럼 보인다면,[27] 그 차이는 데이빗슨 자신이 증명한 것으로 간주한 것처럼 그러한 인과 관계들이 정신적 기술에 타당할 수 없다는 논제에 있다. 그것은 미묘한 지적이기는 하지만, 인과성에 대한 데이빗슨의 견해들에 대한 실제적인 지적이다. 즉 A가 B의 원인이기 위해서 A와 B가 반드시 직접적으로 나타

26) C. McGinn, 같은 책을 보라. 또한 그의 "Philosophical materialism", *Synthese*, Vol. 44, 1980, 173~206면과 *The Character of Mind* (Oxford: Clarendon Press, 1982), 2장을 보라.
27) T. Honderich, "The argument for anomalous monism", *Analysis*, Vol. 42, 1982, 59~64면 참조하라.

난 것일 필요는 없지만 어떤 기술하에 포섭될 수 있는 엄격한 인과 법칙이 있어야 한다. 그럼에도 불구하고 만일 내가 옳다면 데이빗슨 자신이 무법칙적 일원론을 위해 제안한 논의는 타당하지 않다.

데이빗슨의 논제에 효과적인 반례(counter-example)인 감각들은 이와 똑같이 유물론자들간에 현재 유행하는 논제인 기능주의에 반대하여 말한다. 실제로 기능주의(functionalism)는 개체 동일성 이론의 한 형태이다. 그렇지만 그것의 선조들 중 어떤 사람들은 행동주의와 더 많은 관련을 갖고 있다. 즉 기능주의자들은 행동주의자가 했던 것처럼 정신적 상태들을 철저하게 행동주의의 형태들에 의해 설명하거나 또는 그것들로 환원할 수 있다는 것을 믿지 않았지만 정신의 개념들이 입력(input)과 출력(output) —여기서 입력은 신경 체계에 영향을 미치는 자극의 문제이며 출력은 그것에 따라 일어난 행동의 문제이다— 을 매개하는 것에 의해 설명된다고 믿었다는 점에서 그렇다. 믿음과 같은 정신 상태는 입력과 출력 간의 그러한 연결들을 가능하게 만드는 유기적인 조직에서 그것의 정확한 기능적 역할에 의해 경제적으로 결정될 수 있다고 생각된다. 그것의 본성은 단순히 그러한 기능적 역할에 의해 이루어진다. 다시 암스트롱의 용어들을 사용하자면 그것은 그러그러한 주변 상황들에서 그러그러한 행동을 일으키기 쉬운 것이다. 그러나 이러한 종류의 방식으로 해석될 수 없는 많은 정신적 개념들이 있다. 특히 믿음이 지식을 전제한다면, 그리고 입력(지각)과 출력(행동)도 어떠한 방식으로 지식을 포함한다면, 믿음조차도 이러한 종류의 인과적 또는 기능적 역할을 하는 어떤 것으로 생각될 수 있는가? 그러나 이것들은 형이상학보다는 오히려 정신 철학에 대한 문제들이다.[28] 일반적으로 기능주의

에 대한 가장 강한 반대로 간주되는 것은 기능주의가 감각들과 이
와 비슷한 경험의 측면들을 다룰 수 없다는 것이다.

  암스트롱이 자신의 이론의 지시어들 내에서 그러한 것들을 다루게
되었을 때 그는 감각들을 어떤 것 또는 다른 것의 인상들로서 해석
하였다. 예를 들어 그는 고통들을, 반드시 그러한 기술하에서는 아
니지만 신체에 잘못된 것의 인상들로서 해석하였다. 여기서 문제는
그 외 어떤 경우이든지 간에 우리는 고통들을 어떤 현상적 성질을
가지는 것으로서 고통을 자각하는 것처럼 보이지만 그렇다고 해서
고통들이 신체에 잘못된 것의 인상들이라고 말하는 게 허용되지 않
는다는 것이다. 이와 동일한 맥락에서 기능주의에 대해 이루어졌던
반론은 거기에 고통이나 다른 성질적인 경험들—그러나 방해하는
정상적인 경험들과는 다른 경험들을 가진 또는 전혀 어떠한 경험도
갖지 않는—의 특징인 입력과 출력이 있을 수 있다는 것이다. 이러
한 문제는 전도된(inverted) 감각질 또는 결여된(absent) 감각질의
문제로서 알려지게 되었다. 여기서 '감각질'(qualia)은 경험의 성질
적 또는 현상적 측면들을 의미한다. 그 가정은 한 사람의 경험들의
현상적 특성이 다른 사람들의 것들과 다를 수 있다는 것이다. 사실
그것은 다른 시간들에서 그 자신의 경험들의 현상적 특성과 다를
수 있다.

---

28) 나의 논문 "Cognitive systems, 'folk psychology' and knowledge",
  Cognition, Vol. 10, 1981, 115~118면과 나의 책 *Perception, Learning and
  the Self* (London: Routledge and Kegan Paul, 1983) 안에 있는 몇 개의 논
  문들을 보라.

전도된 감각질의 개념은 소위 역 스펙트럼들의 개념에 근원을 가
진다—그 가정은 말하자면 어떤 사람의 시각의 경험이 붉다면 다
른 사람의 시각 경험이 비록 지각적 조건들과 그것들에 일치하는
행동이 경우에 따라 다르지 않았지만, 전도된 색깔 경험들간의 모든
다른 스펙트럼의 관계들과 스펙트럼의 다른 끝으로부터 나온다는
것이다. 만일 동일한 조건들 속에서 동일한 행동 이외에 어떤 경험
도 없다면 그것은 '결여된 감각질'의 경우일 것이다. 이러한 정확한
용어들로 문제를 설정하는 데 반론들이 있을 것이다. 그러나 입력과
출력을 매개하는 기능적 역할을 이행하는 것으로서 요청되는 상태
들에 차이가 없다면 경험들의 현상적 특성에는 차이가 있을 수 있
다는 가능성을 주목할 필요가 있다. 만일 그러한 가능성이 존재한다
면 기능주의는 정신에 관한 충분한 이론이 아니다.

　퍼트남의 다수 실현 이론은 기능주의 용어들로 정의된 정신적 상
태들과 그러한 기능적 상태들이 물리적 또는 다른 방식으로 실현될
수 있는 다양한 방식들을 자연스럽게 대조시킨다. 그러나 전도된 감
각질과 결여된 감각질의 가능성은 그로 하여금 초기에는 그러한 종
류의 이론에 전념했음에도 불구하고 최근에는[29] 기능주의를 거부하
도록 만들었다. 쟁점이 되고 있는 네드 블록(N. Block)과 시드니 슈
메이커(Sydney Shoemaker) 간에 진행되고 있는 논박이 있다.[30] 논

---

29) H. Putnam, Reason, *Truth and History*, 제4장.

30) J. Fodor와 N. Block, "What psychological states are not"; S. Shoemaker,
　　"Functionalism and qualia", *Philosophical Studies*, Vol. 27, 1975, 281~315
　　면; N. Block, "Are absent qualia impossible?", *Philosophical Review*, Vol.
　　LXXXIX, 1980, 257~274면 ; S. Shoemaker, "Absent qualia are

의들은 너무 복잡해서 여기서 상세하게 다룰 만하지 않지만, 슈메이커의 결론은 만일 사물들이 우리에게 있는 것처럼 있다면, 감각질이 본질적이라는 것이다. 그러나 이것은 기능주의에 대한 특별한 어려움을 만들어내지 않는다. 감각질은 그것들이 일으키는 기능적 상태들의 현실화(realization)의 한 특징이다. 그러나 그것들은 비록 그것들이 스스로 기능적으로 정의될 수는 없을지라도 기능적으로 정의될 수 있는 상태들과 인과적으로 관련됨으로써 사유의 경제성(the mental economy)에서 어떤 역할을 한다. 감각질은 자각이나 믿음의 대상들이며 그러한 측면에서 그것들은 행동에 대한 설명들에서 특징을 이루는 것이다. 예를 들어 고통은 그것을 향한 우리의 태도들에 관한 한에서 중립적인 경험이 아니며, 그것은 고통을 지속하려는 욕구가 아닌 제거하려는 욕구를 포함하며, 이러한 측면에서 그것은 행동과 관련된다. 이와 비슷한 것들이 아마도 색깔의 경험을 포함하여 지각적 경험들에 대해 이야기될 수 있다.

우리의 정신적 생활에서 우리의 감각적 경험들과 우리의 믿음들, 자각, 욕구들 간에 이러한 의심할 수 없는 사실들에 근거한 슈메이커의 해설은 연관 관계가 인과적이어야 한다는 것을 제시하는 것이다. 만일 그것은 기능주의의 정신과 일치한다면 사실 그래야 하는 것처럼 말이다. 따라서 그의 감각질 이론의 인정 역시 어떤 것이 믿음, 자각, 욕구들의 대상이라는 인과 이론의 인정을 함축한다. 실제

impossible — a reply to Block", *Philosophical Review*, Vol. XC, 1981, 581~599면. 몇 개의 논문이 블락(N. Block)이 편집한 《심리 철학 논문집》(*Reading in Philosophy of Psychology*) 제1권 (Cambridge, Mass: Harvard U. P., 1980) 안에서 발견된다.

352

로 슈메이커의 이론은 감각들이 스마트에게 그러한 것처럼 자신들의 현실화인 물리적 과정들과 일치한다는 것이다. 그러나 그것은 감각들이 반드시 다양하게 현실화될 수 있는 믿음의 상태들과 같이 다른 상태들과 인과 관계에 있어야 하며, 감각들은 그것들의 현실화 때문이 아니라 일반적인 사유의 경제성에서 그것들이 하는 역할들 때문에 있는 것이라는 것이다. 스마트 이론은 감각들의 측면에서 다른 정신적 항목들에 관련된 행동주의와 결합된 유형 동일성 논제(a type identity thesis)로서 특징지워질 수 있다. 다른 한편으로 슈메이커의 이론은 감각들과 관련하여 그 외 모든 것과 관련된 기능주의(그리고 개체 동일성 논제)와 결합된 유형 동일성 논제로서 특징지워질 수 있다. 그렇지만 거기에는 어떤 기능적 상태들은 단순히 물리적인 항목들로서가 아니라 정신적인 것으로 다루어진 감각들에 인과적으로 의존한다는 단서가 붙는다. 그것이 만족스러운 논제인지는 개인의 판단에 맡길 문제이다.

그러나 이러한 논의들 중 어떤 것도 분명한 형태로 심-신 일원론을 유지시키지 못한다. 심-신 일원론은 그것을 옹호하는 긍정적인 논의가 없다면, 그것은 단지 이데올로기의 문제로 남아야 한다. 즉 실제로 그것은 퍼트남이 '과학주의'라고 부르는 것에 의해 명명된 편견이다. 나는 그것이 그 논제에 반대하는 타당한 선험적(a priori) 논의들이라는 것을 제시한다고 생각하지 않는다. 솔 크립키(Saul Kripke)는 바로 그러한 것이라고 생각되는 이원론에 호의적인 한 논증을 제안했다.[31] 그것은 그가 고정 지시어들(rigid designators, 모

---

31) S. Kripke, *Naming and Necessity* (Oxford: Blackwell, 1980), 144면 이하.

든 가능한 세계들에서 동일한 것을 지칭하는 표현들)이라 부르는 것을 포함하는 동일성 진술들이 필연적으로 참이라는 그의 논제에 근거해 있다. 그는 '고통'과 같은 표현들이 고정 지시어들이며 이러한 이유로 만일 고통과 소위 C-섬유질의 자극 간의 동일성이 있다면 그것은 필연적인 동일성이어야 한다고 논한다. 그래서 그는 그것이 그러한 종류의 것이 결코 아니라고 생각할 근거들이 있다고 논한다. 왜냐하면 고통은 물리적 조건들 없이도 존재할 수 있는 것처럼 보이기 때문이다. 따라서 그것은 전혀 동일성일 수 없다. 그러나 그 논의는 동일성과 고정 지시어들에 대한 논제와 같은 문제들, 즉 '고통'이라는 표현의 지위에 대한 주장과 동일성에 대해 덧붙여질 필연성—만일 존재한다면—이 물리적 조건들 없이 존재하는 고통의 가능성과 동일한 종류의 양상을 가질지의 문제에 관한 많은 전제들에 의존한다. 그러한 복잡한 함축들이 제시된다면 줄잡아 말하자면 크립키의 논의의 지위는 불확실하게 남아 있다. 그리고 만일 내가 이 장 앞부분에서 제시했던 것처럼 최소한 상식에 들어맞는 이원론은 일반 존재론의 일종이며, 물리적인 것과 정신적인 것이 사실상 궁극적이지만 서로 다른 종류의 것이라고 할지라도 그것은 놀라운 것이 아니다. 스마트가 예전에 "상식적으로는 그만큼 더 나쁘다"고 했던 것처럼 그것은 칭찬은 아니다. 만일 실재가 우리에게 그 자체로 나타나는 것처럼 실재에 관한 완전한 설명을 제공할 수 있다면 우리는 그것을 있는 그대로 생각해야 한다.

　이와 동시에 내가 이야기해왔던 정신적 사건들과 상태들은 사람들과 동물들의 관계에서 일어난 사건들이며 그리고 사람들과 동물들의 상태들이라는 것을 깨달아야 한다. 내가 앞서 이야기했던 것처

354

럼 우리가 아는 이러한 종류의 유일한 생물들은 신체들을 가지고 있다. 최소한 인간 존재의 경우에 이러한 신체들은 인간들의 신체들이며, 그것들이 인간들에 의해 소유되며, 정신적인 상태들이 그러한 신체들과 관련 있는 범위에서 그리고 아마도 어떤 방식으로든 그것들은 인간들에 의해 소유된다. 단순히 물리적인 것들의 상태들은 그러한 의미에서 어떤 것에 의해서라도 소유되지 않는다. 다음 장에서 나는 인격들이 무엇이며 그것들의 동일성이 무엇으로 이루어져 있는지를 논할 것이지만 그것에 포함된 많은 쟁점들은 인격들이 단순히 신체들이 아니라는 사실로부터 나와야 한다는 것은 명백하다. 내가 이 장에서 관심이 많았던 것은 어떠한 방식으로든 다음 장에 대한 입문이 된다.

제9장
인격과 인격 동일성

제1절 인격과 자아

인격에 관한 현대의 철학적 논의들은 대개 인격 동일성의 기준을 중심으로 이루어지고 있다. 그러나 여러 가지 X들에 대한 동일성의 기준들에 대한 문제들은 X의 개념이 속해 있는 개념의 종류에 대한 문제들과 상호 연관되어 있다. 이러한 종류 중 한 가지와 또 다른 것이 추정상으로 동일하다고 말하는 것이 적절한 상황의 종류를 결정하는 것은 바로 그 대상의 본성이다. 존 로크(John Locke)는 어느 점으로 보나 인격 동일성에 대한 근대의 문제들의 창시자인데, 그는 자신의 《인간 오성론》(*Essay Concerning Human Understanding*, 2.27)의 어떤 장에서 동일성과 다양성 일반에 관한 문제들을 제기하고 있으며, 그렇게 하는 데 있어서 그가 옳았다는 데에는 일리가 있다. 왜냐하면 인격의 동일성(personal identity)은 이 문제를 일으킨 인격 개념에 대해 특별한 것이 없다면 동일성 일반에 대한 문제들과는 구별된 문제들을 제기하지 않기 때문이다.

나는 로크가 어느 점에서 보나 인격 동일성에 대한 근대의 문제

356

들의 창시자라고 말한다. 물론 제4장에서 보았던 것처럼 중세 철학
자들은 개별화 원리의 문제에 관심이 있었으며, 두 가지 대상들이나
어떤 종류의 두 가지 대상들을 궁극적으로 구별하는 것이 무엇인가
라는 문제에 직면하여 그들은 그러한 대상들의 동일성 문제들에 대
한 어떤 대답들을 추측한다. 그것은 인간 존재들과 영혼에 대한 문
제들을 포함하였다. 더욱이 신학적 맥락에서 특히 삼위 일체설과 관
련하여 하느님, 그리스도, 성령이 하나의 인격(persona)인지 아닌지
의 문제가 제기되었다. 그것은 때때로 그것들이 하나의 인격을 구성
하는지 그렇지 않는지로 주장된다. 그러나 특별히 스콜라 철학의 용
법에서 라틴어 'persona'는 오늘날 사용된 것으로서 'person'이라는
용어와 거의 정확하게 일치하지 않는다. 사실 라틴어에서 'persona'
의 일차적 의미는 마스크의 의미이며, 그것에 의해 나타난 역할이나
성격의 의미도 있다. 비록 그 단어가 가진 어원의 유령이 아직도 그
것에 들러붙어 있는 특별한 상황들이 있지만 'person'은 대부분 단
순히 '사람'의 단수이다.[1]

로크는 종종 인격(persons)과 자아(selves)를 동일시하거나 또는
여하간 실제적으로 전혀 구별하지 않고 있다. 자아의 개념은 '인격'
의 어원이 제시하는 함축들을 전혀 갖고 있지 않다. 또한 앞으로 우

---

1) * 옮긴이 주: 사실 때로는 '사람'이라고 번역하는 것이 더 적절할 수
있지만 이미 'person'에 대해 '인격'이라는 번역이 일반적으로 통용되
고 있기 때문에 불가피하게 이를 따랐다. 그러나 person이 가지는 다양
한 의미 때문에 독자들에게 개념상의 혼란이 올 수 있다. 따라서 이러
한 점을 염두에 두고 철학사적 맥락과 각 철학자의 문맥에 따라 협의
의 의미로 혹은 광의의 의미로 적절하게 이해할 필요가 있다.

리가 보게 되겠지만, 그것은 로크가 강조하는 'person'의 법적 의미와 맞지도 않다. 이러한 의미에 따르면 회사와 같이 법적 책임과 위치를 가진 어떤 것도 인격으로 간주될 수 있다. '인격'이라는 용어가 이러한 용법을 가질 수 있다는 사실은 우리로 하여금 그것이 '자아'(self)라는 용어와는 달리 (비록 후자는 주로 철학자들의 용어일 뿐이지만) 여러 측면에서 기술(art)의 용어라고 말하게끔 하는 것들 가운데 하나이다. 왜냐하면 '자아'라는 용어는 인간 존재들(human beings)처럼 우리에 대한 어떤 것―즉 우리가 자기-의식적이라는 것과 우리가 가진 의식의 형태들 중 여러 측면들이 반성적(reflexive)이라는 것―을 반영하기 때문이다. 그래서 '자아란 무엇인가?'라는 질문은 '인격이란 무엇인가?'라는 질문보다 더 큰 형이상학적 중요성과 깊이를 가질 것이며, 주요한 형이상학적 쟁점들로부터 우리의 관심을 전환시키는 인격 개념의 측면들이 있다.

물론 로크 이전에도 데카르트는 자-의식과 연결시켰던 문맥―의심의 방법에 의해 '나는 생각한다'(Cogito)와 내가 나의 몸에 관해 가진 것보다 나의 정신이나 영혼에 관해 더 명석 판별한 개념을 가진다는 생각이 제공되는 문맥―에서 '나는 무엇인가?'라는 질문을 물었다. (우리 자신과 우리 영혼의 동일시는 물론 무엇이 사람의 동일성을 이루는가의 질문에 대한 그리스와 중세의 답변―죽음 이후의 불멸성과 생존을 인식할 수 있게 만드는 답변들―의 또 다른 메아리이다. 데카르트가 질문을 했던 문맥은 그것이 '나는 무엇인가?'라고 물으면서 염두에 두었던 자아의 개념과 비슷한 어떤 것이라는 것을 가리킨다. 그 문맥이 가정된다면 분명히 적절하지 않을 질문에 대한 매우 많은 대답들이 있을 수 있다. 그러나 만일 내가 동일성에

358

대한 문제들과 지금 고찰되고 있는 것의 개념에 대한 문제들 간의 연관 관계가 있다고 말하는 것이 옳다면 '나는 무엇인가?'라는 데 카르트의 질문에 대한 답변에는 저절로 동일성의 기준에 관한 질문에 대한 답변들이 따라 나온다는 것은 분명하다. 비록 어떠한 세부적인 견해도 데카르트가 말해야 하는 것으로부터 빠질 수는 없지만 자아의 동일성은 사유의 연속성과 관계가 있어야 한다.

이러한 생각은 로크와도 분명히 관련이 있다. 왜냐하면 그는 명시적으로 인간(man)의 동일성과, 실체(substance)의 동일성과 인격(person)의 동일성 간에 존재하는 관계에 관한 문제를 제기했기 때문이다. 그는 분명히 사람의 동일성이 신체의 동일성을 전제한다고 생각했으며, '그러나 내가 생각하기로는 그가 헬리오가발루스(Heliogabalus)의 영혼이 그의 돼지들 중 하나 속에 있다고 확신할 수는 있지만 아무도 돼지가 사람 또는 헬리오가발루스라고 말하지 않을 것이다'라고 말한다.[2] 이 문맥에서 실체의 동일성에 대한 질문과 관련하여 로크는 그 실체가 무엇으로 이루어질 수 있는지에 대해 어떤 불가지론을 주장한다. 이것으로부터 비물질적 실체들만이 생각할 수 있는지의 문제와, 만약 그렇다면 생각하는 실체의 본성은 무엇일 수 있으며 그것의 동일성은 무엇으로 이루어지는가라는 질문에 대한 불가지론이 유래한다. 그러나 로크는 동일한 인간을

2) J. Locke, *Essay Concerning Human Understanding*, II. 27. 6. 또한 J. Perry 가 편집한 《인격 동일성》(*Personal Identity*, Berkeley and Los Angeles: University of Californian Press, 1975), 37면. 그 다음 언급은 *Essay* II. 27. 17(J. Perry, 같은 책, 45면)에 대한 것이다.

만드는 것은 의식이며 "자아는 실체가 무엇으로 이루어지든지 간에 (정신적이든 물질적이든, 단순한 것이든 복합적인 것이든 간에 문제가 되지 않는다) 생각하는 것을 의식하는 것이며, 의식이 연장되어 있는 것인 한에서 그것은 즐거움과 고통을 느끼거나 의식하며, 행복이나 불행을 의식할 수 있으며, 자신에 대해서도 마찬가지다"라는 것을 확신한다. 동일한 장의 제26절에서 그는 "어디서든지 어떤 사람이 자기가 자기 자신이라 부르는 것을 발견하는 곳 바로 거기에는, 내가 생각하기로는, 다른 사람도 말할 수 있겠지만 동일한 인격이 있다"고 말한다. 그러나 그는 계속해서 바로 "그것[인격]이 행동들과 그것의 인격을 점유하는 법정 용어이다. 그리고 법, 행복 그리고 불행을 인식할 수 있는 지적인 행위자들에만 속한다"고 말한다.

이러한 마지막 말들과 그가 연달아 말하고 있는 내용은 책임, 보상, 처벌들이 인격이라고 생각될 수 있으며 책임을 져야 할 것에 대해 의식을 가진 존재자에게만 부과된다는 것을 함축한다. 사실 우리는 로크를 한 인격의 동일성에 대한 결정들이 우리가 무엇인가에 대해 책임이 있다고 주장할 수 있는 것에 대한 결정으로부터 따라 나온다고 말하는 것으로 다룰 수 있다. 그러나 그것은 관대하지 못한 해석일 것이다. 그것은 분명히 본질적으로 부정확한 견해이다. 책임에 대한 질문들은 확실히 동일성에 대한 질문들이 대답되었을 때에만 제기되며 그 역은 아니다. 그럼에도 불구하고 로크가 인격 개념의 적용에는 그것의 결과들로 여겨지는 것으로서의 책임과 그것의 결과들과 관련된 보상과 처벌 개념의 적용 가능성이 따라 나온다고 제시하는 것은 옳을 수 있다. 우리는 그것을 이해하지 않고는 인격에 대해 완전한 이해를 할 수 없다. 그러나 그러한 주장에 비추어 인격 동일성의 기준에 관한 질문에 대한 로크의 답변은 매우 기묘하다. 왜냐하면 그는 인격 동일성의 기준이 의식의 동일성에 있으며, 그리고 우리가 책임의 귀속(attribution)에 관련하여 과거를 되돌아보고 있는 한에서 그러한 의식은 단순히 기억된다고 말하기 때문이다. 그러므로 그의 견해는 우리가 기억할 수 있는 것에 대해서만 합법적으로 책임이 있다고 주장할 수 있다는 것을 내포하는 것처럼 보인다.

나는 이 장에서 나중에 인격 동일성의 기준에 관한 문제로 되돌아갈 것이다. 지금 주의하려는 점은 로크의 견해에서 인격은 최소한 그가 자신의 것으로서 자신의 과거를 의식하는 범위에서 자-의식을 가지는 자아이다. 그러나 로크는 자아가 본질적으로 무엇인가를 말하지 않으며 말할 수도 없지만, 데카르트와 같이 그가 그 밖의 것이 무엇이든지 간에 그것이 최소한 생각하는 것이라는 것을 인정한다는 사실은 말할 수 있다. 그러나 로크가 한 사람이 다른 신체들을 점유할 수 있는 가능성을 성찰하려고 한 것은 '그 밖의 무엇이든지'가 신체의 동일성을 내포하지 않는다는 것을 가리킨다. 로크의 견해들은 조셉 버틀러 주교(Bishop Joseph Butler)가 한 비판들과 마주치는데, 그것들 중에서 가장 잘 알려진 것은 '다른 경우에서 지식이 자신이 전제하고 있는 진리를 구성할 수 없는 것과 마찬가지로 인격의 동일성에 관한 의식이 인격의 동일성을 전제하며 그것을 구성할 수 없다는 것이다.'[3] 버틀러는 계속해서 인격들의 동일성은 엄

---

3) J. Perry, 같은 책, 100면.

격한 동일성(strict identity)이며, 그가 말하는 것처럼 우리가 식물의 물질적 본성에서의 변화에도 불구하고 식물이 가진 생명의 연속성으로 인해 우리가 식물에 적용하는 그런 종류의 동일성이 아니라는 것을 강조한다. 그에 의하면 인격들의 동일성은 '실체의 다양성(diversity)으로 인해 존속할 수 없다.' 토마스 리드는 이와 비슷하게 '인격의 동일성은 완전한 동일성(perfect identity)이다. 그것이 실재하는 곳에서는 어디든지 그것은 전혀 정도의 차이를 받아들이지 않는다… 왜냐하면 인격은 단자(monad)이며 부분들로 나누어질 수 없기 때문이다' 라고 주장했다.[4] 로크가 한 것처럼 두 철학자들은 인격 안의 그러한 동일성을 전제해야지만 인격이 의식하고 있는 것을 우리가 계속하여 고찰할 수 있다고 주장하는 것이다.

이러한 주장들이 받아들여지건 받아들여지지 않건 간에 이것은 진지하게 다루어져야 한다. 나는 그것에 대해 주장할 것이며 내가 지금 해나가는 것처럼 그것을 강조할 것이다. 그러나 다시 한 번 살펴보자면 이 점은 인격들과의 연관에서보다는 자아와의 연관에서 더 잘 맞는다. 일상적인 언어로 우리는 결국 '그는 과거의 그 사람(person)이 아니다'와 같은 것들을 말하며, 우리는 한 사람의 발전이나 성장, 한 사람으로 되어감 등을 말한다. 이러한 방식으로 말하는 것 중 어떤 것도 버틀러(Butler)와 리드가 인격들의 완전한 동일성에 대해 말하는 것과 양립할 수 없다. 그러나 우리가 우리 자신의 과거로 (그리고 내가 나중에 말할 것처럼 가능한 우리의 미래에 관한 성찰로부터 이와 비슷한 고찰들이 생긴다) 되돌아가 생각할 때

---

4) J. Perry, 같은 책, 111면.

362

우리는 불가피하게 우리 자신과의 관계에서 변화들로서 일어났던 모든 변화들에 관해서 생각한다. 자기-의식은 아무리 그것이 분석된다고 할지라도 동일한 자아를 전제한다. 그것은 자아의 완전한 동일성에 대한 요구들에 기초가 된다. 인격에 대해 말할 때 우리는 자아에 관해 말하고 있다는 점을 제외하면 동일한 것이 인격의 개념에도 참이라는 것은 별로 분명하지 않다.

흄은 이러한 것 중 많은 것에 대해 회의적이었다. 그는 '우리가 모든 순간에 우리의 자아라고 부르는 것을 친밀하게 의식한다고 상상하는 어떤 철학자들이 있다. 즉 우리는 자아의 존재와 연속성을 있다고 느끼며 논증의 증거를 넘어서 자아의 완전한 동일성과 단순성을 확신한다고 상상하는 어떤 철학자들이 있다'고 말한다.[5] (한 대상의 동일성은 시간을 통한 그것의 단일성[unity]과 일자성[singleness]을 구성한다. 흄은 '단순성'에 의해 한 대상의 단일성과 일자성을 동시에 의미한다.) 흄은 계속해서 그러한 철학자들이 결국 자신들의 견해들에 대한 증거로서 제시하는 — 또는 최소한 그들의 경험들이 흄과 비슷한 어떤 것이라면 그들이 하는 — 경험의 본성을 무시한다고 말한다. 왜냐하면 그의 주장에 따르자면 그 자신의 경우에 그는 어떠한 자아의 인상 또는 개별적인 인상들이나 지각들과 떨어진 어떤 것을 발견할 수 없기 때문이며, 그것들 각각은 '자신들의 존재를 지지할 어떤 것을 필요로 하지 않는' 그러한 방식으로 독립적으로 존재할 수 있기 때문이다. '나는 결코 지각 없이는 어떤

---

5) D. Hume, *Treatise of Human Nature*, I. iv. 6 (Perry, 161면). 이후의 인용들은 동일한 장에서 나온다.

시간에도 나 자신을 잡을 수 없으며, 결코 지각 외에 어떤 것도 관찰할 수 없다.' 그러므로 지각들의 다발들(bundles)이나 모음들(collections) 이외에 어떤 것도 없고, '정신(mind)은 일종의 극장이다. 여기서 여러 가지 지각들이 연속적으로 자신들의 현상을 만든다.' 이러한 이유로 흄에 따르면 다발로 있는 지각들간에 존재하는 관계들이—항상성(constancy), 정합성(coherence), 인과성(causality)의 관계들—그러한 동일성과 단순성이 있다는 것을 아무리 상상하게 만들지라도 단순성과 동일성의 개념들의 적용에서 이익을 얻을 것은 전혀 없다. 인격 동일성은 일종의 허구다. 즉 우리는 상상력 때문에 그것을 자아에 귀속시키려는 자연적인 성향을 가지나 실재 안에는 그것과 대응하는 것이 아무것도 없다. 단순성에도 동일한 것이 적용된다.

　흄의 견해에는 바로 이러한 표현에 나타나는 어떤 기묘함이 있다. 왜냐하면 그는 지각들과 그것들 간의 관계들에 관해 말하기 위해서 인칭 대명사들과 이와 비슷한 것을 사용해야 하기 때문이다. (나는 다음 장에서 스트로슨과의 연관하에서 이 점으로 되돌아갈 것이다.) 그러나 흄이 자신의 논의의 전제들에 의해 약간 중심에서 벗어난 결론들로 간다는 것을 의심할 수는 없다—특히 그가 《인간 오성론》의 부록에서 분명히 하려 했던 것처럼 그가 스스로 일관적일 수 없다고 발견한 두 가지 원리는 다음과 같다. 모든 우리의 다른 지각들은 다른 존재들이라는 것과, 정신은 다른 존재들 간의 어떠한 실재적 관련도 결코 지각하지 못한다. 이러한 원리들 중 어떤 것도 줄잡아 말하더라도 분명히 참이며, 전자는 흄이 인정한 것처럼 지각이 어떠한 다발과 떨어져도 홀로 존재할 수 있으며, 따라서 어떠한 자아에 의해서도 소유되지 못한다는 역설적인 결론을 가진다.

자아에 대한 흄의 견해의 역설적 본성은 그가 반대하고 있었던 견해들을 올바르게 만들지 못한다. 그럼에도 불구하고 그가 주장했던 것처럼 칸트는 '나는 생각한다'가 우리의 모든 표상들을 수반할 수 있다고 주장하려 했다. 모든 지각 또는 칸트의 용어로 모든 직관은 판단에서 개념들 아래에 들어오며, 그것은 의식에서뿐만 아니라 자기-의식에서 일어난다. 왜냐하면 이렇게 하는 데서 나는 최소한 원칙적으로 내가 가진 표상들과 내가 만든 판단들이 나의 것이라는 것을 알게 된다. 표상들이나 지각들은 소유되지 않고 존재할 수 없거나 또는 어떠한 방식으로든 그것들을 가진 사람들에 대해 중립적으로 있을 수는 없다. 따라서 흄이 자아의 인상을 발견할 수 없었을 지라도 그가 그러한 것이 없었다고 결론을 내리는 것은 정당화되지 않는다. 그는 결과적으로 잘못된 장소에서 보고 있었다. 그는 지각들이 다른 존재들을 구성한다고 주장했으나 만일 내가 어떤 것을 알고 있다면 그것이 나의 것이라고 전제되어야 한다는 것을 알지 못했다. 그러므로 '나'는 하나의 지각을 가질 때에 전제되고 있으며, 그래서 지각들에 관한 의식은 '나'에 관한 자기-의식이다. 만일 우리가 흄이 모든 지각을 가진 다른 존재를 주장할 때 했던 것처럼 그러한 사실을 깨닫지 못한다면 우리가 경험에서 자아를 발견할 수 없다는 것을 아는 것은 놀라운 것이 아니다. 왜냐하면 우리는 그것의 발견을 깨닫지 못하기 때문이다. 나는 '나'의 전제에 대한 이러한 관점을 '칸트적 관점'이라고 부를 것이다.[6] 그것은 자아의 개념

---

6) 나는 이런 제안 방법에 대해 미거(Ruby Meager)에게서 도움을 받았다.

에 근본적이다.

그러나 '칸트적 관점'은 자아가 단자(monad)이며 그러한 방식에서 절대적으로 단순하다는 리드의 논제를 내포하지 못한다. 《순수 이성 비판》의 '오류추리'(Paralogism)에서 칸트는 자아가 실체로 간주될 수 있다는 것을 거부하며, 따라서 그것이 라이프니츠의 단순 실체들—단자들—이 있다고 가정되는 방식으로 단순한 것으로 생각될 수 있다는 생각을 거부한다. 따라서 '칸트적 관점'은 확실히 칸트 자신에 의해 단순 실체로서 자아의 개념을 내포하는 것으로 간주되지 않았다. 그것은 내가 이전에 단순하게 우리가 버틀러나 리드가 인격의 동일성은 완전한 동일성(완전한 동일성은 이러한 점에서 완전한 단순성과 함께 나타난다. 왜냐하면 완전히 단순한 것은 변화의 여지를 남겨두지 않기 때문이다)이라고 한 주장들을 진지하게 다루어야 한다고 말했던 한 가지 이유이다. 나는 우리가 그러한 주장들을 문자 그대로 참인 것으로 간주해야 한다고 말하지 않았다. '칸트적 관점'은 '나는 생각한다'를 가진 인격에는 근본적인 변화들이 있을 수 있다는 생각과 완전히 일관적인 것처럼 보인다. 그러나 그것은 내가 의식하고 있는 사유 내용들과 지각 내용들이 누구의 것들인가는 단지 우연적인 문제라는 제안과 일관적이지 못하다. 그것들은 그 밖의 어떤 사람의 것일 수 있다. 그러한 제안은 최소한 쟁점들에 대한 흄의 설명 속에 함축되어 있다. 비록 "칸트적 관점"으로부터 나의 것인 경험들이 나의 의식이 도달할 수 있는 (필연적으로는 아니지만) 것들이라는 사실이 자명한 것으로 따라 나오지만 인격의 동일성이 그의 의식이 도달하는 범위와 상응한다는 것이 로크의 논제가 아니라는 것은 주목할 만한 가치가 있다. 왜냐하면 칸트의 주장은 **경험들**이나 **표상들**에 대한 것이며 그것은 있는 것이 아니라 있을 수 있는 것에 대한 것이기 때문이다.

내가 여태까지 말해왔던 것에서, 나는 계속적으로 우리의 진정한 관심이 자아, 즉 '나'에 있다는 것을 강조했다. 그것은 본질적으로 쟁점들에 접근할 때에 1인칭 관점을 함축한다. 그러나 그러한 쟁점들에 관한 1인칭 관점과 3인칭 관점 간에 어떤 연관이 있어야 하며, 이러한 점에서 인격의 개념이 다시 적절하게 될 것이라고 기대하는 것은 합리적이다. 결국 나는 인격이며 다른 자아들도 마찬가지다. (만일 우리가 인간이 아닌 동물들이 어떠한 경우들에서는 자아들이라는 것을 허용하지 않는다면 그럴 것이다. 그러나 만일 예를 들어 침팬지들이 인간 존재들과 공통적으로 가진 것을 가정한다면 그것은 논증할 만한 것이며 그것에 대해 독단적인 것은 어리석을 것이다.) 어떤 경우에는 우리는 자아들에 대한 그러한 이야기가 이해될 수 있는 체계에 대해 설명할 필요가 있다. 인격 개념에 대한 스트로슨의 설명은 다른 것들 중에서도 그것을 제공할 것을 요구한다.

제2절 스트로슨의 인격 개념

스트로슨은 현대에서 아마 인격 개념에 대해 가장 큰 비중을 두었던 철학자이지만, 그 자신도 인정하듯이 그것은 어느 정도는 인격의 동일성에 대한 고찰들을 부차적으로 만들고 있다. 나는 이전에 어떤 종류의 것에 대한 동일성의 기준과 그러한 종류의 것의 개념에 대한 고찰들이 서로 협력하고 있다고 말했다. 그러나 로크에서조차도 인격의 개념을 당연한 것으로 인정하고는 인격의 동일성의 기준에 관한 물음으로 곧바로 나아가려는 경향이 있었다. 나는 이미 그 절차가 부자연스럽다는 것을 제안했다. 왜냐하면 '인격'이라는 용어는 이러한 맥락에서 인위적인 요소를 가진 용어이기 때문이다. 인격에 대한 설명에서 스트로슨은 사람들에 관해서 이야기할 때 우리가 의미하는 것에 대한 논제를 실제로 제시하지 않는다. 예를 들어 그는 우리가 일상적으로 사용하는 것처럼 인격의 개념에 확실히 본질적인 어떤 것—인격의 관계들에 대한 관념—에 대해 아무것도 말하지 않는다. 오히려 그는 인격의 개념을 아주 전문적인 개념으로서 생각하게 한다. 그래서 만일 우리가 심-신 문제와 우리 자신들과 다른 사람들에 관해 생각하는 틀 속에 포함된 쟁점들을 평가하려 한다면 둘 다를 생각하고 이해할 필요가 있다.

　심-신 문제에 대한 언급은 스트로슨이 두 가지 다른 관점들에—첫째는 데카르트적인 이원론의 관점이고, 둘째는 그가 '비소유 이론'(no ownership theory)이라고 부르는 것의 관점이다—의식적으로 반대하여 그 문제에 대한 자신의 개념을 설명한다는 사실로부터 분명하다. 그의 해석에 따르면 첫번째 견해는 의식의 상태들은 단지 정신에 귀속되므로 정신에 의해서만 소유되는 반면, 신체적 특징들은 다른 어떤 것—신체—과 비슷한 관계를 가진다고 주장한다. 두 번째 견해는 의식의 상태들은 비록 인과적으로 신체에 의존할지라도 어떤 것에도 속하지 않는다고 주장한다. 우리는 제8장에서 첫번째 견해에 관한 것을 보았다. 나는 그것이 실제로 데카르트의 견해인지에 대해서는 더 이상 논의하지 않을 것이다. 스트로슨은 그것이 한때 비트겐슈타인과 슐릭(Schlick)에 의해 주장되었다는 것을 제안하면서 두 번째 견해에 대한 정확한 자료를 발견하는 것이 어렵다는 것을 안 것처럼 보인다. 사실 스트로슨의 용어들로 그 쟁점을 전혀 주장하지 않았다는 것을 제외하고는 흄이 가장 그럴 듯한 후보자이다.

그것은 스트로슨이 두 가지 견해들을 다음과 같은 두 가지 문제들에 대한 대답들과 연결시키기 때문이다. (1) 왜 우리의 의식 상태들은 어떤 것에 귀속되는가? 그리고 (2) 왜 그것들은 신체적 특징들, 신체적 상황 등과 동일한 것에 귀속되는가?[7] 이러한 문제들은 우리가 우리 자신들에 관해 말하는 방식들을 고찰하는 데서 생긴다고 이야기된다. 그럼에도 불구하고 두 가지 질문들이 내가 언급했던 두 가지 견해들과 직접적으로 관련된다는 것은 분명하다. 왜냐하면 첫번째 질문을 언급하는 용어들을 거부하는 것은 '비소유 이론'으로 이끌어가기 때문이며, 두 번째 질문을 언급하는 용어들을 거부하는 것은 데카르트적인 이원론으로 이끌어가기 때문이다. 후자는 아주 다른 특성들을 귀속시킬 수 있는 두 가지 실체들이 있다는 논제로서 생각된다.

스트로슨의 궁극적인 결론은 이러한 이론들을 모두 인정할 수 없다는 것이다. 의식의 상태들은 어떤 것에 귀속되어야 하며 그 어떤 것은 신체적 특성들을 가진다. 이것은 그로 하여금 인격의 개념을 신체적 또는 육체적 상태들과 의식의 상태들에 의해 전제되는 어떤 것으로 생각하도록 만든다. 이러한 의미에서 그것은 '논리적으로 우선적', 즉 정신적인 어떤 것으로도 신체적인 어떤 것으로도 환원될

---

7) P. F. Strawson, *Individuals* (London: Methuen, 1959), 90면.

수 없다. 왜냐하면 양자 모두 그것을 전제하고 있기 때문이다. 그러
나 그러한 결론에 이르기 전에 긴 논증이 있다. 첫번째 단계는 그
인격의 경험과 관련하여 그의 신체가 하는 독특한 역할에 대한 어
떤 설명도 그러한 질문들에 대한 답변들이 아니라고 논한다. 나는
논증의 그 부분을 거론하지 않을 것이다. 그것의 결론은 어떤 경우
에도 인정될 수 있다. 다음 단계는 '비소유 이론'을 다룬다. 우리가
보았던 것처럼 그것은 첫번째 질문을 언급하는 용어들을 거부한다.
스트로슨은 그것이 정합적이지 않다고 논함으로써 그 견해를 버린
다.

　만일 내가 이전에 이러한 견해의 옹호자인 흄에 대해 말했던 것
에서 옳다면 그 견해가 정합적이지 않다고 주장하는 것은 놀랄 만
한 것이 아니다. 왜냐하면 우리는 이미 흄의 견해들이 이끄는 역설
적인 결론에 주목했기 때문이다. 스트로슨 자신의 논증은 이론가들
이 실제로 그럴 듯한 것처럼 파악했던 '비소유 이론'에 대한 해석
에 반대하는 방향을 취한다. 그것은 일어나고 있는 의식의 상태들이
나 경험들이 인과적으로 신체의 상태들에 의존한다는 것과 그것들
이 어떤 것에 의하여 갖게 되었다거나 또는 소유되었다는 생각이
있다는 것이다. 나는 비록 흄 자신이 그랬던 것보다는 덜 분명하지
만 '비소유 이론가'가 그렇게 주장하는 것이 그럴 듯하다고 말한다.
그는 의식의 상태들을 소유하고 있다는 생각은 단지 그것들이 그러
한 것들의 다발에 속한다는 것일 뿐이라는 논제에 만족한다. 그러나
다발의 동일성에 대한 문제들이 제기될 것이고 그러한 동일성을 제
공하기 위해 신체에 대한 그것의 의존성과 같이 신체적 사실들에
호소하는 것은 당연하다. 그러한 이유로 비교적 최근에 흄의 관점과

비슷한 것을 옹호하기 원했던 철학자들은 (예를 들어 나중에 보게 될 에이어와 데렉 파핏[Derek Parfit]) 일반적으로 '의식의 상태들을 가진 것'이 의미하는 것이 그러한 상태들이 인과적으로 어떤 신체에 의존하는 하나의 집합(a set)에 속하는 것이라고 말하기를 원했다.

스트로슨은 그 논제를 비판하기 위해 그러한 용어들로 해석하고 있다. 그는 '비소유 이론가'가 말하기를 원하는 것이 '경험들을 가진 것'은 그러한 경험들이 어떤 신체에 독특한 방식으로 의존하고 있다는 것이라고 생각하며 이것이 우연적인 문제라고 여긴다. (해석 상의 이유로 그는 신체가 가졌던(1) 경험들에 의해 그러한 의존성에 대해 이야기하는데, 이것은 경험들과 자아(ego) 간에 해당될 수 있는 관계이자 '비소유 이론가'가 거부하는 관계와 반대된다. 그러한 경우에 스트로슨은 자아가 가졌던(2) 경험들에 관하여 이야기한다. 이것은 우리에게 그다지 관심을 일으킬 만한 점은 아니다.) 스트로슨은 '비소유 이론가'가 경험들과 어떠한 신체의 상태 간의 관계라는 우연적 사실을 진술하기 원할 때 그는 '모든 나의 경험들이 신체 B(의 상태에 독특한 방식으로 의존하는)에 의해 가지게 된다'[8] 와 비슷한 것을 말해야 한다고 말한다. '나의 또는 비슷한 소유력을 가진 어떤 표현을 제거하기 위한 시도는 전혀 우연적 사실이 아닌 어떤 것을 낳을 것이다.' 모든 경험들이 인과적으로 하나의 신체 상태에 의존한다는 것은 거짓이다. 다른 한편 문제가 되는 경험들이 신체 B에 의존하는 것들이라고 말하는 것은 그러한 경험들이 신체

---

8) P. F. Strawson, *Individuals*, 96~97면.

B에 의존한다는 주장을 분석적으로 만들며 전혀 우연적 사실의 표현으로 만들지는 않는다.

달리 말하면 경험들의 동일화는 그것들의 소유자의 동일화에 의존한다. 경험들은 소유되어야 한다. 여기서 쟁점이 되고 있는 두 가지 분리된 지적들이 논의되고 있는데, 하나는 경험들의 동일화에 대한 것이고 다른 것은 경험들의 본성에 대한 것이다. 실제로 스트로슨은 계속하여 개별자들로서 그것들의 동일성을 그것들의 소유자들에게서 얻는 경험들에 관해서 이야기하고 있으며, 돈 로크는 동일화에 대한 지적들과 동일성에 대한 지적들을 융합시키는 작업을 하였다.[9] 그러나 결정적인 지적은 경험의 지위—내가 이미 '칸트적 관점'이라고 불렀던 것—에 대한 것이다. 물론 경험들의 소유자를 지시하는 것과는 다른 방식으로, 예를 들어 그것들이 가진 어떤 개별적인 성질을 지시함으로써 경험들을 동일시할 수 있다. 그러나 문맥상으로 그것은 관련이 없다. 당면한 문제는 우리가 어떤 경험들과 어떤 신체 간의 우연적 관계를 경험들의 소유자에 호소하지 않고도 일반적인 방식으로 진술할 수 있는가이다. 그러한 의미에서 스트로슨의 지적은 잘 다루어져 있다.

에이어에 의하면 그것은 그러한 종류의 것이 결코 아니며 스트로슨의 논의의 외관상의 타당성은 단순히 그것이 표현된 방식에 의존한다.[10] 에이어는 '우연적 명제(The contingent proposition)는 만일 나의 신체가 그러그러한 상태에 있다면 그러그러한 종류의 경험이

---

9) D. Locke, *Myself and Others* (Oxford: Clarendon Press, 1968), 제7장.
10) A. J. Ayer, *The Concept of a Person* (London: Macmillan, 1963), 116면.

372

생긴다. 분석적 명제(the analytic proposition)는 만일 경험이 인과적
으로 신체의 상태에 이러한 방식으로 의존한다면 그 경험은 나의
것이다. 그러나 이제 이러한 명제들이 구별된다는 것은 분명하다.
그래서 하나는 우연적이고 다른 것은 그렇지 않다고 주장하는 데에
는 어떠한 일관성도 없다'고 말한다. 그는 계속하여 인격은 그의 신
체에 의해 동일시될 수 있으며 신체는 그것의 물리적 성질들과 시-
공간적 위치에 의해 동일시될 수 있다고 말한다. 그리고 그는 '우연
적 사실로서 그것과 인과적으로 연관된 어떤 경험들이 있다. 그리고
이러한 개별적 경험들은 신체를 가진 인격의 경험들로서 동일시될
수 있다'고 말한다.

　한 인격의 동일화에 대한 에이어의 견해가 무엇이든 간에 실제로
주어진 신체(스트로슨의 용어로 신체를 가진 인격이 소유하고 있는
것들)와 인과적으로 관련되어 있는 어떤 경험들이 있다는 것은 분
명히 참이다. 그러나 동일한 신체와 인과적으로 연관되어 있는 다른
경험들(스트로슨의 용어에 의하면 다른 사람들이 소유하고 있는 것
들)이 있다. 다른 사람들의 경험들은 나의 신체의 상태에 인과적으
로 연결되어 있을 수 있다. 만일 그렇다면 경험들은 나의 경험들이
나의 신체에 인과적으로 연관되어 있는 것과 동일한 방식으로 (다
른 사람들이) 경험들은 나의 신체와 인과적으로 연관되어 있지 않
다고 대답될 수 있다. 그러나 이제 그러한 방식이 무엇이며 내가 에
이어로부터 인용했던 구절들의 처음에 나오는 '이러한 방식으로'라
는 단어들의 힘이 무엇인가라는 질문이 제기된다. 만일 내가 나의
신체의 상태에 인과적으로 의존하는 경험들 중에서 나의 것인 경험
들을 구별한다면 나의 것에 속하는 것이 어느 것인가에 대해 선결

문제 질문의 오류를 범하지 않고는 그렇게 할 방법이 없다. 그것은 만일 경험들이 소유권이 관련되어 있는 한 중립적일 수 없다면 그 것은 우리가 예상해야 하는 것이다. '비소유 이론'은 정합적이지 않다.[11]

스트로슨이 데카르트의 견해를 거부한 것은 더 복잡하며 아마 '비소유 이론'에 대한 더 발전된 논평으로서 도입됨에 따라 불필요 하게 복잡하게 되었을 것이다. 그는 먼저 단순하나 중심적인 사상, 즉 '우리가 하고 있는 방식으로 의식, 경험의 상태를 우리 자신에게 귀속시키기 위한 필요 조건은 우리가 그것들을 자기 자신이 아닌 다른 사람들에게 귀속시켜야 하거나, 또는 귀속시킬 만한 것이다'라 는 명제를 제안한다(99면). 이것은 결정적인 긴 각주에 의해 한정된 다. 결과적으로 그것은 그러한 의식의 상태들을 다른 사람들에게 귀 속시키려고 하는 것이 이러한 종류의 자기 자신에게-귀속시킬 가능 성의 필요 조건으로 정당하게 주장될 수 있는 것이다. 그러나 이것 은 만일 우리가 단 하나의 술어와 관련 있는 것이 아니라 놀랄 만 한 술어들의 집합 전체와 관련 있다. 술어들의 적용 가능성이나 그 것들의 부정들은 개별자들의 주요한 논리적 유형이나 범주를 정의 한다는 사실이 주어진다면 '좀더 적은 주장과 좀더 큰 주장' 간의 구별이 쓸모없고 거의 의미가 없게 나타나리라는 관찰에 의해 한정

---

11) 에이어에 대한 이러한 비판들과 비슷한 어떤 것이 마들(G. Madell)의 책 《자아 동일성》(*The Identity of the Self*, Edinburgh U. P., 1981), 61~62면 에서 발견된다. 또한 그의 논문 "Ayer on personal identity", *Philosophy*, Vol. 51, 1976, 47~55면을 보라.

374

된다.

그러한 자격 제한을 평가하는 것은 쉽지 않다. 스트로슨은 만일 어떤 사람이 일반적으로 의식의 상태들을 다른 사람들에게 귀속시키지 않았다면 어떤 의식의 상태를 또 다른 사람에게 귀속시키려는 어떤 사람에 관해 이야기하는 것은 불필요할 것이라고 제안하는 것처럼 보인다. 그것은 불필요할 수도 있지만 최초의 논의가 지지하는 모든 것은, 엄밀히 말하자면, 만일 내가 의식의 상태들을 나 자신에게 귀속시킨다면 그것은 논리적으로 다른 사람에게 귀속시키는 것들이 가능하다는 것을 확증한다. 왜냐하면 스트로슨 자신이 그의 각주의 끝에서 말하는 것처럼 '여기서 요점은 순수하게 논리적인 점이다. 술어의 개념은 구별 가능한 개별자들의 범위의 개념과 상호 연관되며 그 개별자들의 술어는, 필연적으로 참은 아니지만, 의미 있게 긍정될 수 있다.' 그러므로 만일 내가 의식의 상태들을 나 자신에게 귀속시킨다면 그것들을 다른 사람들에게 귀속시킨다고 말하는 것이 의미 있어야 하며 그것뿐이다.[12] 그러나 우리가 여태까지 다룬 것은 데카르트적인 것과 반대되는 논의의 유일한 부분이다. 이점에 이르기까지의 논의는 의식의 상태들이 데카르트적인 자아들에 귀속될 수 없다는 것을 보여주지 못한다. 스트로슨은 비록 그것이 사실상 '너무 짧다'고 덧붙였지만, 100면에 나오는 논의의 나머지에

---

12) 나의 책 《인식론》, 236면 이하와 거기에서 제시된 다른 언급들을 보라. 의식의 상태들의 귀속성을 이해하기 위한 일반적인 조건들에 관한 다른 '비트겐슈타인적인' 고찰들이 있으며, 그리고 스트로슨은 이것들에서 힌트를 얻고 있는 것 같다. 그러나 그것들은 엄밀히 말해서 그의 논증의 일부가 아니다.

대한 간략한 요약을 제시한다. 그것은 다음과 같이 씌어 있다. '우리
가 의식의 상태들을 다른 사람들에게 귀속시킬 수 있을 때에만 그
것들을 우리 자신에게 귀속시킬 수 있다. 우리가 경험들의 다른 주
체들을 동일하게 지시할 수 있을 때에만 그것들을 다른 사람들에게
귀속시킬 수 있다. 그리고 우리가 단지 경험의 주체들, 즉 의식 상태
들의 소유자들로서만 다른 사람들을 동일하게 지시할 수 있다면 우
리는 다른 사람들을 동일하게 지시할 수 없다.' 이 논증의 도식에서
'할 수 있다'(can)는 '실제로 할 수 있다'는 의미로 다루어져야 하
며, 내가 이미 첫번째 문장에서 진술하였던 원리에 대해 이미 말했
던 것이 주어진다면 첫번째 문장에서 '할 수 있다'는 '원칙상 할 수
있다'를 의미한다. 그래서 그 논증은 애매한 말 때문에 타당하지 않
다.

  우리가 그 반론을 철회해보자. 논의의 마지막 단계들을 계속적으
로 채우는 것은 복잡하게 된다. 그것은 먼저 내가 나의 신체와 관련
된 방식으로 우리가 단순히 동일하게 지시할 수 있는 신체들과 관
련된 경험의 주체들로서 다른 사람들을 동일하게 지시할 수 있다는
생각을 가지고 골탕을 먹인다. 스트로슨의 대답은 '나'와 '나의 것'
이 그러한 방식으로 대상을 제시하는 용법에 관심을 끈다. 이것이
바로 그를 다음과 같은 생각으로 이끌어가는 것이다. 즉 우리 자신
에 대한 우리의 생각이나 다른 사람들에 대한 우리의 생각 속에 있
는 어떤 것이며, 의식 상태들과 신체적 특성들을 모두 소유하는 어
떤 것이고, 스트로슨이 '인격'(person)이라 부르는 구별된 범주를
이루는 어떤 것에 대한 언급이 있다는 것이다. 더욱이 신체들이나
의식의 상태들을 가진 것들로 환원될 수 없는 범주가 있다. 왜냐하

면 논증의 과정에서 이것들은 모두 그것을 전제하기 때문이다. 그것
은 그러한 의미에서 (그리고 단지 그러한 의미에서 덧붙여질 수 있
다) 논리적으로 우선적(logically primitive)이다.

이러한 결론은 계속하여 다음과 같은 고찰에 의해 지탱된다. 즉
그것은 만일 우리가 의식의 상태들(그리고 단지 인격들에만 서술할
수 있는 그 외 어떤 것—스트로슨이 'P-술어들'이라 부른 것)을 다
른 인격들에게 귀속시킬 수 있어야 한다는 것이 자기-귀속(sign-
ascription)의 조건이라면 그러한 인격들을 동일하게 지시하는 방법
이 있어야 한다는 고찰이다. 이와 같이 이해한다면 인격들은 의식의
상태들과 육체적 특징들이 귀속될 수 있는 개별자들이기 때문에 원
칙상 최소한 그러한 개별자들에 관하여 그들이 실제로 그러한 특징
들을 가지는지를 말하는 방식이 있어야 한다. 항상 우리가 관찰하는
것과 그러한 특징들을 소유하는 것 사이의 관계가 우리가 관찰한
것은 단순히 의식 상태의 개인이 소유하고 있다는 것의 표시(sign)
라고 할 수는 없다. 왜냐하면 표시-의미(sign-significate) 관계가 우
리 자신의 경우를 제외하고 적용된다고 생각할 만한 근거가 없기
때문이다. 그러나 논의에 따르면 우리가 그것이 다른 사람들의 경우
에 유효하다고 간주하는 것은 우리 자신의 경우에 그것을 깨닫는
조건이라고 생각되었다. 스트로슨은 P-술어들에 귀속시키기 위한 논
리적으로 충분한 기준들이 있다고 말함으로써 이렇게 주장한다.

나는 복잡하긴 하지만 그 부분의 논의를 거론하지는 않을 것이
다.[13] 인격의 개념이 논리적으로 우선적이라는 주장은 그러한 주장

---

13) 다시 나의 《인식론》, 238면 이하를 보라.

이 단순히 '칸트적 관점'을 반영한다는 점에서 그것과 독립되어 있다는 의미가 있다. 더욱이 이 논의의 많은 부분은 우리가 문제에 대한 이유라고 보았던 그것의 초기 단계들에 의존한다. 그러므로 일반적인 논의가 데카르트주의에 대한 적절한 반박을 제공하지는 않지만(반박이 제공될 수 없다고 말하는 것은 아니다), 그것은 우리 자신들과 다른 사람들에 대해 생각할 때 우리가 의식의 상태들과 육체적 특징들을 모두 소유하는 어떤 것의 개념을 가질 필요가 있다는 것을 드러낸다. 그 개념은 바로 스트로슨이 인격의 개념으로서 언급한 것이다. '인격'의 용법은 어떤 범위에서는 전문적이다. 그것이 인간의 일상적인 용법과 정확히 일치하는가에 대해서는 만일 그러한 것이 있다면 논의될 수 있다. 제공된 기준에 따라 동물들이나 어떤 동물들이 인격들이며, 그것이 어떤 사람들의 직관에 위배될 수 있다는 것이 비판들을 통해 지적되었다. 또한 스트로슨이 (조건부이지만) 주장한 것처럼, 인격들이 신체 속에 들어 있는지는 논의될 수 있다. 스트로슨은 《개별자들》에서 단지 이차적인 사례들로서만 신체 속에 들어 있지 않은 인격들의 가능성을 인정한다. 그는 죽은 인격—시체—의 개념을 가지고 골탕을 먹인다. 그러나 이차적인 사례든 아니든 이 두 가지 경우들 간에는 차이가 있는 것처럼 보인다. 우리가 신체 속에 들어 있지 않은 인격의 개념을 이해할 수 있는 범위 내에서 우리는 확실히 의식의 상태들을 여전히 가지거나 '소유하는' 어떤 것에 관해 이야기하고 있다. 그러나 죽은 사람의 경우에는 남아 있는 육체적 특징들을 가진 것으로서 신체 이외의 어떤 것을 생각하기는 어렵다. 그 밖의 아무것도 그것들을 '소유하지' 못한다.

378

물론 다른 사람들뿐만 아니라 스트로슨의 인격의 개념에서도 신체 속에 들어 있는 인격들이 표준이다. 그렇지 않다면 현재 고찰되는 것을 알 수 있는 조건으로서 비트겐슈타인이 주장했던 개념을 귀속시킬 만한 공적인 기준(public criteria)이 없을 것이다. 그러나 비트겐슈타인에 의해 그리고 그와 관련하여 그렇게 많이 논의되었던 사례—고통이라는 사례—에서 고통의 개념에 대한 기준은 고통의 자연스러운 표현들인 행동의 형태들에 의해 이루어진다. 그 기준을 이루는 것은 행동(behaviour)이지 어떠한 신체적 특징이 아니라는 것이 중요하다. 유비적으로 인격 개념에 대한 기준은 행동에 있어야 한다. 시체들은 어떠한 행동도 나타내지 못한다. 따라서 만일 우리가 그것들을 죽은 인격들로서 말한다면 그것은 '인격'의 이차적인 의미에서 그렇다. 행동을 하는 것은 모두 의식적이든지 또는 잠재적으로 의식적이어야 한다. 따라서 어떤 의미에서 의식의 개념은 신체적 특징들의 개념 그 자체를 밝히는 것보다 스트로슨이 밝히려고 노력하고 있는 개념에서 더 크게 확대되어 보인다. 그래서 '자아'라는 용어는 '인격'이라는 용어보다 그가 밝히려고 노력하고 있는 것에 더 적절한 용어인 것처럼 보이기 시작한다. 여하간 그의 생각에 대한 전건(precedent)은 우리의 모든 표상들을 동반할 수 있는 '나는 생각한다'라는 칸트적 이념에서 발견되는데 이것은 우리의 모든 행동이 동반된다는 있음직한 주장과 함께 논의된다. 그러한 조건하에서 우리는 '칸트적 관점'으로 되돌아간다.[14]

14) 실제로 스트로슨은 134면에서 흄과 대조적으로 칸트가 비트겐슈타인과 더불어 비록 그의 이론이 '우리가 원하는 만큼 분명하진 않지만' '더

만일 이 모든 것에 비추어 스트로슨이 논하기 시작했던 두 가지 문제들로 되돌아간다면 상황은 다음과 같이 보일 것이다. 첫째, 왜 우리의 의식 상태들은 어떤 것에 귀속되어야 하는가? 결과적으로 대답은 다음과 같다. 왜냐하면 그것들은 우리의 것이기 때문이다. 의식의 상태들은 소유될 수 없으며 그것들은 그것들을 소유한 것에 대해 중립적이지 않다. 이러한 측면에서 '비소유 이론'이라는 논제에 관한 스트로슨의 반박은 아주 유력하게 보인다. 둘째, 왜 그것들(우리의 의식 상태들)은 어떤 육체적 특징들과 어떤 물리적 상황 등과 동일한 것에 귀속되어야 하는가? 비록 데카르트주의가 함축하는 것처럼 우리의 의식의 상태들이 다른 것들에 귀속되어야 한다는 것이 어떤 의미에서 필연적이라는 것을 내가 의미하지 않을지라도 그것들이 그렇게 귀속될 수 있어야 한다는 것은 분명하지 않다. 그것들이 동일한 것에 귀속되는 범위 내에서 의식의 상태들은 육체적 특징들을 가진 신체가 필요한 행동으로 표현되기 때문이다. 내가 제시했던 것처럼 그것이 의식 상태들에 관해서 말한 것을 이해할 수 있는 기준을 제공하는 통상적인 경우라고 논의될 수 있다. 그러나 그것은 의식의 상태들을 가진 모든 것에 신체적인 특성들을 귀속시켜야 하는 것이 필연적이라는 것을 함축하지 않는다. 이것은 고통에 관해 이야기하는 것을 알 수 있는 기준은 고통이 어떤 형태의 행동으로 자연스럽게 그리고 통상적으로 표현되어 있다는 사실에 있다

나은 통찰을 했다'고 말할 때 어느 정도 이것을 시인한다. 또한 스트로슨의 책 《감각의 한계》(*The Bounds of Sense*, London: Methuen, 1968)를 보라.

는 논제가 고통이 일어날 때마다 그러한 표현들이 있어야 한다는 것을 함축하지 못하는 것과 마찬가지이다.

따라서 스트로슨의 두 번째 문제에 대한 답변은 우선 그것의 지시어들을 묻는 것이고, 그 다음에는 의식의 상태들이 어떤 육체적 특징들과 동일한 것에 귀속되는 경우들에 의식의 상태들을 소유하는 것, 즉 자아 또는 '나'는 구체화될 것이며 통상적으로 그렇다고 덧붙이는 것이다. 그것은 결국 데카르트주의의 거부를 내포하는 '칸트적 관점'이다. 왜냐하면 '나는 생각한다'에 포함되어 있는 '나'는 정신이나 영혼과 동일시되지 않기 때문이다. 오히려 우리는 '나는 생각한다'가 그것에 적용되는 한도 내에서 정신과 영혼을 어떤 것에 귀속시켜야 한다. 인격이란 무엇인가가 바로 그것이라고 말하는 것은 훨씬 더 의심스러운 단계이다.

제3절 인격이란 무엇인가?

이미 말했던 것에 비추어, 이 질문에 대한 대답에 덧붙일 것이 거의 없든지 또는 그 개념의 불확정성 때문에 그것에 대한 분명하고 명확한 대답은 없는 것처럼 보인다. 그러나 내가 이전에 말했던 것처럼 '인격'(person)은 '사람들'(people)의 단수이며, 예를 들어 인간 존재들보다는 사람들에 관한 이야기가 함축하는 것이 무엇인가를 매우 합리적으로 묻도록 만든다. 사람들은 통상적으로 종적인 인간(man)에 속하며, 따라서 통상적으로 인간 존재들이지만 사람들에 관해 말하는 것은 그들이 그렇게 생물학적으로 분류된다는 것 이상

을 말하는 것이다. 사람들은 생각하며, 경험을 가지며, 많은 형태의
행동에 참여하며, 다른 사람들과의 관계에 (우리가 '인격적'이라고
부르는 관계들) 있거나 있을 수 있으며, 다른 종류의 것과 다른 관
계에 있을 수 있다. 그들은 윤리적 판단들의 대상들이며 그러한 판
단을 하는 주체일 수 있다. 그들은 어떤 것들에 책임을 질 수 있으
며, 로크가 지적했던 것처럼 결과적으로 보상과 처벌을 받을 수 있
으며, 그들은 다양한 사물에 미적인 관심 등을 갖게 된다.

  그러한 요소들을 열거하는 것은 사람들이 무엇인가를 본질적으로
말하는 것은 아니다. 그러나 인격들에 대한 설명은 그러한 가능성들
과 일치해야만 한다. 또한 로크가 '인격'이 법정 용어라는 주장(즉
그 용어가 '행동과 그것의 장점을' 평가하고, '단지 법과 행복과 불
행을 가질 수 있는 지적인 행위자들에만 속한다')을 설명하면서 이
야기한 것 속에 함축되어 있는 제안과, 무엇이 인간으로 되는가 또
는 인격이 어느 것과 동일한가를 결정하는 것은 누가 무엇에 대해
책임이 있는가를 결정하는 문제라는 제안을 혼동하지 않는 것이 중
요하다. 데이비드 위긴스(David Wiggins)는 후자의 생각에 반대하여
웅변조로 올바르게 이야기했다.[15] 누가 무엇에 책임이 있다는 것에
대한 결정은 인격의 동일성에 대한 선결 문제에 의존한다. 그러나
위긴스는 그가 거부한 견해에 대한 자연스러운 반정립이 '우리는

15) 로티(Amelie Rorty)가 편집한 《인격 동일성》(*The Identities of Persons*,
Berkeley and Los Angeles: University of California Press, 1976) 안에 있는
위긴스(D. Wiggins)의 논문 "Locke, Butler and the stream of
consciousness: and Men as a natural kind"를 보라.

382

인격(person)이 일종의 동물이라고 생각한다'[16]는 것이라고 생각하는 것 같다. 실제로 내가 알고 있는 모든 사람들이 일종의 동물이라는 것은 참이지만 그것은 단순히 자전적 언급이다. 예를 들어 신이 인격이라면 위긴스의 명제는 거짓이다. 그러나 책임성의 문제들이 제기되지 않는 존재는 줄잡아 말한다고 하더라도 애매하지만 인간이다. 인격의 개념을 생각하게 될 때 우리는 그러한 고찰도 생각하게 되며 전자는 후자 없이는 있을 수 없다.

버나드 윌리암스의 논문들 중 하나의 제목은 '인격들은 신체들인가?' (Are persons bodies?)이다.[17] 그는 그 문제에 대해 '예' 라는 대답을 하기 원하는 것처럼 보이며 스트로슨에 대한 비판을 통해 그렇게 나타낸다. 그것은 여러 가지 방식으로 호기심을 유발하는 문제이다. 그것은 '인격들은 신체적인가?' 라는 문제와 동일한 것이 아니다. 이 후자의 문제에 대하여 비록 짧기는 하지만 나는 이미 말할 것이 있었다. '통상적으로 인격들이 신체적이나 이것이 보편적으로 그렇다는 것은 필연적이지 않다' 는 것이 나에게는 대답인 것처럼 보인다. 윌리암스 자신의 대답은 초기의 논문의 논제 — '인격 동일성과 개별화' — 와 일치한다. 그러나 나는 다음 절에서 그것을 살펴볼 것이다.[18] 그 논문에서 그는 신체적 동일성이 인격 동일성의 필요 조건이라는 매우 강력한 논제에 대해 논한다. 만일 그 논제가 유

---

16) D. Wiggins, 같은 논문, 167면.
17) B. A. O. Williams, *Problems of the Self* (Cambridge: C. U. P., 1973)에 포함되어 있다.
18) 이것도 같은 책 속에 있다.

지된다면 인격들이 신체들이라고 말하는 것은 옳아 보일 것이다. 왜 냐하면 인격 동일성의 조건들은 어떤 종류의 신체들에 대한 동일성 조건들을 전제하기 때문이다. 그러나 인격의 개념은 확실히 어떤 종류의 신체의 개념과 동일한 것이 아니다. 사실 확실히 구체화된 인격의 경우에서조차 신체에 대한 고찰들은 인격들에 대한 고찰들과 단지 최소한의 관계만 있다고 논해질 수 있다. 신체가 없다면 관련이 있는 고찰들이 적용될 수 없을지라도 그것은 참일 것이다.

우리가 일상적인 삶에서 알고 있는 모든 사람들은 인간 존재들이다. 그들은 모두 신체들을 가지고 있다. 그러나 무엇이 그들을 사람들로 만드는가라는 질문에서 중요한 것은 신체들이 아니라 내가 이전에 언급했던 종류의 것들, 예를 들어 신체들이 다른 것들과 어떠한 관계를 맺고 있을 가능성이다. 이러한 맥락에서 만일 사람들이 신체들을 가지지 않았다면 내가 언급했던 특징들 중 많은 것이 논의될 곳이 없을 것이다. 이와 똑같이 만일 문제의 사람들이 어떤 의미에서 자아들이—어느 정도까지 자-의식적인 존재들이—아니라면 그것들은 논의될 곳이 없을 것이다. 바로 이러한 종류의 고찰에서 이 영역의 가장 흥미로운 형이상학적 쟁점들이 나온다. 실제로 그것들이 자아들이라는 것으로부터 따라 나온다고 통상적으로 간주되는 요소들(예를 들어 인격적인 관계들과 다른 관계들의 가능성에 대한 것들)은 인격이 무엇인가와는 전혀 관련이 없다는 사실을 함축하는 인격들에 관한 견해는 틀린 것이다.

그러나 이것들은 단지 주의해야 할 단어들이다. '인격'이 '사람들'의 단수인 경우를 제외하고, '인격'이라는 용어는 내가 말했던 것처럼 어떤 기술적인 용어로 남는다. 최근에 이 영역에서 연구하는 많은 철학자들이 열중하고 있는 인격 동일성에 대한 쟁점들을 조사하면서 그것을 아는 것이 중요하다.

제4절 인격 동일성의 기준

우리가 보았던 것처럼 인격 동일성의 기준에 관한 문제의 원천은 어느 정도, 즉 로크가 《인간 오성론》(2.27)에서 인격 동일성을 다룬 점에 있다. 그는 의식에서 인격 동일성의 기준을 발견한다. 그가 말하는 것처럼 의식은 동일한 인격을 만든다. '이렇게 현재 생각하고 있는 것에 대한 의식은 자기 자신과 결합될 수 있으며, 동일한 인격을 만들고, 그것을 가진 하나의 자아이며, 그 밖의 다른 것은 가지지 않는다.'[19] 로크는 가장 전형적인 동일성의 문제를 '이것은 ~였던 것과 동일한 것인가?' 라는 형태를 가진 어떤 것을 묻는다는 의미에서 되돌아보는 것으로 생각하기 때문에 인격 동일성과 직접적으로 관련 있는 의식의 형태는 기억인 것처럼 보인다. 그래서 로크는 기억을 상세히 설명하고 있다. (그러나 미래 예측적인 동일성의 문제들—'10년 후에 내가 지금의 나와 동일한 사람인가?' 또는 아마도 '지금의 내가 10년 후에 있을 나와 동일한 사람인가?' —을 제기할 수 있다는 것은 아마 주목할 만한 가치가 있을 것이다. 그렇지만 내가 그것들을 표현했던 것처럼 그러한 문제들은 다소 쉬운 대답들을 인정하는 것처럼 보인다.)[20]

---

19) J. Perry, 같은 책, 45면.

로크의 견해에 대해 곧바로 비판이 생겼다. 그것은 만일 X가 Y라는 것을 기억하거나 또는 X가 Y가 가진 경험들을 가진 것을 기억할 때에만, X와 Y가 동일한 사람이라고 말하는 것으로 해석된다. 나는 이미 기억은 인격 동일성을 전제하므로 이것을 구성할 수 없다는 버틀러 주교의 지적을 언급했다. 그는 실제로 인격 동일성을 전제하는 것이 인격 동일성에 대한 의식이라고 말하나, 만일 경험을 가졌던 것이 내가 아니라면 내가 어떤 경험을 가진 것을 기억한다고 적절하게 이야기할 수 없다는 것은 분명하다. 물론 그것이 참이 아니더라도 내가 그것을 가진 것을 기억한다고 나는 생각할 수 있다. 내가 문제의 경험들을 가지지 않았다면 상상의 기억들을 가질 수 있다. 그러나 참된 기억은 인격의 동일성을 전제하며, 그러한 의미에서 버틀러는 옳다(버틀러가 지식과 진리와 관련하여 다루는 비유에 대해 무엇이 말해질 수 있든 간에, 위긴스는 다음과 같은 지적을 한다—"어떤 다른 경우에서도 지식이 그것이 전제하고 있는 진리를 구성할 수 없는 것과 마찬가지로, 인격 동일성의 의식은 인격 동일성을 전제하므로 그것을 구성할 수 없다").[21]

리드는 그의 책 《인간의 지성적 능력들에 관한 논문들》(*Essays on*

---

20) 인격의 동일성에 대한 영미 계열의 논의들은 전체적으로 회고적이었다. 《존재와 시간》 42에서의 하이데거의 표현 '본성상 그것의 존재가 문제가 되는 그러한 존재'는 자아에 대한 다른 편견과 아마도 다르게 방향지워진 견해를 제시한다. 또한 Hidé Ishiguro, "A person's future and the mind-body problem" in W. Mays and S. C. Brown(eds), *Linguistic Analysis and phenomenology*(London: Macmillan, 1972), 163~178면을 보라.

21) D. Wiggins, "Locke, Butler and the stream of consciousness".

the Intellectual Powers of Man)에 있는 세 번째 논문 제6장에서 이와 비슷하면서 부가적인 지적들을 하며,[22] 로크가 인격의 동일성을 우리가 우리의 인격 동일성에 대해 가진 증거와 혼동하였다고 논한다. 가장 잘 알려진 리드의 비판은 로크의 견해에 대해 "한 인간이 개별적인 행동을 했던 인격일 수 있으며 동시에 아닐 수도 있다"는 것이다. 그는 한 가지 예를 기초로 하여 이것을 논한다. 가령 사과를 훔쳐서 학교에서 매질을 당한 소년이 커서 그의 첫번째 출정에서 적으로부터 깃발을 빼앗아 오는 용감한 장교가 될 수 있고, 그 후 승승장구하여 장군이 될 수 있다. 리드는 장군이 깃발을 빼앗아온 것은 기억할 수 있으나 사과를 훔쳐서 매질당했던 것은 기억하지 못할 수도 있지만, 그가 깃발을 빼앗았을 때 그가 그것을 기억할 수 있었다고 지적한다. 그러므로 로크의 기준에 따르자면 그 장군은 깃발을 빼앗아온 장교와 동일한 사람이며, 그 장교는 매질을 당한 그 소년과 동일한 사람이다. 그러나 그 장교는 그 소년과 동일한 사람은 아니다. "그러므로 장군은 학교에서 매질을 당했던 소년과 동일한 사람이면서 동시에 동일한 사람이 아닐 수 있다."[23] 이러한 지적은 훌륭하다. 그렇지만 리드는 "모든 사람이 자신의 동일성에 대해 가지고 있는 확신은, 그의 기억이 미치는 한 그것을 강화시킬 철학의 어떠한 도움도 필요로 하지 않는다는 것과 어떠한 철학도 먼저 어느 정도 비정상적인 것을 만들어내지 않고서는 그것을 약화시킬 수 없다"는 것을 부인하지 않았다.[24] 그러나 그것은 동일성의 기준

---

22) J. Perry, 같은 책, 113면 이하.

23) 같은 책, 115면.

에 대한 지적은 아니다. 그것은 우리의 동일성에 대한 우리의 믿음
들에 대한 지적이며 그것들에 대한 근거들이다. 리드는 사실 인격
동일성 자체가 완전한 동일성이라고 생각한다. 그것은 단자(monad)
의 동일성이며 더 분석될 수 없다.

그러나 리드는 이러한 결론이 우리 자신의 동일성에 대한 고찰로
부터만 도출될 수 있다는 것을 인정한다. 그것이 다른 사람들의 동
일성에 이르렀을 때 우리는 다른 논거에서 나아간다. 또한 동일성에
관한 판단들에 대한 우리의 근거들은, 그가 말하기를, 다소간에 완
전하지 않은 동일성인 신체들의 동일성에 관한 판단들에 도달하는
데 우리가 의존하는 근거들이다. (우리가 이전에 보았던 것처럼 흄
은 마지막 것이 일반적으로 받아들여진 인격의 동일성에 관해 참이
라고 생각했다.) 여기에서 우리는 인격 동일성에 대한 1인칭 접근과
3인칭 접근 간의 이분법을 제공받으며, 그러한 구별은 우리가 앞으
로 나아갈수록 훨씬 더 날카롭게 나타날 것이다.

그러나 계속 나아가기 전에 이 맥락에서 기준의 개념이 무엇을
의미하는가를 간략하게 논할 것이다. 기준의 개념은 대개 비트겐슈
타인의 어떤 언급들—특히 '내적 과정'이 외적 기준을 필요로 한다
는 그의 언급—때문에 최근에 많은 관심을 받았다. 비록 인격 동일
성의 기준에 대한 어떤 논의들이 비트겐슈타인의 기준 개념에 의해
영향을 받았지만 나는 특히 여기서 그러한 쟁점들을 논하지 않을
것이다.[25) 로크가 인격 동일성을 논할 때 그가 이전의 어떤 시간에

---

24) T. Reid, *Essays on the Intellectual Powers*, 3.4 (J. Perry, 107면).
25) 나의 책 《인식론》 68면과 222면 이하를 보라.

A라는 인격과 B라는 인격이 동일한 인격인 경우가 되기 위해 필요 충분한 조건들에 관심이 있다는 사실은 분명하다. 그의 설명들에 대한 반론들은 그가 제공한 것이 단지 순환적이고 전혀 필연적이지는 않기 때문에 만족된다는 것이다. 만일 그가 인격 동일성의 기준에 관심이 있다고 말한다면 그가 이러한 방식으로 동일한 사람이라는 필요 충분한 조건들에 관심이 있다는 것과 그가 필요 충분 조건들이라고 말하는 것들이 인격 개념의 필연적 부분인 어떤 것으로부터 나오기 때문에 관심이 있다고 우리는 생각한다. 인격의 개념이 분석될 수 없다는 주장은 최소한 그러한 기초에서, 즉 그 개념 자체에 대한 어떤 것을 기초로 하여 인격 동일성에 대한 필요 충분 조건들을 제공하려는 시도에 대한 거부를 포함하는 것처럼 보이는 것으로 나타난다. 나는 마지막 지적을 강조한다. 왜냐하면 우리가 인격 동일성의 조건들에 대한 문제를 아무리 주장할지라도 중요한 문제는 인격 개념 자체에 그것들의 기초가 있기 때문이다.

어떤 개념을 밝히는 것은 그것을 그것의 구성 요소들로 분석하는 과정을 통해야 할 필요는 없다. 사실 개념들은 독립적인 실재들이 아니라 그것들이 속해 있는 이해의 그물로부터 추상된 것들이기 때문에 그것이 결코 가능하지 않다는 것이 최소한 논의될 수 있다.[26] 주어진 개념의 측면에서 동일성에 관해 말하기 위한 기준만이 제시될 수 있다—그리고 그것은 다른 개념들처럼 인격의 개념에 적용된다. 그러므로 여태까지 고찰된 필요 충분 조건들보다 훨씬 더 느슨한 어떤 것이 인격 동일성의 기준으로서 제공될 수 있다. 또한 제

---

26) 나의 책 《인식론》 같은 곳과 272면을 보라.

4장에 나오는 '본질주의'에 대한 논의를 시작하면서, 나는 동일성에 대한 문제들이 취할 수 있는 다른 형태들에 대해 지적했다. 인격 동일성에 대한 문제들을 제기하면서 어떤 철학자들은 동일성 전반에 관해 이야기하는 조건들에 대해서보다는 인격 개념에 대해서 관심을 덜 가질 수 있다. 이러한 점들 중 어떤 것들은 우리가 논의를 진행해나감에 따라 다시 나타날 것이다. 현재는 '인격 동일성의 기준' (Criteria of personal identity)이라는 구문의 의미가 당연하게 인정될 수 있는 어떤 것은 아니라는 것을 주목하는 것으로 충분할 것이다. 그럼에도 불구하고 인격 동일성의 기준에 대한 가장 중요한 철학적 고찰들은 인격 개념과 관련된 것들이다. 만일 우리가 X들에 대한 필요 충분 조건들을 제공할 수 있으며 X들을 동일시하기 위한 결정 절차를 제공할 수 있을지라도 문제의 조건들이 X란 무엇인가와 아무런 관계가 없다면 그것은 많은 철학적 관심을 끌 수 없을 것이다. 또는 최소한 그것은 '인격'만큼이나 X의 경우에도 문제가 될 것이다.

근대에는 아마도 심리학적 과정들을 외적으로 관찰할 수 있는 기준의 필요성에 대한 비트겐슈타인의 견해들과 결합되어 있는 로크의 설명에 대한 불만족이 철학자들을 인격의 동일성의 기준으로서 신체적 요소들을 강조하도록 이끌었다. 그러한 종류의 가장 극단적인 견해는 신체의 동일성이 인격 동일성의 필요 충분 조건이라는 것일 것이다. 그것을 정당하게 논했던 사람을 발견하기는 어렵다. 버나드 윌리암스는 이 주제에 대한 그의 논문들 중 첫번째 논문인 '인격 동일성과 개별화'(Personal identity and individuation)[27)]에서 신체적 동일성이 인격 동일성의 필요 조건이지만 충분 조건은 아니라고 논했다. 그는 논문의 도입부에서 '만일 내가 내 앞에 있는 사람이 유일하게 t 시간에 a 장소에 있는 사람과 동일한 사람인지를 묻는다면 내가 단지 이 인간 신체가 t 시간에 a 장소에 나타난 것과 동일한 것이라고 말하는 것이 정당하기 때문에 '예'라고 대답하는 것이 필연적으로 정당화되지는 않는다고 말한다. 신체의 동일성은 최소한 인격 동일성의 충분 조건은 아니며 인격의 특성들과 무엇보다도 기억에 관한 다른 고찰들을 요구해야 한다.'

왜 윌리암스가 그렇다고 생각했는지는 결코 분명하지 않으며 그는 더 이상 어떠한 이유도 제시하지 않는다. 우리는 통상적으로 동일한 신체가 동일한 인격이기 위해 충분하다고 생각할 수가 있다. 우리가 그렇지 않을 가능성을 성찰하려는 점에서는 로크가 분명히 생각하려고 했던 것처럼 다른 시간들에 다른 사람들이 소유하는 동일한 신체의 개념을 성찰해보는 것이 그럴 듯하다. 그러나 윌리암스는 그것을 원하는 것처럼 보이지는 않는다. 유일한 대안은 그 주장이 다음과 같은 상황을 전제하는 것으로 해석하는 것이다. 즉 두 가지 경우에 신체의 동일성이 있다고 하자. 첫번째 경우에만 인격이 있고 따라서 두 번째 경우에는 어떠한 인격도 없다. 이것은 가령 그 사이에 인격이 죽은 것과 같은 상황이다. 그러한 경우에는 심지어 두 가지 경우에 실제로 신체의 동일성이 있는지를 질문할 수 있다. 그러나 그것은 너무 비공감적이어서 그러한 지적을 강력히 주장할 수는 없다고 생각할 수 있다. 어쨌든 윌리암스가 염두에 두고 있을 수 있

---

27) *Proc. Arist. Soc.*, Vol. LVII, 1956/7, 229~252면과 *Problems of the Self*를 보라.

는 것은 인격의 개념이 단순히 신체의 개념만이 아니라 그가 언급한 것에 다른 것들을 추가한 것이다. 내가 이전에 제안했던 것처럼 그것은 기초적인 문제이지만 단지 필요 충분 조건 또는 필요 조건이나 충분 조건에 의해 그것을 진술하는 것은 잘못이다.

따라서 윌리암스가 계속해서 신체의 동일성이 인격 동일성의 필요 조건이라고 논하지만 그의 진정한 관심은 인격의 개념이 신체의 개념을 포함하는지에 있다고 생각할 만한 이유가 있다. 계속되는 그의 논의는 특히 인격들간의 신체 교환의 가능성에 관한 복잡하고 혼란된 고찰을 드러낸다. 그러나 그의 주요 논의는 신체 동일성이 인격 동일성에 필연적이지 않다는 논제의 귀류법에 의존하고 있다. 그리고 그것은 악명을 얻었던 한 가지 가설적인 예의 사용에 의존한다. 그는 어떤 사람인 찰스가 가이 포크스(Guy Fawkes)의 모든 기억들을 (또는 선결 문제 질문의 오류는 아니지만 추정상의 기억들) 가지고 어느 날 깨어났다고 가정한다. 그의 기억에 관한 모든 주장들은 증거가 있는 한 가이 포크스의 인격과 삶에 들어맞는다. 우리는 그가 가이 포크스가 되었다고 말할 것인가? 윌리암스는 그렇게 말하고 싶은 유혹을 깨달았으나 우리를 그러한 결론으로 이끌 수는 없다고 생각한다. 그가 제시한 것처럼 그러한 결론은 정확하게 이와 동일한 것이 찰스의 형인 로버트에게도 일어날 수 있는 가능성에 의해 훼손된다. 우리는 그들이 가이 포크스와 동일하게 되었다고 말할 수 없거나, 또는 그들이 서로 동일하다고 말해야 한다 — '그것은 불합리하다'(이것은 이것에 공감하지 않는 비판가가 선결 문제 질문의 오류라고 생각할 수 있는 제안이다. 왜냐하면 그것은 동일한 사람이 동시에 다른 신체들을 차지하고 있을 가능성을 배제하기 때문이다.) 따라서 그가 제시하는 것처럼 우리가 중복된 경우에 동일성에 관해 말할 수 없기 때문에 우리는 찰스만이 변화된 경우에 그것을 말할 수 없다. 왜냐하면 가정상 어떠한 신체 동일성도 없기 때문이다.

윌리암스는 계속해서 분명히 중복된 경우에 적용되는 것이 많은 논의 없이는 비-중복된 경우로 넘어갈 수 없다는 반론에 부딪치게 된다. 그 논의는 왜곡되었다. 그것은 동일성과 정확한 유사성 간의 구별, 즉 시-공간적 고찰들이 적용되는 물리적 개별자들의 경우에 명백하게 생기는 구별에 의존한다. 윌리암스는 우리가 기억들이나 성격과 같은 그러한 것들에 이러한 구별을 적용시킬 수 있다고 제시한다. 사실 그는 정확하게 비슷한 기억들에 관해 말한 것(물론 동일한 기억들에 관해 말하는 것은 우리가 그러한 기억들을 가진 동일한 사람과 관련되어 있다는 것을 함축한다)을 알 수 있다는 것에 의심을 던진다. 그는 찰스가 만든 기억에 관한 주장들이 가이 포크스에 의해 이루어진 것들과 동일한 것(기억에 관한 주장들의 동일성이 최소한 기억들의 유사성을 제시한다면)인지를 말할 방법이 없다는 근거에서 그렇게 의심한다. 검증에 대한 이러한 어려움은 기억의 동일성에 관해 대해서나 그렇지 않으면 이해한 것에 대해 말하는 것에 대해 거의 아무것도 보여주지 않는다고 반박될 수 있다. 사실 윌리암스는 놀라울 정도로 그러한 가능성을 계속해서 허용하고, '우리의 추정상의 과거의 유사성'이라는 개념을 요구한다. 그러나 그가 말하기를 찰스가 가이 포크스와 동일한 성격과 동일한 추정상의 과거를 가진다고 말할 수 있다는 사실은 그들이 동일하다는 것, 즉 단지 그들이 이러한 측면에서 동일하다는 것만을 말하는 것은 아니다. 성격과 기억의 경우에 있어서 동일성과 정확한 유사성 간의 구별은 밝혀지지 않았다. 그래서 그는 "우리가 보았던 것처럼 동일성과 정확한 유사성이 구별될 수 있는 유일한 경우는 신체의 경우일 뿐이다.— '동일한 신체'와 '정확하게 유사한 신체'는 실제로 차이를 드러낸다. 그래서 나는 신체를 빼는 것은 인격 **동일성**의 개념으로부터 모든 내용을 제거하는 것이라고 주장해야 한다"고 결론을 내린다.

어떻게 그러한 마지막 결론에 따라야 할지를 알기는 어렵다. 그 논의가 보여주는 것으로 여겨질 수 있는 것은 우리가 찰스의 경우에 동일성, 즉 기껏해야 정확한 유사성을 말해서는 안 된다는 것이다. 왜냐하면 우리가 계속해서 가지는 모든 것—기억 등—은 단지 그것들이 포크스의 것들과 정확하게 유사하다는 것에 의해서만 해석될 수 있다. 그러나 윌리암스는 이것보다는 더 많이 신체의 동일성이 인격 동일성의 필요 조건이라는 것을 보여줄 필요가 있다. 즉 그는 찰스의 경우에서조차 가이 포크스와의 동일성을 말할 수 없다는 것을 보여줄 필요가 있으나 그가 그러한 종류의 어떤 것을 했는지를 알기는 어렵다. (이 논문이 인격 동일성에 대한 윌리암스의 많은 글들 중 단지 첫번째 글이었다는 것을 지적하는 것은 공평하며 《자아의 문제들》(*Problems of the Self*)에 포함된 '자아와 미래'에서, 비록 확실하지는 않지만 그가 반대 방향으로 가고 있는 곳들이 있다.) 다른 철학자들에 의해 계속되는 논의는 어쨌든 이 논문에서 윌리암스가 주장한 특히 강한 입장으로부터 신체 동일성과 인격 동일성 간의 관계에 대해 공인된 입장을 약화시켜 나아간다.

이렇게 윌리암스에 의해 채택된 극단적인 입장에서 벗어난 주장들을 고찰할 때, 주목할 만한 첫번째 견해는 슈메이커의《자기에 대한 앎과 자아-동일성》(*Self-knowledge and Self-identity*)에 나오는 그의 견해이다. 알브리톤(Albritton)에 의한 비트겐슈타인의 기준의 개념에 대한 해석에 따르자면 슈메이커는 X에 대한 기준은 어떤 것이 X라는 것에 대한 직접적이고 비-귀납적인 증거를 제공하는 것이라고 여긴다. 이러한 기초에서 그는 신체의 동일성이 인격 동일성에 대한 한 기준이지만 그것이 유일한 기준은 아니며, 또한 우리가 때로는 단지 이차적인 기준—그리고 기준의 문제들이 우리 자신과의 관계에서 제기되지 않기 때문에 다른 사람들에 대한 기준으로만—이지만 기억을 사용한다고 결론짓는다. 그 논증에서 또 다른 가설적 사례—공상 과학 소설(a science-fiction)—에 많은 비중을 두었다고 말할 수 있다. 슈메이커는 수술에 의해 뇌를 들어낼 수 있어 의사들이 뇌에 수술을 한 다음에 그것을 신체에 되돌려넣을 수 있는 가설적 미래를 고찰한다. 그는 브라운(Brown)과 로빈슨(Robinson)의 경우에 이러한 일이 일어난다는 이야기를 한다. 그러나 조수가 다른 신체에 뇌를 잘못 넣는다. 그래서 환자들 중의 한 사람은 (예를 들어 운좋게) 죽고 다른 사람은—'브라운슨'(Brownson)이라고 불린다—브라운의 모든 기억, 인격, 성격을 갖지만 뇌가 없는 로빈슨의 신체를 갖고 깨어난다. (능력들은 말할 것도 없고 명백한 인격과 성격이 다른 신체에 의해 변화될 것 같다고 생각하는 것이 현명하다. 그러나 우리는 여기서 그 사실에 머물러 있을 필요는 없다.)

슈메이커는 그러한 경우에 우리가 브라운슨이 드러내는 브라운의 과거의 삶의 기억들에 의해 영향을 받아야 할 것 같으며, 이것은 우

리가 기억을 인격 동일성의 한 기준으로 삼아야 한다는 것을 보여
준다고 생각한다. 그러나 우리는 신체의 동일성이 기준을 구성하는
맥락에서만 그렇게 할 것이다. 더욱이 슈메이커는 계속해서 대부분
기억에 관한 주장이 옳다고 (너무 복잡해서 여기에서 착수할 수는
없다) 논한다. 그렇지 않으면 브라운슨의 기억에 관한 주장이 체계
적으로 잘못되었다고 생각될 수 있다. 그러나 물론 슈메이커의 예에
대한 주요한 점은 완전한 신체의 동일성은 없지만 뇌의 동일성 속
에 부분적 신체의 동일성이 있다는 것이다. 따라서 우리는 원래의
윌리암스의 입장의 어떤 것을 유지할 수 있으나 인격 동일성이 어
떤 신체의 부분이든지 간에 계속해서 인격을 구성해나가는 정신적
특징들에 책임이 있는 것에 의존하도록 하기 위해서 그것을 느슨하
게 해야 한다고 제시될 수 있다. 이러한 이유로 데이비드 위긴스는
《동일성과 시-공간의 연속성》(Identity and Spatio-temporal Continuity,
55면)에서 우리가 인격 동일성에 필요로 하는 것은 신체의 동일성
도 또는 신체의 어떤 부분의 엄밀한 동일성도 아니고, 단지 무엇이
든지 정상적인 심리학적 기능에 필요 충분한 것의 하나의 유기적인
부분에 나타나는 연속성이다. 왜냐하면 어떠한 부분도 기능적으로
자율적이지는 않기 때문이다. (마지막 절은 문학에 나오는 예—뇌
분할 또는 뇌 파열—를 통해 마주치는 더 많은 우연성을 배제하기
위해 삽입되었다.) 물론 그러한 유기적인 부분은 통상적으로 뇌이지
만 그것은 경험적인 지적에 불과하고 인격 동일성의 일반적 기준을
설명하는 데 우리 자신이 그것에 개입할 필요는 없다.

이 점에서 우리는 만일 인격 동일성이 있다면 어떤 것의 시-공간
적 연속성이 있어야 하며, 인격 동일성의 기준이 이러한 방식으로

아주 특수한 어떤 것의 연속성에 의해 제공된다는 주장을 한다. 그
러나 실제로는 시-공간적 연속성이 물리적 대상들의 경우에조차 동
일성을 위해 필요하다는 것은 분명하지 않다. 이러한 맥락에서 내가
제4장에서 언급했던 것처럼 홉스의 '아테네의 배'(ship of Athens)에
종종 의거하게 된다. 시민들은 이 배와 관련된 목재 부분들을 바꾸
고 대체된 송판들로 또 다른 배를 만들었다. 문제는 결과적으로 이
배들—즉 송판들의 변화에도 불구하고 원래의 배와 시공간적으로
연속적인 배와 배로서 원래의 것과 어떠한 연속성도 없지만 원래의
송판들로 만들어진 배—중 어느 배가 원래의 배인가라는 것이다.
직관적으로는 시-공간적 연속성이 답을 제공한다고 생각하지만 그
것은 아주 분명한 것은 아니다. 프란시스 다우어(Francis W.
Dauer)[28]는 파르테논의 모든 돌을 훔쳐서 복제품으로 바꾸고 영국
에서 원래의 돌들로 신전을 다시 지은 어떤 사람이 신전을 훔친 것
에 대해 무죄를 선고받으리라고 기대할 수는 거의 없을 것이라고
지적했다. 시-공간적 연속성이 동일성에 필연적이라는 논제에 반대
하는 지적은 제4장에서 언급되었던 것처럼 어떤 제품화된 품목들이
조각들로 나누어져 다른 대상들로 재조립된 (또는 조각 상태로 남
아 있고) 후에 역방향의 과정을 겪을 수 있다는 것이다. 그러한 경
우에 원래의 대상은 비연속적인 존재라고 이야기될 수 있고 마지막
으로 만들어진 재조립된 대상은 시간적 간격(the interval)이 없더라
도 원래의 것과 동일하다고 이야기될 수 있다. (그렇지만 이러한 경

---

28) F. W. Dauer, "How not to reidentity the Parthenon", *Analysis*, Vol. 33,
    1972, 63~64면.

우에도 최소한 어떤 것은 존속한다는 것을 인정해야 한다.)

부활론(the doctrine of the resurrection)에 관한 어떠한 해석들에 따르자면 인간 존재들에 관해서도 동일한 것이 이야기될 수 있다. 윌리엄스가 자신의 논문에서 제시한 왕과 농부의 이야기와 같이 신체 교환에 관한 이야기들은 비록 시간적 불연속성은 아니지만, 공간적 불연속성은 함축한다. 로버트 허버트(Robert Herbert)는[29] (비록 이 이야기는 어떤 사람이 참을 수 없을 정도로 감상적이라고 생각할 만한 것을 포함하고 있지만) 윌리엄스에 대한 답변으로서 그러한 종류의 상세한 이야기를 제공한다. 그것은 인격적인 관계들의 어떤 맥락들에서 동일성에 대한 결정이 시공적 연속성이 제시하는 모든 것에도 불구하고 우리에게 강요되고 있다는 것을 가리키기 위한 것이다. 아마도 그러한 방향에서 가장 결정적인 논증은 쇼터(J. M. Shorter)에 의해 제공된다.[30] 다시 이 논의는 논리적으로 가능할 뿐만 아니라 우리가 어떤 측면들에서는 훨씬 그럴 듯한 함축들을 가진 것으로서 다루는 허구적인 예에 의존한다. 쇼터의 이야기에 따르자면 지구에 사는 사람들의 신체들에 상응물들(counterparts)인 신체들이 성장하는 주노(Juno)라는 행성이 있다. 지구에 사는 어떤 사람이 죽을 때 주노에 사는 상응하는 신체가 지구인의 것들과 동일

---

29) R. Herbert, "Puzzle cases and earthquakes", *Analysis*, Vol. 28, 1968, 78~89면.

30) J. M. Shorter, "More about bodily continuity and personal identity", *Analysis*, Vol. 22, 1962, 79~85면. 이와 연속된 문제에 대해서는 "Personal identity, personal relationships and criteria", *Proc. Arist. Soc.*, Vol. LXXI, 1970/1, 165~186면을 보라.

398

한 행동, 인격, 성격, 기억들을 가지고 탄생하게 된다. 쇼터는 주노인 들의 편에서 그들의 기억들이 참인지 등에 대한 철학적인 의심들을 품으며 완결되는 이야기를 정교화시킨다. 만일 주노와 지구 간의 의 사 소통(communication)이 이루어진다면 무슨 일이 일어날 것인가 라는 문제가 생긴다. 지구인들이 어떤 주노인들을 이전에 지구에 존 재했던 친척들로 취급하는 것은 옳은 일인가? 쇼터는 그것이 옳다 고 논하고, 인격 동일성에 관한 결정들이 인간 관계들과 같은 것들 에 대한 문제들—이러한 문제들 중 어떤 것들은 도덕적일 것이 다—을 야기시킨다는 점을 강조한다.

　이외에 전체적으로 중요한 점은 이야기 속에 시간적 불연속성은 아니지만 공간적 불연속성이 있다는 것이다. (만일 공간적 고찰들이 이야기 속에 들어 있다는 사실이 없었다면 주노는 그것에 관한 어 떤 신학적 개념들에 기초한 천국일 것이다!) 따라서 만일 우리가 주 노인들이 지구의 상응물들과 동일하다는 것에 동의한다면 우리는 공간적 불연속성을 가진 인격 동일성에 개입되게 될 것이며 시간적 불연속성을 이야기 속에 끌어들이는 것도 어렵지 않을 것이다. 어떤 사람들은 그 이야기를 거부할 만한 것을 생각할 수 있다.[31] 그러나 쇼터는 그렇게 하는 것이 잘못일 것이며, 단지 일반적인 철학적 독 단(dogma)에 기초해서만 이 이야기를 이해할 수 없는 것으로 여길 것이라고 주장한다. 그리고 나는 이 점에서 그가 정확하다고 믿는

31) 보다 전문적으로 방향지워진 문맥상의 의견에 대해서는 T. Penelhum, *Survival and Disembodied Existence* (London: Routledge and Kegan Paul, 1970)를 보라.

다. 물론 가정상 주노인들과 지구의 상응물들 간의 동일성에 대한 주장을 결코 검증할 수는 없다. 그러나 검증주의의 원리들 중 가장 미숙한 것을 제외시킨다면 우리는 그것을 그러한 경우들에서 동일성에 관해 말하는 것이 의미있다는 제안을 배제하는 것으로 다룰 수 없다.

주노인의 경우는 동일성이 시-공간적 연속성을 전제하는 통상적인 상황과 반대로 보이는 경우에만 그것이 의미가 있다고 논할 수 있다. 그것은 옳은 것처럼 보인다. 어떤 것들이 주노인의 상황에 있다고 가정되는 것처럼 항상 그것들이 있을 수는 없으며, 그 상황은 일반적으로 시-공간적 연속성의 기준을 전제하는 용어로 기술된다. 내가 앞의 장들에서 이야기했던 것이 주어진다면 모든 것이 이러한 입장에서 이야기되는 것처럼 보인다. 그럼에도 불구하고 시-공간적 연속성은 인격 동일성의 필요 조건이 아니다. 그렇지만 그것은 일탈 상황들(deviations)이 일어나든지 또는 일어나지 않든지 간에 그러한 일탈 상황들도 이해할 수 있는 것으로 보여질 수 있는 기준이다. 이와 비슷한 고찰들이 탈육화된 인간 존재의 가능성에도 적용된다. 그렇지만 우리가 일상적으로 이해하는 것처럼 본질적으로 신체에 의존하는 인격들의 많은 측면들, 예를 들어 감각-지각은 우리가 육화된 인격이 할 수 있다고 가정하는 것에 제한된다. 《개별자들》제3장 마지막 절에서 스트로슨은 탈육화된 인격들이 여하간 논리적으로 부수적인 존재인 것을 가질 가능성을 허용한다. 그러나 그는 이것이 한번 육화되었던 인격들과 연관해서만 인식될 수 있다고 생각하는 것처럼 보인다. 왜 일단 탈육화된 존재(disembodied persons)의 일반적 가능성이 인정된다면 그러한 제한이 부여되어야 하는가를 알기는 어렵다. 그렇지만 고유한 방식으로 탈육화된 인격들이 실제로 동일시될 수 있는 방법들을 생각하기는 어려울 수 있다. 그러나 그러한 어려움이 탈육화된 인격들의 개념에 의미를 부여할 가능성을 제한하거나 또는 제거한다고 가정하는 것은 단지 검증주의를 감싸안는 것일 뿐이다.

내가 논해왔던 모든 이론들(그리고 내가 다음 절에서 논하려는 파핏의 이론을 포함하는 다른 것들도)이 인격 동일성의 기준을 경험적으로 관찰될 수 있는 것에서 찾는다는 점에서 경험주의이며 결과적으로 검증주의라는 것은 사실 리차드 스윈번(Richard Swinburne)이 주장했던 것이다.[32] 그는 대신에 인격의 개념이 단순하고 분석될 수 없다고 (그러한 측면에서 리드의 견해와 비슷한 견해) 주장한다. 그러나 그러한 견해는 인격 개념에 관해서는 그럴 듯하지 않다. 왜냐하면 확실히 모든 인격들에 그리고 단지 인격들에만 해당되는 것들이 있어야 하기 때문이다. 제프리 마들(Geoffrey Madell)[33]에 의해 아주 상세하게 논의되었던 것처럼 그것은 자아(self) 개념과는 다른 문제이다. (왜냐하면 그것을 가지고 우리는 '칸트적 관점'으로 되돌아오기 때문이다.) 그 결과 그는 이러한 문제들에 관한 많은 현대의 논의에서 잘못된 것은 그것들이 제3인칭의 관점에만 집중하고 있고 제1인칭의 관점을 무시하는 것이라고 주장한다. 다른 사람들 중에서 슈메이커는 우리 자신에 대한 동일성

---

32) R. Swinburne, "Personal Identity", *Proc. Arist. Soc.*, Vol. LXXIV, 1973/4, 231~247면을 보라.

33) G. Madell, *The Identity of the Self*.

의 기준과 같은 것은 없다고 논했다. '나는 …과 동일한 인격인가?'
라는 질문이 제기되는 유일한 맥락은 우리가 제3인칭으로서 우리
자신을 다룬다는 것이다. 이것은 예를 들어 마치 우리가 낡은 사진
들을 볼 때 '저 사람이 나인가?' 라고 물을 수 있는 것과 마찬가지
다. 비록 그렇게 할 수는 있지만 이 영역 안에서 문제들을 논하면서
'나'에 관한 설명을 제공할 필요성과 '칸트적 관점'에 주의할 필요
성을 없애지 않는다. 왜냐하면 인격들이 그 밖의 어떤 것도 아니라
면 그것들은 제1인칭의 관점을 가질 수 있으며 가지는 존재들이기
때문이다.

  최근에 인격들이 분열되거나 융합된다면 일어날 것에 대해 문헌
상으로 많은 논의가 있어왔다.[34] 그러한 개념들이 제기하는 주요 문
제들은 어떻게 우리가 그러한 상황들 속에서 살아 남을 것인가와
관련이 있다. 그것들은 동일성과는 별 관련이 없다. 왜냐하면 파핏
(Parfit)이 지적하는 것처럼 동일성은 일대일 관계이며 하나가 여럿
이 되거나 또는 여럿이 하나가 되는 곳에는 적용될 수 없기 때문이

---

34) 분열에 관한 문제는 우리가 다음 절에서 보게 될 것처럼 데렉 파핏
   (Derek Parfit)에 의해서 제기되었다. 그러나 '우리가 아메바처럼 분열된
   다면 어찌되는가?'라는 질문은 아마도 원래 안토니 플루(Antony Flew)
   에 기인하는 것 같다. 그것은 데이비드 루이스(David Lewis)와 다른 사
   람들에 의해서 착수되어왔다. D. Parfit, "Personal identity", *Philosophical
   Review*, Vol. LXXX, 1971, 3~27면(그리고 J. Perry). A. G. N. Flew, "Locke
   and the problem of personal identity", *Philosophy*, Vol. XXVI, 1951, 53~68
   면. David Lewis와 다른 사람들에 대해서는 아밀리 로티(Amelie Rorty)
   가 편집한 *The Identities of Persons*에 있는 처음의 몇 개의 논문들을 보
   라.

다. 그럼에도 불구하고 분열이나 융합이 인격들에 관해서 실제로 일어날 수 없다는 것을 보여주는 것이 중요한 것처럼 보일 수 있으며, 이것은 다른 것들 중에서 한 가지 이유, 즉 데이비드 위긴스가 인격(a person)의 개념과 자연적인 종인 인간(man)의 개념 간의 연관 관계를 강조하기 원했던 이유인 것처럼 보인다. 왜냐하면 아메바의 경우가 어떻든지 간에 인간들은 자연적인 종 인간의 구성원들로서 분열하지 않으며 분열할 수 없기 때문이다. (그의 견해 뒤에 있는 또 다른 이유는 인격들이 사회적 구성물들[social constructions]일 수 없다는 생각—어떤 것은 다른 사람들이 그것을 그렇게 여기는 범위에서 인격이다—을 거부하려는 그의 바람과 관련이 있다. 그것은 그가 쇼터가 말해야 하는 것 속에서 보고 있는 견해인데 내가 보기에는 잘못된 견해이다.)

이것에 비추어 위긴스는 그의 《동일성과 실체》(*Sameness and Substance*)의 마지막 장에서 어떤 사람이 섬뜩한 신체적 또는 정신적 충격을 받은 후에 모든 기억을 잃어버려서 (그리고 아마도 인격의 완전한 변화를 겪어서) 현재와 과거의 자아들 간에 분명히 불연속성이 있다면 그는 과거의 그와 동일한 인격인가 그리고/또는 동물인가를 묻는다. 그는 상식적인 대답, 즉 그가 동일한 인격이면서 동일한 동물이라는 것이 옳다고 대답한다. 그리고 그는 인격들과 그 것들의 동일성과 연관하여 **동물** 개념에 비중을 두기 위해서 이러한 결론을 사용한다. 나는 비실재적인 의미를 가진 어떤 것이 아닌 상식적인 대답에 동의한다. 결국 인간 존재들에게서 변화들이 있으므로 우리는 '그 사람은 동일한 인격이 아니다'라고 말하는 것처럼 느낀다. 위긴스의 예에서 그 사람은 그의 과거에 대한 기술들을 할 때 자기 자신을 깨닫지는 못할 것이다. 만일 우리가 그럼에도 불구하고 그가 바로 그 사람이라고 주장한다면 우리는 '칸트적 관점'과 비슷한 형식적인 지적을 주장한다. 그러므로 우리는 필연적으로 인격(person)이 인간(man)과 동물(animal)과 조화를 이룬다는 결론을 내리게 만들어야 한다. 결국 최초의 인격은 살아 남지 못했다는 의미이다. 인격 개념의 비결정성(indeterminateness)은 그러하며, 그것은 내가 '인격'이라는 용어는 약간 기술적인 용어라고 제시할 때에 염두에 두었던 것을 반영한다.

제5절 살아 남는 것(Survival)

나는 위긴스의 예와 연관하여 어떠한 의미에서 최초의 인격이 살아 남지 못한다고 말했다. 물론 그가 살아 남았다고 말하는 것은 아주 옳으며, 그가 그 제안의 내용을 어떤 것으로 다루든지 간에 그가 그렇게 생각할 것이라고 믿는 것이 합리적이다. 만일 그가 이러한 변화들이 일어난다는 것을 알았다면 그는 무엇을 이야기할 것인가? 다시 말하자면 그가 변화들이 아무리 극심할지라도 그것들로부터 살아 남을 것이라고 생각할 것이라고 가정하는 것은 비합리적이지는 않을 것이다. 만일 그가 존재하지 않을 것이고 모든 동일한 '기억들'과 인격성 등을 가진 그와 비슷한 어떤 사람으로 바뀔 것이라는 (엄연히 그것이 무엇을 의미하든지 간에) 이야기를 들었다면 어떻게 될 것인가? 어떤 철학자들은 그에 관한 한 예를 들어 우리가 잠자러 갈 때 일상적인 방식으로 일어나는 것과 별 차이가 없을 것이라고 생각하는 것처럼 보인다. 내가 깨어나는 일상적인 경우에 나와 비슷한 어떤 사람이 깨어나는 것 간에는 별 차이가 없을 것이다. 쇼펜하우어는 잠은 죽음을 위한 일정한 준비라고 말했다. 한편으로는 잠자는 것과 깨어나는 것과 다른 한편으로 아침에 깨어나기 위해 아주 비슷한 어떤 사람을 창조하면서 매일 밤 죽는 것 간에는 별 차이가 없는가? 어떤 사람은 세계에는 차이만이 있다고 말할 것이다. 왜냐하면 어떤 경우에는 동일성이 있고 다른 경우에는 단지 정확히 유사성만이 있기 때문이다. 만일 우리가 또는 다른 사람이 우리 자신의 경우에 얻으려 하였던 것을 우리가 알았다면 (어떻게 우리가 알 수 있는가라는 문제가 있지만), 그 차이가 미래에 대한 우리의 견해에 영향을 미쳐야 한다.

이미 언급되었던 논문에서 파핏은 동일성에 관한 한 (비록 그가 바로 이러한 형태로 문제를 제기하지는 않았지만) 이러한 견해에 동의한다. 그러나 아주 비슷한 어떤 사람이 우리를 대신한다면 우리는 살아 남아 있는 것인지, 그리고 우리가 살아 남아 있다고 생각해야 하는지라는 문제들에 관해서 그는 다른 대답을 제시한다. (그리고 그는 그 논문 끝에 그러한 고찰들은 멀리 있는 죽음에 대한 두려움에 영향을 미칠 수 있다고 제시한다). 그래서 그는 동일성에 대한 문제들과 살아 남음(survival)에 대한 문제들을 구별짓는다—그렇지만 그는 때때로 실제적인 차이가 그리 많지 않다고 제시하는 것처럼 보인다. 그는 두 가지 종류들의 사례들을 고찰함으로써 이러한 차이로 나아가는데, 이것들 중 첫번째 사례는 아마도 더 큰 비중을 가진 논의일 것이다. 이것이 내가 이전에 언급했던 분열의 사례이다. 동일성은 일대일 관계이기 때문에 인격들이 아메바와 같이 분열되는 것으로 생각될 수 있다면 동일성의 문제는 전혀 있을 수 없다.[35] 그럼에도 불구하고 이러한 상황들에서도 살아 남는 것에 대한 문제들이 있을 수 있으며, 그는 정신 상태들간의 심리학적 연관성의 개념 속에서 살아 남음의 기준을 (만일 이것이 어떠한 근거를 가지고 있다면) 본다. 기억과 같은 정신적 상태들의 연관성에 관한 한 우리가 최초의 인격과 떨어져 가면 갈수록 우리는 점차 최초의 인격이 살아 남았다고 말하지 않게 될 것이다. 그래서 그는 "한 인격의 연속적인 존재에서 문제가 되는 것은 대부분 정도의 관계들(relations of degree)이다"라고 말한다.[36] (이러한 견해와 흄의 견해 간에는 다음과 같은 점들을 제외한다면 분명히 유사성이 있다. 즉 흄은 쟁점들을 동일성에 대한 것으로 다루거나 그것에 대한 믿음들로 다룬다는 것과 파핏이 정신적 연관성이 통상적으로 신체 속에서 어떠한 근거를 가져야 한다고 생각한다는 것을 제외한다.)

두 번째 종류의 사례는 이것으로부터 따라 나온다. 만일 살아 남음의 정도가 정신적 연관성의 정도와 함께 한다면, 예를 들어 우리의 과거에 대한 기억에 관해 거의 정신적 연관성이 없을 거라면 살아 남음의 정도도 낮을 것이다. 따라서 우리는 므두셀라(Methuselah)[37]의 경우와 비슷한 경우에서는 아주 긴 생애의 끝에

---

35) 그렇지만 루이스(David Lewis)는 《인격 동일성》(*The Identities of Persons*)에서 동일성이 보다 간접적으로 재도입될 수 있는 방법들을 제안한다.

36) Perry, 같은 책, 219면.

37) * 옮긴이 주: 므두셀라는 《성경》 창세기 5장 27절에 나오는 인물로 969세까지 살았다고 전해진다. 일반적으로 아주 오래 사는 사람을 가리

서 젊은 므두셀라는 살아 남지 못할 것이라고 말할 수 있다. 문제는 일상적으로 우리가 그러한 종류의 것을 말하지 않을 것이라는 것이다. 그래서 파핏이 말해야 하는 것에는 개념적 적법화(conceptual legislation)의 정도가 있는 것처럼 보인다. 위긴스는 쟁점 전체에 대해 훌륭한 논평을 제공했다.[38] 위긴스는 어떤 사람이 내일 확실히 과거의 자신이었던 사람은 존재하지 않을 것이나 파핏의 정신적 연관성의 관계에 의해 그와 관련된 어떤 사람이 존재할 것이라고 들었다면 그 사람은 무슨 생각을 할 것인가를 고찰한다. 그리고 그는 사람들이 '제공하는' 것을 인정할지는 쟁점들과 관련이 없다고 제시한다. 그는 흔적을 남기려는 욕구('우리의 제자들에 의해 기억되려는 욕구나 또는 우리의 작품들 속에서 계속 살아 남으려는 욕구')가 죽음의 확실성과 전형적인 조화를 이룰 수 있다고 지적한다. 그리고 그는 다음과 같이 덧붙였다. "이러한 더 퇴색된 형태의 살아 남음 속에 있는 것보다 정신적으로 연결된 후손들을 소유하는 것에 얼마나 더 많은지는 최소한 나에게는 분명하지 않다". 사실 나는 나 자신이 더 퇴색된 형태들을 더 좋아한다고 생각한다. 어떻게 이러한 모든 것들—파핏의 형태든 또는 퇴색된 형태이든—의 제공이 (상상력, 개념, 욕구의 차원에서도 동일한) 나라는 하나이며 유일한 인격의 연속된 존재에 대한 적절한 대용물로 다루어질 수 있는가를 내가 모른다는 것은 확실한 것이다. 물론 내가 계속적으로 존재하기

킬 때 사용된다.

38) D. Wiggins, "The concern to sursive", *Midwest Studies in Philosophy*, 제4권, 1979, 417~422면.

를 더 이상 원하지 않는다면—어느 경우에는 살아 남음의 퇴색된 형태들이 다시 똑같아지거나 동등한 것이 아니라, 단지 더 좋아진다.'

　나는 두 가지 제한 사항들을 달기는 하지만 그러한 감정들 (sentiments)에 매우 동의한다. 첫번째 제한 사항은 우리가 만족스러운 것으로서 다루거나 바라는 것에 의해 쟁점이 주장된다는 것이다. 그러한 문제들에 대한 생각들과 엄밀하게 인격적인 살아 남음의 형태들에 대한 관심은 문화에 따라 변한다. (예를 들어 플라톤의 《향연》에서 디오티마[Diotima]의 연설과는 다른 것들과, 가족과 인종에 대한 극동 지역의 믿음, 그리고 죽음 이후에 아주 인격적인 살아 남음에 대한 기독교의 믿음을 생각하라.) 부정할 수 없는 것은 나의 살아 남음, 즉 내가 살아 남음은 이것들이 어떠한 형태로 다루어지든지 간에 나의 흔적들의 살아 남음과는 다르다. 둘째, "'나'라는 하나이자 유일한 인격의 연속적인 존재"라는 구문은 나에게는 실제로 인격의 개념을 일으키는 선결 문제 질문의 오류를 범하는 것처럼 보인다. 나는 이전의 절에서 위긴스와 관련하여 내가 논했던 완전히 변화된 인격으로서 살아 남을 수 있다. 어떤 사람들은 전혀 살아 남지 못하는 것보다는 오히려 어떠한 형태로든 살아 남음을 선택할 것이라는 것을 의심할 수 없지만 만일 나에게 가능성이 제공된다면 나는 그것을 원하지 않을 것이다. 만일 그것이 참이라면 그들이 살아 남기를 원하는 것은 무엇인가? 유일하게 가능한 대답은 '그들' (them)이며, 그것은 어떤 의미에서 순수하게 형식적인 대답이다. 그러나 그것은 위긴스가 인격의 개념에 호소할 때 제시한 대답이 아니다.

사실상 이러한 논의들을 통해 결정적인 것으로 남아 있는 것은 '칸트적 관점'이 함축하고 있는 대답이다. 나 자신 또는 너 자신의 동일성에 대한 문제들과 구별된 것으로서 자아 동일성에 대한 문제들은 단지 형식적인 대답만을 인정한다. 자아의 연속적 존재란 의식의 흐름을 가지거나 소유하는 연속적 존재이며 대체로 논리적으로 필연적이지는 않지만 어떠한 신체는 신체들이 통상적으로 겪는 변화들에 지배받는다. 그것이 존재하지 않을 때 어떤 것에 의해 '소유되지' 않은 신체가 남아 있을 수 있으며 이전에 그것을 가졌던 것에 속하는 의식은 없다. 그러나 의식과 신체의 소유자인 '나'를─그것을 그러한 용어들로 분석할 수 있게 만드는 방식으로─그것이 소유하는 것의 특징들로 결코 분석할 수 없다. 그러한 범위에서 자아의 개념은 인격의 개념이 분석되는 방식으로 분석될 수 없다.

제6절 '나'

비트겐슈타인은 자신의 《비망록》(*Notebooks*)에서 두 가지 '신성한 것들'(god-heads)─나와 세계─에 관해서 말했다.[39] 이것은 어떠한 방식에서 쇼펜하우어의 생각이며 비트겐슈타인이 쇼펜하우어로부터 그것을 착안했으며, 또한 쇼펜하우어는 약간은 변형시켰지만

---

39) L. Wittgenstein, *Notebooks*, 1914~1916 (Oxford: Blackwell, 1961), 8. 7. 16, 74면.

칸트로부터 착안했다는 것은 그럴 듯한 가정이다. 그리고 칸트의 초월적 관념론의 관점에서 볼 때 그것에 대해 존재하는 '나'와 표상들이 있다. 물론 물자체들은 있으나, 소위 '초월론적 연역'에서 작용되는 것으로서 오성에 관한 한 필연적으로 나의 것, 즉 어떤 주체에 속하는 것이기 위해서 의식의 단일성으로 통합되는 표상들만이 존재한다. 이러한 '칸트적 관점'은 의식에 관한 한 타당하다. 3인칭의 관점에서 보면 의식의 상태들을 소유한 주체는 통상적으로 그 주체가 가지고 있는 신체에 의해 동일시될 수 없는 반면에, 1인칭의 관점에서 보면 동일한 사태에 관한 우리의 오성은 '나'로서의 그 주체를 전제한다. 다른 사람들의 경우와 같이 그것의 동일화의 문제는 없다. 비트겐슈타인은 '나'는 어떤 의미에서 세계 밖에 있다고 말함으로써 《논리-철학 논고》(*Tractatus*)에서 그 점을 주장한다.

이것들은 실재가 그러한 것이므로 3인칭 용어로는 표현될 수 없는 그것의 관점이 있다고 주장하는 방식들, 아마도 암중모색하는 방식들일 것이다. 또는 다른 방식으로 문제를 제안하자면 우리가 일시적이라고 부르는 실재의 측면은 시제(tense)가 그것을 기술할 때 본질적이며 시제가 본질적으로 사례 반영적인 것처럼 이와 유사한 것이 자아를 포함하는 실재의 측면에 유효하다. 우리는 실재가 자아에게 그러한 것이라는 점을 끌어들이지 않고는 실재의 모든 측면들을 완전하게 설명하지 못할 것이다. 자아에-대해-있음(being-for-self)을 제거할 수 없다는 것은 시제를 제거할 수 없다는 것과 비슷하다. 내가 제7장에서 제시했던 것처럼, 사실 이러한 시간성의 측면들과 자아에-대해-있음은 연결되어 있다고 생각할 만한 좋은 이유들이 있다.

　후기 비트겐슈타인의 생각의 특징을 주장하는 한 가지 방식은 '나'는 '우리'에 비해 이차적이라는 것에 의미가 있다고 말하는 것이다. 왜냐하면 언어의 생존력과 언어로 표현될 수 있는 것은 비트겐슈타인이 '판단들에 있어서의 동의'(agreement in judgments)라고 불렀던 것에 의존하기 때문이다. 그것이 무엇을 의미하든지 간에 (그리고 어떤 범위에서는 그것은 반박의 문제이다) 그것은 다음과 같은 것을 제시한다. 즉 제1인칭 용어들로 이야기될 수 있는 것을 다른 사람들에게 적용하더라도 알 수 있는 것은 다른 사람들과 어떤 형태의 동의—비트겐슈타인이 '삶의 형식들에 있어서의 동의'라고 불렀던 동의—를 한다는 것에 의존한다. 그럼에도 불구하고 비록 그 모든 것이 인정된다고 할지라도 결코 1인칭의 관점을 하나의 실재로 만들지 못하며 실재에 관한 완전한 설명은 그러한 사실을 끌어들여야 한다.

　쇼펜하우어는 그러한 주장에 그가 일컫는 것처럼 알고 있는 주체(the knowing subject)가 작용인으로서 보인다는 본질적으로 칸트적인 관점을 덧붙인다. 그리고 그는 그 점에서 표상들 뒤에 있으며 그것들을 넘어서 있는 더 나아간 실재의 본성에—물-자체의 본성에—대한 해결책을 알았다. 이곳은 그러한 논의를 검토할 자리가 아니다. 어쨌든 그것은 우리가 제2장에서 보았던 것처럼 인정할 이유가 없는 관념론적 관점을 전제한다.[40] 그러나 쇼펜하우어가 분명히 한 것은 '나'에 관한 어떤 설명도 작용인, 특히 그것이 신체적

---

40) 그 논증에 대해서는 나의 책, *Schopenhauer* (London: Routledge and Kegan Paul, 1980), 제5장을 보라.

행동으로 드러나는 것처럼 작용인에 대한 지시를 포함해야 한다는 것이다. '나'는 세계와 관련하여 관찰자(spectator)가 아니다. 두 가지 '신성한 것들'은 단지 그러한 방식으로만 관련된 것이 아니다. 두 가지는 상호 연관되어 있다. 그래서 세계는 그것이 감각과 지각에 영향을 미치는 것처럼 주체에게 영향을 미칠 뿐만 아니라 주체라는 작용인에 의해 그리고 주체의 신체가 세계 속에서 하는 역할을 통해 주체에 의해 영향을 받는다.[41)]

다시 한 번 '내'가 세계에 영향을 미친다는 사실이 그 세계를 '나'의 편에서는 구축할 수는 없다고 이야기되어야 한다. 우리는 그러한 고찰들에 의해 어떤 형태의 관념론으로 되돌아가게 되지는 않는다. 단지 인칭어들로만 표현될 수 있는 실재의 측면들이 있다는 (만일 이것이 그것을 주장하는 올바른 방식이라면) 것은 참으로 남아 있다. 쇼펜하우어는 이러한 고찰을 궁극적 실재가 어떤 형태의 작용인 자체—의지(the Will)—로 이루어졌다는 통찰에 대한 해결책으로 보았다. 이것은 우리가 억지로 도달하게 되는 결론도 아니다. 그럼에도 불구하고 우리가 '의지'라고 부를 수 있는 어떤 것은 실재에 관한 궁극적 설명으로부터 남아 있을 수 있는 어떤 것이 아니다.

이 절에 나오는 언급들은 어떤 범위에서는 격언적이다. 결정적인 사실들은 '나'에 대한 사실들의 표현들을 알 수 있는 조건을 확립한다면 경험의 주체와 작용인으로서 '나'에 관한 측면들과 서로 다

---

41) 그러한 점들에 대한 장황한 설명에 대해서는 B. O'Shaughnessy, *The* *Will* (Cambridge: C. U. P., 1980)을 보라.

른 '나'들이 '우리'를 형성하여 '나'에 대한 사실들의 표현들을 알 수 있는 조건을 확립하는 방법들에 관한 측면들이 실재에 관한 충분한 설명이 무엇을 포함해야 하는가라는 문제에 영향을 미친다는 것이다. 그러한 칸트, 쇼펜하우어, 비트겐슈타인의 통찰들을 설명하는 것은 매우 어려운 계획이며, 나는 그 계획을 실행했다고 주장하지 않는다. 나의 언급들은 의도적으로 격언적이다. 그것들은 단지 이 책이 관심을 가졌던 종류의 완전하고 성공적인 형이상학에 제한 범위들을 제시한다.

제10장
종결: 인간과 자연

   '나', '우리'와 내가 마지막 장의 끝에서 언급했던 세계간의 상호
관계와, 그것의 원인이 되는 실재에 관한 일반적인 설명으로서 해석
된 형이상학의 종류는 인간과 자연 간의 상호 관계와 그러한 고찰
을 생기게 하는 것들에 관한 설명과 동일한 것이 아니다. 자아로부
터 인간으로, 그리고 실재 또는 세계로부터 자연으로 이동하는 것은
더 구체적이고 덜 일반적인 차원으로 이동하는 것이다. 그것은 그러
한 이동이 생기게 하는 철학적 고찰들은 (내가 그 점에서 아무리
일관적이라고 할지라도) 내가 제시해왔던 형이상학의 개념으로부터
생겨난 고찰들과 다르다는 사실에서 따라 나온다. 내가 그렇게 이야
기하면서 염두에 둔 철학적 고찰들은 단지 인간이 자연의 부분인지
그리고 어떤 범위까지 그런지, 그리고 자연 그 자체는 그것 외에 어
떠한 합리적인 근거도 필요로 하지 않는다는 의미에서 자기-충족적
인지라는 일반적인 문제로부터 제기된다.
   당시의 형이상학에 관한 칸트의 설명은 주제—신, 자유, 불멸성과

형이상학의 관련 —에 의해 상술되는데, 내가 제시했던 것처럼 형이
상학보다는 인간과 자연에 대한 철학적 관심이라는 생각에 더 적합
하다. 자연은 그것밖에 있는 어떤 것 — '제1원인', 즉 가장 실재적인
존재(ens realissimum)와 그 밖의 모든 것에 관한 궁극적인 설명으로
서 신학적 용어로 해석된 신—에서 합리적 근거를 필요로 하는가:
즉 안소니 케니(Anthony Kenny)가 그의 책들 중 한 권의 제목, 즉
'철학자들의 신'으로 불렀던 것은 무엇인가? (소위 문제의 존재는
'신'이라는 이름을 제공받음으로써 신성화되는 반면, 제공된 설명에
서 그것의 역할은 그러한 어떤 것이 필연적이라고 생각되기 때문에
제기된 궁극적인 설명이나 합리적 근거보다 경배의 대상의 이름이
되지 않았기 때문이다.) 인간은 필연적으로 자연의 부분이므로 오직
자연적 원리들에 따라서만 그는 시작해서 살며 죽는가, 또는 우리가
일상적으로 그것을 이해하는 대로 자연 외부에 존재, 즉 인간 존재
를 위한 여지가 있는가? 자연은 인과 원리에 의해 철저하게 지배되
는가? 만일 일반적으로 자연은 결정론적 원리들에 지배받는다면 그
것은 인간에게도 적용되는가? 그것은 어느 방식으로든 인간의 자
유-의지에 대한 믿음에 대해 어떤 함축들을 가지는가?

　나는 내가 말해야 하는 것에서 이러한 쟁점들의 어떤 것, 예를 들
어 우선적으로 존재하는 것의 아리스토텔레스의 견해를 다룰 때 제
3장에서 나오는 신과, 제9장에 나오는 탈육화 존재의 가능성에 대해
내가 말해야 하는 것에서 불멸성과, 그리고 제8장에서는 유물론에
관해 간단히 언급했다. 나는 작용인의 중요성에 대한 짧막한 언급들
을 제외한다면 자유 의지와 결정론에 대해서는 아무것도 말하지 않
았다. 이것은 결정론에 관한 한 대부분 내가 인과성에 대해 거의 또

는 아무것도 말하지 않았다는 사실로 인한 것이다. 이것들은 모두 순수하게 철학적인 주제들이다. 나는 그것들이 다른 제목들하에서―종교 철학하에 신과 불멸성, 과학과 방법론의 철학하에 결정론, 윤리학과 정신 철학하에 자유-의지―가장 잘 다루어진다고 믿는다. 심지어 그것들 모두를 포함하는 하나의 철학적 주제―인간 철학―를 찾아낼 수 있다고 주장될 수도 있다. (아마도 자연 철학의 하위-분과로서 논의될 수 있으나 우리는 그러한 복잡한 문제들에 대해 걱정할 필요가 없다.)

그러나 인간 철학(philosophy of man)은 비록 내가 그것에 속할 수 있는 것으로 언급했던 쟁점들 중 어떤 것은 형이상학에 관한 책들에서 발견될 수 있을지라도 내가 그것을 해석했던 것처럼 형이상학이 아니다. 만일 내가 자아 또는 '나'와 실재 간의 관계보다 더 구체적이고 덜 일반적인 인간과 자연 간의 관계에 대해 이야기했던 사실에서 옳다면, 그것은 인간 철학을 형이상학하에 포함시키지 않는 것에 정당성을 제공한다. 그러나 철학 속에 논박들을 구분하는 것은 유익하지 않을 것이며, 내가 인간 철학하에 놓았던 그러한 주제들을 형이상학으로부터 배제시킬 것을 주장하는 것은 어렵고 쓸데없는 일이다. 그럼에도 불구하고 내가 말했던 것은 내가 그것들을 포함하지 않는 이유를 설명할 수 있다. 내가 제1장에서 말했던 것처럼 어느 경우에도 신, 자유, 불멸성에 관련하여 칸트가 하였던 형이상학의 범주화(categorization)는 특이한 것이라기보다는 역사적인 것이다. 왜냐하면 그가 형이상학자들로서 본 사람들은 주요 관심으로서 이러한 문제들을 가지지 않았기 때문이다.

이러한 종류의 역사적 판단과, 나에게는 인간 철학을 포함하는 것

처럼 보이는 쟁점들을 내가 그것을 해석했던 것처럼 형이상학을 포
함하는 것들로부터 분리시키기 위해 내가 제시했던 합리적인 근거
는 설득력이 있기도 하고 없기도 하다. 어느 경우라도 철학에서는
그리 정돈되어 보이지 않으며, 철학자들이 형이상학을 이룬다고 생
각했던 것에 관한 대강의 개관조차 그러한 이름하에서 고찰될 [수]
있는 그 외의 것이 많이 있다는 것을 드러낼 것이다. 그럼에도 불구
하고 나는 내가 이 책에서 모았던 쟁점들이 합리적인 전체를 이룬
다는 견해를 가지고 있다. 만일 포함할 만한 다른 주체들이 있다면
그것들은 다른 장소들과 시간들에 있는 다른 자아들에게는 대상들
이 된다.

참고 문헌

다음에 나오는 책들의 목록은 주로 언급된 책들과 더 읽어야 하는 책들을 제공하고
있다. 다른 참조 사항들은 주에서 찾을 수 있을 것이다.

입문서

W. H. Walsh, *Metaphysics* (London: Hutchinson, 1963)

G. N. Schlesinger, *Metaphysics* (Oxford: Blackwell, 1983)

L. Stevenson, *The Metaphysics of Experience* (Oxford: Clarendon Press, 1982)

형이상학적 문제들을 제기하는 다른 책들

B. Russell, *Problems of Philosophy* (Oxford: O. U. P., 1912)

A. J. Ayer, *The Central Questions of Philosophy* (Harmondsworth: Penguin, 1976)

인식론적 문제들과 연관된 책

D. W. Hamlyn, *The Theory of Knowledge* (London and Basingstoke: Macmillan, 1971)

제1장과 제2장

P. F. Strawson, *Individuals* (London: Methuen, 1959), Introduction

역사적 문헌들을 위한 책들

Plato, *Republic, Sophist*

Aristotle, *Categories, Metaphysics*

R. Descartes, *Meditations*

B. Spinoza, *Ethics*

418

G. Leibniz, *Discourse on Metaphysics*, *Monadology*

J. Locke, *Essay Concerning Human Understanding*

G. Berkeley, *Three Dialogues between Hylas and Philonous*, *Principles of Human Knowledge*

D. Hume, *A Treatise of Human Nature*

I. Kant, *Critique of Pure Reason* (trans. N. Kemp Smith, London: Macmillan, 1929)

A. Schopenhauer, *The World as Will and Representation* (trans. E. F. J. Payne, New York: Dover, 1969)

G. W. F. Hegel, *The Phenomenology of Sprit* (trans. A. V. Miller, Oxford: Clarendon Press, 1967)

F. H. Bradley, *Appearance and Reality* (London: Sonnenschein, 1893)

실재론과 반실재론에 관한 최근의 저작들

H. Putnam, *Reason, Truth and History* (Cambridge: C. U. P., 1981)

M. Dummett, *Truth and Other Enigmas* (London: Duckworth, 1978)

제3장

Aristotle, *Categories*, *Metaphysics*, esp. Books 7~9

I. Kant, *Critique of Pure Reason* (trans. N. Kemp Smith, London: Macmillan, 1929)

F. H. Bradley, *Principles of Logic* (Oxford: O. U. P., 1883, 1922)

G. Frege, *Translations*(trans. P. Geach and M. Black, Oxford: Blackwell, 1952), esp. 'Concept and Object'

B. Russell, "The Philosophy of logical atomism" in R. C. Marsh (ed.), *Logic and Knowledge*(London: Allen and Unwin, 1956)

A. N. Whitehead, *Process and Reality*, Corrected edition, edited by D. R. Griffin and D. W. Sherburne, (New York: Free Press, 1978)

————, *Science and the Modern World* (New York: Macmillan Co., 1926)

L. Wittgenstein, *Tractatus Logico-Philosophicus*(London: Routledge and Kegan Paul, 1922), new translation by D. Pears and B. McGuinness (London:

Routledge and Kegan Paul, 1961)

————, *Philosophical Investigations* (Oxford: Blackwell, 1953)

————, *On Certainty* (Oxford: Blackwell, 1969)

P. F. Strawson, *Individuals* (London: Methuen, 1959)

————, *The Bounds of Sense* (London: Methuen, 1968)

————, "Entity and identity" in H. D. Lewis (ed.), *Contemporary British Philosophy*, 4th Series (London: Allen and Unwin, 1976)

M. Dummett, *Frege* (London: Duckworth, 1973)

W. V. Quine, *From a Logical Point of View* (Cambridge, Mass: Harvard U.P., 1953)

————, *Ontological Relativity* (New York and London: Columbia U.P., 1962)

D. Davidson, *Essays on Actions and Events* (Oxford: Clarendon Press, 1980)

제4장

Aristotle, *Categories, Metaphysics* 7~9

D. Hume, *A Treatise of Human Nature*(esp. I.iv.5)

G. Leibniz, *Discourse on Metaphysics, Nouveaux Essais*, esp. 23.2)

I. Kant, *Critique of Pure Reason* (trans. N. Kemp Smith, London: Macmillan, 1929)

P. F. Strawson, *Individuals* (London: Methuen, 1959)

A. J. Ayer, *Philosophical Essays* (London: Macmillan, 1954)

M. Black, *Problems of Analysis* (London: Routledge and Kegan Paul, 1954)

D. Wiggins, *Sameness and Substance* (Oxford: Blackwell, 1980)

R. Swinburne, *Space and Time,* 1st edition (London: Macmillan, 1968), ch. 1

A. M. Quinton, *The Nature of Things* (London: Routledge and Kegan Paul, 1973)

S. Kripke, *Naming and Necessity* (Oxford: Blackwell, 1980)

H. Putnam, *Mind, Language and Reality: Philosophical Papers*, Vol. 2 (Cambridge: C. U. P., 1975)

J. Bennett, *Locke, Berkeley, Hume: Central Themes* (Oxford: Clarendon Press, 1971), ch. 4

420

제5장

P. F. Strawson, *Individuals* (London: Methuen, 1959), pt 2

J. Searle, *Speech Acts* (Cambridge: C. U. P., 1970), esp. c. p. 120

M. Dummett, *Frege* (London: Duckworth, 1973), chs. 8 and 14

D. M. Armstrong, *Universals and Scientific Realism*, 2 vols. (Cambridge: C. U. P., 1978)

H. H. Price, *Thinking and Experience* (London: Hutchinson, 1953)

D. Pears, "Universals" in A. G. N. Flew (ed.), *Logic and Language*, Vol. 2 (Oxford: Blackwell, 1953)

M. Loux, *Substance and Attribute* (Dordrecht: Reidel, 1978)

제6장

G. Leibniz, *Monadology*

B. Spinoza, *Ethics*

F. H. Bradley, *Principles of Logic* (Oxford: O. U. P., 1883, 1922)

————, *Essays on Truth and Reality* (Oxford: O. U. P., 1914)

————, *Appearance and Reality* (London: Sonnenschein, 1893)

————, *Collected Essays* (Oxford: O. U. P., 1935)

R. A. Wollheim, *Bradley* (Harmondsworth: Penguin, 1959)

A. R. Manser, *Bradley's Logic* (Oxford: Blackwell, 1983)

B. Russell, *Problems of Philosophy* (Oxford: O. U. P., 1912)

————, "The Philosophy of logical atomism" in R. C. Marsh (ed.), *Logic and Knowledge* (London: Allen and Unwin, 1956)

L. Wittgenstein, *Tractatus Logico-Philosophicus* (London: Routledge and Kegan Paul, 1922), new translation by D. Pears and B. McGuinness (London: Routledge and Kegan Paul, 1961)

제7장

J. J. C. Smart (ed.), *Problems of Space and Time* (New York and London: Collier-Macmillan, 1964)

R. M. Gale(ed.), *The Philosophy of Time* (Hassocks: Harvester, 1978)

I. Kant, *Critique of Pure Reason* (trans. N. Kemp Smith, London: Macmillan, 1929), the 'Transcendental Aesthetic'

H. Bergson, *Time and Free-will* (London: Allen and Unwin, 1911)

E. Husserl, *The Phenomenology of Internal Time-Consciousness*(trans. J. S. Churchill, Bloomington: Indiana U. P., 1964)

M. Heidegger, *Being and Time* (trans. J. Macquarrie and E. Robinson, New York: Harper and Row, 1962)

A. J. Ayer, "Statements about the past" in his *Philosophical Essays* (London: Macmillan, 1954)

A. M. Quinton, *The Nature of Things* (London: Routledge and Kegan Paul, 1973), ch. 3

M. Merleau-Ponty, *The Phenomenology of Perception*, trans. C. Smith (London: Routledge and Kegan Paul, 1962), pt 3, ch. 2

J. M. E. McTaggart, *The Nature of Existence* (Cambridge: C. U. P., 1927), ch. 33

M. Dummett, *Truth and Other Enigmas* (London: Duckworth, 1978)

H. Mellor, *Real Time* (Cambridge: C. U. P., 1981)

G. Schlesinger, *Aspects of Time* (Indianapolis: Hackett, 1980)

R. M. Gale, *The Language of Time* (London: Routledge and Kegan Paul, 1968)

제8장

R. Descartes, *Meditations, The Passions of the Soul*

B. A. O. Williams, *Descartes: The Project of Pure Enquiry* (Harmondsworth: Penguin, 1978)

G. Ryle, *The Concept of Mind* (London: Hutchinson, 1949)

J. J. C. Smart, *Philosophy and Scientific Realism* (London: Routledge and Kegan Paul, 1963)

D. M. Armstrong, *A Materialist Theory of the Mind* (London: Routledge and Kegan Paul, 1968)

Kathleen Wilkes, *Physicalism* (London: Routledge and Kegan Paul, 1978)

R. Rorty, *Philosophy and the Mirror of Nature* (Oxford: Blackwell, 1980)

R. Chisholm, *Perceiving* (Ithaca: Cornell U. P., 1957)

422

H. Putnam, *Reason, Truth and History* (Cambridge: C. U. P., 1981)

───, *Mind, Language and Reality: Philosophical Papers*, Vol. 2 (Cambridge: C. U. P., 1975)

D. Davidson, *Essays on Actions and Events* (Oxford: Clarendon Press, 1980)

C. McGinn, *The Character of Mind* (Oxford: Clarendon Press, 1982)

N. Block (ed), *Reading in the philosophy of Psychology*. Vol. 1 (Cambridge, Mass: Harvard U. P., 1980)

S. Kripke, *Naming and Necessity* (Oxford: Blackwell, 1980)

제9장

J. Locke, *Essay Concerning Human Understanding* II. 27

D. Hume, *A Treatise of Human Nature*, I.iv.6

T. Reid, *Essays on the Intellectual Powers* 3

J. Perry(ed.), *Personal Identity* (Berkeley and Los Angeles: University of California Press, 1975)

Amelie Rorty (ed.), *The Identities of Persons* (Berkeley and Los Angeles: University of California Press, 1976)

P. F. Strawson, *Individuals* (London: Methuen, 1959), ch. 3

D. Locke, *Myself and Others* (Oxford: Clarendon Press, 1968)

A. J. Ayer, *The Concept of a Person* (London: Macmillan, 1963)

B. A. O. Williams, *Problems of the Self* (Cambridge: C. U. P., 1973)

S. Shoemaker, *Self-knowledge and Self-identity* (Ithaca: Cornell U. P., 1963)

D. Wiggins, *Identity and Spatio-temporal Continuity* (Oxford: Blackwell, 1967)

───, *Sameness and Substance* (Oxford: Blackwell, 1980)

T. Penelhum, *Survival and Disembodied Existence* (London: Routledge and Kegan Paul, 1970)

G. Madell, *The Identity of the Self* (Edinburgh: Edinburgh U. P., 1981)

B. O'Shaughnessy, *The Will* (Cambridge: C. U. P., 1980)

T. Nagel, *Mortal Questions* (Cambridge: C. U. P., 1979)

C. McGinn, *The Subjective View* (Oxford: Clarendon Press, 1983)

찾아보기

424

428

430

432